제3판

청소년지도 방법론

오윤선 · 황인숙 공저

YANGSEOWON
양서원

머리말

대한민국은 지난 반세기 동안 세계적으로 유례를 찾기 어려운 눈부신 경제적·사회적 성장을 이루었다. 산업화와 민주화를 동시에 경험한 한국 사회는 짧은 시간 안에 생활수준 향상, 과학기술 발전, 국제적 위상 제고라는 성과를 거두었다. 그러나 이러한 발전의 이면에는 개인과 공동체의 삶을 위협하는 다양한 사회적 문제가 함께 나타났다. 특히 변화의 최전선에 서있는 청소년은 급격한 가치관의 충돌, 진로와 취업의 불안정, 가족 구조 변화, 사회적 관계의 약화 등 복합적인 문제에 직면하고 있다. 청소년기는 미래 사회의 주역으로 성장하는 동시에 위험과 유혹에 쉽게 노출되는 시기이므로, 청소년 문제는 단순한 세대적 현상을 넘어 사회 전체의 구조적 과제로 이해되어야 한다.

이러한 상황에서 청소년지도자의 역할은 그 어느 때보다 중요하다. 청소년지도는 생활지도나 여가 지원을 넘어, 청소년의 발달을 돕고 사회적 자립을 가능하게 하는 종합적 활동이다. 한국에서는 1980년대 후반 청소년지도학이 학문적으로 정립된 이후, 오늘날 청소년정책이 독립적으로 추진되기까지 전국 각지에서 청소년수련관과 관련 단체들이 활발히 운영되어 왔다.

또한 청소년지도사와 청소년상담사 제도가 마련되어 전문 인력이 체계적으로 양성되고 있다. 이러한 결과는 한국 사회가 청소년지도의 필요성을 제도적으로 인정하고 학문적·실천적 기반을 다져 온 성과라 할 수 있다.

그럼에도 불구하고 청소년지도방법론의 이론 정립과 현장 적용은 아직 충분하지 않다. 청소년 현장은 사회 변화를 직접적으로 반영하기 때문에 지도자는 끊임없이 새롭게 등장하는 욕구와 문제에 직면한다. 디지털 미디어 환경, 다문화 가정의 증가, 청소년 범죄와 학교폭력, 정신건강 문제, 기후 위기와 같은 글로벌 이슈들은 기존의 지도방법만으로는 대응하기 어렵다. 따라서 현장의 요구에 부응하면서도 학문적으로 뒷받침될 수 있는 새로운 지도방법론이 절실하다. 특히 청소년과의 소통을 강화하고, 그들 스스로 주체가 되어 참여할 수 있도록 돕는 실천적 지침은 오늘날 청소년지도의 핵심 과제로 자리 잡아야 한다. 이 책은 이러한 문제의식에서 출발하였다. 먼저 청소년의 발달적 이해, 청소년문화에 대한 이해, 청소년 문제행동에 관한 기초적 논의를 통해 청소년지도의 전제와 기반을 마련하였다. 이어서 청소년지도방법의 이론적 배경과 실제 적용 방안을 종합적으로 다루었다. 무엇보다 현장에서 즉시 활용할 수 있는 실천적 방법론을 중심으로 이론과 실제의 조화를 추구한 점이 본서의 가장 큰 특징이라 할 수 있다.

특히 이번 제3판에서는 최근 청소년학, 사회학, 교육학 등 다양한 학문 분야의 연구 성과를 폭넓게 검토하였다. 또한 청소년문화와 진로상담 분야에서 오랜 기간 연구와 현장활동을 병행해 온 황인숙 박사와 함께 심도 있는 토론과 검토를 거치며 책의 깊이를 더하였다. 이를 통해 본서가 단순한 이론서가 아니라 실제 청소년들과의 관계 속에서 살아 있는 지침이 될 수 있도록 노력하였다.

본서는 총 3부 14장으로 구성되어 있다. 1부에서는 청소년에 대한 이해를 다루며, 청소년과 청소년문화, 청소년 문제행동을 개괄적으로 설명하였다. 2부에서는 청소년지도방법의 개념과 역사, 기초이론, 지도자의 리더십과 역할, 대상별 지도방법, 프로그램 운영 등 구체적이고 체계적인 내용을 담았다. 3부는 저자가 35년 이상 현장에서 쌓아온 경험을 토대로 청소년수련활동, 진로활동, 상담활동, 봉사활동, 자치활동, 교류활동 등 실제 지도방법을 정리하였다. 이는 청소년지도자들이 현장에서 곧바로 적용할 수 있는 실질적인 지침서로 기능할 것이다.

이 책이 청소년학을 공부하는 학생들에게는 학문적 기초를 제공하고, 현장에서 활동하는 지도자들에게는 실천적 길잡이가 되기를 바란다. 또한 청소년을 가르치고 지도하는 교사와 청소년 자녀를 둔 학부모들에게도 청소년을 이해하고 소통하는 데 도움이 되기를 기대한다. 청소년은 미래 사회를 이끌어 갈 핵심 자원이자 한국 사회의 지속가능성을 담보하는 존재이다. 본서가 청소년을 올바르게 이해하고 지도하는 데 작은 디딤돌이 되기를 희망한다.

끝으로, 어려운 여건 속에서도 출판을 맡아주신 양서원 박철용 회장님과 관계자 여러분께 깊이 감사드린다. 그리고 집필 과정에서 귀중한 자료와 선행연구를 제공해 주신 연구자들, 그리고 끊임없는 성원과 격려를 보내주신 많은 분들께도 진심으로 감사드린다. 부족한 점이 있더라도 독자들의 비판과 조언을 겸허히 수용하여, 앞으로 더욱 완성도 높은 연구와 실천적 지침을 마련하는 계기로 삼고자 한다.

2026. 1. 2.

저자 오 윤 선

| 차 례 |

PART 2

청소년지도방법의 이해

PART 3

청소년지도방법의 실제

PART

1

청소년의 기초 이해

CHAPTER 01

청소년의 이해

CHAPTER 02

청소년의 문화적 이해

CHAPTER 03

청소년의 문제행동

CHAPTER

1

청소년의 이해

학습 내용

1. 청소년의 개념적 이해
2. 청소년의 발달적 이해
3. 청소년의 세대 변화

학습 목표

1. 청소년의 개념을 이해한다.
2. 청소년 발달에 대해서 이해한다.
3. 청소년의 세대 변화에 대해서 구체적으로 이해한다.

학습 개요

청소년은 아동기와 성인기 사이의 과도기로, 생리적 · 심리적 · 사회적 · 문화적 특성을 포괄하는 개념이다. 이 시기에는 신장과 체중이 급격히 증가하는 성장 급등(adolescent growth spurt) 현상이 나타나며, 내분비선의 발달도 활발하게 이루어진다. 정서적으로는 격정적이고 불안정하며 일관성이 부족한 특징을 보이고, 인지 발달에 있어서는 양적 성장뿐만 아니라 질적 성숙에서도 뚜렷한 향상을 이룬다. 또한 사회적 발달에 있어서는 부모나 가족으로부터 독립하여 자율성을 추구하는 동시에 또래 집단과의 일치를 중시하는 경향을 강하게 나타낸다. 이처럼 청소년기는 전인적 변화가 집중적으로 나타나는 시기이므로, 청소년지도자가 효과적인 지도를 하기 위해서는 이러한 특성을 깊이 이해해야 한다. 특히 청소년이 처한 환경 변화를 주의 깊게 살피고, 시대적 흐름을 읽어내는 통찰력을 갖추는 것이 필수적이다.

1. 청소년의 개념적 이해

1) 청소년의 의미

청소년을 지칭하는 용어는 영어권과 우리나라에서 다양하게 사용되며, 각각의 용어는 특정한 의미와 관점을 내포하고 있다. 영어권에서는 발달심리학적 의미의 'adolescent', 생리학적 의미의 'puberty', 사회·문화적 의미를 강조하는'youth'와 'teenager'가 대표적으로 사용된다. 반면, 우리나라에서는 '아동·청소년', '사춘기', '10대', '젊은이'와 같은 표현이 주로 쓰인다. 먼저 adolescent는 라틴어 adolescere(성장하다, 성숙하다)에서 유래한 개념으로, 신체적 성장과 더불어 부모로부터의 정신적 독립을 포함하는 발달단계를 지칭한다. 이는 아동기에서 성인기로 이행하는 과도기적 성격을 강조하며, 청소년기에 나타나는 심리적 변화 과정을 포괄한다. Puberty는 라틴어 pubertas(사춘기)에서 유래된 용어로, 생식능력을 획득하기 위한 생물학적 변화가 본격적으로 나타나는 시기를 의미한다. 이 시기에는 남녀 모두에게 2차 성징이 발현되며, 성적 기능이 활발해짐에 따라 강한 성적 충동이 나타난다. 이러한 변화 과정에서 청소년들은 욕구를 표출할 방법을 탐색하는 과정에서 갈등을 경험하게 되며, 정서적·인지적·사회적 측면에서 불안과 혼란을 겪는다. 따라서 사춘기는 흔히 '질풍노도의 시기'로 인식된다.

한편 'youth'는 청소년을 단순한 과도기의 존재로 규정하기보다는 자율성, 책임성, 권리, 참여, 시민성과 같은 가치를 강조하는 개념으로 사용된다. 이는 청소년만이 지닌 독특한 사회적·문화적 특성을 설명할 때 적절하다. 또한 'teenager'는 청소년이 소비 주체로 부상하면서 사용된 개념으로, 10대는 패션·음악·영화 등 대중문화를 주도하는 집단으로 자리매김하였다. 디지털 혁명은 청소년을 문화산업의 적극적인 수용자이자 활용자 집단으로 성장시키는 계기가 되었다.

이상의 논의를 종합하면, 우리나라에서 사용되는 '청소년'이라는 개념은 아동기와 성인기 사이에서 나타나는 생리적·심리적·사회적·문화적 특성을 모두 포괄하는 개념으로 이해할 수 있다(오윤선, 2025).

2) 청소년의 구분

청소년에 대한 정의는 학문 영역, 학자, 국가의 통치이념, 사회체제 그리고 관련법규 등에 따라 다르게 규정되기 때문에 한 마디로 개념화하기는 매우 어렵다. 이에 청소년에 대한 정의를 심리·신체적 변화, 사회적 역할, 연령, 법률에 따른 기준으로 구분하여 고찰해 보고자 한다.

(1) 심리적·신체적 변화에 따른 구분

콜(Cole, 1989)은 청소년기를 성과 연령에 따라 구분하였다. 여성의 경우 청소년 초기를 13~15세, 중기를 15~18세, 후기를 17~19세로, 남성의 경우 초기를 15~17세, 중기를 17~19세, 후기를 19~24세로 세분화하였다. 이는 청소년기를 생물학적인 관점에서 2차성징인 신체적·생리적 성숙의 특징이 나타나는 것을 기준으로 한 것이다. 문스 등(Munsch et al., 2025)은 심리학적인 관점에서 사춘기와 청소년 개념이 서로 밀접한 의미를 지니고 있다고 보고 일반적으로 12세부터 20세까지 급성장을 경험하고 있는 기간을 청소년 시기라고 하였다. 따라서 심리적 성숙과정은 30세 이상까지도 연장될 수 있다고 할 수 있다. 셀스키(Schelsky, 1971)는 사회학적인 관점에서 청소년의 개념을 '인간의 행동 발달단계로서 아동의 역할 행동은 더 이상 수행하지 않으나 성인의 역할과 행동을 수행하기에는 아직 이른 단계에 있는 자'라고 정의하고 청소년의 연령을 14~25세로 규정하였다. 그는 사회체제들이 행동이 미숙한 청소년들에게 교육, 정치, 경제 등을 가르칠 기회를 제공해야 한다고 주장하였다(청소년정책연구원, 2014). 독일의 교육학자 푀겔러(Pöggeler, 1985)는 교육학적 측면에서 인간 성장 중에 '이것이 청소년이다'라고 정확히 정의하거나 청소년기만을 별도로 개념화할 수 없다고 주장하며 청소년기를 단지 성취인이 되어 가는 과정으로 보았다.

현대에 청소년기의 시작을 알리는 사춘기는 일반적으로 11~12세경부터인데 여자의 경우 10세경부터, 남자의 경우 12세경에서부터 그 징후가 나타나기 시작한다. 하지만 이렇게 연령에 기초하여 청소년기를 구분하는 것은 개인차로 인해 그 구분이 부정확하다는 한계를 지닌다. 후기 산업사회 이후 청소년기는 과거보다 앞당겨졌고 시기의 연장을 더 요구하게 되었다. 이는 위생조건의 개선과 좋은 영양 및 성에 대한 개방적 문화가 사춘기의 시작 시기를 앞당겼고, 사회가 요구하는 고도의 전문적 지식과 기술은 더 긴 재학기간을 요구했기 때문이다. 이처럼 심리학적 구분으로서 청소년기의 기간은 정치적, 경제적, 기술적 조건과 함께 변화될 수 있다. 일반적으로 심리학적인 측면에서 청소년기의 연령 기준은 12세 또는 13세부터 시작하여 23세 또는 24세에 최성기(最盛期)를 이루며 경우에 따라서는 30세 이상까지도 확대된다고 본다(오윤선, 2025).

(2) 사회적 역할에 따른 구분

전통적으로 어느 집단에서나 삶의 전 과정에서 출생, 성인식, 혼인 그리고 사망의 시기를 중요하게 받아들여 각각의 단계에서 통과의례(rites of passage)를 치렀다. 이러한 통과의례의 관행에 비추어 볼 때 성인식(사춘기)에서부터 혼인에 이르는 시기를 청소년기로 보거나, 취업하여 경제적으로 독립하기 전까지를 청소년기로 간주하기도 한다. 하지만 이러한 구분은 개인, 집단, 사회의 특성에 따라 청소년기가 시작되는 시점과 지속되는 기간이 다르기 때문에 사회적 합의와 일치를 이루기 어렵다는 제한점을 지닌다.

(3) 취학연령에 따른 구분

취학연령 혹은 학력(學歷)에 따라 청소년의 시기를 구분할 수 있다. 오늘날의 초등교육과 중등교육은 일정한 연령층을 대상으로 학교시설에서 공교육 형태로 이루어진다는 특징을 지니고 있다. 따라서 청소년을 초등학교 취학자로부터 고등학교 졸업자까지 혹은 중학교와 고등학교 취학자로 한정하는 것이 이 접근이다. 이처럼 취학연령 혹은 학력을 기준으로 청소년기를 구분하는 것은 아주 용이한 접근이기는 하지만 증가하고 있는 학교 밖 청소년이나 만학 학생 및 조기 취학자를 어떻게 다루느냐 하는 문제를 수반한다. 이에 대해 오윤선(2025)은 긴 교육기간과 군복무의 특수성을 갖는 한국의 청소년에 대해 청소년 초기를 초등학교 3~4학년부터 중학교까지로, 청소년 중기를 고등학교 시기로, 청소년 후기를 대학교 및 군복무 기간까지로 구분하고 있다.

(4) 법률에 따른 구분

각 나라마다 청소년의 법률적 연령 범주는 자국의 특성과 청소년 계층의 능력에 따라 다양하게 분류·적용하고 있다. UN에서는 청소년의 개념을 15세부터 24세 사이의 집단으로 규정하고 있다. 미국의 대부분의 주(州)에서 미성년자는 18세 미만으로, 청소년비행의 대상 연령은 10~17세로 규정하고 있다(Eitwen & Zinn, 2003). 미국의 경우 연방정부 차원에서 보건복지부를 주무 부서로 하여 내무부, 법무부, 교육부 등 여러 부처에서 청소년 관계 사업을 시행해 오고 있는데, 각 주의 시 행정기관과 교육위원회, 각급 지역사회센터 등에서 청소년 활동 및 복지사업을 주관하고 있다. 독일의 경우에는 「청소년 보호법」에서 아동은 14세 미만으로, 청소년은 14세 이상 18세 미만의 자로 정의하고 있다. 일본의 경우 「소년법」에서 20세 미만을 소년으로, 「아동복지법」에서는 18세 미만을 아동으로, 「민법」에서는 19세 미만을 미성년자로, 「학교교육법」에서는 6~12세 미만을 학령아동으로 나누어 규정하고 있다.

우리나라의 경우 청소년 보호와 육성을 위한 관련 법규를 살펴보면 〈표 1-1〉에 나타난 바와 같이 입법취지에 따라 연령을 다소 상이하게 규정한다. 예를 들면 「형법」에서는 신체적·정신적으로 미성숙하여 자신의 행동을 책임질 수 없는 아동 및 청소년을 형사처벌할 수 없도록 14세 미만을 “형사미성년자”로 규정한다. 한편 「청소년보호법」에서는 청소년을 유해한 매체 및 환경으로부터 보호하는 것을 목적으로 만 19세 미만으로 규정한다.

표 1-1 청소년 보호 관련 법률에 따른 명칭 및 연령

규정법률	청소년 명칭	연령 기준	제정 연도	주관부처
민법	미성년자	만 19세 미만	1958. 2. 22	법무부
형법	형사미성년자	14세 미만	1958. 9. 18	법무부
소년법	소년	19세 미만	1958. 7. 24	법무부
청소년기본법	청소년	9세 이상 24세 이하	1991. 12. 31	문화체육관광부
음반, 비디오물 및 게임물에 관한 법률	청소년	18세 미만	1999. 2. 8	문화체육관광부
영화 및 비디오물의 진흥에 관한 법률	청소년	18세 미만	2006. 4. 28	문화체육관광부
공연법	연소자	18세 미만	1961. 12. 30	문화체육관광부
아동복지법	아동	18세 미만	1961. 12. 30	보건복지부
청소년보호법	청소년	만 19세 미만	1997. 3. 7	여성가족부
청소년의 보호에 관한 법률	청소년	만 19세 미만	2000. 2. 3	여성가족부
- 청소년활동 진흥법 - 청소년복지 지원법	청소년	9세 이상 24세 이하	2004. 2. 9	여성가족부
- 성매매알선 등 행위의 처벌에 관한 법률 - 성매매방지 및 피해자 보호 등에 관한 법률	청소년	만 19세 미만	2004. 3. 22	여성가족부
근로기준법	소년	18세 미만	1997. 3. 13	고용노동부

이러한 한국 현행법 가운데 일반법과 특별법, 기타 법률상에서 규정하고 있는 미성년자 및 청소년의 연령 구분에 따른 실태를 종합해 보면 〈표 1-2〉와 같다. 이처럼 법에서 규정하고 있는 연령 기준이 상이한 이유는 다소 개인차가 무시되더라도 사회적 통일성을 이루기 위해 일정 연령을 기준으로 청소년을 구분하는 방법을 채택했기 때문이다.

표 1-2 법률에 따른 미성년자 연령 구분 실태

구분		조항	연령	규정내용	주관부처
일반법상	민법	제4조	만 19세	만 19세로 성년이 된다.	법무부
	형법	제9조	14세 미만	14세가 되지 아니한 자의 행위는 벌하지 않는다.	법무부
	형사소송법	제159조	16세 미만	선서무능력자	법무부
	소년법	제2조	19세 미만	소년의 정의	법무부
	청소년 기본법	제3조	9~24세	청소년육성정책에 관한 기본적인 규정(혜택의 부여)	문화체육관광부
특별법상	풍속영업의 규제에 관한 법	제3조 4호 제3조 5호	19세 미만	– 풍속 영업소 출입 금지 (※ 노래연습실, 비디오 감상실은 18세 미만) – 유흥종사자 고용 금지	경찰청
	청소년 보호법	제2조	만 19세 미만	– 청소년에 대한 기본적 · 종합적 법률 – 다른 법 우선 적용(제6조)	청소년보호위원회 (여성가족부)
	식품 위생법	시행규칙 제42조	19세 미만	– 유흥접객원 고용 금지 – 단란주점 · 유흥주점 영업소 출입 금지	보건복지부
	아동 복지법	제2조 1항 제18조 4호	18세 미만 14세 미만	– 아동의 정의 – 주점 기타 접객영업 출입 금지	보건복지부
	공연법	제22조 12호	18세 미만	성인공연물 관람 금지	문화체육관광부
	공중 위생법	시행규칙 제15조	19세 미만	증기탕 입욕 금지	보건복지부
	근로 기준법	제63조	18세 미만	도덕상 · 보건상 유해하거나 위험한 사업에 사용하지 못한다.	고용노동부
기타	병역법	제8조	18세부터	제1국민역 편입	국방부
	주민 등록법	제17조	17세 이상	주민등록증 발급대상	행정자치부

2. 청소년의 발달적 이해

1) 신체 및 성 발달

(1) 신체적 발달

청소년기가 되면 신장과 체중이 급격히 성장하는 성장 급등(adolescent growth spurt) 현상이 일어난다. 개인차가 있기는 하지만 일반적으로 남자의 경우 13세에서 시작하여 16~17세까지 급성장을 이루며 이후에는 완만해진다. 반면 여자의 경우 남자보다 2년 정도 앞선 11세에서 시작하여 14~15세까지 급성장을 이루다가 증가폭이 크게 둔화된다(질병관리청, 2025). 남자 청소년의 신장 증가는 대부분 21세까지 지속되는 반면 여자 청소년의 경우는 좀 더 일찍 증가를 멈추기 때문에 사춘기가 끝날 무렵에는 남자 청소년이 여자 청소년의 신장과 체중을 능가하게 된다.

신장과 체중의 증가와 더불어 신체 변화가 나타나는데 남자는 어깨가 넓어지고 근육이 발달하여 남성다운 체형으로 변모하는 반면, 여자는 골반이 넓어지고 피하지방이 축적되어 여성다운 체형으로 변모한다. 또한 머리 크기가 신체에서 차지하는 비중이 낮아지고, 얼굴모양은 둥근 형에서 길쭉한 형으로 변화하며, 코와 입이 크고 넓어져 전체적인 윤곽이 달라진다(Lloyd, 1985).

이러한 청소년기의 급격한 신체적 발달은 청소년의 심리와 행동에 큰 영향을 미친다. 청소년기 신체 발달의 심리적 의미를 살펴보면 다음과 같다.

첫째, 청소년은 자신의 신체 변화에 대해 매우 자각적이다. 청소년은 자신의 신체에 일어나는 변화를 자각하는 정도가 생애주기 그 어느 시기보다 활발하다. 청소년기의 신체 발달은 신장이나 체중 이외에도 다양한 면에서 나타나기 때문에 타인은 물론이며 청소년 스스로도 확연하게 느낄 수 있다. 그러나 청소년들은 신체 각 부분의 성장 속도가 일정하지 않기 때문에 신체에 대해 부적절감을 느끼게 된다. 또한 신장급등 현상이 정점에 이르고도 약 12~14개월 후에 근육의 힘이 절정에 도달하기 때문에 당혹감을 느끼게 된다. 이렇듯 성장과도기에 있는 청소년들은 자신이 되고 싶은 이상적인 모습과 현재 자신의 모습 차이로 인해 심리적으로 항상 불안정한 상태를 보이게 된다. 이에 따라 자신의 신체적 결점을 보완하고 매력적으로 돋보이기 위한 행동에 민감하게 반응한다.

둘째, 신체 발달의 개인차로 인해 우월감 혹은 열등감을 느끼게 된다. 청소년기의 신체 변화는 급격할 뿐만 아니라 개인차가 매우 크다. 그러나 또래집단을 향한 지향과 동조가 강한 청소년들은 자신의 변화와 또래들의 변화 정도를 비교하고 자신의 신체·생리적 변화의 정상 여부를 고민하게 된다. 특히 청소년들은 발달이 더딘 친구보다는 빠른 친구를 선호하고 신체적 매력이 또래 인기의 척도가 되기 때문에 개인차로 인한 우월감이나 열등감을 크게 느낄 수 있다.

셋째, 청소년기 신체상(body image)은 청소년의 자아개념과 성격 그리고 사회 적응에 큰 영향을 미친다. 신체상이란 자기 신체에 대한 감각, 느낌, 태도 등을 포함하는 정신적 표상으로 알게 모르게 지니고 있는 자기 자신의 신체 전부 또는 부분적 이미지를 의미한다. 신체상은 평생을 통해 형성되지만 청소년기에 가장 높은 관심을 보인다는 점에서 그 특별성이 있다. 이 시기에 자신의 신체상에 대한 부정적인 평가는 여러 가지 심리적·행동적 적응 문제를 유발하기도 하며, 청소년기에 시작된 자신의 신체상에 대한 관심과 불만은 성인기에도 지속될 수 있다. 특히 우리나라 청소년들은 외모지상주의(lookism) 영향으로 인해 왜곡된 신체 이미지를 가지고 있는 경우가 많아 신체건강의 위협은 물론 사회적 문제로 대두되곤 한다.

(2) 성 발달

청소년기에는 신장이나 체중이 증가할 뿐만 아니라 내분비선(endocrine gonads)도 급격하게 성장한다. 청소년기의 성 발달을 초기, 중기, 후기로 구분해 살펴보면 다음과 같다.

첫째, 청소년 초기 여자의 경우에는 여성 호르몬인 에스트로겐(estrogen)이, 남자의 경우에는 남성 호르몬인 안드로겐(androgen)이 서서히 증가하기 시작한다. 그 결과 여자의 경우는 첫 월경이 시작되고 남자는 성숙한 정자가 소변에 검출된다.

이러한 일련의 변화는 유전, 영양 상태, 계절, 기후, 인종 등에 따라 어느 정도 영향을 받기도 하지만 거의 모든 청소년에게 보편적으로 일어나는 현상이며 현대에는 오히려 양질의 영양 상태 및 비만, 환경 호르몬, 유전적 요소, 스트레스 등이 증가하면서 성조숙증에 대한 예방과 치료가 대두되고 있는 실정이다. 이 시기에 청소년들은 이처럼 변화하고 있는 자신의 신체·생리적 모습과 이로 인한 성적 충동의 증가에 어떻게 대응하고 적응해야 할지 몰라 당황하고 수치감과 불안감을 느낄 수 있다. 또한 신체 각 부분의 불균형적 발달로 인해 정서적으로 매우 불안정한 상태에 놓이게 된다. 따라서 이 시기에는 무엇보다도 이러한 2차 성징을 자연스럽게 받아들이는 것이 중요하다. 동시에 성적 충동을 어떻게 해결하는가는 중요한 발달 과제 중 하나라고 할 수 있다.

둘째, 청소년 중기는 중학교 2, 3학년부터 고등학교 1, 2학년에 해당되는 시기로 이 시기의 청소년들은 성적으로 성숙했음을 인정하고 이에 따르는 성적 역할에 신경을 쓰게 된다. 이 시기에는 이성에 대하여 많은 관심을 가지고 교제를 희망하게 된다. 그리고 청소년 중기는 성 정체성이 완성되는 시기로 만약 성 정체성이 불확실할 경우 성을 완전히 부정하려는 생각이나 행동을 할 수 있다. 하지만 반대로 성 정체성이 불분명하기 때문에 이성 친구와 좀 더 많이 사귀면서 실험삼아 성적인 접촉이나 행동을 시도하게 되는 경우도 있다.

셋째, 청소년 후기는 고등학교 3학년부터 대학생에 해당되는 시기로 그동안 고민했던 신체적인 성과 성역할, 성적 정체성이 확립되면서 그보다 더 상위에 있는 '나'라는 개념 즉, '나의 존재는 무엇인가?'하는 질문에 대한 답을 추구하면서 자아정체성이 완성되는 시기이다.

2) 정서 발달

(1) 청소년기 정서 발달의 특성

청소년기의 정서 발달은 격정적이며 일관성이 없고 막연하며 불안정하다는 특성을 지니고 있다. 청소년기를 '질풍노도의 시기'라고 기술할 정도로 청소년들은 불안, 갈등, 고민 등으로 가득 찬 격동의 시기를 경험하게 된다. 이로 인해 청소년의 일반적인 정서적 패턴은 공포, 걱정, 불안, 분노, 괴롭힘, 좌절, 질투, 선망, 호기심, 애정, 슬픔 그리고 쾌락과 즐거움의 형태로 나타난다.

청소년기에는 다른 어느 발달단계보다도 변화가 많을 뿐 아니라 성취해야 할 발달과제가 많아 여러 가지 적응상의 어려움에 직면하게 된다. 청소년들은 신체, 인지, 정신, 사회 등 여러 측면에서 급격히 일어나는 변화와 발달에 대처할 수 있는 충분한 지식이나 기술을 아직 갖추고 있지 못하기 때문에 항상 불안과 혼란 속에서 끊임없이 긴장하고 갈등하게 된다. 특히 급격한 신체적 변화 즉, 2차성징의 출현과 함께 강하게 의식되는 성적 본능의 충동을 억제하지 못하기 때문에 청소년들은 정서적으로 매우 불안하고 조급하게 된다.

이 밖에도 대인관계와 생활공간이 확대되면서 발생한 새로운 미지세계에 대한 불확실성, 청소년이 갖는 지위 역할의 모호성과 그들의 생활세계가 갖는 주변적 성격, 소속집단의 변화에 따른 행동 변화, 신체적·성적 성숙과 심리적·사회적 미성숙 간의 불균형, 기성세대와의 가치관 차이, 학업성적의 갈등 등이 청소년들에게 심각한 고민으로 나타나면서 심리적 갈등과 정서적 동요를 일으키게 된다.

또한 청소년들은 감수성이 예민하여 조그만 일에도 쉽게 흥분하고 동요되며 일시적인 기분에 따라 행동하기 쉽다. 특히 자신의 정신적 자립성을 강하게 추구하기 때문에 그들의 삶을 비판, 훈계, 간섭하는 타인에게 크게 불쾌해하거나 화를 내고 반항한다. 동시에 청소년들은 자기 자신에 대해서도 민감하여 자신을 남과 비교하고 평가하면서 스스로 열등감, 무력감, 자기 회의, 자신감 상실, 허탈감 등에 휩싸인다. 이렇게 청소년기에는 격렬한 내적 갈등 속에서 불안정한 정서 상태가 특징적으로 나타나게 된다.

청소년의 정서적 불안 상태는 감정의 양면성에서 가장 잘 나타난다. 청소년들은 정서적 불안정으로 인하여 극과 극을 달리는 자기 갈등적이고 모순된 감정을 보임으로써 혼란과 갈등에 휩싸인다. 의존과 독립, 반항과 순종, 우울과 환희, 실망과 득의, 열등감과 우월감, 무관심과 열정, 절망과 희망, 자기혐오와 자기애, 이기주의와 이타주의, 이상주의와 현실타협 등의 양극의 감정이 동시에 나타나거나 단시간 내에 격렬한 변화에 사로잡힌다. 이러한 감정의 양면성은 심신의 불균형을 초래하기 때문에 청소년들은 모든 행동에 있어서 일관성이 없고 다소 무책임하고 중용이 없다.

이처럼 청소년들은 감정의 기복이 심하고 극단적인 기분에 쉽게 사로잡히기 때문에 그들의 행동은 이성적이고 객관적이라기보다 감정적이며 자기중심적이 된다. 또한 정서적 불안정은 특정 상황에서 부적응을 일으킬 뿐만 아니라 연쇄적인 정서적 혼란을 가져와서 자아를 손상시키고 심리적·사회적인 적응을 해나가는 데 상당한 어려움을 겪게 된다. 정서적 불안 상태가 지속되면 청소년들은 그러한 상태에서 벗어나기 위하여 격렬하고 파괴적이며 극단적인 부적응 행동을 서슴없이 하게 된다. 이처럼 청소년의 정서적 불안은 우울증, 정서장애, 약물남용, 자살, 가출, 도벽, 폭력 등과 같은 다양한 정신장애와 비행 그리고 범죄행위로까지 발전되어 개인뿐만 아니라 사회에 바람직하지 못한 결과를 초래하기도 한다.

그러나 이와 같은 청소년의 정서적 불안정 상태는 대부분 일시적인 과도기적 현상으로 점차 안정된다. 즉, 청소년이 성장함에 따라 차츰 자신을 자제할 수 있는 통제력을 지니게 되고 현실에 대해 적극적인 적응을 모색하게 된다. 따라서 이 시기에는 청소년들의 정서 변화에 대해 인내심을 가지고 그들의 격한 감정을 수용하고 보다 관대하게 반응하는 태도가 필요하다고 할 수 있다.

(2) 청소년의 다양한 정서

청소년기에는 생애주기의 어느 시기보다 급격하고 격렬한 정서적 변화를 경험하게 된다. 이에 따라 청소년들은 자신의 격렬한 정서를 외부적으로 표출하기도 하지만 반대로 내면화시키며 억제하고 은폐하는 모순된 모습을 보이기도 한다. 또한 방어기제에 의한 변용으로 인해 주변 사람들이 핵심 정서를 쉽게 알아차리기 어렵게 된다. 이에 문제행동이나 극단적인 선택으로 표출되기 전까지 부정적인 정서가 얼마나 심각한 정도인지 파악하고 대책을 마련하는 데 어려움을 준다. 따라서 청소년지도자는 청소년들이 표현하는 대표적인 몇 가지 정서가 내포하고 있는 다음과 같은 다양한 정서에 관심을 기울이고 반영하며 접근하는 태도가 요구된다.

① 기쁨과 즐거움

감격스러운, 괜찮은, 굉장한, 근사한, 기분 좋은, 기쁨, 끝내주는, 날아갈 듯한, 눈물겨운, 당당한, 더 이상 좋은 것이 없는, 마음이 가벼운, 마음이 편한, 마음이 확 열리는, 만족스러운, 멋있는, 멋진, 명랑한, 반가운, 사랑스러운, 산뜻한, 살맛 나는, 상쾌한, 순조로운, 시원한, 신바람 나는, 싱그러운, 아늑한, 안심되는, 열성적인, 위안되는, 유쾌한, 의기양양한, 자랑스러운, 자신만만한, 자유로운, 장엄한, 재미있는, 좋은, 즐거운, 짜릿한, 침착한, 쾌활한, 태연한, 편안한, 포근한, 행복한, 후련한, 훌륭한, 흐뭇한, 흔쾌한, 흥분된 등.

② 행복

감동을 받은, 감사한, 경쾌한, 고마운, 고요한, 기쁜, 기쁨에 넘치는, 두근두근한, 만족한, 명랑한, 반짝거리는, 밝은, 빛나는, 상쾌한, 생기있는, 씩씩한, 유쾌한, 의기양양한, 조용한, 즐거운, 쾌적한, 쾌활한, 태평스러운, 팔팔한, 평안한, 평화스러운, 푸짐한, 풍부한, 화창한, 활기있는, 황홀한, 흡족한, 흥분된, 힘찬 등.

③ 사랑과 관심

감사함을 느끼는, 감성적인, 감정적인, 감탄할 만한, 고마운, 관심이 가는, 관심 있는, 귀여운, 다정스러운, 다정한, 따사로운, 마음에 드는, 마음이 넓은, 믿을만한, 부드러운, 분별력이 있는, 사랑받는 듯한, 사랑스러운, 사랑을 느끼는, 사려 분별이 있는, 상냥한, 성실한, 성적인, 솔직한, 슬기로운, 신뢰로운, 신뢰할 수 있는, 신중한, 애교 있는, 애정이 있는, 열정을 느끼는, 예민한, 예쁜, 예의 바른, 온순한, 온정적인, 온화한, 인자한, 인정받은, 자비로운, 자비심이 많은, 자상한, 정다운, 정열적인, 정을 느끼는, 진실한, 착한, 충실한, 참을성이 있는, 친절한, 친밀한, 친숙한, 평화스러운, 호감을 주는, 호소하는, 형제같은, 후한, 훌륭한, 호의적인, 흥미 있는, 흡족한 등.

④ 슬픔과 좌절

가슴이 아픈, 가슴이 찢어지는, 가여운, 걱정스러운, 고독한, 공포에 질린, 공허스러운, 기분 나쁜, 기운이 없는, 눈물 나는, 동정하는, 두려운, 상처를 입은, 마음이 무거운, 멍한, 모욕당한 듯한, 목이 메는, 무서운, 무시당한, 배척당하는, 버려진, 버림받은, 보잘것없는, 부끄러운, 부서진, 불만스러운, 불쌍한, 불안한, 불행한, 비난받은 것 같은, 비참한, 상처받은, 서글픈, 서러운, 섭섭한, 소외감을 느끼는, 슬픈, 실망스러운, 실패한, 싫증 나는, 쓸모없는, 쓸쓸한, 암담한, 애석한, 아쉬운, 애처로운, 야속한, 얕보는, 어두운, 억압된, 언짢은, 외로운, 우울한, 울적한, 자포자기하는, 잠잠한, 저하되는, 적적한, 절망스러운, 지루한, 지친, 참담한, 창피스러운, 처량한, 처참한, 타락한, 패배한, 평탄한, 피로해지는, 하잘것없는, 혼자인 느낌이 드는, 활기 없는, 희망이 없는 등.

⑤ 분노와 증오

가혹한, 격분을 느끼는, 격분한, 경멸스러운, 고통스러운, 골치아픈, 공격적인, 괴로운, 구역질 나는, 귀찮은, 그저 그런, 기분 상하는, 꼴사나운, 나쁜, 답답한, 떨떠름한, 마음을 닫고 싶은, 무시당한, 무정한, 미운, 미칠 것 같은, 반감을 느끼는, 밥맛 떨어지는, 방황하는, 배반당한, 분개한, 분노스러운, 부글부글 끓는, 숨막히는, 신경질 나는, 싫은, 싫증이 나는, 심술난, 아픈, 안 좋은, 앙심을 품은, 약오르는, 얄미운, 어리둥절한, 어색한, 업신여기는, 역겨운, 조롱당한, 좌절감 느껴지는, 죽을 것 같은, 증오스러운, 지겨운, 짜증 나는, 화나는, 환멸스러운, 흉악한, 흥분한 등.

⑥ 열망

간절한, 갈망하는, 갖고 싶은, 경쟁심을 느끼는, 긴장을 느끼는, 부러운, 부족한, 성에 안 차는, 약 오르는, 열정적인, 열광적인, 열렬한, 열망하는, 열성적인, 열중한, 욕심을 느끼는, 원하는, 자랑스러운, 하고 싶은, 조급함을 느끼는, 진지한, 참을 수 없는, 호기심을 느끼는, 후회스러운 등.

⑦ 놀라움과 당황스러움

감격스러운, 골때리는, 놀라운, 당한 듯한, 당황스러운, 어지러운, 정신이 번쩍 드는, 초조한, 흥분을 느끼는 등.

⑧ 의심스러움

걱정스러운, 골치 아픈, 나는 약한, 나는 힘이 없는, 막막한, 무기력한, 머뭇거리는, 모호한, 무능한, 무력한, 미궁에 빠진, 뭐가 뭔지 알 수 없는, 미칠 지경인, 미심쩍은, 미적지근한, 수상쩍은, 안심이 안 되는, 우물쭈물한, 우유부단한, 의심스러운, 의아한, 이상한, 절망적인, 정리가 안 된 듯한, 조심스러운, 좌절하는, 주저하는, 캄캄한, 피곤한, 혼돈, 희망이 없는 등.

⑨ 두려움과 불안

간담이 서늘해지는, 간이 콩알만해지는, 걱정스런, 겁나는, 겁에 질리는, 공포스러운, 근심스러운, 긴장되는, 놀란, 두려운, 마음이 동요되는, 무서운, 몸이 떨리는, 무시무시한, 부자연스러운, 벼랑에 선 듯한, 부끄러워하는, 불안한, 비참한, 소름 끼치는, 비열한, 성급한, 안절부절못하는, 염려하는, 애태우는, 엄청난, 우려하는, 소름이 끼치는, 용기 없는, 위험한, 우물쭈물한, 의심스러운, 의지하는, 전율을 느끼는, 절망적인, 조심스러운, 주저하는, 지독한, 질린, 질투하는, 초조한, 충격적인, 험악한, 휘청거리는, 흔들리는, 흥분하는 등.

⑩ 수치심과 죄책감

마음이 무거운, 멋쩍은, 미안한, 바보스러운, 부끄러운, 수치스러운, 쑥스러운, 자책하는, 죄스러운, 죄책감이 드는, 쥐구멍을 찾고 싶은, 창피한, 캄캄한, 후회스러운 등.

⑪ 상처받음

격리된, 고독한, 고립된, 고생스러운, 고통스런, 괴로운, 근심스러운, 냉정한, 당황한, 맥빠진, 모욕적인, 불쌍한, 불쾌한, 마음상한, 실망한, 쌀쌀한, 쑤시는, 쓰린, 아리는, 아픈, 애끓는, 애매한, 애처로운, 억울한, 외딴, 외로운, 절망적인, 차가운, 혼란한, 힘이 빠진 등.

3) 인지 발달

청소년기는 인지 발달에 있어서 양적인 면뿐만 아니라 질적인 면에서도 현저한 성장을 보인다. 양적 증가란 전 단계인 아동기에 비해 훨씬 빠르고 용이하게 그리고 효율적으로 지적 과업을 성취하는 것을 의미한다. 한편 질적 증가란 인지과정의 변화로 추상적인 사고, 가설적·연역적인 사고, 은유에 대한 이해가 가능해지는 것을 의미한다.

청소년은 〈표 1-3〉과 같이 피아제(Jean William Fritz Piaget, 1896~1980)의 인지발달 단계에 기초할 때 형식적 조작의 사고를 할 수 있다. 즉, 구체적인 사물에 의존하지 않고도 가설적·종합적 사고를 할 수 있으며 상상과 추리를 통해 문제를 해결할 수 있게 된다. 그리고 자기 자신에 대해서도 깊은 추리와 탐색을 할 수 있다. 이 과정에서 청소년들은 아동기보다 더욱 고차원적인 사고 능력 및 철학적·사변적인 사고 능력이 발달하며 동시에 비판적인 사고 능력도 발달한다.

표 1-3 피아제(Piaget)의 인지발달단계

단 계	연 령	특 징
감각운동기	0~2세	새로운 정보를 습득하기 위해 자신의 반사신경과 감각을 사용한다. 발달의 중요한 특징으로 대상영속성이 있다.
전조작기	2~7세	자신이 가진 정신적 표상을 언어와 그림 등으로 표현하며 다양한 언어활동과 신체적 활동을 통한 학습이 이루어진다. 자아중심적 사고가 강하며 모든 사물에 생명이 있다고 여기는 물활론적 사고를 한다.
구체적 조작기	7~12세	보존개념이 생겨난다. 사물의 유목화(공통점, 차이점, 관련성 등)가 가능해지고 제한적이지만 연역적 사고가 가능해진다.
형식적 조작기	12세 이상	논리적, 다차원적 사고를 통해 계획(가설)을 세우고 해결할 수 있다. 현실에 없는 추상적 개념을 이해할 수 있으며 현존하는 것을 초월한다.

그러나 이들은 자기 상상의 늪에 빠져 현실을 망각하고 그 속에서 영원성과 순수함 그리고 완벽함을 추구하는 비합리적 사고를 하기도 한다. 또한 자아중심적 사고가 두드러지게 나타난다. 이는 이 시기의 청소년들이 자신의 생각과 타인의 생각을 구분하지 못하고 타인의 입장이 자신의 입장과 같을 것으로 확신하는 데 비롯된다. 하지만 청소년기의 자아중심성은 이기심과는 달리 도덕적 판단을 내포하지는 않는다. 단지 타인의 생각은 간접적으로 추론되지만 자신의 생각은 직접 경험하기 때문에 훨씬 뚜렷하고 명료하게 느끼는 것이다(Elkind, 1978). 이러한 청소년들의 자아중심성은 가상청중과 개인적 우화 현상에서 잘 나타난다. 청소년 후기가 되면서 점차 성인과 같은 현실적·합리적 사고를 하게 됨으로써 그들의 학습과 문제해결, 지적 성장, 사회적 태도가 현저하게 개선되며 완숙한 수준에 이르게 된다. 이러한 청소년기의 인지적 발달은 청소년기의 사회·인지 발달뿐만 아니라 청소년의 자아정체감 형성 및 사회성 발달에도 큰 영향을 미친다.

4) 사회성 발달

청소년기의 사회성 발달은 부모나 가족으로부터 독립함으로써 자율성을 추구하는 동시에 그들의 동료집단과 일치하려는 경향이 높아진다. 청소년들은 그동안 정신적 의존관계에 있었던 부모의 보호와 감독, 간섭으로부터 벗어나 자기 자신의 판단과 책임 아래 독립적으로 행동하려고 한다. 홀링워스(Hollingworth, 1928)는 이러한 청소년들의 사회적 특성을 '심리적 이유기(心理的 離乳期)'라고 명명하였다. 청소년들은 용돈 사용, 시간 활용, 학업 태도, 도덕적 태도, 친구 및 이성과의 교제, 진로 희망, 옷차림, 스마트폰 및 인터넷 사용 등의 행동에서 부모의 통제를 받지 않으려 하며, 그동안 받았던 부모의 지시를 논리적으로 비판하거나 반항하며 또래관계에서 습득한 가치관과 행동을 표방한다. 부모에 대한 신뢰감이나 존경심이 줄어들고 청소년 자신이 자립적으로 선택한 친구와 유대관계를 형성하고 그들과 수평적인 입장에서 자신의 내면적 고민을 나누는 등 친구에 대한 의존도가 높아진다.

청소년들은 자신과 비슷한 사회경제적 지위에 있거나 지리적 근접성이 있는 친구, 특정한 취미와 관심이 같은 친구, 비슷한 성격을 가진 친구들과 또래집단을 형성하고 자신이 소속된 집단 내 자신의 지위와 역할을 예측하고 수행, 평가하며 필요한 사회적 기술을 학습한다. 청소년들은 이러한 또래집단을 통해 구성원 간 긴밀하게 영향을 주고받으며 친밀한 관계로 발전한다. 그러나 모든 청소년이 또래관계를 통해 생각과 가치를 공유하고 개인적인 문제나 갈등에 대해 위로와 지지를 받는 것은 아니다. 청소년들은 교우관계를 형성하고 발전시키는 과정에서 여러 가지 갈등과 문제에 직면하기도 하고 경우에 따라서 전혀 친구를 사귀지 못하고 고립되기도 한다. 또한 친구들로부터 술이나 담배 등과 같은 다양한 문제행동을 배우거나 직접 행동에 옮기는 등 부정적인 측면이 부각되기도 한다.

청소년 초·중기에는 사회적 미성숙으로 인해 경험 영역이 좁을 뿐만 아니라 활동 반경이 극히 제한되어 있으며 기존 사회의 제도와 관습에 동화되는 정도가 매우 약하다. 그러나 청소년 후기가 되면서 점차적으로 교우관계나 사회적 관계의 폭과 깊이가 증대되고, 기성세대에 대한 무조건적인 비판이나 반항의 자세에서 합리적인 비판과 논리적인 대항의 자세로 변하게 된다.

5) 자아정체감 발달

(1) 자아정체감 형성

에릭슨(Erikson, 1968)은 심리사회적 측면에서 사람의 전 생애 발달을 다음 〈표 1-4〉와 같이 설명하였다. 이 중 청소년기는 자아정체감 형성이라는 주요 발달과업을 성취해야 하는 시기이다. 자아정체감(ego identity)은 자신이 타인과 구별된 독립적이고 고유한 존재라고 인식하는 동시에 외적인 자극, 환경, 감정적 변화에도 불구하고 일관되게 자신을 인식하여 안정적인 느낌을 갖는 것을 의미한다. 정체감 확립은 청소년의 중요한 발달과업이지만 정체감 발달이 청소년기부터 시작되는 것은 아니며 청소년기에 완성되는 것도 아니다. 엄밀하게 말해서 자아정체감 발달은 유아기의 애착 출현, 자아감 발달, 독립심의 출현과 더불어 시작되며 노년기에 인생의 회고와 통합을 이루며 마지막 단계에서 이루어진다. 다만 청소년기가 정체감 형성에서 중요한 의미를 가지는 것은 아동도 어른도 아닌 애매한 입장에 놓여있던 그들이 기존에 동일시(identification)했던 내용을 그대로 보유하기도 하고 비판하기도 하면서 과감하게 해체를 시도하기 때문이다(Capps, 1987). 즉, 이 시기의 청소년들은 자아정체감 형성을 위해서 과거 개인의 참조 체제를 선택하고 현재 새롭게 내면화한 동일시 내용 및 미래 계획과 포부를 역동적으로 통합하고 재조직화하면서 성인으로서 성숙에 이르는 길을 구축한다는 것이다(임춘형, 2010). 이처럼 청소년기는 성숙한 신체와 형식적 조작능력을 지니고 개인적 의문과 결정에 직면하면서 자아정체감이 확립되는 결정적 시기(critical period)라고 할 수 있다.

표 1-4 에릭슨(Erikson)의 심리사회적 발달단계

단 계	연 령	특 징
신뢰감 대 불신감	0~2세	영아가 가지는 사회적 관계는 주로 어머니(양육자)와의 관계로 자신의 모든 것을 어머니에게 의존한다. 어머니로부터 일관되고 지속적인 사랑과 관심을 받을 경우 신뢰감이 발달하지만 그렇지 못할 경우 불신감이 발달한다.
자율성 대 수치감	2~3세	유아는 여러 상반되는 충동에서 스스로 선택하는 경험을 통해 자율성을 기르며, 운동 능력과 근육 발달로 대소변을 통제할 수 있으며 직접 움직이면서 자기 환경을 탐색한다. 영아는 사회의 기대나 압력을 알게 되는 한편 기대에 적합한 행동을 잘 수행하지 못하면 수치심이나 적대감을 갖게 된다.
주도성 대 죄책감	4~5세	자율성이 진보하면서 스스로 어떤 목표나 계획을 세워 목표 지향적이고 반항적이며 경쟁적인 행동을 한다. 그러나 자신의 계획이나 희망이 사회의 금기를 범하는 결과를 낳는다는 사실을 깨달으면 죄책감을 느낀다.
근면성 대 열등감	6~11세	읽기, 쓰기, 셈하기 등 인지적 기술과 사회적 기술을 습득하며 또래문화에 적응하는 것을 배운다. 이 과정에서 학습과 적응이 순조로우면 근면성을 형성하지만 학습이나 놀이에서 실수나 실패를 반복하면 부적절감과 열등감을 느낀다.

단 계	연 령	특 징
정체감 대 정체감 혼미	12~18세	자아정체감이란 자기 동일성에 대한 자각이며 자기의 위치나 능력 또는 역할, 책임 등에 대한 확신을 의미한다. 이 시기의 청소년은 자기 존재에 대한 의문을 해결하기 위해 고민, 갈등, 방황을 하게 된다. 이러한 기간이 길어지면 정체감의 혼미가 온다.
친밀감 대 고립감	19~24세	이 시기는 직업과 배우자를 선택해야 하는 시기로 타인과의 관계에서 친밀성을 형성하는 것이 중요하다. 친밀감을 형성하지 못할 경우 자신에게만 몰두하여 고립된다.
생산성 대 침체성	25~54세	자녀양육, 직업적인 성취나 학문적, 예술적 업적 등에서 생산적으로 일하게 된다. 생산성을 제대로 나타내지 못하면 침체감이 형성되고 타인에 대한 관대함이 결여되고 자신의 욕구에 더 치중하는 경향을 나타낸다.
통합성 대 절망감	54세 이상	노년기로서 지금까지 살아온 생애를 돌아보면서 자신의 생애가 가치 있는 삶이었는지를 음미해 보는 시기이다. 자신의 삶에 가치를 느끼는 사람은 인생에 책임감을 느끼며 살아온 인생을 높은 차원의 인생철학으로 발전시켜 죽음까지도 겸허하게 받아들이는 통합을 이루게 된다. 하지만 자신의 삶이 무의미한 것이었다고 느낄 경우 절망에 빠지게 된다.

(2) 자아정체감의 네 가지 범주

청소년들이 긍정적인 정체성을 형성하지 못하면 자신의 역할에 대한 혼란이 일어나 스타를 맹목적으로 추종하거나 비합리적인 집단행동을 하게 된다. 마르시아(Marcia, 1980)는 에릭슨이 설명한 위기와 수행이라는 두 차원의 조합을 통해 〈표 1-5〉와 같이 자아정체감의 네 가지 범주를 제시하였다. 여기에서 위기란 자신의 현재의 상태와 역할에 대해 의문을 제기하고, 여러 대안적 가능성을 탐색해 보는 과정을 뜻하며, 수행은 자신에게 주어진 역할과 과업에 신념을 가지고 몰입하는 상태를 의미한다.

표 1-5 마르시아(Marcia)의 자아정체감 범주

		위기: 예	위기: 아니오
수행	예	**정체감 확립** (위기해결)	**정체감 유실** (위기경험 없음)
수행	아니오	**정체감 유예** (위기 진행 중)	**정체감 혼미** (위기경험 없음)

정체감 유실(identity foreclosure)이란 청소년이 충분한 자아정체성의 탐색 없이 지나치게 빨리 정체감 결정을 내린 상태를 지칭한다. 이 상태에 있는 청소년들은 정체감 위기를 경험하지 않았으면서 자신의 삶의 목표를 확립하고 몰입한다. 이들은 흔히 부모가 기대하거나 선택한 생애과업을 대안적 가능성의 검토 없이 수용한다. 다른 지위에 비해 사회적 인정의 욕구가 강하고, 자신이 지향하는 가치에 따라 생애의 방향을 결정하고 있으며, 부모와 긴밀한 관계를 유지한다. 부모의 과업을 물려받거나, 일찍 결혼하여 안정된 가정을 꾸려나가는 청년들에게서 흔히 발견된다. 이들은 청소년기를 안정적으로 보내는 것 같으나 성인기에 뒤늦게 정체성 위기를 경험하는 경우도 적지 않다.

정체감 혼미(identity diffusion)란 청소년들은 삶의 목표, 가치 그리고 직업을 탐색하려는 시도를 하지 않으며 자신의 생애를 계획하고 설계하려는 욕구가 부족하고 관념에 대한 관심이 낮다. 정체감 혼미는 정체감 탐색과정의 가장 낮은 단계로 청소년 초기에 일반적으로 나타나지만 그대로 방치해 두면 부정적 정체성을 형성할 위험이 있다. 청소년기에 부정적인 자아정체감을 형성할 경우 비행이나 반사회적 행동에 가담하거나 정체감 혼돈에 머물러 방향감을 상실하고 약물탐닉, 습관적 음주 등과 같은 문제행동을 일으킬 수 있다. 심한 경우에는 정신분열증이나 자살에 이르는 경우도 있다. 이런 사실에 비추어 볼 때 정체감 형성은 청소년기의 매우 중요한 발달과업이라고 할 수 있다.

정체감 유예(identity moratorium)란 삶의 목표, 가치, 직업 선택 등의 대안들을 탐색하나 여전히 불확실한 상태에 머물러 구체적인 과업에 관여하지 못하는 상태를 뜻한다. 이 상태에 있는 청소년들은 가장 적극적으로 정체감을 탐색한다. 유예기의 청소년들은 안정감이 없으나 대다수의 경우 시간이 흐르면서 정체감을 확립하게 된다. 흔히 부모와 또래관계에 있어서 애증이 교차하며, 자신이 몸담고 있는 상황에서 긍정적인 요소보다는 부정적인 요소에 더욱 민감하다. 정체감 유예는 정체감 성취에 도달하기 위해 필요한 과도기적 단계로 혼미나 상실보다는 앞선 단계이다.

정체감 확립(identity achievement)은 이상의 네 개의 정체성 지위 중 가장 앞선 단계이다. 정체감이 확립된 청소년들은 삶의 목표, 가치, 직업, 인간관계 등에서 위기를 경험하고 대안을 모색함으로써 확고한 개인적 정체감을 갖게 된다. 부모를 포함한 인간관계에 있어서 현실적이고 안정되어 있으며, 자아존중감이 높고 스트레스에 대한 저항력도 높다.

청소년기 정체감 확립은 어느 문화에서나 발견될 수 있는 보편적인 현상은 아니다. 즉, 그 문화가 갖는 특성이 청소년기의 길이를 결정하게 되는데 일반적으로 아동기와 성인기 사이의 계속성이 적고 문화적 불연속성이 클수록 청소년기는 길어진다(장휘숙, 1998). 왜냐하면 기술이 진보하고 고령화된 사회일수록 아동기에 획득된 기술이 성인기에 유용하게 사용되기 어렵게 되어 성인의 역할을 수행하기 위해서는 연장된 준비기간을 필요로 하기 때문이다. 이처럼 연장된 청소년기를 갖는 사회에서 청소년은 자신의 정체감에 대해 많은 가능성을 확인하는 역할을 실험할 수 있다. 직업적 영역에서는 특정한 직업적 역할이 자신에게 적합한지 알아보기 위해 여러 가지 직업 역할을 실험해 볼 수 있으며, 성역할 영역에서는 이성과의 관계, 결혼 여부 등을 생각해 볼 수 있다. 가치관 영역에서는 자기의 종교에 대해 비평을 하거나 개종을 생각해 볼 수 있으며, 도덕적 영역에서는 다양한 원리에 따른 행동 대안을 적용해 볼 수 있다. 이처럼 다양한 역할을 시도하는 과정에서 보다 좋은 역할을 확립하며 사회적으로 비난받는 일 없이 정체감 위기 해결을 준비하는 기회를 가질 수 있다. 이렇게 긍정적으로 자아정체감을 형성한 사람은 신념, 가치관, 정치적 견해, 직업 등에서 스스로 의사결정을 할 수 있다. 따라서 청소년들이 안정된 자아정체감을 형성할 수 있도록 도와주는 것은 청소년지도자가 수행해야 할 중요한 과업이라 할 수 있다.

6) 도덕성 발달

콜버그(Kohlberg, 1976)는 도덕성 발달을 도덕적 행위보다는 도덕적 판단능력의 발달로 보았다. 그는 〈표 1-6〉과 같이 도덕적 판단능력을 성장과정에 따라 질적으로 다른 3수준 6단계로 구분하였다.

표 1-6 콜버그(Kohlberg)의 도덕성 발달단계

수준	단 계	연 령	특 징
인습 이전 수준	법과 복종의 지향	0~10세	이 수준의 어린이는 복종과 처벌이 판단의 기준이 된다. 처벌을 피하기 위해 고의로 도덕적 행위를 한다.
인습 이전 수준	개인적 보상 지향	0~10세	자신의 욕구(간혹 타인의 욕구)를 충족시킬 수 있는지 없는지가 도덕적 판단의 기준이 된다.
인습 수준	대인관계 조화 지향	11~15세	대인관계에서의 조화를 위해 옳은 행동을 한다. 착한 아이를 지향하며 타인과 좋은 관계를 유지하고 기대에 맞게 행동하려 한다.
인습 수준	법과 질서 지향	11~15세	법과 질서를 유지하면서 자신의 의무를 다하려 한다. 선하고 옳은 역할을 이행하며 관습과 질서와 타인의 기대를 중시한다.
인습 이후 수준	사회 계약정신 지향	16세 이후	사회계약에 의해 의무를 이행하고 타인의 의지나 권리에 위배되는 행동을 피한다. 대다수의 복지를 위해 도덕적 행동을 한다.
인습 이후 수준	보편적 도덕 원리 지향	16세 이후	자신의 도덕적 가치에 따라 스스로 선택한 양심적인 행위가 올바른 행위라고 본다.

콜버그는 말년에 도덕 문제가 도덕이나 삶 자체의 문제가 아닌 우주적 질서와의 통합이라고 설명하며 7단계, 즉 관조적 객체 경험의 도덕성 단계(contemplative object experience moral stage)를 추가하기도 했다. 하지만 그는 이 단계에 이르는 사람은 극소수라고 설명하였다. 도덕성 발달은 높은 단계로 갈수록 더 포괄적이고 복잡하며 추상적인 사고에 의해 이루어진다.

청소년기에 이르면 아동기와 달리 개인적인 이해나 욕구를 극복하고 순응해야 할 새로운 도덕 개념과 행동을 요구받는다. 청소년들은 인지적 성숙과 자아의 발달로 인하여 자기 자신의 도덕적 개념을 스스로 형성해 나간다. 다시 말해 청소년기가 시작되고 형식적·조작적 사고가 발달하면서 도덕성 발달의 후인습적인 단계에 도달한다. 이 단계의 특징은 타인 특히 성인의 선악에 대한 개념을 그대로 받아들이기보다 유효하게 적용할 수 있는 자율적인 도덕적 원칙을 더욱 신뢰한다는 것이다.

청소년기는 사람이 살아가는 동안 도덕적 가치와 기준에 대해서 가장 많은 관심을 갖는 시기이다. 따라서 청소년들은 높은 이상을 가지고 있으며 자신의 이상을 타인으로부터 인정받고 싶어 하며 스스로가 설정해 놓은 자신의 기준에 따라서 행동하고자 한다. 대부분의 경우 그러한 기준은 다른 사람보다 자신에게 더 엄격하게 적용된다. 만일 스스로가 설정한 기준에 미치지 못한다고 느꼈을 경우, 즉 자신의 행동이 요구 수준 이하라는 것을 스스로 깨달았을 때 자기 경시나 자아의 축소, 꿈의 세계로의 도피 등이 나타난다. 따라서 청소년들은 자신이 설정한 도덕적 기준에 도달하고자 강박적으로 행동하며 다른 사람과 사회 또한 자신의 기준에 도달하여야만 이에 만족하게 된다. 그러나 성인들의 도덕적 기준과 사회적 규준이 자신의 도덕적 표준 또는 이상에 비추어 모순된다거나 성인들이 이를 인정해 주지 않는다면 그들은 성인사회에 강한 반항과 도전의식을 가지며 자신들이 사회를 재건하여야 한다는 강박적인 생각을 갖게 된다(Hoffman, 1977).

일반적으로 청소년은 아동에 비해 타인의 반응에 민감하며 다른 사람의 감정을 상하게 한다든가 다른 사람의 생활을 위협하는 것을 피하려고 한다. 이러한 이유로 청소년들은 일명 하얀 거짓말이 정당화될 수 있다고 여긴다. 이처럼 청소년들의 도덕적 사고와 행동은 아동기 또는 성인기의 거짓말과는 질적으로 다르며 이는 그들의 인지적 성숙과 사회적 역할 변화가 크게 영향을 미치고 있음을 나타낸다.

청소년의 도덕성 발달에 영향을 미치는 요인으로는 가족이나 부모의 역할 모델, 부모가 제공하는 독립성 기회, 참조 집단 그리고 대중매체 등이 있다. 특히 청소년들에게 참조 집단은 부모보다 또래의 영향력이 커지므로 중요한 의미를 지닌다. 따라서 부모의 가치관과 또래의 가치관이 일치할 경우에는 도덕적 가치를 강화하는 데 도움이 되지만, 가치관이 일치하지 않을 경우에는 도덕적 결정을 내리는 데 갈등을 느끼게 된다. 대중매체 또한 청소년들의 가치 체계와 행동 형성에 크게 영향을 미친다(Bandura, 1974). 이는 도덕성이 모방과 강화에 의해 학습되기 때문이다. 청소년들은 대중매체를 통한 역할모델을 관찰함으로써 태도, 가치, 정서적 반응 등 새로운 행동들을 학습한다. 대중매체는 청소년들의 인지 발달에 기여할 수 있는 큰 잠재력을 지니고 있으며, 친사회적 행동과 같은 바람직한 태도나 행동도 기를 수 있도록 해주는 긍정적 기능을 하는 동시에 반사회적 행동이나 사회적으로 용납될 수 없는 행동을 유발하기도 한다.

3. 청소년의 세대 변화

1) 청소년들의 세대별 명칭

우리나라는 1980년대 후반부터 청소년들의 다양한 특성을 바탕으로 여러 세대를 규정해 왔다. 1990년대 초, 처음으로 신세대에게 붙여진 명칭인 X세대를 시작으로 Y세대, Z세대, M세대, G세대, W세대, P세대, V세대, C세대 등 여러 세대에 대한 정의가 등장하였다. 또한 디지털 기기를 능숙하게 다루는 청소년 세대는 N세대, 디지털 세대, 포스트디지털 세대, MZ세대 등으로 불리며 다양한 이름으로 규정되었다. 이러한 세대 구분은 대체로 두 가지 목적을 지닌다. 첫째, 기성세대와 차별화하려는 신세대의 욕구를 반영하고, 둘째, 기업들이 청소년을 중요한 소비 주체로 바라보며 소비문화를 형성하고자 한 데 있다. 그러나 최근 세대 연구자들은 지나치게 세분화된 구분 대신 세대를 단순화하여 세 단계로 나누는 경향을 보인다. 첫째 세대가 아날로그(Analog) 세대, 둘째 세대가 디지털 이주민(Digital Immigrant)세대, 셋째 세대가 디지털 원주민(Digital Native)세대이다.

좀 더 알아보기

"세대 명칭과 의미"

X세대

캐나다의 작가 더글라스 코플랜드(Douglas Coupland, 1961~)의 장편소설 *X세대*(Generation X, 1991년)에서 비롯된 명칭이다. 맞벌이 부부 사이에서 자란 경우가 많으며, 약 50%는 이혼이나 별거한 부모와 함께 성장했다. 이로 인해 가정에 대한 동경과 반발심을 동시에 지니고 있다.

Y세대

베이비붐 세대의 자녀로, 컴퓨터를 자유자재로 다루는 10세 전후의 어린이를 일컫는다. 낙천적이며 지적 호기심이 많고, 유행과 자기 개성을 중시한다. 어릴 때부터 컴퓨터를 접해온 덕분에 서구식 사고·문화·생활방식에 대한 거부감이 적다.

Z세대

20세기 마지막 세대로, 경제 호황기에 성장한 8~14세 아동·청소년을 지칭한다. '1318세대'라고도 불리며, 힙합 음악을 좋아하고 이메일과 실시간 채팅을 즐긴다. 대중성을 강하게 지향해 때로는 몰개성적인 특징을 보이며, 영상매체 활용이 활발하다.

M세대

'모바일 세대' 또는 '밀레니엄 세대'라고 불린다. 휴대폰을 신체의 일부처럼 여기며, 인터넷을 통해 정보를 습득하고 옳고 그름을 판단해 행동으로 옮긴다. 자기중심적 성향이 강하고, 이동성을 삶의 본질로 삼으며 새로운 트렌드에 빠르게 적응한다.

G세대

1988년 서울올림픽 전후에 태어나 2000년대에 글로벌 마인드를 갖추고 성장한 세대이다. '글로벌(Global)'과 '그린(Green)'의 머리글자를 따 명명되었다. 건강하고 적극적이며, 환경운동·반핵평화포럼 등에서 자기주장을 당당히 펼친다.

W세대

2002년 한·일 월드컵 당시 거리 응원을 주도한 세대이다. 공동의 가치를 실현하기 위해 개인 중심적 경향에서 벗어나, 공동체 안에서 자신을 표현한다는 특징을 지닌다.

P세대

제일기획의 보고서 *P세대의 라이프스타일과 특성*(2003)에서 제시된 개념이다. 'Participation(참여), Passion(열정), Potential power(잠재력), Paradigm-shifter(패러다임 전환)'를 뜻하며, 사회 변화를 주도하는 세대를 의미한다.

V세대

'Valiant(용감), Various(다양), Vivid(생기발랄)'의 머리글자를 딴 명칭이다. 2010년대 젊은 세대로, 한국 경제 도약기의 풍요 속에서 성장했다. 부모의 전폭적인 지원을 받으며 자라 구김살이 없고, 인터넷 문화와 글로벌 환경에 익숙하다.

C세대

콘텐츠를 창조적으로 생산하고 자유로운 커뮤니케이션에 만족을 느끼는 세대이다. 원하는 콘텐츠를 언제 어디서든 생산·공유하며 창의적 표현을 즐긴다.

N세대(Net Generation)

'Internet Generation'의 줄임말이다. 디지털 기술, 특히 인터넷을 자유자재로 활용하며 가상공간을 일상으로 삼는 세대를 가리킨다. 돈 탭스콧이 저서 *Growing up Digital: The Rise of the Net Generation*(1999)에서 처음 사용한 개념이다.

포스트디지털 세대(PDG)
태어날 때부터 디지털 환경 속에서 성장한 세대로, 디지털을 자연스럽게 받아들이면서도 인간적 감성을 당당히 표현한다. 후천적으로 디지털을 익힌 세대나 아날로그 세대와는 구별되는 특징을 지닌다.

MZ세대
1980년대 초~2000년대 초 출생한 밀레니얼세대와, 1990년대 중반~2000년대 초반 출생한 Z세대를 통칭하는 용어이다. 현재 10대 후반에서 30대 청년층을 가리킨다. 모바일 사용에 익숙하고 최신 트렌드와 이색적 경험을 추구하며, 좋아하는 것에 돈과 시간을 아끼지 않는다. 단순한 소비를 넘어 사회적 가치와 메시지를 담은 상품을 구매해 신념을 드러내는 '미닝아웃(Meaning Out)' 소비를 하기도 한다. 또한 미래보다는 현재를, 가격보다는 취향을 중시하며 '플렉스' 문화와 명품 소비가 활발하다는 특징을 지닌다.

(1) 아날로그 세대

동서양의 문화적 차이가 있기는 하지만, 특정 시대에 급격한 출산율을 경험한 베이비붐 세대를 지칭한다. 미국의 경우 제2차 세계대전 후인 1946년부터 1964년까지 태어난 세대를 말하며, 우리나라에서는 한국전쟁 휴전 협정 이후인 1955년생부터 1963년생까지를 가리킨다. 이 세대는 전체 인구의 약 14.7%, 즉 730만 명에 이르는 것으로 추산된다. 우리나라 나이로 오십대 중·후반부터 그 이전 세대를 '낀 세대'라고 부르는데, 이는 아날로그 문화의 마지막 세대이면서 동시에 디지털 시대를 살아가고 있는 '정보화의 낀 세대'라는 의미 때문이다(김미령, 2012). 즉, 이들은 학창 시절 컴퓨터 교육을 제대로 받지 못해 컴맹 1세대라 불리며, 디지털 기기와 친숙해질 기회가 많지 않았다. 그러나 현대사회가 고령화·정보화 사회로 변모하면서, 아날로그 세대로 살아온 이들 또한 디지털 시대와 문화에 적응하는 것이 필수적이다.

이 세대는 전통적 경험과 지식에 기반한 생활을 유지하며, 문화보다는 '밥'을 중시하는 이른바 '밥 세대'이다. 전통을 가장 중요하게 여기면서도 급격한 사회·경제·문화적 변화에 적응하는 데 어려움을 겪는다. 새로운 개념을 받아들이고 형성하는 데 시간이 많이 필요하기도 하다. 그럼에도 불구하고 아날로그 세대는 여전히 사회 전반에서 중요한 위치를 차지한다. 이들은 청소년 관련 정책의 형성자이자 운영자, 집행자일 뿐 아니라 청소년들의 부모, 교사, 지도자로서 역할을 맡고 있다. 따라서 청소년이나 젊은 청소년지도자가 새로운 문화 사역을 시도할 때 쉽게 변화를 이루기 어렵다. 더구나 아날로그 세대는 청소년지도방법에서 시각적·감성적·디지털적 접근을 불편해하거나 무의미하다고 치부하는 경향이 있다. 다시 말해, 변화의 필요성은 인정하지만 실제 적용은 주저하는 세대라 할 수 있다.

(2) 디지털 이주민

미국의 교육학자 마크 프렌스키(Marc Prensky, 2001)는 논문 「Digital Native, Digital Immigrants」에서 처음으로 디지털 이주민(Digital Immigrant)과 디지털 원주민(Digital Native)이라는 개념을 제시하였다. 디지털 이주민은 아날로그 시대에 태어났으나 디지털 시대로 '이민' 온 세대를 의미한다. 즉, 출생 당시부터 디지털 매체와 인터넷이 일상화된 디지털 원주민과 달리, 1980년대 이전에 태어난 30대 이상의 기성세대로 후천적으로 디지털 기술에 적응해온 세대를 가리킨다. 따라서 아날로그적 감성과 취향을 동시에 지니고 있다. 탭스콧(Tapscott, 2008)은 베이비붐 세대(1946~1964)와 X세대(1965~1976)를 디지털 이주민으로 분류하였다.

디지털 이주민은 디지털을 '원래 있던 것'이 아니라 '새롭게 생겨난 것'으로 여기며, 신기술을 낯설어하거나 비판적으로 바라보는 경우가 많다. 그러나 동시에, 이민자의 삶처럼 낯선 문화에 적응하기 위해 기존의 아날로그 습성을 버리고 디지털 문화를 적극 수용하려는 태도도 보인다. 오히려 경우에 따라 디지털 원주민보다 더 빠르게 신기술을 받아들이기도 하며, 얼리 어댑터(early adopter)가 이 세대에서 많이 나타나는 이유도 여기에 있다(선양욱, 2013).

이들은 빠르게 변화하는 세상 속에서 청소년(디지털 원주민)의 문화를 기존 가치관·세계관에 접목해 적용하려는 중간 세대이다. 많은 청소년지도자가 이 세대에 속한다. 그러나 이들에게는 같은 시대를 살아본 선배나 교사가 없기 때문에 피부에 와닿는 조언을 얻기 어렵다. 그 결과 창의적이고 변혁적인 청소년지도방법을 구상하더라도 실제 현장에서 적용할 때는 여러 어려움을 겪곤 한다.

(3) 디지털 원주민

디지털 원주민(Digital Native)은 태어나면서부터 디지털 기술을 자연스럽게 습득해 체화한 세대를 가리킨다. 마치 모국어를 배우는 원어민(Native speaker)처럼, 디지털을 거부감 없이 받아들이고 생활의 일부로 삼는다. 이들은 디지털 장비와 기술을 단순한 도구가 아니라 생활 자체로 활용한다. 탭스콧은 저서 『Grown Up Digital』(2008)에서 이들을 '넷세대(Net Generation)' 혹은 'N세대'라고 명명하며 디지털 세대의 본격적 등장을 설명한다. 미국의 경우 1977~1997년생이 이에 해당하며, 한국은 인터넷·PC·휴대전화의 보급이 늦어 1998~2001년생이 해당 세대에 속한다. 오늘날 한국의 10대 청소년이 대표적이다. 이들은 젓가락보다 마우스와 휴대전화를 먼저 쥐었고, 인쇄매체보다 디지털 매체를 먼저 접하며 성장했다. 또한 가상의 공간에서 국경을 넘어 협업·교류·친밀감을 쌓는 데 익숙하다.

퐁그라츠(Pongrac, 2025) 등의 연구에 따르면, 디지털 원주민의 특징은 다음과 같이 네 가지로 요약된다.

첫째, 멀티 태스킹(Multi-Tasking)에 능숙하다. 수많은 채널과 방대한 인터넷 정보 속에서 자라며, 전략적으로 주의를 분산해 동시에 여러 일을 처리하는 데 능숙하다.

둘째, 즉각적인 반응을 추구한다. 인스턴트 메신저, 문자, 게임의 즉시적 피드백 등 실시간 상호작용에 익숙하다. 기성세대가 보기에 '참을성 없음'으로 보일 수 있으나, 청소년 입장에서는 오히려 기성세대가 너무 느리다고 여길 수 있다.

셋째, 적극적으로 자기표현을 한다. 온라인 공간을 통해 의견을 솔직히 드러내고, 집단적 목소리를 내는 데 익숙하다. 청중이기보다는 주연이길 바라는 경향이 강하다.

넷째, 도전과 재미 중심의 몰입을 한다. 지루하고 흥미 없는 일은 중요해도 집중하지 않으며, 도전적이고 재미있는 과제에는 몰입한다. 놀이와 일을 이분법적으로 구분하지 않고, 일 자체도 즐겁기를 원한다.

이 밖에도 N세대의 특징은 선택의 자유, 협업, 사실 검증을 중시하는 태도 등이 있다. 이들은 디지털 미디어를 통해 거대한 네트워크를 형성하고, 빠르게 변화하는 환경 속에서 새로운 문화를 창조하며 살아가고 있다.

2) 청소년의 세대 변화

문화는 본래 전통적인 전승 과정을 통해 세대에서 세대로 이어져 왔다. 조부모 세대가 부모 세대에게, 부모 세대가 자녀 세대에게 삶의 지혜와 기술을 전해주는 것이 일반적인 문화전계의 방식이었다. 그러나 현대 사회는 급격히 변화하고 있다. 하루가 지나면 새로운 것이 등장하고, 한 달 후에는 완전히 새로운 하드웨어와 소프트웨어가 탄생하는 시대가 되었다. 이에 따라 과거 아날로그 시대의 '업그레이드'가 일정한 틀을 유지한 상태에서 일부가 개선되는 수준이었다면 디지털 시대의 변화는 디자인, 성능, 하드웨어, 소프트웨어 등 모든 영역에서 혁신적으로 이루어진다. 이러한 급격한 변화는 기존 세대가 따라가기 힘들 정도의 '변신(transform)'이라 할 수 있다. 결국 변화무쌍한 디지털 시대에서는 세대 간 문화 전승의 방향이 달라졌다. 새로운 기술과 문화를 접하는 과정에서 신세대가 오히려 기성세대를 가르치고, 변화의 의미를 설명해 주는 상황이 나타나고 있다. 다시 말해, 문화전계가 기존의 순방향에서 역방향으로 전개되고 있는 것이다.

아날로그 세대와 디지털 이주민 사이에는 늘 세대차(generation gap)가 존재했다. 그러나 아날로그 세대와 디지털 원주민 사이에는 '세대차'라기보다 '세대 다름'이 존재한다. 이 같은 현상은 단순한 세대차를 넘어 문화적으로 기성세대를 추월하고 압도하는 '세대 덮기(generation lap)'라는 용어로 설명할 수 있다(오윤선, 2025). 이는 디지털 세대의 언어와 문화가 기성세대와 전혀 다르며, 세대 간 소통이 더욱 어려워지고 있음을 보여준다.

이러한 차이는 스마트폰에 대한 인식 차이를 보더라도 쉽게 확인할 수 있다. 아날로그 세대에게 스마트폰은 여전히 무선이동 전화기로, 디지털 이주민에게는 부가기능이 추가된 편리한 휴대전화로 여겨진다. 그러나 디지털 원주민에게 스마트폰은 손안의 컴퓨터이자 멀티태스킹 도구이다. 이런 차이로 인해 기성세대는 청소년의 스마트폰 사용 태도에 당황할 수 있지만 이는 세대 특성의 반영이라고 할 수 있다.

또한 인터넷 게임 문화의 차이에서도 세대 격차는 드러난다. 기성세대는 놀이 시간을 정해 협상하거나 강제로 종료시키는 방식으로 통제하려 한다. 청소년은 PC방 등에서 또래와 게임을 즐기며 새로운 놀이 문화를 형성한다. 이러한 차이를 제대로 이해하지 못하면 부모·교사는 청소년의 문화를 억압하게 되고, 청소년은 이를 피해 또 다른 공간을 찾는다. 따라서 청소년지도자는 세대의 문화를 이해하고 수용할 때 비로소 효과적인 지도방법을 고안할 수 있다.

연습문제

1. 청소년의 개념을 설명하시오.
2. 청소년 발달에 대해서 논하시오.
3. 청소년의 세대 변화에 대해서 설명하시오.

Youth Guidance Methodology

CHAPTER

2

청소년의 문화적 이해

학습 내용

1. 청소년문화의 이해
2. 청소년문화의 특성
3. 청소년문화 발전을 위한 영역별 과제

학습 목표

1. 청소년문화에 대해서 이해한다.
2. 청소년문화의 특성을 고찰한다.
3. 청소년문화 발전을 위한 영역별 과제를 학습한다.

학습 개요

청소년문화는 자신의 자아정체감을 찾기 위해 애쓰는 청소년들이 그들에게 당면한 발달욕구를 성취하는 동시에 적응적인 사회 구성원으로 발돋움하기 위하여 나타내는 생활양식으로, 청소년들에 의해 적합한 지침으로 인식되고 공유되는 규범, 가치, 태도, 행동 등 청소년들을 위한 생활방식의 총체라고 할 수 있다. 청소년문화를 해석하는 관점으로는 미숙한 문화, 비행문화, 하위문화, 대항문화, 새로운 문화를 유형화하여 살펴볼 수 있다. 그리고 청소년문화의 특성으로는 자유의 문화, 느낌의 문화, 낯선 인맥문화, 인터넷 창작문화, 참여문화, 현재중심주의 문화, 소비문화, 입시문화 등으로 구분할 수 있다. 청소년문화는 개인, 가정, 학교, 사회환경 등의 영향을 받아 형성된다. 따라서 건강한 청소년문화를 만들기 위해서는 인간생태학적 접근이 필요하다. 청소년 개인이 혼자서 자신의 행동과 삶을 형성할 수는 없다.

1. 청소년문화의 이해

1) 청소년문화의 형성 역사

청소년문화에 대한 연구는 1950년대 미국의 사회학자 탈코트 파슨스(Talcott Parsons, 1942)가 처음으로 청소년문화라는 용어를 사용하면서 시작되었다. 파슨스는 청소년문화를 나이와 성별에 따른 특정 역할에 의해 구조화된 독특한 세계로 설명하였다. 그는 미국 중산층 청소년들을 대상으로 연구를 진행했는데, 이성과의 데이트를 즐기며 성인들의 책임감으로부터 자유로움을 만끽하는 청소년들의 문화를 분석한 것이다. 이에 따라 1960년대 중반까지 청소년문화는 상업적 선택과 취향의 문제로 받아들여졌으며, 청소년은 '즐기는 존재'로 정의되었다.

이후 제임스 콜먼(James Coleman, 1961)은 청소년문화를 성인사회로부터 구분된 하위문화로 강조하였다. 영국 버밍햄 대학(University of Birmingham)의 문화연구소는 청소년문화를 하위문화로 규정하고 이를 본격적으로 연구한 학파이다. 이들은 노동계급 청소년들이 다양한 삶의 양식을 지니고, 이를 통해 지배계급에 저항하는 주체로 보았다. 그러나 남자 청소년들의 문화에만 초점을 두었다는 점, 문화적 형태 사이의 다양성과 지배문화와의 관련성 속에서 나타나는 유사성이나 연관성에 주목하지 않았다는 점, 특히 경험적 연구에 충실하지 못했다는 점에서 비판을 받았다. 그럼에도 불구하고 계급에 따른 청소년 하위문화를 부각시키는 데 중요한 기여를 했다. 이 시기 청소년문화는 대중음악 소비시장과 밀접하게 연계되며 발전했다. 한편, 스탠리 코헨(Stanley Cohen, 1972)과 조크 영(Jock Young, 1974)은 대중매체가 청소년들의 도덕적 혼란을 사회문제로 확대하는 과정에 주목하며, 낙인이론을 중심으로 청소년문화를 개념화하였다.

우리나라에서 청소년문화 개념의 변화는 국가의 정치적·경제적·사회적 변화 과정과 맞물려 전개되었다. 청소년문화 개념 변화는 크게 네 시기로 구분할 수 있다. 첫 번째 시기는 1960~1970년대로, 청소년기가 기성세대와 구별된다고 인식되기 시작한 시기이다. 당시 국가는 정치·경제적 안정을 위해 국민 정신교육과 국민동원 전략에 청소년을 포함시켰다. 그러나 이 시기는 청소년의 독특성과 욕구를 고려하기보다는 규제와 통제의 맥락에서 올바른 민족관과 국가관을 심어주고, 청소년기의 돌출 행동은 반드시 통제해야 한다는 시각이 지배적이었다.

두 번째 시기는 1981~1988년 제5공화국 시대로, 청소년을 미래의 주역으로 규정하였다. 그러나 여전히 반공 이데올로기에 기반한 국민정신교육을 강화하며 청소년을 통제하려 했던 국가는 노동자·학생·지식인의 거센 반발에 직면하였다. 이에 따라 청소년에 대한 국가의 통제와 규제 전략은 '육성'이라는 개념으로 전환되었다.

세 번째 시기는 1993년 이후 문민정부 출범과 함께 민주주의가 정착되고 소비가 활성화되던 시기이다. 이때 청소년에 대한 관심과 이해가 그 어느 때보다 풍성하게 나타났다. 청소년은 소비문화의 주체이자 영상문화, 대중문화, 디지털문화 등 다양한 코드의 문화적 주체로 부각되었다. 그러나 동시에 청소년 비행과 범죄 양상도 다양하고 심각해지면서 청소년을 보호 대상으로 보는 시각이 공존하였다.

마지막으로, 4차 산업혁명(Industry 4.0) 시대를 살아가는 현대 청소년은 단순한 소비주체가 아니라 문화의 생산주체로 자리 잡고 있다. 인터넷과 스마트폰을 기반으로 다양한 문화 커뮤니티가 활성화되면서, 10대 청소년들은 스스로 방송과 영상 제작을 담당하고 있다. 또한 대중문화의 역기능을 개선하고 주체적인 팬덤 문화를 형성하려는 움직임도 활발하다. 이제 청소년은 불완전하고 미성숙한 훈육의 대상이 아니라 적극적 참여자이자 창의적 문화 실천의 주체라 할 수 있다(오윤선, 황인숙, 2025).

2) 청소년문화의 정의

문화에 대한 개념이 시대별 패러다임에 따라 변하면서 매우 다양한 의미를 내포하고 있다. 청소년의 개념 또한 청소년들이 처한 시대의 흐름을 반영하여 변화

함은 물론 청소년문화도 국가의 정치적, 경제적, 사회적 변화의 과정에 맞물려 영향을 받아 변화하기 때문에 청소년문화를 한 마디로 정의하기란 쉽지 않다. 그러나 청소년문화를 정의함에 있어 문화의 개념을 어느 하나의 측면이나 편협된 관점으로 정의한다면 청소년문화는 존재할 수 없다. 즉, 문화를 단순히 미학적이거나 지적인 발달과정이나 사회 발전과정으로 규정하기보다는 타일러(Tylor, 1958)나 레이몬드 윌리엄스(Raymond Williams, 1958) 그리고 그 외의 학자들이 문화에 대해 정의한 것처럼 포괄적인 입장에서 접근하는 것이 필요하다. 타일러는 문화를 '인간 생활방식의 총체'라고 정의하면서 청소년문화를 '오늘의 청소년 집단이 살아가는 총체적 삶의 유형'이라고 개념화하였다. 즉, 청소년들에 의해 공유되고 전승되는 지식, 태도 그리고 습관적 행동 유형 등 청소년 교류의 모든 사물과 사건을 가리켜 청소년문화라고 하였다.

청소년문화의 중요성을 최초로 강조하고 이를 적극적으로 장려한 사람은 독일의 교육개혁자 비네켄(Wyneken, 1920)이다. 그는 청소년문화를 '청소년들이 자아정체성을 표현하는 과정이자 예술적인 생산활동'이라고 보며 청소년들의 독자적인 언어, 사상, 복장, 생활 형태 등을 정당화하였다. 따라서 기성세대들이 청소년들의 문화 형성에 있어서 깊이 개입하거나 어떤 형태의 영향력을 행사해서는 안된다고 하였다. 케니스톤(Keniston, 1971)은 청소년문화란 젊은이들을 어린 시절의 미신과 불합리한 예속 그리고 과거의 통념으로부터 해방시키는 것으로 보았다. 그는 청소년들이 해방될 때 보다 인간적이며 창조적이고 자유인이 될 것이라고 설명하며 청소년문화의 형성을 강하게 옹호하였다.

우리나라의 권일남(1998)은 청소년문화를 청소년 자신들의 문화를 구현하여 에너지를 발산하고 생명력을 정착시키기 위한 터전을 갈망하는 것이며, 개인의 완성을 통해 신체적, 지적, 심리적 발달은 물론 능동적 인간의 완성에 기여하고 자신의 정체감 구축을 위한 배경이 되는 것으로 설명한다. 박진규(2004)는 청소년문화를 청소년이 십대 중반에서 이십대 초반을 지나면서 서로가 비슷한 공감대를 형성하면서 공통으로 나타내 보이는 삶의 유형으로, 그들 나름의 특징적 가치관

(시간관, 직업관, 사회적 태도), 말투, 몸짓, 여가시간 보내기, 음식 취향, 친구관계 등을 의미한다고 보았다. 권이종(2006)은 청소년문화를 청소년들이 처한 전환기적이고 과도기적인 상황 하에서 청소년의 자아정립과 관련된 불안과 혼돈과 동요를 동료집단의 귀속의식을 통한 안정감 등을 토대로 보상적으로 회복하고자 하는 노력의 결정이라고 정의하였다. 결론적으로 청소년문화란 자신의 자아정체감을 찾기 위해 애쓰는 청소년들이 그들에게 당면한 발달욕구를 성취하는 동시에 적응적인 사회 구성원으로 발돋움하기 위하여 나타내는 생활양식으로, 청소년들에 의해 적합한 지침으로 인식되고 공유되는 규범, 가치, 태도, 행동 등 청소년들을 위한 생활방식의 총체라고 정의할 수 있다(오윤선, 황인숙, 2025).

3) 청소년문화의 성격

바람직한 청소년지도방법을 탐색하기 위한 두 가지의 기본 전제가 있다. 첫째, 변화하는 시대에 따른 청소년의 특성에 대한 충분한 이해이다. 그런 다음 청소년 세대를 바라보는 청소년지도자의 관점을 점검해야 한다. 새로운 세대를 바라보는 관점은 무분별한 정보 수용과 사생활 노출에 신경을 쓰지 않는 우둔한 세대로 바라보는 '세대비판론적 관점'과 역사상 가장 똑똑한 세대로 이들을 바라보는 '세대수용론적 관점' 그리고 이들을 새로운 세상으로부터 보호해야 한다는 '세대보호론적 관점'으로 유형화할 수 있다. 둘째, 청소년의 특징을 충분히 이해한 후 청소년의 다양하고 독특한 문화에 대한 이해가 필요하다. 왜냐하면 청소년지도자가 청소년문화를 어떠한 관점으로 바라보느냐에 따라 청소년지도의 방향과 방법이 달라질 수 있기 때문이다.

(1) 미숙한 문화

청소년문화를 미숙한 문화로 보는 관점은 청소년들을 비판적인 어른의 시각에서 바라보는 관점이다. 따라서 어른들의 눈에 청소년문화는 아직 신체적, 심리적,

정서적으로 미성숙한 청소년들이 만들어 내는 삶의 양식으로 모자라고 미숙하게 생각되는 것이다. 이러한 관점에서 청소년들은 가치, 규범, 예의, 예술 등 모든 면에서 미성숙하므로 더욱 세련되고 발전될 수 있도록 교육해야 한다. 이는 가부장적이고 권위주의적인 기성세대들이 견지하는 방식으로 이들에게 청소년은 절대적으로 보호해야 할 존재로 간주된다. 그리고 청소년들은 책임 소재에 있어서도 비교적 자유롭다고 할 수 있다.

(2) 비행문화

청소년문화를 비행문화로 보는 관점은 청소년들을 어른 몰래 나쁜 행동을 수행하는 문제아로 바라보는 관점이다. 즉, 청소년들이 이상스러운 옷차림, 진한 화장, 술이나 담배, 음란물과 게임, 비정상적인 이성교제 및 성행동을 즐기며 사회적 규범이나 질서에 어긋나는 행동을 함으로써 그들만의 정체성을 찾으려 한다고 본다. 따라서 청소년들은 항상 부모, 교사 그리고 성인들의 감독 아래 조절과 통제를 받아야 하는 존재로 간주된다.

(3) 하위문화

청소년문화를 하위문화로 보는 관점은 청소년의 문화를 사회 전체 문화 가운데 한 부분을 이루는 문화로 바라본 것이다. 인간의 문화는 전 생애 발달에 비추어 아동문화, 청소년문화, 성인문화, 노인문화 등으로 분류할 수 있고, 이 각각의 문화는 하위문화가 되는 것이다. 이러한 관점에서 청소년문화는 청소년들이 연령에 걸맞은 문화를 가지고 있다고 간주하고 그들의 문화가 존재하는 것을 당연하게 받아들인다. 그러나 청소년문화를 기성문화와 대등한 또 하나의 문화가 아닌 단지 기성문화의 아류문화로 간주하는 한계가 있다.

(4) 대항문화

청소년문화를 대항문화로 보는 관점은 기성세대들의 주류문화를 거부하고 개혁과 변화를 요구하는 반(反)문화로 보는 관점이다. 대표적인 예로 1960년대 기성사회의 주류문화에 대해 대안적 삶의 방식과 의미체계를 제시한 사회운동들, 즉 록문화, 히피문화 등을 들 수 있다. 대항문화는 지배문화의 입장에서 볼 때 주류의 지배적 가치로부터 일탈하려는 성격을 띤다. 그러나 청소년들이 기성세대를 비판하고 그들에게 반항하는 것은 미숙하거나 반항적 성향을 지닌 문제아이기 때문이 아니라 기성세대와는 다른 가치관과 역사관을 가지고 있어 다른 삶의 방식을 추구하기 때문이다. 청소년들이 기성세대를 비판하고 도전하는 것은 사실이지만 청소년들은 부모세대와는 다른 삶의 방식을 추구하고 자신들 세대의 독특한 문화를 형성하는 성향을 가지고 있다. 그 자체가 청소년들의 특징이며 발전을 위한 과정으로 이해한다면 독립된 청소년문화를 인정할 수 있다.

(5) 새로운 문화

청소년문화를 새로운 문화로 보는 관점은 문화 다양성의 입장에서 청소년 집단이 만들어 유지하는 문화를 의미한다. 청소년들이 각자의 영역에서 이루어가는 삶 그리고 그 하나하나가 모여 청소년문화를 이룬다. 이렇게 이루어진 청소년문화는 다른 문화와 같이 동등한 가치와 권리를 지닌다. 청소년들은 그들 나름의 새로운 문화를 창조, 변화, 발전, 계승시키는 주체로 이들의 모든 행위는 자연스럽고 정상적인 것이다. 이러한 관점에서 청소년들은 다양하고 독자적인 문화를 창조하는 존재이다. 이러한 관점을 지녔을 때 비로소 기성세대들은 청소년문화에 대한 부정적인 선입견이나 편견을 버리고 인생의 선배된 자로서 이들이 창조적이고 발전적인 문화를 형성할 수 있도록 기회를 제공하며 이들만이 지니고 있는 사상과 감정을 마음껏 표현하고 표출할 수 있도록 적극적으로 지원할 수 있는 것이다. 청소년지도자는 급변하는 현대사회 속에서 청소년의 문화를 새로운 문화로 인식하고 수용하는 태도가 필요하다.

2. 청소년문화의 특성

1) 자유의 문화

청소년들은 역사와 전통의 틀에서 벗어난 생각이나 행동에 대해 자유롭다. 개개인에게 적합한 맞춤형 기준을 생성하며 선택의 자유로움을 요구한다. 부모나 주변 환경의 강요에 의한 선택보다는 스스로 선택하는 자유로움을 추구한다. 이들이 사는 세계인 인터넷 환경에는 교육은 물론 신고 싶은 신발, 사고 싶은 옷, 먹고 싶은 음식과 맛집 탐방, 여가활동 그리고 직업 선택에 이르기까지 시간과 장소를 구애받지 않고 전 세계의 정보를 총망라하여 수집할 수 있도록 한다. 이러한 환경은 청소년들의 교육문화, 소비문화, 여가문화, 일문화 등 광범위 영역에 영향을 미치고 있다. 청소년들은 어렸을 때부터 풍부한 정보를 바탕으로 스스로 상황을 판단하고 결정함으로써 자유롭게 선택하고 자신만의 뚜렷한 주관을 지닌 행동을 하게 하는 감각을 발달시켰다. 이는 청소년들의 다문화에 대한 이해에도 긍정적인 영향을 미치고 있다. 이들은 자신들만의 독특한 가치와 성향에 따른 선택과 결정을 존중받고 인정받기를 원한다.

2) 느낌의 문화

기성세대의 특징을 '밥'문화라고 한다면 청소년들의 특징은 '느낌'의 문화이다. 성장기부터 놀이 매체로 닌텐도나 스마스폰 등의 디지털 기기를 통해 게임을 접해온 청소년들은 즐거움으로 자극되는 뇌의 감각에 익숙해져 있다. 이러한 청소년들에게는 지루하여 느낄 수 없는 것이 모르는 것이며 안다고 하는 것은 즐겁다고 느낄 수 있는 것이어야 한다. 또한 싫다고 느끼는 것이 나쁜 것이고 좋아한다고 느끼는 것이 좋은 것이다. 즉, 선악에 대한 본질적 개념이 다른 것이다. 출생할 때부터 그림, 영상, 소리 등 복합 영상매체의 숲에서 자란 오늘날의 청소년들은 과거에 비해 매우 감각적이고 감수성이 풍부하다. 심각하고 따분한 것을 싫어하고, 재미있고 즉각적인 반응을 추구한다. 무엇인가 생각하기보다는 본능적으로 움직이는 것을 더 좋아한다. 또한 자신의 감정을 극적으로 표현할 수 있다면 어떠한 언어를 사용하거나 어떠한 행동을 수행함에 있어서도 거리낌이 없다.

3) 낯선 인맥문화

SNS는 청소년들이 낯선 사람들과 소통할 수 있는 창구가 되었다. 이들은 페이스북, 트위터, 인스타그램, 카카오톡 등을 통해 가상공간에서 마주한 사람들과 인간관계를 형성한다. 성별, 나이, 인종을 초월하여 친구를 사귀고 시간과 장소의 제약을 뛰어넘어 자신의 경험, 지식 등을 소통하고 공유하며 즐거움을 느낀다. 그리고 이러한 관계를 통해 습득한 정보들을 신뢰한다. 청소년들은 기성세대와 달리 서로 얼굴을 대면하지 않아도 게임, 음악 등과 같은 공통된 주제를 가지고 대화하며 마음을 나누고 취미를 공유할 수 있다. 이러한 낯선 인맥문화는 차가운 친밀감을 특성으로 하지만 온라인상의 만남은 언제든지 오프라인 공간으로 이어질 수 있는 가능성을 지니고 있다.

4) 인터넷 창작문화

영상세대에서 태어나고 자란 감각적인 청소년들은 문화를 일방적으로 수용하기보다 자신의 감각에 맞게 재생산한다. 특별한 교육을 받지 않고서도 콘텐츠를 기획하고, 기기를 활용하여 영상을 제작하고, 자신만의 공간에서 방송을 진행하기도 한다. 또한 동영상을 편집하거나 합성하여 패러디하고 팬픽션 문화까지 인터넷 창작문화를 선도하며 문화산업의 변화를 주도하고 있다.

5) 참여문화

청소년문화의 한 면에 개인문화가 있다면 다른 면에는 집단적 참여문화가 자리하고 있다. 독재적 정권 아래 권위주의적 문화에 대항하여 전·현직 대통령과 대기업 CEO들의 부정부패를 척결하고 기업과 정부의 투명한 문화를 이끌어 가는 모습을 경험한 청소년들은 행동하는 특성을 지니고 있다. 특히 온라인에서는 개개인이 지식과 경험을 공유하면서 전문가의 지성을 뛰어넘어 실시간으로 사전을 집대성하는 '집단지성'을 이룬다. 또한 청소년들은 소셜미디어를 통해 사회문제를 포스팅하고 댓글을 달며 민원을 제기하고 온라인 서명운동을 통해 정치에 참여하거나 전국 또는 전 세계를 대상으로 사회적 기부문화도 조성하고 있다.

6) 현재중심주의 문화

사회적 지위 상승이나 목적 달성을 중요시하는 미래 지향적 가치관과 행동양식은 지금-여기의 행복한 생활을 추구하는 현실 중심적 가치로 변화해 가고 있다. 즉, 근검, 절약, 인내 등의 가치는 퇴색해 가고, 일상의 소중함과 즐거움을 추구하려는 성향이 강해지고 있다. 이에 따라 청소년들은 직업 선택에 있어서 보수가 높더라도 3D 직종을 기피하거나 직업을 선택하는 기준으로 자율적 권한 부여 여부와 여가 조건들이 강조되고 있다(오윤선, 황인숙, 2025).

7) 소비문화

청소년들의 소비문화와 관련하여 주요한 흐름을 분석했을 때 나타나는 대표적인 특징 3가지는 다음과 같다. 첫째, 효율적인 재화 배분 둘째, 다양한 관심사나 세분화된 취향의 시장 생성 셋째, 적극적인 프로슈머의 활동이다. 물질적으로 풍요한 시대에 성장한 오늘날의 청소년들은 과거의 배고팠던 세대가 추구했던 결핍

가치 지향에서 벗어나 개인마다의 차별적 욕구를 지니고 타인과 구별되는 개성을 표현하고 싶어 한다. 따라서 대량 생산이나 대량 소비를 넘어 청소년 개인의 취향에 맞도록 최적화된 맞춤형 콘텐츠를 선호한다. 또한 오늘날의 청소년들은 광고와 언론에만 영향을 받아 무분별하게 제품을 소비하지 않는다. 이들은 새로운 제품이 출시되면 실용성, 사용감, 디자인, 가격성, 나아가 기업문화까지 철저하게 조사 및 분석하여 후기를 작성한다. 그리고 이러한 후기를 실시간으로 참고하여 물건을 합리적으로 소비하는 특성을 지니고 있다. 혹자는 이러한 청소년을 가리켜 '파워 조사자'라고 일컫기도 한다. 즉, 디지털 원주민인 청소년들은 다양한 매체는 물론 과학전문 자료까지 활용하여 상품을 능동적으로 소비한다. 이러한 청소년들의 특성은 기업 및 사회문화를 서서히 변화시키는 원동력이 되고 있다.

한편 현대사회의 청소년들이 인터넷과 스마트폰을 통해 네트워크화되면서 대중음악, 영상 및 만화 제작 등 문화의 영역에서 생산주체로 활약하고 있음에도 불구하고 상당 부분 문화소비자로 존재한다는 사실 또한 부인할 수 없다. 값비싼 브랜드의 옷, 가방, 모자, 신발, 기본적인 메이크업 도구들, 브랜드 음료를 포함한 먹거리, 게임, 스마트폰 등은 청소년들의 필수품이 되고 있다. 청소년들의 모델 즉, 아이돌이 입는 옷, 화장품, 신발, 장신구들은 TV나 광고에 등장하기가 무섭게 팔려나간다. 이런 물건들을 구매하기 위하여 부모의 통제를 벗어나 몰래 아르바이트를 하거나 유흥업소에서 아르바이트를 하는 학생들도 있다. 심지어는 원조교제라는 성매매에 빠지기도 한다(오윤선, 황인숙, 2025).

8) 입시문화

우리나라 청소년들에게 대학 입시는 매우 중요한 비중을 차지하며, 삶의 중요한 요소로 작용하고 있다. 공부는 청소년들의 최대 고민 중 하나이자 자살 충동 요인에 해당할 만큼 청소년들의 삶에서 가장 중요한 부분이다. 이 때문에 대부분의 청소년들은 생활의 중심을 입시를 위한 공부에만 매진하고 있다. 그 결과 우리나라 청소년들은 PISA(Programme for International Student Assessment)[1] 시험 지표에서 국제적으로 우수한 성적을 보이고 있다. 그러나 한편으로 청소년들은 '세상이 공허하다고 느낄 때가 많다', '내일을 위해 무엇을 준비한다는 것은 소용없는 일이다', '왜 공부를 열심히 해야 하는지 모르겠다' 등 무력감, 무의미감, 무규범감, 사회적 고립감을 호소한다. 이러한 현상은 한국 어린이·청소년 행복지수 국제비교 연구조사 결과보고서(2025)에서도 증명하고 있다. 2009년부터 매년 유니세프 행복지수를 기준으로 물질적 행복, 보건과 안전, 교육, 가족과 친구관계, 행동과 안전, 주관적 행복 등 6개 영역에 대한 OECD국가와의 행복지수를 측정해 본 결과 한국 학생들의 학습 흥미도, 학교 생활, 삶의 만족도 등이 OECD국가들과 비교했을 때 최하위 수준을 벗어나지 못하고 있다. 이로 인해 청소년들은 불안, 우울, 분노와 관련된 이상행동과 정신장애, 약물남용, 성적 방종, 사이비 종교에 몰두하는 등 심한 일탈 성향까지 나타내고 있다.

3. 청소년문화 발전을 위한 영역별 과제

청소년문화는 개인, 가정, 학교, 사회환경 등의 영향을 받아 형성된다. 따라서 건강한 청소년문화를 만들기 위해서는 인간생태학적 접근이 필요하다. 청소년 개인이 혼자서 자신의 행동과 삶을 형성할 수는 없다. 다시 말해, 청소년문화는 특정한 상황 속에서 존재한다. 그러므로 청소년을 중심으로 가정, 학교, 사회 등 관련 체계가 상호작용하여 총체적 관점에서 접근함으로써 변화하는 사회문화와 청소년문화의 발전 방향을 논의할 필요가 있다.

1) PISA(Programme for International Student Assessment)는 경제협력개발기구(OECD)에서 주관하는 회원국들의 15세 학생들을 대상으로 읽기, 수학, 과학 능력을 측정하는 시험이다. 해외 교육과 비교하여 한국 교육의 성과를 보여주는 대표적인 지표로 교육기회와 교육자원을 통해 얼마만큼의 성취로 나타나는지를 포착할 수 있는 지표라고 할 수 있다.

개인 영역에서는 무엇보다 문화활동의 주체인 청소년 스스로가 관심과 흥미를 느낄 수 있는 프로그램을 개발하고, 적극적이고 능동적으로 참여함으로써 건설적인 청소년문화를 창출할 수 있는 역량을 키워야 한다. 또한 청소년 자신이 청소년 문화의 부정적인 측면—도피적, 탐닉적, 중독적 성향—을 자각하고 이를 절제하며 건전하게 문화를 향유하려는 의지가 필요하다.

가정 영역에서는 가족이 함께 참여할 수 있는 다양한 문화활동 프로그램을 마련해야 한다. 기존 부모 세대는 문화에 대해 수동적이고 소극적인 태도를 보이며, 문화활동을 소모적인 것으로 여기거나 시간과 비용이 많이 들어야 한다고 생각하는 경향이 강했다. 이러한 인식을 개선하고, 최소한의 비용으로도 온 가족이 함께 즐길 수 있도록 돕는 접근이 필요하다. 즉, 가족 구성원 모두가 늘어난 여가시간을 즐겁게 활용할 수 있도록 다양한 가족문화 프로그램을 제공해 가족 기능을 강화해야 한다.

학교 영역에서는 미래 교육과 관련해 혁신적인 변화가 요구된다. 우리나라 청소년 대다수는 학생 신분으로 학교에서 학업 중심의 생활을 하고 있다. 학교는 문화·예술, 봉사, 미디어, 학술, 스포츠, 동아리 등 전인적 성장을 위한 활동이 이뤄지는 중요한 공간이지만, 입시 중심의 학업문화로 인해 교사 중심의 주입식 수업, 경쟁적 또래 관계, 권위주의와 위계질서에 따른 획일적 수업이 여전히 일반적이다. 그러나 미래교육은 사회 변화에 맞춰 이미 변화를 겪고 있다. 평생교육, 사이버대학, 다문화 교육, 산학 연계, 집단지능, 적시학습, 영상세대 맞춤형 교육, 창의성 함양 등이 그 예이다. 이에 따라 학교는 단순히 지식을 전달하고 시험을 치르는 공간에서 벗어나 건강, 환경보존, 학력 신장, 학생 행복, 지역사회와의 네트워크 구축 등으로 역할을 확대해야 한다. 교사와 학생은 첨단 기술을 가장 먼저 배우고 학습 모델을 개발하며 개방적 협업과 리더십을 촉진하는 주체가 되어야 한다. 따라서 교사와 학생 간, 학생 상호 간 능동적이고 수용적인 커뮤니티를 형성해 개성과 능력을 실현하고 서로를 존중하는 문화가 필요하다. 나아가 입시 위주의 형식적 활동에서 벗어나 학교 내 다양한 문화 프로그램의 내실화가 요구된다.

사회 영역에서의 변화는 청소년문화 발전의 토대가 되므로 다각적인 접근이 필요하다. 첫째, 청소년을 위한 다양한 여가 프로그램을 개발·보급해야 한다. 현재 청소년들의 여가 활동은 TV · DVD 시청, 컴퓨터 게임, 휴식 등 개인 또는 소그룹 중심의 정적이고 획일적인 활동이 대부분이다. 이러한 활동은 감각적·충동적 성격이 강한 단순 유희형 문화로, 스트레스 해소에는 도움이 될 수 있지만 일상생활에는 큰 영향을 주지 못한다. 따라서 성별, 연령, 학교 소속 등 청소년들의 특성을 반영한 맞춤형 문화 프로그램을 연구·개발해 제공해야 한다.

둘째, 지역사회 차원에서 청소년문화 함양을 위해 기관 간 네트워킹과 통합이 요구된다. 청소년 관련 기관들은 서비스 접근성 부족, 서비스 부재, 지속성 부족, 사후적 문제 해결 중심 등의 한계를 지니고 있다. 이를 극복하기 위해서는 기관 간 협조(cooperation), 협력(collaboration), 조정(coordination)을 통한 공동 대응이 필요하다. 지역사회는 본질적으로 문화의 장이자 배움의 장으로, 청소년들이 바람직한 가치관과 태도를 익히고 사회 정의, 도덕심, 지식을 자연스럽게 전수받을 수 있는 공간이다. 따라서 지역 내 청소년단체, 시민단체, 학교, 행정기관은 고유 기능을 바탕으로 협력하고 조직화해야 한다. 청소년수련관 등 기관 지도자들이 지역사회 네트워크의 필요성을 인식하고 있으나 실제 실행에서는 소극적인 경우가 많다. 이를 개선하기 위해서는 전문 인력 양성, 환경 조성, 합리적 예산 확보, 지역사회 네트워크의 공식화와 담당자 배치 등이 필요하다.

셋째, 청소년의 주체적 문화 향유를 위한 공간을 지원해야 한다. 동아리 활동 공간, 공연장, 스포츠 시설 등 청소년 전용 문화공간을 확충하고, 다양한 프로그램을 통해 내실 있게 운영해야 한다.

넷째, 청소년문화를 지도할 역량 있는 청소년지도자를 양성해야 한다. 청소년기는 부모보다 의미 있는 타인의 영향을 크게 받는 시기이므로, 전문 지도자의 역할은 청소년의 잠재능력과 창의성 개발, 더 나아가 진로 형성에도 큰 영향을 미친다.

마지막으로 현대 청소년들의 소셜미디어 사용 능력 향상을 위한 지원이 필여하다. 미국 에모리대 마크 바우어라인(Mark Bauerlein) 교수는 오늘날 청소년들이 철

자법, 문법, 구문론보다 속도와 커뮤니케이션의 양, 정보 검색과 습득을 중시한다고 지적하며 이들을 '가장 멍청한 세대'라고 불렀다. 이처럼 청소년 사이버문화는 인터넷 중독, 성범죄, 사이버 불링, 주의 집중력 저하, 문해력 감소, 개인정보 무분별 공개 등 여러 신체적·지적·윤리적·영적 문제를 초래하기도 한다. 그러나 오늘날 청소년들의 사이버 문화를 비판적으로만 보고 무조건 통제하는 것은 바람직하지 않다. 중요한 것은 기술 사용의 단점을 최소화하고, 이를 기반으로 청소년들이 건전한 문화를 형성하며 미래사회를 이끌 역량을 기를 수 있도록 지원하는 일이다(오윤선, 2025).

연습문제

1. 청소년문화의 이해에 대해서 설명하시오.
2. 청소년문화의 특성에 대해서 설명하시오.
3. 청소년문화 발전을 위한 영역별 과제에 대해서 논하시오.

CHAPTER

3

청소년의 문제행동

학습 내용

1. 청소년 문제행동의 기초 이해
2. 청소년 문제행동의 접근이론
3. 청소년 문제행동 유형과 지도방법
4. 청소년 문제행동에 대한 대책

학습 목표

1. 청소년 문제행동의 기초에 대해서 살펴본다.
2. 청소년 문제행동의 접근이론에 대해서 이해한다.
3. 청소년 문제행동 유형과 지도방법에 대해서 살펴본다.
4. 청소년 문제행동에 대한 대책에 대해서 논의한다.

학습 개요

청소년 문제행동의 원인은 개인적 요인, 가족적 요인, 또래관계, 학교, 지역사회, 미디어 등 환경적 요인이 결합되어 발생된다. 청소년의 문제행동을 설명하는 이론이 수없이 많이 있으나 그중 대표적인 이론으로 고전이론, 생물학적 이론, 심리학적 이론, 사회구조적 이론, 사회통제이론, 사회학습이론, 비행과정이론 등이 있다. 청소년의 문제행동은 문화적 · 사회적 배경에 따라 다르게 규정되고, 학자들의 학문적 관심에 따라 구체적인 영역이 다르게 분류된다.

청소년지도자는 청소년들의 대표적인 문제행동이자 우리 사회의 현안인 가출, 게임중독, 성문제, 학업중단, 자살, 학교폭력, 약물남용 현상과 이를 예방 · 해결하기 위한 청소년지도방법을 숙지하는 것이 필요하다. 나아가 청소년의 문제행동은 개인적 요인과 더불어 가정, 학교, 지역사회, 국가정책 등의 환경적 요인이 복합적인 상호관계 속에서 발생되는 것으로 청소년지도자는 효과적인 예방과 위기 개입을 위한 통합적인 지도방법을 모색해야 한다.

1. 청소년 문제행동의 기초 이해

1) 청소년 문제행동의 개념

청소년 문제행동은 그 개념이 명확하게 정의되지 않아 일반적으로 청소년 비행, 일탈행동, 범죄, 부적응 등의 용어와 혼용된다. 청소년 문제행동의 개념을 정의하기 위해 이들 유사 개념의 의미를 살펴보면 다음과 같다.

청소년 비행(juvenile delinquency)은 청소년에게 기대되는 규범에서 벗어난 일탈행동을 의미한다. 이는 형법에 저촉되는 심각한 범죄는 물론, 범죄의 구성 요건에 해당하지 않더라도 사회에서 청소년에게 요구되는 일정한 행위 규범을 위반하는 행위를 포함한다. 한편 일탈(deviance)은 주로 사회학에서 사용하는 개념으로, 사회적 규범에서 벗어난 행위를 뜻한다. 넓은 의미에서는 형법을 위반한 범죄를 포함하고, 좁은 의미에서는 법으로 규제되는 범죄를 제외한 규칙·규범 위반 행위만을 가리킨다. 즉, 속임수, 기만, 꾀병, 부도덕, 불성실, 배신, 부패, 사악, 범죄 등을 포괄한다.

청소년 문제행동(youth problem behavior)은 행위의 주체가 청소년이라는 점을 강조하는 개념으로, 범죄를 포함한 반사회적 행동뿐 아니라 타인보다는 자기 자신에게 심각한 영향을 미치는 비사회적 행동, 그리고 다양한 부적응 행동을 포함한다. 이와 관련하여 부적응 행동(maladjustment behavior)이라는 용어도 사용되는데, 이는 주어진 문제 상황이나 사회적 조건에 제대로 대처하지 못해 나타나는 이상 반응 혹은 적응 장애를 의미한다. 청소년기의 외현적 문제행동(폭력, 절도, 성범죄, 가출 등)은 심리적 부적응(불안, 우울, 충동성, 낮은 자존감 등)이 표출된 결과로, 청소년 문제행동은 곧 심리적 부적응과 동일한 의미를 지니며 주로 심리학과 정신의학에서 사용된다.

지위비행(status delinquency)은 성인에게는 문제가 되지 않지만 청소년이라는 사회적 지위 때문에 일탈행동으로 간주되어 규제와 통제를 받는 행위를 의미한다. 대표적으로 가출, 무단결석, 음주, 흡연 등이 이에 해당한다. 한편, 소년범죄(juvenile crime)는 형법상의 죄를 범한 14세 이상 19세 미만 청소년의 행위를 지칭한다.

여기서 구분해야 할 또 다른 개념은 청소년 문제와 청소년 문제행동이다. 일반적으로 청소년 문제는 청소년이 저지른 비행이나 범죄뿐만 아니라 피해자가 없는 개인적 문제, 그리고 청소년이 문제 행위의 객체가 되는 부분까지 포괄하는 광의적 개념이다. 즉, 가장 넓은 의미의 '일탈'부터 가장 좁은 의미의 '범죄'까지 아우르며, 이 사이에서 청소년 문제행동, 청소년 비행, 지위비행, 청소년 문제 등의 개념이 혼용되고 있다. 또한 청소년 문제는 청소년의 규범 위반 행위에만 국한되지 않고, 청소년을 대상으로 하는 범죄, 방임·학대, 가정 불화 등 가정 문제까지 포함한다(Fuller, 2013). 반면 청소년 문제행동은 예방과 치료의 관점에서 바라보며, 학습·진학·진로, 대인관계, 성, 흡연, 음주, 약물남용, 가출, 폭력 등 청소년이 당면할 수 있는 문제에서 청소년 자신이 행위의 주체가 된다. 여기에는 발달 단계에 맞지 않는 행동, 사회 규범과 가치에서 벗어난 행위, 혹은 해야 할 일을 하지 않아 문제가 되는 행위의 결핍까지 포함된다. 즉, 자살, 약물 오남용, 유해 미디어 중독, 유해 시설 접촉 등 자신에게 심각한 영향을 미치는 비사회적 행동뿐만 아니라, 다양한 부적응 행위의 결과로 자신과 타인, 가정, 사회에 부정적 영향을 끼치는 모든 행동이 해당한다(김진화 외, 2002). 청소년 문제행동은 구체적으로 부적응 행동, 비사회적 행동, 반사회적 행동으로 분류할 수 있다. 청소년 심리학자 풀러(Fuller, 2013)와 셀만(Selman, 1996) 등은 이러한 행동을 위험행동(risk behavior)으로 명명하고 있으며, 가정·학교·사회에서 다양한 문제를 경험하는 청소년을 위기청소년(youth at risk)으로 지칭한다. OECD(2025)는 위기청소년을 "학교에서 실패하고 직업이나 독립적인 성인으로의 이행에 어려움을 겪어 사회에 긍정적인 기여를 하지 못할 가능성이 높은 청소년"으로 정의한다. 그러나 우리나라에서는 이를 학교 문제로 한정하지 않고 청소년의 삶 전반에 걸친 문제로 본다.

2) 청소년 문제행동의 원인

청소년 문제행동의 원인은 개인적 요인, 가족적 요인, 또래관계, 학교, 지역사회, 미디어 등 환경적 요인이 결합되어 발생된다. 첫째, 개인적 요인으로 자아존중감이 낮고, 동정심과 인내심이 부족하며 공격성과 충동성이 높다. 특히 청소년의 충동성은 문제행동과 매우 밀접한 관계가 있다. 청소년은 주변 환경으로 스트레스를 받거나 흥분, 우울 등의 감정을 느낄 때 조절력 및 통제력이 부족하여 문제행동을 일으킬 수 있다. 둘째, 가족적 요인으로 부모의 불화, 별거, 이혼, 가족 간의 갈등 및 폭력, 경제적 어려움은 청소년 문제행동의 원인이 될 수 있다. 셋째, 청소년 시기는 또래집단의 영향을 가장 많이 받는 시기로 어떤 또래집단에 소속되어 있느냐에 따라 문제행동의 양상이 달라지게 된다. 특별히 거부형, 저항형, 부정형, 날라리 또래집단에 소속되어 있을 경우 부적응적 문제행동을 많이 보이게 된다. 넷째, 학교는 청소년들이 대부분의 시간을 보내는 장소로 학교 환경에 적응하지 못할 경우 학업 성적의 부진, 교사와의 마찰 등으로 삶의 의욕을 상실하고 자존감이 저하되어 문제행동의 원인이 되고 있다. 마지막으로, 무엇보다 현대사회 청소년 문제행동에 가장 큰 영향을 미치는 요인은 사이버 환경이라 할 수 있다. 우리나라 청소년들이 부모나 교사의 간섭을 벗어나 친구들과 자유롭게 행동할 수 있는 최고의 장소인 사이버 공간은 청소년들의 욕구불만을 해소하는 출구이자 여가활동의 주요 무대이다. 그러나 청소년들이 가장 많이 사용하는 SNS는 그 속성상 개인정보를 바탕으로 구축되기 때문에 범죄에 이용될 가능성이 높다고 할 수 있다. 또한 소셜미디어 상에서 청소년들 사이에 빈번히 행해지는 사이버불링(cyberbullying), 사이버 음란물로 인한 문제뿐만 아니라 온라인 게임의 잔인성, 폭력성, 선정성은 현실세계에까지 영향을 미쳐 청소년 문제행동의 원인으로 지적되고 있다. 게임을 모방한 청소년 범죄는 우리나라뿐 아니라 일본이나 미국에서도 심심치 않게 발생되고 있음을 볼 수 있다.

2. 청소년 문제행동의 접근이론

청소년의 문제행동을 설명하는 이론이 수없이 많이 있으나 그중 대표적인 이론으로 고전이론, 생물학적 이론, 심리학적 이론, 사회구조적 이론, 사회통제이론, 사회학습이론, 비행과정이론 등이 있다. 이 이론을 개괄적으로 살펴보면 다음과 같다.

1) 고전이론

청소년 문제행동에 대한 이론은 일반 범죄이론의 영향을 많이 받았다. 초기 범죄이론은 인간이 합리적 사고를 가진 자율적 존재라는 가정 아래 인간의 범죄는 범죄자가 자신의 욕구를 충족시키기 위한 자유의지의 결과로 발생한다고 보았다. 따라서 청소년의 범죄행위도 청소년 개개인의 자유의지에 따른 선택의 결과로 여긴다. 그리고 이를 억제하기 위해서는 청소년들에게 문제행동은 반드시 강력히 처벌받는다는 점을 인식시키는 것이 중요하다. 처벌은 신속하고 확실하며 강력하게 행해진다고 인식할수록 범법행위를 예방하는 효과가 크다고 본다. 그런데 이러한 고전이론의 주장은 형벌체계가 확실한 사회에서도 여전히 범법행위를 저지르는 청소년들에 대해서는 적절한 설명을 하지 못한다.

2) 생물학적 이론

생물학적 이론은 고전이론에 대한 비판이 제기되면서 대두되었다. 이 이론에서는 개인이 범법행위를 하게 되는 것은 개인의 자유의지가 아닌 인간의 비정상적인 신체적 구조에 의해서 발생한다고 주장한다. 즉, 청소년의 문제행동은 청소년 개인의 체질, 지능, 염색체, 생화학적 결함 등 생물학적 요인에 의해 발생한다고 본다. 특히 문제행동의 매개변인으로서 낮은 지능이 영향을 미친다는 주장이 설득력을 얻고 있다. 그리고 인간의 생물학적 요인이 유전의 영향을 받는 것처럼 문제행동도 부모로부터 유전된다고 본다. 따라서 이를 치료하기 위해서는 처벌을 강화하기보다는 개인의 비정상적인 특성을 치료해야 한다고 보고 있다. 그러나 인간의 생물학적 요인과 범죄 간에 엄밀한 상관관계가 성립되지 않으며, 문제행동을 일으키는 유전적 요인이 존재한다고 하더라도 이러한 요인이 독립적으로 작용하기보다는 환경과의 상호작용 속에서 작용한다고 볼 수 있다.

3) 심리학적 이론

심리학적 이론은 개인의 성격이나 인지 발달 등 청소년 발달과정에서 나타나는 심리적인 문제에 초점을 두고 있다. 따라서 청소년 문제의 해결을 위해서는 개인의 심리적인 문제를 치료하는 것이 중요하다.

(1) 정신분석이론

프로이트(Sigmund Freud, 1856~1939)는 인간의 성격 구조를 원초아(id), 자아(ego) 그리고 초자아(super ego)로 설명하고 있다. 이 세 가지 요소는 서로 긴장관계를 가지면서 성격을 형성한다. 그런데 현실 원리에 따라 적응을 돕는 자아나 도덕적 양심에 따라 행동하는 초자아가 정상적으로 기능하거나 발달하지 못하여 원초아를 적절하게 통제하지 못하고 본능에 따라 행동하게 될 때 청소년의 문제행동이 발생하게 된다고 본다.

이에 반해 에릭슨(Erik Homburger Erikson, 1902~1994)은 인간 발달을 8단계로 이론화하고 각 발달단계에 해당하는 발달과업을 제대로 수행하지 못했을 때 위기를 경험하게 된다고 하였다. 따라서 청소년의 문제행동은 정체감 형성이라는 청소년기 과업을 성취하지 못하여 정체감 혼미를 경험하는 청소년에게 발생하는 것으로 보았다.

(2) 인지이론

심리적 문제의 발생과정에 대해 인지이론에서는 문제행동이 인지적인 미성숙, 낮은 도덕성, 정서적 불균형, 높은 감각추구 성향에서 비롯된다고 본다. 청소년은 성인과 달리 특정한 문제에 대해 의사결정 능력이 부족하다(Keating, 1990). 이는 청소년이 자기 상상의 늪에 빠져 현실을 망각하기도 하고 비합리적 사고, 자아중심적 사고를 하기 때문이다. 또한 청소년들은 의사결정을 할 때 성인들에 비해 장기적이고 심각한 결과보다 단기적인 결과에 더 많이 좌우되며, 의사결정에 있어 합리적인 결정보다는 또래의 영향을 많이 받게 된다.

미국의 심리학자 로렌스 콜버그(Lawrence Kohlberg, 1927~1987)는 인간의 도덕성 발달단계를 6단계로 나누었는데 비범죄자들이 3, 4단계의 도덕성을 유지하는 데 비해 범죄자들은 1, 2단계에 머물러 있다고 보았다. 이는 법을 준수하는 이유가 단순히 처벌을 피하거나 욕구충족을 위한 문제행동을 일으킬 가능성이 높다는 것을 내포하고 있다. 그러나 도덕적 추론능력이 반드시 도덕적 행위로 연결되지 않는다는 비판이 제기되었다.

(3) 성격이론

성격이론(personality theory)에서는 문제행동의 원인이 개인의 성격구조에 있다고 본다. 즉, 어린 시절에 형성된 특정한 성격적 특성이 청소년들로 하여금 문제행동을 유발한다는 것이다. 임상심리학자들은 일반적으로 비행청소년들이 일반청소년에 비해 권위에 대한 반항심이 높고, 좌절감을 많이 느끼며 충동적 성향이 높게 나타난다고 보고하고 있다. 그러나 특정 성격과 문제행동과의 관계에 있어서 성격에 문제가 있기 때문에 문제행동이 발생하는 것인지 아니면 문제행동의 결과로 성격 문제가 발달했는지 명확히 알아내기 힘든 부분이 있다.

4) 사회구조적이론

청소년의 문제행동이 사회구조의 문제로 인해 발생한다고 보는 사회구조적 이론은 아노미 이론(anomy theory)으로 대표된다. 뒤르켐(Durkheim, 1949)은 사회가 산업화되면서 구성원들 간 사회적 결속이 약화되고 불확실성이 증가하며 사회의 규칙이 붕괴되는 무규범 상태를 아노미 상태라고 정의하였다. 이 상태에서는 사회규칙 및 행동규범이 약화되거나 부재하기 때문에 개인은 행동의 옳고 그름에 대한 기준이 없게 되며 이에 따라 사회적 혼란이 야기된다. 이후 머튼(Merton, 1957)은 아노미 이론을 더욱 발전시켜 문제행동을 사회학적으로 설명하는 이론을 정립하였다. 그는 문제행동을 사회가 추구하는 목표와 그 목표를 성취할 수 있는 수단과의 괴리에서 나타난 것으로 보았다. 예를 들면 청소년들이 일류 대학, 대기업 취직 등 사회문화적 목표는 수용하였으나 합법적이고 제도화된 수단을 통해서 목표를 달성하기 힘든 상황으로 인해 아노미 상태가 되며 좌절과 불만이 증가하여 문제행동을 일으키게 된다는 것이다. 결과적으로 사회구조적으로 빈곤과 같은 사회적 장벽에 많이 부딪히는 계층에 속한 청소년이 더 많은 문제행동을 일으킨다고 본다(이자영 외, 2017). 그러나 이는 상류계층의 문제행동이나 개인 특성에 의한 문제행동을 설명하는 데에는 한계가 있다.

5) 사회통제이론

사회통제이론은 규범 위반의 동기를 강조하기보다는 일탈 동기에 따라 행동하는 것을 통제하는 요인에 대해 설명한다. 내적 통제가 사람들이 내면화한 사회적 규칙이라면 외적 통제는 규범 위반자가 받게 되는 처벌 또는 기대했던 보상의 상실이다. 사회통제이론 중 하나인 중화이론은 사이크스와 마차(Sykes & Matza, 1957)가 제시한 이론이다. 그들은 문제행동을 일으키는 청소년이 전통적인 도덕가치나 기존의 규범을 부정하는 것이 아니라 표류(drift) 상태에 있다고 보았다. 청소년들은 기존의 규범이 지닌 잠재적 숨은 가치를 수용하지만 중화 기술을 사용하여 자신의 문제행동을 합리화하며 죄의식 없이 비행을 저지르게 된다는 것이다. 대표적인 중화 기술로는 책임의 부인,[1] 가해의 부인,[2] 피해자 부인,[3] 비난자 비난,[4] 충성심 요구[5] 등이 있다.

한편 사회유대이론을 제시한 허쉬(Hirschi, 1969)는 청소년의 문제행동을 사회구조적인 측면에서 가장 잘 설명하고 있다. 그는 개인과 사회 간의 유대가 약하면 문제행동이 나타난다고 하였다. 즉, 청소년이 또래집단, 학교, 가족 등과 같은 사회집단에 밀접하게 연대되어 있을 경우 문제행동을 자제하게 되는 반면 사회적 비난이나 처벌이 약할 때는 자신의 행동이 잘못이라는 것을 인지하면서도 문제행동을 하게 된다는 것이다. 허쉬는 사회유대의 중요요소로 애착, 전념, 참여, 신념을 제시했는데 이 중 가장 중요한 요소는 애착이고, 그중에서도 부모와의 애착을 가장 중요시하였다(Vold, Bernard, & Snipes, 1998).

6) 학습이론

서덜랜드(Sutherland, 1939)는 차별접촉이론(differential association theory)에서 청소년의 문제행동은 유전되는 것이 아니라 학습되는 것이라고 정의한다. 그리고 학습은 친밀한 사람과의 상호작용을 통해 일어난다는 것이 이 이론의 중심내용이다. 여기에서 차별적 접촉이란 사람들이 서로 접촉하는 데 있어서 나타나는 양식

1) 문제행동을 하는 것은 내 책임이 아니며 자신도 어쩔 수 없었다는 형태로 자신의 행동을 정당화하는 것이다.
2) 문제행동으로 인해 손해나 피해를 볼 사람이 없다는 것으로 자신의 행동을 정당화하는 것이다.
3) 문제행동의 피해자들은 피해를 당할 만한 행동을 했기 때문이라고 정당화하는 것이다.
4) 문제행동을 하는 청소년을 비난하는 부모, 교사 등이 더 안 좋은 행동을 많이 한다고 하면서 자신의 행동을 정당화하는 것이다.
5) 문제행동은 자신이 원해서가 아니라 소속해 있는 집단에 대한 의리나 충성심 때문에 어쩔 수 없다고 정당화하는 것이다.

의 내용이 개인마다 다를 수 있다는 것을 의미한다. 즉, 범죄행위의 사회화는 비범죄행위의 사회화와 비교하여 좋고 나쁨을 평가할 수 있는 것이 아니라 단지 '다른 사회화'로 파악해야 한다는 것이다. 차별접촉이론의 아홉 가지 가설은 다음과 같다. 첫째, 문제행동은 학습된다. 둘째, 문제행동의 학습은 사람들 간의 의사소통 과정을 통해 일어난다. 셋째, 문제행동의 학습은 주로 친밀한 집단들 속에서 일어난다. 넷째, 학습의 내용에는 문제행동의 기술뿐 아니라 동기, 합리화 등도 포함된다. 다섯째, 문제행동의 동기와 충동은 법이나 규범 등에 대한 타인의 태도에 의해 결정된다. 여섯째, 법위반에 대해 우호적으로 학습된 사람이 비행으로 나아간다. 일곱째, 문제행동에 대한 접촉 빈도, 기간, 우선성, 강도 등에 따라 문제행동의 위험 정도가 달라질 수 있다. 여덟째, 문제행동의 학습과정에서도 다른 학습과정에서의 메커니즘이 모두 나타난다. 아홉째, 문제행동은 욕구의 표현이지만 그것이 문제행동의 본질적 성격은 아니다.

코헨(Cohen, 1955)의 하위문화이론은 문제행동이 노동계급의 남자 청소년에게서 많이 발견되고 있다는 점에 관심을 가지고 원인을 연구하였다. 그 결과 그는 사회경제적 지위가 낮은 계층은 문제행동을 유발하는 자신들만의 하위문화를 이루고 있으며 문제행동을 하게 된다고 보았다. 또한 청소년은 사회가 원하는 규범보다는 하위계층이 정한 특정 가치(말썽거리, 강인성, 재치, 흥분 추구, 운명주의, 자율)에 따라 문제행동을 한다고 주장했다.

7) 비행과정이론

베커(Becker, 1963)는 다른 학자들이 문제행동의 원인에만 관심을 가진 것과는 달리 문제 청소년, 비행청소년이 되는 과정에 관심을 가졌다. 그 결과 청소년이 문제 청소년이 되는 것은 문제행동을 했기 때문이 아니라 그들의 행동을 문제행동으로 명명했기 때문이라고 주장하였다. 그는 이를 낙인(Labeling)이라고 하였다. 즉, 청소년이 우연한 기회에 문제행동을 했을 때 사람들이 문제 청소년으로 낙인

찍었기 때문에 청소년 스스로도 문제 청소년으로 인식하고 결과적으로 제2, 제3의 문제행동을 하게 된다는 것이다.

베커와 함께 낙인이론의 대표 학자인 레머트(Lemert, 1951)는 문제행동을 일차적 문제행동과 이차적 문제행동으로 구분하였다. 일차적 문제행동은 일시적인 문제행동이지만 이차적 문제행동은 일차적 문제행동을 했을 때 이에 대한 사회적 반응으로 야기된 문제들에 대해 행위자가 반응하는 과정에서 저지르는 문제행동이다. 따라서 문제행동은 점차 더 심해지게 된다.

3. 청소년 문제행동 유형과 지도방법

청소년의 문제행동은 문화적·사회적 배경에 따라 다르게 규정되고, 학자들의 학문적 관심에 따라 구체적인 영역이 다르게 분류된다. 심리학적인 관점에서는 발달과업과 관련된 문제, 정서장애와 행동장애를 중심으로 문제행동을 규명하는가 하면 사회학적 관점에서는 청소년의 문제행동을 일탈행동에 국한시켜 다룬다. 여기에서는 청소년들의 대표적인 문제행동이자 우리 사회의 현안인 가출, 게임중독, 성문제, 학업중단, 자살, 학교폭력, 약물남용 현상과 이를 예방·해결하기 위한 청소년지도방법을 살펴보도록 하겠다.

1) 청소년 가출

최근 청소년의 가출은 가정이나 학교생활에서 특별한 문제점이 발견되지 않은 일반 청소년들에게까지 보편화되고 있다. 또한 가출의 처음 시작 시기가 초등학교 시기로까지 연소화되고 있으며, 상습가출 및 장기가출의 빈도가 증가되는 특징을 보이고 있다(오윤선, 2024). 가출 청소년에 대한 정의는 시대적 배경과 상황 그리고 학자들에 따라 다양하게 정의되고 있다. 그러나 일반적으로 가출 청소년이라 함은 부모나 보호자의 동의 없이 24시간 이상 집을 떠나서 생활하는 18세 미만의 청소년으로 정의할 수 있다.

청소년들의 가출 원인으로는 가출 청소년이 지닌 성격적, 생리적, 정신병리적 특성을 강조하는 개인적인 차원과 또래, 가정, 학교 그리고 지역사회 등과 같은 다양한 환경적인 요인을 고려하는 환경적 차원으로 구분하여 살펴볼 수 있다. 개인적인 차원에서 살펴보면 가출 청소년들은 대체로 낮은 자아개념, 통제력 및 조절력 결핍, 높은 불안감과 우울감, 부족한 인내력과 의지력, 근면성 부족 등의 성격적 특성으로 인해 당면한 상황이나 환경을 왜곡하거나 회피함으로써 여러 문제행동을 보이게 되는데 그 대표적인 문제행동 중 하나로 가출을 감행하는 것이다(오승근 외, 2016). 그러나 가출의 원인을 개인적인 결함으로 보는 관점은 한계가 있으며 가출이 가정에서의 탈출인 경우가 적지 않아 환경적 차원의 원인이 더욱 부각되고 있다. 특히 '부모님과의 갈등'이 청소년 가출의 가장 큰 원인이 되는 만큼 가정적 요인이 크게 작용하고 있다. 이 밖에도 가족의 구조적·기능적 결손, 가족 분위기, 가족 간의 상호관계, 부모의 학대 및 일탈행동 그리고 빈곤 등은 가출에 영향을 미치는 의미 있는 가정적 요인이 되고 있다(신성철 외, 2014; Rothman, 1991). 이외에도 부정적인 또래집단의 영향, 입시 중심의 학업문화에 대한 부적응과 학교부적응, 지역사회의 각종 유해환경과 약화된 사회화 기능은 청소년 가출에 영향을 주는 대표적인 환경적 요인이 된다.

가출 청소년의 유형은 가출 원인, 가정 복귀 가능성, 서비스 제공 수준의 관점, 가출 목적 등 다양한 형태로 나타나고 있다. 자이드와 체리(Zide & Cherry, 1992)는 가출 원인을 4가지로 유형화하였다. 첫째, 추구형으로 흥미와 모험을 추구하기 위해 가출하는 경우를 의미한다. 둘째, 탈출형으로 가정폭력, 알코올중독, 방임 등 가족의 심각한 문제와 갈등으로부터 탈출하기 위해 도망쳐 나온 경우를 의미한다. 셋째, 추방형으로 가족의 다양한 문제와 갈등으로 인해 부모가 자녀의 양육을 포기함으로써 떠밀려 나온 경우를 일컫는다. 넷째, 유기형으로 가족의 무관심과 방임 등 가족의 지지가 없어서 가출하는 경우이다. 이렇게 가출 유형을 유형화하는 것은 청소년지도자가 어떤 개입방법을 고안하여 가출 청소년들을 도와줄 것인가에 있어 매우 중요하기 때문이다. 일시적인 추구형 가출이라 할지라도 습관적 가출 및 장기 가출로 이어질 수 있으므로 청소년지도자는 가정에서의 부모 양육 방식에 대한 변화는 물론 동기 강화를 통해 가출 청소년 스스로가 문제를 해결하고자 하는 능력을 향상시키는 것이 필요하다. 한편 부모의 학대나 방임 그리고 가정해체 등의 이유로 가출하여 가정으로 돌아가도 정상적인 양육을 받을 수 없는 경우라면 먼저 이들을 안전하게 보호해 주어야 할 필요가 있으며, 나아가 이들이 사회에 재적응할 수 있도록 도와주어야 한다.

청소년의 가출 문제가 심각한 이유는 단순히 과도기적 발달과정에 있는 청소년이 가정의 소중함을 인식하지 못하고 자유와 독립을 추구하기 위해 집을 뛰쳐나갔다는 모험적 측면만 있는 것이 아니다. 청소년들은 집을 나감과 동시에 인간의 삶을 영위하기 위한 가장 기본적인 욕구 즉, 생리적 욕구와 안전 욕구를 위협 당하게 된다. 당장 의식주를 스스로 해결해야 하는 청소년은 미성년자라는 이유로 인해 정상적인 근로활동을 통해 경제적 활동에 참여하는 것이 어렵게 된다. 이에 각종 유해환경에 노출되면서 각종 비행과 범죄의 피해자 또는 가해자가 될 수 있으며, 신체적·심리적 건강상의 문제는 물론 학업 중단으로 인해 발생되는 이차적 문제까지 파괴적 결과를 초래하게 된다.

이에 청소년지도자는 청소년들의 가출을 예방하고, 가출 청소년들을 지도하기 위한 프로그램을 개발하고 실행함에 있어 전문가가 되어야 할 것이다. 단순히 가출 청소년을 귀가시키고 쉼터 등의 보호시설에 수용하는 것을 넘어 위험행동 선택의 조절 변인이 되는 가출에 대한 지식, 위기대처기술, 대인관계기술, 스트레스 관리, 갈등관리기술 그리고 가족 응집력을 향상시킬 수 있는 방안을 마련해야 할 것이다. 또한 무엇보다도 가출 청소년이 유해환경과 비행 및 범죄행동에 가담하는 것을 예방하기 위해 가출 이후 생활에 대비할 수 있는 사회안전망 서비스를 이용할 수 있도록 정보를 제공하고, 합리적인 문제해결 방안 모색을 독려하기 위한 상담과 지도방법이 요구된다.

2) 청소년 게임중독

인터넷 게임중독이란 인터넷 중독의 한 유형으로 온라인 게임 때문에 자신과 일상생활의 조절능력의 상실, 내성에 의한 게임의 지속과 중단 시 금단 증상, 게임에 집착 또는 의존으로 신체적, 사회적, 심리적 문제를 일으키는 상태를 의미한다(윤은주, 2023). 오윤선(2025)은 인터넷 게임중독을 인터넷 보편화에 따른 과다 이용 및 집착 정도로 간주하는 사람들의 인식의 심각성을 지적한 바 있는데, 실제로 미국정신의학회에서 출간된 『정신질환의 진단 및 통계 편람 제5판(DSM-5-TR)』에서는 공식적으로 인터넷 게임장애(Internet Gambling Disorder)를 정신질환에 포함시키면서 알코올중독, 마약중독과 같은 정신병리적 현상으로 인정하고 공식적인 기준을 마련하였다(윤자영, 채규만, 2014). DSM-5-TR에서는 인터넷 게임에 대한 과도한 집착, 게임 중단 시 금단 경험, 내성, 통제 시도의 실패, 다른 취미나 오락에 대한 흥미 감소, 심리사회적 문제를 인식하고 있음에도 지속적인 이용, 다른 사람에게 거짓말 반복, 부정적 기분으로부터 벗어나고자 인터넷 게임 이용과 같은 기준에서 5가지 이상을 충족할 경우 인터넷 게임장애로 진단한다.

청소년의 인터넷 게임중독 원인으로는 크게 개인의 심리적 차원, 환경적 차원, 게임 자체의 차원으로 구분하여 살펴볼 수 있다. 개인의 심리적 차원에서는 무엇보다도 강박적 열정이 핵심원인이 된다. 무료하고 빠듯하며 통제된 현실로부터 도피하고 싶고 실생활에서 혐오적인 사건들이 촉발요인이 되어 청소년들에게 폐쇄적 정서를 유발하고 투쟁 및 도피성향성과 연합된 사고, 기억, 생리적 반응들이 촉진되어 게임중독을 유발하는 것이다. 이러한 충동성과 대인불안의 적대감 및 공격성으로 불안해진 청소년들은 가상공간의 지배자가 된다는 착각과 함께 또 다른 자신의 캐릭터에 집착하기 쉽다(윤은주, 2023). 더불어 개인의 충동성, 공격성, 경쟁성, 폭력성, 우울감, 소외감 등과 낮은 자아존중감과 정체성 혼란 등이 부정적인 영향을 미친다. 이외에도 부모의 부적절한 양육태도 및 의사소통 등 부모-자녀와의 관계적 요인과 익명성, 탈공간성, 비동시성, 개방성이라는 인터넷 사이버 환경과 게임 자체가 지닌 흥미성과 현실도피성 등 다양한 특성들이 게임중독의 환경적 요인들로 지목된다.

청소년의 게임중독이 초래하는 문제는 청소년들이 가상현실에 접하는 시간이 많아지면서 현실과 허구를 구별하지 못하게 된다는 점이다. 가상현실의 게임 속에서 청소년은 모든 어려움을 훌륭하게 극복하는 천재나 영웅이 되지만 현실에서는 대인관계의 어려움과 복잡한 문제해결의 어려움에 직면하게 되면서 점차 현실을 기피하게 된다. 즉, 청소년들의 참자아(true self)가 거짓자아(pseudo-self)로 대체될 수 있는 위험성을 지니고 있는 것이다. 이는 결과적으로 청소년들의 의식과 정체성에 부정적 영향을 미치게 된다. 또한 게임중독 수준이 높을수록 계획적으로 일을 수행하고 성취하는 능력에도 부정적 영향을 미치게 된다. 청소년들은 인터넷 게임을 하기 위해 중요한 일을 미루거나 포기하게 된다. 수면시간이 현저하게 줄어들어 체력 저하는 물론 시력 저하 등의 신체적 문제를 야기하며, 학교에서는 학업에 지장을 받게 된다. 게임을 하기 위한 거짓말을 자주 하게 되고, 게임에 방해를 받으면 매우 화를 내며 부모에게 반항하는 등 일생생활과 학업, 가정과 친구관계에 있어 부정적인 영향을 초래한다. 인터넷 게임에 중독된 청소년들은 분노, 외로움, 우울감, 무력감 등의 정서적 문제를 야기함으로써 대인관계 어려움이나 음주, 가출 및 자살 등의 다른 문제행동으로 확대되기도 한다(Charlton & Danforth, 2007; Chen, 2008). 청소년들의 게임중독 문제가 더욱 중요한 이유는 뉴스에서도 어렵지 않게 접할 수 있듯이 게임에 중독된 아들이 자신을 꾸지람하는 부모를 살해하고, 반대로 게임에 중독된 부모가 아이를 살해하는 등 사회 범죄의 측면에서도 그 심각성이 더해지고 있다는 점이다. 나아가 온라인 게임의 잔인성, 폭력성, 선정성은 '묻지마 살인'의 원인으로도 지적되고 있다.

인터넷 및 스마트폰 이용습관 조사(여성가족부, 2025)에 따르면 인터넷 과의존 청소년 증가 추세가 이어지면서 위험사용자군과 주의사용자군이 모두 증가한 것으로 나타난다. 특별히 과의존 위험군으로 초등학교 4학년과 중학교 1학년의 증가가 두드러지고 있다는 결과는 청소년 인터넷 게임중독 문제에 있어서 청소년지도자의 개입이 얼마나 절실한지를 대변해 준다. 인터넷 게임중독을 포함하여 모든 청소년 문제행동의 최선의 대안은 선예방 후치료적 접근이다. 먼저 많은 연구에 의하면 청소년 게임중독 집단의 경우 공통적으로 재미있음과 스트레스 해소에 반응을 보임을 알 수 있다(오윤선, 2023; 한성희, 2021). 즉, 청소년 인터넷 게임중독 위험사용자군이 일반사용자군에 비해 재미있음과 스트레스 해소를 위해 습관적으로 스마트폰을 하며 시간을 때우기 위해 스마트폰이나 인터넷을 하고 있다는 것이다.

이에 청소년지도자는 궁극적으로 학업으로 지친 청소년들이 휴식과 즐거움 그리고 기분전환을 넘어 신체적 충만감과 정신적인 안정감과 만족감을 함양시킬 수 있는 다양한 여가활동 프로그램을 제공할 수 있어야 한다. 이를 통해 청소년들은 자신의 성격과 취향에 맞추어 정적인 활동부터 신체 움직임을 동반하는 동적인 활동을 선택하여 수련함으로써 자신에게 적합한 몰입과 자아성취감을 획득할 수 있다. 나아가 인터넷 게임에 중독된 청소년들에게는 의료적 접근과 함께 집중적인 상담 및 치료적 프로그램을 연계해주어야 할 것이다. 직접적인 스트레스를 관리할 수 있는 프로그램은 물론 자기 조절력, 자기 효능감, 사회적 효능감을 향상시켜 줄 수 있는 상담 및 집단 프로그램을 개발·운용해야 할 것이다. 청소년지도자는 특별히 대학 진학을 위한 입시중심의 학업 분위기 속에서 새로운 진로를 모색하는 청소년들이나 가족의 결손, 경제적 사유로 인해 일반적이고 정상적이지 못한 다양한 계층의 청소년들이 도피처로 게임에 빠지지 않도록 주의를 기울여야 할 것이다.

3) 청소년 성 문제

급격한 미디어의 발달과 세계화의 영향으로 인해 우리나라 청소년들의 성문화는 매우 개방적인 태도로 바뀌어가고 있다. 그러나 기성세대들에게 있어 청소년들의 성은 여전히 학업이나 진로에 부정적 영향을 미치는 위험요인으로 간주되어 억압하고 기피해야 할 문제로 여겨진다. 이에 청소년들은 증가하는 성충동을 포함하여 성과 관련한 고민이 발생했을 때 또래들끼리 모여 은밀하게 이야기하거나 대중매체나 스마트폰을 통해서 그 궁금증을 해소시키고 있는 실정이다. 이러한 과정에서 잘못 습득한 성지식은 청소년의 성태도와 가치관 형성에 부정적인 영향을 미쳐 많은 성 문제를 발생시키고 있다. 청소년들이 직면하고 있는 성 문제로는 청소년 성매매, 미혼부모, 성폭력, 사이버음란물 중독, 성상품화 등이 있다. 청소년지도자는 청소년 성 문제에 대한 적절한 지도방법을 고안하기 위해 각각의 성 문제에 대한 이해와 더불어 이러한 문제를 초래하는 청소년의 성의식과 성 태도에 대한 전반적인 이해가 필요하다.

청소년 성폭력은 가해자와 피해자가 청소년 대 청소년인 경우와 성인 대 청소년인 경우로 구분할 수 있다. 또래 성폭력의 경우에는 학교폭력의 유형 중 하나로 구분될 수 있으며, 이성교제를 하는 청소년 간의 성폭력은 데이트 폭력으로 구분할 수도 있다(오윤선, 2024). 과거 성폭력은 어른들에 의해 청소년들이 피해를 보는 경우가 많았다. 즉, 청소년들이 피해자인 경우 다른 연령층과 비교하여 친족 내의 피해, 선배나 동급생에 의한 피해, 교사나 강사 등에 의한 성폭력의 비율이 높게 나타났다. 그러나 지금은 청소년이 청소년을 성폭력하는 사건들이 많아지고 있는 추세로 또래 간의 성폭력 피해가 높은 비율을 차지하고 있다. 또한 집단강간과 같은 보다 심각한 형태의 피해가 빈번하다는 특성이 있으며, 발달 특성상 아동과 동일한 성폭력 피해의 후유증과 더불어 대처행동에서 혼자 문제해결하려는 경향이 더 강하여 가출 등의 비행 문제로 이어질 가능성이 높아 그 심각성이 더하다고 할 수 있다(모경환, 이미리 외, 2020).

청소년 미혼부모 문제는 성의 욕구와 충동이 고조되는 청소년기 남녀의 성에 대한 무지와 미숙에서 비롯된다. 청소년들은 대체로 성 지식이 부족한 상태에서 무분별한 성생활 혹은 성폭력으로 인해 임신하게 된다. 청소년기의 임신은 임신중절 문제와 더불어 출산을 하더라도 산모 건강의 위험 및 우울, 분노, 죄책감과 같은 심리적 갈등, 학업 중단으로 인한 진로 문제 그리고 신생아에 대해서 비현실적인 이미지와 왜곡된 개념을 초래하여 심각한 사회문제로 대두되기도 한다.

음란물이란 성적 충동을 일으키게 하는 이성의 나체, 성행위 장면이 담긴 사진, 비디오, 소설, 만화, 그림, 성기구 등을 일컫는 용어이다. 사이버음란물 중독이란 청소년들이 지나치게 음란한 내용에 심취하여 일상생활에 심각한 사회적, 정신적, 육체적 지장을 받고 있는 상태라고 정의할 수 있다. 청소년기에는 성에 대한 호기심이 왕성해지는 시기이므로 스마트폰이나 태블릿 등의 인터넷을 통해 음란물 중독이 발생할 수 있다. 청소년 음란물 중독의 문제는 음란물 시청 후에 나타나는 연상 작용으로 인하여 학업에 지장을 초래하며, 성충동의 발생으로 성에 대한 잘못된 사고를 갖게 된다는 것이다. 또한 호기심이 왕성한 청소년들은 음란물에 대한 잘못된 학습으로 성에 대해 잘못된 이상을 갖게 될 수 있다. 따라서 청소년들이 음란물을 자주 접하다 보면 왜곡된 성의식을 갖는 것은 물론 최악의 경우 어린 나이에 이성과 성행위를 하거나 성범죄를 저지를 가능성이 높아진다.

청소년 성 문제는 성상품화로 인해 야기된 결과라고 해도 과언이 아닐 것이다. 성상품화는 성매매뿐만 아니라 광고, 영화, 비디오와 같은 영상매체에서 소비자들의 성적인 자극을 유발함으로써 판매를 촉진시키는 데 성을 이용하는 것까지도 포함한다. 청소년들의 성의식과 성가치관을 왜곡시키는 유해물이 대중매체를 통해 수용되고 SNS를 통해 급속히 확산되며, 온·오프라인을 망라하고 청소년들 사이의 대화 소재가 되고 있다. 또한 일부 청소년들은 스마트폰을 활용하여 개별적 성매매를 하거나 자신의 누드사진 판매, 분비물이 묻은 속옷 판매, 키스와 포옹을 파는 등 자신의 성을 상품화하여 판매하고 있으며 이를 아무렇지도 않게 자랑삼아 또래들에게 소개하는 등 일탈적 성문화를 형성하고 전파하고 있다(오윤선, 황인숙, 2025).

이러한 청소년 성 문제 행동의 원인은 개인과 사회문화적 요인의 상호작용으로 설명할 수 있다. 개인적 요인으로 청소년기는 2차 성징으로 인해 신체적으로 커다란 변화가 발생하는 시기이다. 이러한 신체적 변화와 더불어 자연스럽게 나타나는 성적 욕구와 관심은 성에 대한 호기심을 유발시키고 갈등과 스트레스를 유발한다. 청소년들은 이러한 성적 갈등을 해소하기 위하여 비행적인 성행위를 모방하거나 정반대로 억압하고 금기시함으로써 성에 대한 부정적인 견해를 지닐 수 있다. 또한 부모와의 애착형성이 제대로 이루어지지 않고 분노 및 자기 조절 능력, 사회적 기술이 부족한 경우 성 문제 행동의 원인이 될 수 있다. 한편 사회문화적 요인으로 대표적인 것은 대중매체의 영향과 함께 가족의 해체에 따른 가치관 변화, 청소년 소비문화의 영향 등을 살펴볼 수 있다.

청소년지도자는 청소년 성 문제의 예방과 해결책을 위한 지도방법을 위해서 무엇보다도 실제적인 성교육 프로그램 개발과 교육 확대에 힘써야 할 것이다. 성교육을 통해 남성과 여성이라는 두 성의 특성과 역할을 정확히 이해하고 남녀 상호간의 존경과 신뢰를 바탕으로 친밀하고 올바른 인간관계를 유지할 수 있도록 접근하는 것이 필요하다. 이제까지 청소년들을 대상으로 이루어진 성교육은 지극히 학술적이고 추상적인 경향이 있었다. 따라서 이른 사춘기의 시작과 이에 따른 이성교제와 성경험의 저연령화 현상에 맞는 초기 청소년 성교육부터 후기 청소년의 성행동까지 청소년의 성 발달과 주기를 고려한 실제적인 성교육 프로그램을 개발하고 지속적인 확대 실시가 이루어져야 할 것이다.

또한 청소년지도자는 청소년들에게 대중매체의 청소년 성상품화에 대항할 수 있는 비판적 사고능력을 길러주는 것이 필요하다. 성은 거래의 대상이 아니며 범죄라는 인식이 청소년은 물론 전 국민에게 확산될 수 있도록 특별한 접근이 요구된다. 나아가 그동안 청소년의 성문화가 청소년들의 일탈적인 성에 초점을 맞추었다면 이제는 건강한 이성교제를 통해 청소년들이 안정적인 친밀감을 형성하고 정체성을 확립함으로써 바람직한 성문화를 정착시켜 나가도록 지도하는 것이 필요하다. 이를 위해 청소년지도자는 이성친구와의 교제뿐만 아니라 성적인 문제에 대해서도 편안하고 솔직하게 이야기할 수 있는 분위기를 조성하고, 이성교제가 끝난 후에 겪는 고통과 슬픔, 후유증을 수용하고 위로와 정서적인 지지를 제공해야 할 것이다.

4) 청소년 자살

2011년 이후 현재까지 우리나라 청소년 사망원인 1위가 자살(통계청, 2025)이라는 통계에 비추어 볼 때 청소년 자살 문제의 심각성을 확인할 수 있다. 자살이란 라틴어 수이(Sui, 자기 자신)와 카이도(Caedo, 죽인다)라는 두 개의 단어가 합성된 것으로 '스스로 제 목숨을 끊는 것'으로 정의된다. 일반적으로 자살이라는 개념이 성립되기 위해서는 자살생각(suicidal ideation), 자살시도(attempted suicide) 그리고 자살행위(suicide behavior)라는 세 가지 전제 조건이 충족되어야 한다. 첫째, 자살 생각은 자살에 대한 생각, 계획 등 인지적 측면에 초점이 맞추어진다. 즉, 죽으려는 의도가 있어야 한다. 둘째, 자살시도는 자살생각을 구체적인 행동으로 표현한 경우로 자살생각에 비해 비율이 훨씬 낮다. 셋째, 자살행위는 결과적으로 자기 자신이 죽음에 이른 상태를 의미한다. 자살시도를 했지만 죽지 않았다면 엄밀하게 말해서 자살이 아니라고 할 수 있다(Durkheim, 1987). 종합적으로 청소년 자살이란 청소년이 자살하려는 생각을 지니고 자살을 시도함으로써 죽음에 이르게 된 상태라고 정의할 수 있다.

청소년 자살은 개인의 심리적 요인과 사회적 요인의 복잡한 상호작용으로 인해 발생한다. 특히 청소년 자살은 다른 연령대의 자살과는 다른 특성을 보인다. 먼저 청소년들은 청소년기의 특성상 충동적인 자살의 가능성이 높으며 예측과 예방이 어렵다. 그리고 청소년 자살은 우울증과 같은 정신질환보다는 일반적인 사건이나 스트레스로 인해 촉발되는 경우가 많다. 나아가 아직 정체성이 확립되어 있지 않은 청소년들은 평소에 친하게 지냈던 지인이나 우상시하는 스타를 따라 동반자살 혹은 모방자살을 시도하는 특징을 나타내기도 한다.

그럼에도 불구하고 청소년 자살은 분명한 원인과 동기가 존재한다. 통계청(2024) 조사 결과에 의하면 청소년들의 자살충동 원인의 1순위로 성적이나 진학의 문제(46.5%)가 가장 많았으며 가족 간의 갈등(22.1%), 선후배나 또래와의 갈등(8.3%), 경제적인 어려움(1.7%), 기타(27.3%)로 나타났다. 이러한 결과는 청소년 자살이 정신질환이 아닌 학업이나 학교 부적응, 가족이나 친구와의 관계를 통해 느끼는 소외감과 고독, 좌절, 분노, 상실감 등 심리적 갈등으로 인해 충동적으로 이루어지고 있음을 말해주고 있다.

청소년 자살은 다양하게 유형화할 수 있다(오윤선, 2025). 첫째, 내향형 자살은 보통 행동이나 태도가 내향적이고 소심한 청소년에게 나타나는데 내면적 갈등으로 인한 고독과 소외감으로 인해 발생한다. 둘째, 우수형 자살은 평소에 성적도 우수하고 리더의 역할을 하던 청소년이 갑작스런 환경 변화에 직면하면서 자신의 지위를 유지하기 힘들거나 주위 사람들로부터 느끼는 기대와 책임을 감당하지 못하면서 발생한다. 셋째, 감정형 자살은 감정을 통제할 수 없게 된 청소년의 공격성이 자기 내부를 향하게 됨으로써 발생한다. 넷째, 정신장애형 자살은 우울증이나 정신분열증, 불안이나 강박을 보이는 청소년의 불안정한 심리로 인해 지속적인 절망감과 위기감 그리고 충동성이 자살을 초래한다. 다섯째, 신체장애형 자살은 외모에 가장 민감한 시기인 청소년이 자신의 신체의 상해나 장애를 수용하지 못하고 열등의식을 지니게 됨으로써 발생한다. 마지막으로 문제행동형 자살은 청소년이 약물남용, 가정폭력과 같은 문제행동을 보였을 때 어른들이 이해하지 못하여 너무 엄격하게 대응하는 경우 발생한다.

이상에서 살펴보았듯이 청소년 자살의 위험요인으로 성적과 진학문제, 가정불화, 우울증과 같은 정신장애, 약물남용, 이성 문제, 낮은 자아존중감, 반사회적 행동 등이 있는 반면 자살을 예방할 수 있는 보호요인도 존재한다. 보호요인에 대한 연구를 고찰해 보았을 때 개인적인 측면에서는 높은 자아존중감과 삶에 대한 낙관성, 사회적인 측면에서는 부모의 정서적 지지, 학교에서의 또래 및 교사와의 긍정적 관계, 생명존중의 문화가 청소년들의 삶의 질을 향상시키고 자살을 예방하는 요인이 된다. 따라서 청소년지도자와 청소년 관련 정책자들은 보호요인을 확장하고 강화할 수 있는 프로그램을 강구해야 할 것이다.

청소년 자살은 중차대한 문제인 만큼 예방에 중점을 두고 많은 노력이 이루어지고 있다. 그럼에도 불구하고 개인의 특성에 따라 예방 범위가 광범위하고 대상,

목적, 내용 등이 다각적인 모습을 지니고 있어 근본적으로 해결대책 방법을 마련함에 있어서 미흡한 점이 많은 것도 사실이다. 이에 청소년 자살 문제를 다루는 청소년지도자가 갖추어야 할 지도방법을 살펴보면 다음과 같다. 첫째, 청소년 자살에 대한 자신의 가치관을 점검해야 한다. 자살을 개인의 권리로 여기거나 허용하는 태도는 청소년 자살의 위험성을 높이게 된다. 나아가 청소년 자살에 대해 자신이 지닌 견해를 점검해야 할 필요가 있다. 이를 통해 청소년지도자는 청소년 자살에 대해 자신이 지닌 오해와 편견이 있는지 살핀 후 올바른 사고를 정립해야 한다. 둘째, 청소년 자살의 위험신호를 예리하게 파악할 수 있어야 한다. 셋째, 청소년지도자는 청소년의 자살위험 수준을 평가하여 자살위험 수준별 개입이 필요하다. 이 모든 단계에서 청소년지도자는 청소년의 말을 경청하고 공감하며 수용하고, 자살위험이 있는 청소년의 안전을 확보하고 주위체계에 협력을 요청하는 자세가 필요하다.

표 3-1 자살위기 개입 시 주의사항

- 과잉반응하지 말라.
- 우울한 청소년에게 지나치게 밝은 모습을 보이지 말라.
- 청소년지도자는 자살을 막기 위해 설득하려고만 하지 말라.
- 결정적인 묘수를 가르쳐 주려고만 하지 말라.
- 자살에 대해 이야기하는 것을 두려워하지 말라.
- 청소년의 현재 심리상태와 상황을 중심으로 시작하라.
- 가능성이 있으면 자살에 관해 먼저 언급하라.
- 전문적인 도움을 구하도록 권하라.
- 청소년지도자 자신의 연약한 모습을 청소년에게 개방하는 것도 필요하다.
- 청소년과 신앙적 논쟁을 하지 말라.
- 청소년을 윤리적으로 판단하지 말라.
- 청소년을 혼자 남겨두지 말라.

자료: 오윤선(2025)

5) 청소년 학업중단

학업중단 청소년이란 자의에 의해서든 혹은 타의에 의해서든 정규교육 과정을 마치지 않고 중도에 학업을 중단한 경험이 있는 청소년을 의미한다. 이와 유사한 개념으로는 학교중도탈락자, 중도탈락청소년, 중퇴생, 학업중퇴자, 등교거부자, 탈학교청소년, 학교를 거부하는 아이, 학교 밖 청소년 등의 용어가 다양하게 사용되었으나 2002년 교육부에서 「학업중단 청소년 종합대책 수립」 이후 용어의 혼란을 줄이기 위한 노력으로 인해 학업중단 청소년이란 용어가 보편적으로 사용되었다(박지영, 2022). 중도탈락이 탈락의 귀책사유를 학생 개인에 두는 데 반해 학업중단은 사회 시스템 전반의 거시적 차원에서 그 원인과 책임을 규명하려는 데 본질적 차이가 있다. 나아가 학업중단이라는 용어는 학생의 자발적인 의지에 따라 학교 밖의 다양한 교육 프로그램을 선택할 권리를 보장한다는 적극적인 의미를 내포하고 있다(이병환, 2007; 이은자, 2015). 최근에는 학업중단 청소년이 학교를 그만둔 것일 뿐 배움을 중단한 것은 아니라는 시각이 확산되면서 학업중단 청소년을 포함하여 '학교 밖 청소년'이라는 용어를 광범위하게 사용하기도 한다.

학업중단 청소년의 유형은 자발성, 동기, 적응성 등에 따라 다양하게 구분할 수 있다. 대표적으로 학업중단 유형은 학업을 중단하기 이전 자발성 여부에 따라 자발적 중단, 즉 자퇴와 비자발적 중단인 퇴학으로 구분할 수 있다. 자발적 중단은 다시 원천적으로 학교제도 자체가 맞지 않아 학업을 중단한 탈학교형과 학업성취 기대수준이 학교의 학업수준보다 높아서 새로운 진로를 모색하는 초학업형으로 세분화할 수 있다. 비자발적 중단도 학교 정책과 학업에 적응하지 못해 학업을 중단하는 개인부적응형과 가정의 경제적 곤란이나 부정적 사회환경에 영향을 받아 학업을 중단하는 환경불가피형으로 세분화할 수 있다(최숙희, 이수정, 2022). 이들은 학업중단 과정 및 이후 적응에 있어 차이를 보인다. 한편 학업중단 이후 적응성에 따라 정착형과 비정착형으로 구분할 수 있으며 정착형은 다시 진학형, 취업형, 직업 훈련생으로, 비정착형은 시설수용형과 방치형으로 세분화할 수 있다(박지영,

2022). 정착형이란 기존의 가족이나 학교에서 내면화한 가치관을 통해 인생을 설계하고 성취하고자 하는 청소년들을 일컫는다. 정착형의 하위 유형인 진학형은 학업중단 후 일정 기간의 방황시기를 거쳐 다시 복교하여 학업을 이행하거나 검정고시학원, 학력인정 사회교육시설, 대안학교 등을 통해서 학업을 계속 이어가는 청소년들을 가리킨다. 직장취업형은 교육훈련 후 취업을 하여 직장인으로서의 자신의 생활을 스스로 꾸려나가는 청소년들이다. 직업훈련형은 기술학원이나 직업훈련 등을 통해 직업준비를 위한 기술 습득 및 교육을 받고 있는 청소년들을 가리킨다. 반면 비정착형에 속하는 청소년들 대부분은 자신의 진로와 진학 계획을 수립하지 못하고 방황하는 청소년들을 일컫는다. 비정착형의 하위유형인 시설수용형 청소년들은 쉼터나 소년원, 요양 등 보호 및 관리체제에 소속되어 있지만, 방치형 청소년들은 보호 및 관리체제에 의해 보호받지 못하는 청소년들로 비행청소년, 유흥업소종사 청소년, 가출 청소년, 정신질환청소년 등이 이에 속한다(남정현, 2024).

청소년통계(2025)의 학업중단율에 따르면 2024년 한 해 동안 초·중·고등학생의 학업중단율은 1.0%로 전년 대비 0.1%p 증가한 것으로 나타났다. 학교급별 학업중단율은 초등학생 0.7%, 중학생 0.8%, 고등학생 1.7%로 고등학생의 학업중단율이 가장 높게 나타난다. 이처럼 학업중단율은 상급학교일수록 그리고 수도권일수록 증가하는 경향이 있다. 2016년 이후 지속적으로 학업중단율이 상승하는 가운데 매년 중도 탈락한 학생들의 누적률과 재학 중인 학업중단위기 청소년들의 학업중단 가능성(40.3%)까지 감안한다면 문제는 더욱 심각해진다.

학업중단은 개인, 가정, 학교, 또래, 지역사회, 기타 요인 등 복합적인 요인들의 상호작용으로 나타난다. 첫째, 개인적 요인으로는 불안정한 심리 상태, 충동성, 공격성, 낮은 유능감, 부정적인 자아개념, 무기력함, 낮은 자기 조절 능력, 은둔형 외톨이 기질 등이 있고 둘째, 가정적 요인으로는 가정의 구조적 기능적 결핍, 가족갈등 및 폭력, 경제적 어려움, 부모의 빈약한 교육지원, 부모의 직업 및 실직 등이 영향을 미치는 것으로 나타났다(최숙희, 이수정, 2022). 셋째, 또래 요인은 학교 부적응 및 개인 요인에 모두 해당되는 위험요인으로 관계기술 미숙 및 또래의 부정적 영향 등이며 넷째, 학교 요인으로는 교사와의 관계, 교칙의 경직성, 학습흥미 부족 등이 영향을 미친다(남정현, 2024). 마지막으로, 지역사회 요인으로는 지역사회의 유해환경이나 향락산업과 저숙련·저임금을 요구하는 노동시장이 영향 요인으로 작용하고 있다. 이처럼 청소년이 학업중단에 이르기까지의 요인은 매우 다양하나 직접적인 원인으로는 불우한 청소년의 무단가출과 비행 나아가 정규학교에 대한 의미 상실, 결손가정에서 형성된 외상경험 등인 것으로 분석된다.

청소년의 학업중단 문제행동에 있어 가장 좋은 지도방법은 학업중단 청소년을 예방하는 것이다. 이에 청소년지도자는 학업중단 위기 청소년들을 발굴하여 대인관계기술 및 학교적응력 향상 그리고 신체활동과 예술매체를 활용하는 통합적인 프로그램 등을 고안하여 현장에서 활용할 수 있다. 그러나 청소년지도에 있어 청소년 학업중단 문제의 본질은 이미 학업중단 상태에 있는 청소년들의 불우한 가정환경에서 형성된 외상 경험이 낮은 자존감과 공격적인 개인 기질로 드러나는 것이다. 이후 혹독한 사회경험을 통한 반성적 사고와 응집된 자기 형성을 도와줄 지지그룹과의 만남을 통해 자기 존중감과 자아정체감 그리고 진로정체감을 찾아가는 과정이라고 할 수 있다(남정현, 2024). 이를 위해 청소년지도자는 무엇보다도 학업중단 청소년들을 어떠한 차별과 편견 없이 있는 그대로 바라보고 존중하며 접근하는 태도를 지녀야 할 것이다. 이러한 자세는 학업중단 청소년들의 마음과 생각을 진지하게 공감함으로써 어린 시절에 경험했던 상처와 그로 인해 형성된 부적절한 심리를 다룰 수 있도록 도울 것이다. 그런 후 학업중단에 따라 당면한 청소년들의 욕구 및 문제 상황을 직면하여 학습 및 자립 동기를 강화하고 이를 실제적으로 교육하고 고용하며 도와줄 지원체계를 구축·연계함으로써 학업중단 청소년들의 건강한 성장을 도모해야 할 것이다.

표 3-2 학업중단 청소년이 직면한 문제

- 개인적 고민과 심리적 갈등
- 자아정체감 혼란
- 부모와의 불편한 관계 및 가정불화
- 또래관계 형성의 어려움
- 사회적 고립감
- 직업탐색 기회 부족
- 진로미결정
- 경제적 자립 및 적합한 일자리 부족
- 학력취득 욕구
- 학업중단에 대한 아쉬움
- 여유시간 활용 프로그램 및 공간 결핍

6) 청소년 학교폭력

「학교폭력 예방 및 대책에 관한 법률」 제2조 제1항에 의하면 학교폭력이란 학교 내에서 학생 간에 발생한 상해, 폭력, 감금, 협박, 약취, 유인, 명예훼손, 모욕, 공갈, 강요, 강제적인 심부름, 따돌림, 정보통신망을 이용한 폭력, 정보 등에 의하여 신체, 정신 또는 재산상의 피해를 수반하는 행위로 정의한다. 이러한 학교폭력의 정의에는 학교 외에서 발생한 폭력과 성폭력은 제외한다. 그러나 학교폭력은 이 같은 단순한 개념을 의미하는 것이 아니다. 이에 세 차례의 개정을 통해 학교폭력을 "학교 내외에서 학생을 대상으로 발생한 상해, 폭행, 감금, 협박, 약취·유인, 명예훼손·모욕, 공갈, 강요·강제적인 심부름 및 성폭력, 따돌림, 사이버 따돌림, 정보통신망을 이용한 음란·폭력정보 등에 의하여 신체·정신 또는 재산상의 피해를 수반하는 행위"로 규정하였다. 이는 성폭력을 학교폭력에 추가하였고, '학생 간의 행위'에서 '학생을 대상으로 하는 행위'로 개념이 일부 변경되었으며, 사이버 따돌림이 추가되어 지금의 개념이 확립된 것이다. 한편 노르웨이의 심리학자 올베우스(Olweus, 1994)는 학교폭력이란 한 명 또는 그 이상의 사람들이 한 사람을 대상으로 의도적으로 부정적인 행동을 하는 것으로, 따돌림 상황에 처한 학생 간 힘의 불균형에 의해 발생하는 공격적인 행동이며 고의적이고 지속적이며 반복적으로 일어난다고 정의하였다. 우리나라에서 학교폭력은 흔히 '왕따', '집단따돌림', '집단괴롭힘' 등의 다양한 용어로도 불리고 있다.

학교폭력의 유형으로는 언어적 협박, 욕설, 따돌림, 돈이나 물건 갈취, 때리거나 특정한 장소에 가두는 행동, 강제로 심부름을 시키는 행동, 인터넷 채팅이나 이메일 혹은 휴대전화로 하는 욕설, 비방, 따돌림 등 다양한 형태를 보인다(청소년폭력예방재단, 2012). 학교폭력에 있어 공격적 행동이란 신체적 공격뿐 아니라 언어적·관계적 공격을 포함하고 있다. 신체적 공격은 때리거나 밀거나 차는 등의 폭력적 행동, 언어적 공격은 위협하거나 비웃거나 별명을 부르는 행동, 관계적 공격은 몸짓이나 표정으로 상대를 기분 나쁘게 하거나 의도적으로 따돌리고 상대의 요구에 응하지 않는 행동을 그 예로 들 수 있다. 그레이(Gray, 2001)는 집단따돌림의 수많은 유형을 언급하면서 관계적 따돌림(relational bullying)과 우회적인 따돌림(backhanded bullying)을 포함시켰다. 관계적 따돌림이란 언어나 문자화된 메시지를 사용하는 따돌림 뒤에 신체적이거나 사회적인 따돌림이 뒤이어 일어나는 것을 의미하며, 우회적인 따돌림이란 피해자에게 친절한 척하면서 우정을 제공한 뒤에 피해자가 당혹스러워 할 요구를 하며 현혹시키는 행동을 의미한다. 최근에는 소셜미디어상에서 사이버불링(cyberbullying)이 청소년들의 부적응을 초래하는 심각한 위협 요소가 되고 있다. 사이버불링이란 인터넷 상에서 특정인을 괴롭히는 현상, 즉 SNS나 카카오톡 등 스마트폰 메신저와 휴대전화 문자 메시지 등을 이용해 상대를 지속적으로 괴롭히는 현상을 말한다. 사이버불링의 유형으로는 사이버스토킹, 사이버비방, 이미지불링, 아이디 도용, 사이버감옥, 사이버따돌림, 플레이밍 등 다양한 형태가 있으며 심지어 인터넷 게시판에 상대에 대한 허위 사실을 유포하거나 불법 음란 사이트에 상대의 신상정보를 노출시키는 등 심각한 사회문제로까지 확대되고 있다(오윤선, 황인숙, 2025).

학교폭력실태조사(교육부, 2025)에 따른 학교폭력 피해유형을 살펴보면 언어폭력

(33.6%)이 가장 많았고 이어 집단따돌림(26.0%), 사이버폭력(12.3%) 순으로 다른 피해 유형의 비중이 감소한 것과 달리 사이버폭력(3.4%p), 집단따돌림(2.8%p)의 비중은 증가한 것으로 보고된다. 학교폭력이 일어나는 장소는 교실 안(41.2%)과 복도(10.9%) 등 주로 학교였으나 학교 내 다른 장소, 사이버 공간, 운동장, 놀이터, 학원이나 학교 주변, PC방이나 노래방, 집 등의 순서로 나타났다. 가해자는 '같은 학교 같은 학년 학생'이라는 응답이 67.4%로 가장 많았으며, 학교폭력의 가해 이유로는 '먼저 괴롭혀서'가 26.8%로 가장 높았지만, '장난으로'(21.8%) 또는 '특별한 이유 없다'(10.0%), '다른 친구가 하니까'(8.3%) 등 뚜렷한 이유 없이 다른 학생을 괴롭히는 경우도 많았다. 학교폭력 피해 후 주위에 알리거나 신고했다는 학생은 78.8%로 집계되었으며 알리거나 신고하는 대상으로는 가족(39.8%), 학교(21.4%), 친구나 선배(15.3%) 등의 순으로 나타났다. 이와 같은 실태를 종합적으로 분석해 보면 다음과 같은 특징을 살펴볼 수 있다. 첫째, 신체적 폭력보다는 언어 및 관계적 공격 등을 통한 정신적 폭력이 증대되고 있다. 둘째, 학교폭력 가해 및 피해연령이 낮아지고 있다. 셋째, 학교폭력은 주로 학생들이 학교 내에 있는 시간대에 발생하고 있다.

학교폭력의 원인은 가해원인과 피해원인을 구분하여 살펴볼 필요가 있으나 가해와 피해의 경험이 순환 반복되기 때문에 가해자와 피해자를 뚜렷하게 구분하기 힘들다는 특성을 지닌다. 왜냐하면 피해를 입은 학생은 자신을 감추거나 아니면 피해 상황에서 빠져나오기 위해 다른 학생들에게 가해하기 때문이다. 이렇게 학교폭력은 악순환의 고리로 이어지고 있다. 먼저 피해자이면서 가해자인 학생들의 특성을 살펴보면 이들은 자신의 열등감이나 피해의식에서 오는 좌절감을 약한 상대방에게 폭력을 행사함으로써 이를 상쇄하려는 심리 상태를 가지고 있는 경우가 많다. 약한 자신이 폭력을 당한 것이 당연한 것처럼 다른 약한 친구를 괴롭히는 자신의 행동을 당연하게 여기게 되는 것이다. 피해자이면서 가해자인 학생은 피해자만을 경험하는 집단에 비해 자기 효능감이 부족하고 자기 개념 역시 부정적이다. 특히 이들이 대인관계에 있어서 어려움을 호소하며 다른 친구들을 잘 믿지 못하고 의심하며 친구를 조종하려는 경향을 보인다. 학교폭력 피해자인 경우 심리적 문제뿐만 아니라 발달적, 사회적, 환경적 차원에서 부정적 특성을 나타낸다. 이들은 불안정한 정서, 주의집중의 어려움, 두려움, 무력감, 위축, 대인기피 성향을 지니며 과잉행동적인 특징을 보인다. 그리고 결손가정이거나 부모의 양육태도가 권위적이거나 학대당한 경험이 있는 경우가 많다. 최지원(2022)은 친한 친구의 수가 적고, 학업성적이 낮으며, 학교생활에 충실하지 못하고 교사와의 관계가 친밀하지 않을수록 피해를 당할 확률이 높다고 보았다. 한편 가해자의 특성을 살펴보면 이들은 또래를 지배하거나 물건 혹은 지위를 얻기 위해 도구를 이용한 공격적 행동을 보이며 갈등상황에서 감정을 조절하는 자기 조절 능력이 부족하다. 또한 가해행동에 대한 죄의식을 느끼지 않으며 자신의 행동을 반성하기보다는 정당화하는 경향이 있다. 가해청소년들은 부모와 형제 등의 가족 구성원이나 이웃의 폭력 행동을 지속적으로 관찰한 경험이 있으며 부모의 양육태도가 일관성이 부족하고 온정적이지 않으며 거부적 특성을 보인다.

지금까지 살펴보았듯이 학교폭력은 개인의 심리적, 인지적, 행동적 부적응 요인 및 가정, 또래, 학교, 지역사회 등의 환경적 요인이 복합적으로 관련되어 있기 때문에 청소년지도자는 해결을 위한 통합적인 지도방법을 모색할 필요가 있다. 무엇보다도 청소년지도자는 자녀와 부모가 함께 학교폭력 피해 및 가해 관련 교육·상담 프로그램에 참여할 수 있도록 해야 한다. 학교폭력 가해자와 피해자 모두 가정에서 부모의 긍정적인 양육을 통해 자녀가 건강하게 성장할 수 있도록 해야 한다. 이를 위해 청소년지도자는 분노조절 프로그램, 자기 통제 훈련 프로그램, 사회기술훈련 프로그램, 자아존중감 향상 프로그램, 부모교육 프로그램 등 학교폭력 예방과 대처를 위한 다양한 프로그램을 기획하고 참여를 독려해야 할 것이다. 그리고 학생들에게 학교폭력에 대해 드러내어 토론을 하게 함으로써 학교폭력이 바람직하지 않음을 깨달을 수 있도록 하는 것이 중요하다. 또한 청소년지도자는 학교폭력에 가담하는 다양한 역할 집단을 역할극을 통해 경험해 보도록 함으로써 서로의 마음을 공감할 수 있도록 해야 한다. 특히 방관자 중심의 집단 프로그램을 통해 이들이 피해청소년을 돕는 방어자 역할을 할 수 있도록 역량강화 프로그램을 기획할 수 있을 것이다. 나아가 청소년지도자는 학교폭력에 대한 단호한 의미가 청소년들에게 전달될 수 있도록 하여 청소년들로 하여금 청소년지도자는 물론 가정과 지역사회가 절대 방관자가 아님을 주지시켜야 할 것이다.

그뿐만 아니라 평상시 소집단 활동과 놀이, 수련활동을 활성화시켜 집단 유대감을 증진시킬 필요가 있다. 우리나라의 입시중심의 수업문화는 또래들 간의 과잉경쟁을 불러일으키고 학생들에게 스트레스를 발생시킨다. 이는 장난으로 친구를 괴롭히고 상대적으로 자신보다 연약한 친구에게 폭력적 행동을 유발시키는 위험요인이 된다. 따라서 청소년지도자는 학습에 대한 긍정적 가치와 책임, 친구의 인격에 대한 존대, 건전한 동아리 활동, 청소년들에 대한 관심과 지지, 생활에 대한 흥미 등과 같은 학교 내외와 지역사회 차원에서 실행 가능한 보호 요인을 강화시키는 것이 요구된다. 마지막으로 청소년지도자는 거시적 차원에서 대중매체가 조장하는 '나만 아니면 된다'는 방관자를 양성하고 이기주의를 조장하며 경쟁과 폭력을 가르치고 학교폭력을 미화하거나 희화화하는 것에 대응할 수 있도록 근본적인 해결책을 제시하고 모델링이 되는 동시에 청소년의 인권을 보호하고 교육에 힘쓰는 사회분위기 조성에 힘써야 할 것이다.

7) 청소년 약물남용

약물남용이란 향정신성 약물을 의학적 목적이 아닌 다른 용도로, 사용자가 의도적으로 장기적 혹은 주기적으로 대량 사용하는 것을 의미하여 약물오용, 약물의존, 약물중독 등의 용어와 혼재되어 사용되기도 한다. 약물남용은 습관, 중독 그리고 내성이 있어 이러한 약물을 주기적으로 오랫동안 사용할 경우 자의적으로 중단하기 어려운 상태에 이르게 되어 치료 프로그램을 받아야만 한다.

「청소년보호법」 제2조 제4호에서는 청소년 유해약물이란 청소년에게 유해한 것으로 인정되는 약물로 청소년들도 쉽게 접할 수 있는 주류, 담배를 포함하여 마약류, 환각물질, 기타 청소년의 심신을 심각하게 훼손할 우려가 있는 약물 등으로 정의한다. 청소년들이 약물을 사용하는 원인(여성가족부, 2025)을 살펴보면 1위가 기분이 좋아지기 위해 약물을 사용한다고 응답한 경우가 34.2%로 가장 많았고, 살을 빼거나(29%), 습관적으로(27.7%) 사용한다는 응답이 그 뒤를 이었다. 학년별로는 중학교 1학년 시기에 친구들과 어울리기 위해서라는 응답이 32.3%로 다른 학년에 비해 높게 나타났으며, 기분이 좋아지기 위해서라는 응답은 중2~고1까지의 시기에 높게 나타났다. 이처럼 약물남용의 원인으로는 크게 개인적 원인, 가정환경적 원인, 학교환경적 원인, 사회환경적 원인으로 구분하여 설명할 수 있다. 개인적인 차원에서는 지적 능력, 충동성, 외향성, 사교성, 자극에 대한 욕구 등의 성격적 요인이 청소년들로 하여금 쉽게 약물남용에 빠져들게 한다. 특별히 우리나라 청소년들은 입시중심의 학업문화로 인해 심한 스트레스를 받고 불안에 시달리면서 약물을 도피처로 여기는 경향이 높다. 가정 환경적 차원에서는 부모가 약물남용자인 경우와 가족의 구조적·기능적으로 결손된 경우에 청소년들이 약물남용과 비행행동에 쉽게 노출되는 원인이 될 수 있다. 학교환경적 차원에서 교사와의 낮은 상호관계, 또래집단의 영향, 낮은 학업성취 등은 청소년들에게 열등감과 좌절감 그리고 소외감을 유발시키며 약물남용의 원인이 된다. 사회환경적 차원에서 매스미디어나 스타들의 약물남용은 청소년들에게 부정적 영향을 미치는 원인이 된다.

청소년기는 인성과 사회성을 형성하는 단계로 청소년의 약물남용은 심각한 사회적인 문제가 됨에도 불구하고 그 특성상 약물남용이나 의존에 상당히 취약한 시기라고 할 수 있다. 청소년 유해환경접촉 종합실태조사(여성가족부, 2025)에 의하면 우리나라 청소년의 28.3%가 음주, 8.7%는 흡연 그리고 기타 환각성 물질을 이용해 본 경험이 있다고 응답하였다. 성별에 따른 경험률을 살펴보면 여자보다는 남자 청소년에게서 경험률이 높게 나타났다. 학교급별로는 중학생보다는 고등학생에게서 경험률이 높게 나타났으며, 환각성 물질의 경험률에는 큰 차이가 없었다. 한편 음주 및 흡연을 처음으로 경험한 시기를 살펴본 결과, 평균연령이 남자

12.9세와 여자 12.6세로 나타났으며, 흡연이 습관화되어 매일 담배를 피우기 시작한 때는 평균 13.5세로 음주와 흡연을 경험하는 연령이 낮아지고 있음을 알 수 있었다.

청소년들의 약물남용은 성인과 달리 충동적이고 쾌락추구적인 특징으로 인해 빠른 속도로 약물중독에 이르며, 복합적인 약물남용으로 진행될 가능성이 높고 어린 나이에 시작한 만큼 내성으로 인해 치사량에 이르러 사망에 이르게 할 수 있는 위험성을 지니고 있다. 또한 청소년들의 음주와 흡연은 다른 비행행동으로 가는 출구 역할을 한다는 점과 나아가 본드나 가스, 마약류와 같은 비합법적 물질은 더 심각하고 치명적인 피해를 초래한다. 이처럼 정신적·신체적으로 급성장하는 청소년 시기에 약물남용으로 인한 심리적·신체적 부정적 피해는 성인기에 이르러서도 각종 치명적인 질환을 초래하기 때문에 예방을 위한 다양한 교육 및 치료와 재활을 위한 대책 마련이 필요하다. 특별히 약물남용의 보호 요인이 되는 가족의 지지 및 사회적 지지가 음주 및 흡연량을 줄이는 데 영향을 주지 못하는 것으로 나타나 예방을 위한 교육 및 정책적 노력의 필요성이 더욱 강조되는 바이다.

4. 청소년 문제행동에 대한 대책

청소년의 문제행동은 개인적 요인과 더불어 가정, 학교, 지역사회, 국가정책 등의 환경적 요인이 복합적인 상호관계 속에서 발생되는 것으로 청소년지도자는 효과적인 예방과 위기 개입을 위한 통합적인 지도방법을 모색해야 할 필요가 있다.

1) 개인 차원

청소년기의 삶의 만족과 긍정적 발달은 평생 지속되는 특징을 지니고 있기 때문에 매우 중요한 의미를 지닌다. 이 시기에 낮은 삶의 만족도를 가진 청소년들은 우울, 유능감, 정서적 및 신체적 안녕, 공격성, 충동성과 높은 관련성을 지니고 있다. 최근 우리나라 청소년 행복지수는 OECD에 속한 나라 가운데 최하위로 심각한 수준이라 할 수 있다. 따라서 청소년들은 동아리 활동 등과 같이 건전한 활동을 통하여 자신의 행복지수를 향상시키려는 노력이 필요하다. 청소년지도자는 청소년들이 자신의 흥미와 적성을 고려한 최적화된 활동을 찾을 수 있도록 돕고, 적극적으로 활동할 수 있도록 지원하는 것이 필요하다.

또한 청소년들은 스트레스 대처 능력을 향상시키는 것이 필요하다. 연구에 따르면 스트레스는 초등학교 4학년부터 중학교 2학년까지 높아지다가 그 이후부터 고등학교 3학년까지 같은 수준을 유지하는 것으로 밝혀졌다(오윤선, 2025a). 청소년은 가정과 학교, 학업 및 진로, 친구관계 등 다양한 삶의 영역에서 스트레스를 경험하게 된다. 이로 인해 청소년들은 충동적이고 자신의 욕구와 감정을 조절하는 데 어려움을 가질 수 있으며 스트레스를 대처하는 방식으로 비행을 저지를 가능성이 높다. 따라서 기능적으로 스트레스에 대처하는 자세가 필요하다. 청소년지도자는 청소년들의 다양한 스트레스 원인과 유형을 고려하여 청소년에게 긍정적이고 흥미를 끌 수 있는 실제적인 스트레스 관리 프로그램을 제공하는 것이 필요하다.

2) 가정 차원

연구에 따르면 청소년의 일탈에 부모의 감독이 강하게 영향을 미치는 것으로 나타났다. 즉, 낮은 부모 감독은 자녀가 사회 규범을 깨는 행위와 연관이 있으며 청소년의 비행친구와 접촉 및 음주와 약물 사용 등과 같은 문제행동에 영향을 미치는 것이다(한성훈 외, 2025; Lippold, Greenberg & Collins, 2013; Stattin et al., 2000). 이는 가족환경 내에서 부모의 영향력이 청소년기 전반에 걸쳐 청소년 행동 변화에 매우 중요하게 반영된다는 것을 의미한다. 따라서 부모가 자녀의 일상생활에 대한 적절한 감독과 초기개입을 통해 비행친구 접촉을 차단하고 청소년의 초기 일탈 감소 및 예방하는 것이 필요하다. 그리고 부모의 긍정적인 개입은 청소년들이 부모의 관심으로부터 심리적 안정을 획득하도록 도울 것이다. 따라서 청소년지도자는 부모의 감독이 자녀의 일상생활에 대한 통제가 아닌 자녀가 위협적인 환경으로부터 지속적이고 일관성 있는 개입임을 깨닫고 이를 적용할 수 있는 교육 및 훈련 프로그램을 제공하는 것이 필요하다.

3) 학교 차원

학교 차원의 개선방안으로는 첫째, 교사와의 유대를 증가시키는 것이 필요하다. 중·고등학생이 될수록 가정보다 학교에서 많은 시간을 보내고 있는 청소년들에게 교사와의 지속적인 유대관계를 유지하려는 노력이 필요하다. 학생과 교사와의 긍정적 상호작용과 정서적 관계가 강화될 수 있는 방안을 모색하고 문제행동에 대한 지도 및 감독이 필요하다. 특히 공격성이 높은 청소년의 경우 자신과 타인을 신체적·정신적으로 위해할 가능성이 높기 때문에 이들의 공격적 성향과 분노에 대한 주의가 필요하다. 둘째, 학교는 문제행동으로 인해 위협받을 수 있는 신체적·정신적 건강문제를 예측하고 이를 위한 예방 및 증진 사업에 효과적으로 개입하기 위한 노력이 필요하다. 셋째, 청소년기에는 또래집단에 대한 동조성이 높아지기 때문에 또래집단이 문제행동에 미치는 영향력은 매우 강하게 나타난다. 따라서 향후 청소년에게 문제행동 관련 프로그램을 제공할 때 주변 친구와의 관계를 고려하여 친한 친구도 함께 중재 프로그램에 참여할 수 있도록 계획해야 할 것이다. 넷째, 학급 단위로 학교폭력 예방을 위한 교육을 진행하고 사소한 폭력과 따돌림의 형태도 범죄가 된다는 점을 청소년들에게 명확히 인식시켜 주는 것이 필요하다. 또한 2005년부터 실시된 '학교폭력 자진신고 및 피해신고제도'를 활성화시키고 이에 대한 적극적인 개입 방안을 강구하는 것이 필요하다.

4) 사회 차원

우선적으로 청소년들의 일탈을 조장하고 범죄의 유혹에 빠져들게 하는 유해환경에 대한 지속적인 집중단속과 처벌강화를 통해 불법행위를 근절하도록 해야 한다. 학교 주변의 유해업소들에 대해 경찰청, 행정안전부, 교육부, 지자체 등이 집중 단속을 실시함에 따라 2013년 8월 이후 유해업소들이 폐쇄조치 및 자진 철거 등이 이루어지고 있는 것은 청소년의 유해환경 정화를 위한 긍정적 성과라고 할 수 있다. 향후에도 청소년 유해환경 밀집지역 감시 및 우범지대에 CCTV 및 안전벨 설치를 통해 24시간 사고와 범죄로부터 청소년을 보호하는 생활안전보호 체계를 확대 구축해 나가야 할 것이다.

또한 지자체에서는 청소년을 위한 교육, 복지, 문화 인프라를 구축하는 것이 필요하다. 가출 청소년 쉼터의 설치, 위기청소년에 대한 긴급구조, 일시보호, 치료 및 자활 등 통합지원을 위한 청소년상담과 지역사회 청소년통합지원계(CYC-Net), 청소년동반자(YC) 프로그램 등과 같이 청소년들과 유기적인 관계를 형성함으로써 긍정적인 자아정체감을 형성하고 학업중단을 예방하며, 청소년범죄에 빠지지 않도록 돕는 사회보호 인프라를 충분히 구축해야 할 것이다. 나아가 청소년들을 위한 다양한 여가문화시설을 확충하고 여가 프로그램을 개발·보급함으로써 건강한 놀이문화를 형성할 수 있는 방안이 모색되어야 한다.

청소년지도자는 사회 차원에서 아직 문제행동을 보이지는 않았으나 문제행동의 가능성이 있는 청소년을 대상으로 하는 사전 예방 프로그램을 확충하고 실행하는 것이 필요하다. 프로그램의 내용으로는 학업능력 향상, 방과 후 여가활동, 대안학교, 지역사회와 문제지향 경찰 활동, 약물·알코올 치료와 교육, 가족치료, 리더십 향상, 멘토링, 부모교육, 무단결석 예방, 진로 및 직업 등 문제행동을 유발하는 위험 요인을 감소하고 보호 요인을 강화하는 것을 핵심으로 할 수 있다.

5) 정책 차원

청소년 시기에는 가족결손으로 인해 적절한 보호를 받지 못하고 일탈로 귀결될 경우 심각한 범죄로 이어질 수 있는 위험과 함께 사회 내에서 방치될 가능성이 매우 높다. 따라서 기능적·구조적으로 가족구조의 결손을 경험하고 있는 청소년들이 가족의 기능을 유지할 수 있도록 도와야 한다. 또한 긍정적인 사회 적응력을 도모하기 위해 학습지도, 다양한 특기 개발, 의료서비스, 양육비 지원 등 결손가정에 대한 복지지원정책을 통한 보호가 무엇보다 필요하다.

연습문제

1. 청소년 문제행동 개념에 대해서 설명하시오.
2. 청소년 문제행동의 접근에 대해서 비교하여 설명하시오.
3. 청소년 문제행동 유형과 지도방법에 대해서 토론하시오.
4. 청소년 문제행동에 대한 대책에 대해서 논하시오.

Youth Guidance Methodology

PART 2

청소년지도방법의 이해

CHAPTER 04

청소년지도방법의 기초 이해

CHAPTER 05

청소년지도방법의 이론

CHAPTER 06

청소년지도와 리더십

CHAPTER 07

청소년 대상별 지도방법

CHAPTER 08

청소년지도 프로그램

CHAPTER

4

청소년지도방법의 기초 이해

학습 내용

1. 청소년지도
2. 청소년지도방법
3. 청소년지도방법의 역사적 이해
4. 청소년지도방법과 청소년정책

학습 목표

1. 청소년지도의 의미에 대해서 이해한다.
2. 청소년지도방법에 대해서 살펴본다.
3. 청소년지도방법의 역사에 대해서 고찰한다.
4. 청소년지도방법과 청소년정책에 대해서 살펴본다.

학습 개요

청소년지도는 전문성을 갖춘 청소년지도자가 신체적 · 인지적 · 도덕적 · 심리적 · 정서적 · 사회적 · 영적 문제에 직면한 청소년을 대상으로, 지도 원리와 실제를 활용해 의미 있는 변화와 성숙을 이끌고 전인적 성장을 지원하는 활동으로 정의된다.

청소년지도와 관련 유사 개념으로는 청소년교육, 청소년육성, 청소년개발, 청소년수련 등이 있으며, 청소년지도는 지식 전달보다 체험활동과 프로그램을 매개로 이루어지므로 방법적 측면이 특히 중요하다. 주요 원리로는 존중, 자기주도성, 다양성, 상호성, 활동성, 즐거움, 효율성이 제시된다.

청소년정책은 광의적으로 청소년을 대상으로 하는 모든 국가정책을 의미하나, 협의적으로는 권리와 참여, 활동, 복지, 안전과 보호, 교육, 노동, 비행과 범죄, 정책 추진체제 등 주로 여성가족부가 관할하는 범위를 가리킨다.

1. 청소년지도

1) 청소년지도의 의미

청소년지도는 청소년과 관련하여 학생생활지도, 진로지도, 학업지도 등 일상생활에서 사용되어 온 용어이다. 그러나 최근 '청소년지도'가 독립적인 학문으로 자리 잡으면서 학자들에 따라 다양하게 정의되고 있다. 김진화(2004)는 청소년지도를 "청소년들이 생활세계에서 직면한 여러 가지 문제(교육적, 가정적, 사회적, 직업적, 신체적, 정서적 문제)를 해결할 수 있도록 적극적으로 개입하고 지원하며, 청소년의 잠재력(인지적 · 사회적 · 정서적 · 신체적 영역)이 바람직하고 건전하며 온전하게 성장할 수 있도록 돕는 조직적인 일련의 과정"이라고 정의하였다. 천정웅 등(2011)은 "청소년지도란 청소년을 대상으로 하는 전문 지도자가 청소년의 건강한 발달을 지원하기 위해 적극적으로 개입하는 조직적이고 구체적인 행위활동"이라고 설명하였다. 이미리 등(2014)은 청소년지도를 광의와 협의로 구분하였다. 광의의 의미에서는 청소년의 긍정적인 성장과 발전을 위한 다양한 조력활동을 뜻하며, 협의의 의미에서는 전문적인 청소년지도 인력에 의해 이루어지는 활동으로 정의하였다. 또한 김영인과 김민(2008)은 "청소년지도는 청소년이 덕 · 체 · 지를 겸비한 도덕적이고 전인적인 인간으로 성장할 수 있도록, 청소년지도사 · 청소년상담사 등 청소년지도 전문가가 청소년시설이나 청소년단체 등에서 청소년 활동 프로그램을 중심으로 수행하는 지속적이고 체계적인 안내 · 지원활동"이라고 하였다. 이와 같은 정의들을 종합하면, 청소년지도는 다음과 같은 공통적 의미를 지닌다.

첫째, 청소년지도는 일정한 가치와 목적을 지향한다. 청소년은 독립된 인격체이자 무한한 잠재성을 지닌 존재로, 청소년지도는 이들의 전인적 성장과 본성 실현, 잠재력 개발을 돕는 활동이다. 따라서 청소년지도는 몰가치적이거나 방임적인 것이 아니라, 청소년이 바람직하고 건전하며 온전하게 성장하고 자율적인 인격체로 역량을 강화할 수 있도록 지원하는 목표 지향적 활동이다.

둘째, 청소년지도의 실제적 활동은 청소년을 지원하고 조력하는 것이다. 청소년지도는 특정 이념이나 내용을 단순히 주입하는 것이 아니다. 때로는 문제행동 개입과 보호를 위해 규제적 성격을 띨 수 있으나, 이는 궁극적으로 청소년 개인과 공동체가 건강하게 성장하고 적응하도록 돕기 위한 과정이다.

셋째, 청소년지도는 전문성을 인준받은 지도자에 의해 이루어지는 체계적 개입 활동이다. 청소년지도자는 욕구 분석, 목표 설정, 프로그램 설계·개발, 실행, 종결 및 평가 등 절차를 통해 수련활동을 지도할 수 있어야 한다. 따라서 청소년지도사, 청소년상담사, 사회복지사 등은 국가 검정 자격에 의해 인준을 받고 전문 역량과 경험을 갖추어야 한다. 한편, 청소년은 단순한 수혜자가 아니라 자기 의사결정의 주체이자 지도자와 수평적·상호적인 관계 속에서 변화를 만들어가는 동력으로 이해된다.

넷째, 청소년지도는 장소적 속성을 가진다. 김영민과 김민(2016)은 청소년지도를 청소년기본법에 명시된 청소년시설이나 단체의 활동으로 한정하여 설명하였다. 이는 청소년활동이 학교·가정·사회에서 청소년이 자발적으로 참여하는 체험 중심 활동을 의미하기 때문이다. 이 개념에서 강조되는 것은 청소년 참여의 자발성이다. 따라서 교과과정은 청소년활동으로 보지 않고, 학교 외 교육(out of school education) 활동으로 제한하였다. 그러나 최근에는 창의적 체험활동, Wee클래스, 방과후 활동 등 학교 내에서도 청소년지도사의 참여가 확대되면서 장소적 경계가 모호해지고 있다. 이에 따라 청소년지도의 장소를 학교 밖 시설에만 한정하지 않고, 청소년을 대상으로 이루어지는 모든 지원활동으로 보는 관점이 확산되고 있다.

이상의 논의를 종합하면, 청소년지도는 "전문성을 인준받은 청소년지도자가 신체적·인지적·도덕적·심리적·정서적·사회적·영적 문제에 직면한 청소년을 대상으로 청소년지도 원리와 실제를 활용하여 의미 있는 변화와 성숙을 이끌고, 전인적 인간으로 성장할 수 있도록 체계적인 프로그램을 통해 돕는 활동"이라 정의할 수 있다.

2) 청소년지도와 관련된 유사개념

(1) 청소년교육

청소년학계와 교육학에서는 오래전부터 청소년교육(靑少年敎育, youth education) 혹은 청소년사회교육(youth social education)이라는 개념을 사용해 왔다. 청소년교육은 청소년기에 해당하는 대상에게 하는 교육으로 사회경제적으로 독립하여 한 가정을 부양할 수 있는 능력을 갖추고 성인의 역할을 수행할 수 있을 때까지 계속되는 교육을 말한다. 전통적으로 청소년을 대상으로 하는 교육의 형태에는 가정교육, 학교교육, 사회교육이 있으나 이 세 가지 교육의 형태가 각각 청소년교육을 담당하고 있다는 것을 고려하여 세 형태를 포괄하는 개념으로 사용하기도 한다. 이러한 청소년교육의 개념을 청소년지도와 동일시할 경우 청소년교육의 외연이 너무 넓어져 형식교육의 범주에 속하는 학교교육은 물론이고 청소년을 대상으로 하는 비형식교육 범주의 모든 사회교육이 청소년교육에 포함하게 된다. 이에 청소년지도란 청소년교육 전반을 의미하는 개념이라기보다는 청소년을 위한 실제 지도행위로 한정하고 주로 목적을 위한 구체적인 방법과 행위를 강조하는 개념이라 할 수 있다.

한편 청소년교육을 일반적으로 사회교육이 행하는 교육활동의 일부라는 뜻으로 해석하기도 한다. 사회교육은 그 초점을 대상의 성격에 두느냐 교육활동의 형식에 두느냐 또는 교육 장소의 성격에 두느냐에 따라 다르게 정의된다. 먼저 사회교육에 대한 정의의 초점을 대상에 두는 경우는 대체로 성인을 대상으로 삼는 교육을 말하게 되므로 성인교육(adult education)이라 부르는 경우가 많다. 이와 같은 관점으로 평생교육(平生敎育, lifelong education)의 개념도 주의 깊게 살펴볼 필요가 있다. 평생교육법에서는 평생교육을 학교의 정규교육과정을 제외한 학력보완교육, 성인기초·문자해독교육, 직업능력 향상교육, 인문교양교육, 문화예술교육, 시민참여교육 등을 포함하는 모든 형태의 조직적인 교육활동으로 정의한다. 다시 말해 학교의 정규교육과정을 평생교육의 범주에서 제외시키고 사회교육활동에서 나타나는 조직적 교육, 좀 더 엄밀하게 말하면 비형식적(non-formal) 교육을 평생교육으로 정의하고 있는 것이다. 그러나 오늘날에는 평생교육은 한 개인이 태어나서 죽기 전까지의 수직적 통합, 가정과 학교를 포함한 모든 생활공간의 수평적 통합을 통하여 언제, 어디서나 필요할 때 자신의 학습 욕구를 충족시킬 수 있는 형식적, 비형식적, 무형식적 교육활동으로 정의하며 더 확대된 개념을 적용한다(차갑부, 2014). 이러한 성인교육 혹은 평생교육의 의미는 청소년지도가 추구하는 이상과 목표, 내용과 방법 등에서 근본적인 차이를 나타낸다고 할 수 있다. 다음으로 사회교육을 교육활동의 형식에 초점을 두는 경우에는 비형식교육(non-formal education)으로 설명한다. 즉, 사회교육을 학교와 같이 고도의 형식성을 갖추지 않은 교육활동으로 파악한 것이다. 그러나 비형식교육을 청소년지도의 특징으로 이해할 경우 형식성의 기준을 어디에 둘 것인가에 따라 무형식 교육까지 청소년지도에 포함되는 등 청소년지도의 경계가 달라질 수 있다. 마지막으로 사회교육을 교육의 장소에 초점을 맞추어 학교 밖에서 이루어지는 교육활동(out-door education)으로 정의하기도 한다. 그러나 이러한 의미에서는 학교가 교내에서 실시하는 학생 이외의 대상자를 위한 교육활동을 어떻게 볼 것인가 하는 문제뿐만 아니라 학교 밖에서 이루어지는 학원 교육이나 각종 사설 강습도 청소년지도에 포함되는 문제가 발생한다. 그러므로 청소년지도와 청소년교육은 청소년의 전인적인 성장을 돕기 위한 활동으로 유사한 개념으로 보일 수 있으나 구체적인 목표, 내용 그리고 방법에 있어서 별개의 독립된 개념으로 이해해야 할 것이다.

(2) 청소년 육성

청소년정책과 관련하여 가장 대표적인 개념은 청소년 육성(youth fostering)이다. 1991년 한국청소년기본계획 수립과 청소년기본법이 제정되면서 청소년 육성이라는 개념이 등장하였는데 이는 청소년교육을 대체하는 개념으로 널리 사용되었으며 청소년정책을 대변하는 개념이 되었다. 육성(育成)은 사전적으로 '길러냄', '길러 자라게 함'이라는 의미를 내포한 용어로 생물학적인 성장을 통한 자연스러운 성숙을 강조한다. 동시에 청소년을 양육하고 기르는 주체로서 성인 지도자의 역할을 강조한다. 우리나라에서의 청소년 육성은 학자들의 체계적이고 풍부한 연구 결과에 근거하여 탄생되었다기보다는 시대·사회적 요구와 정책적 결정에 힘입은 결과이다. 1980년대 정부기구 가운데 하나인 체육부가 체육청소년부로 개칭되었고, 10년간의 장기적이고 종합적인 청소년정책 계획인 '한국청소년기본계획'이 수립·발표되었다. 이후 1991년 12월 17일 청소년기본법이 제정되면서 청소년 육성을 "청소년의 복지를 증진하고 청소년의 수련활동을 지원하며, 청소년 교류를 진흥하고 사회여건과 환경을 청소년에게 유익하도록 개선하여 청소년 교육과 상호 보완함으로써 청소년의 균형 있는 성장을 돕는 것"으로 정의하였다. 이에 따라 정부는 기존의 청소년수련활동을 보다 적극적으로 추진하기 위한 다각적인 방안을 마련하고 지도·관리하도록 하였다. 청소년의 연령 범위를 9~24세로 정한 것도 초등학생부터 수련활동에 참여시키고자하는 결정에서 비롯되었다. 한편 청소년을 보호하기 위해 사회의 각종 유해환경을 감시·감독하고 각종 매체를 규제하는 등의 업무는 '청소년보호'로 규정하였다. 이렇게 청소년 육성은 청소년 복지, 사회환경 개선을 아우르는 종합적인 청소년 지원활동으로 교과활동과 지식교육을 중심으로 하는 학교교육과는 대칭되는 개념이다. 이처럼 처음부터 법령에 근거한 제도적 개념으로 출발한 청소년 육성은 수련활동을 중심으로 다양한 활동과 체험학습을 포함하면서 청소년과 관련된 여러 요소와 기능을 포괄하고 있다.

그럼에도 불구하고 청소년 육성의 핵심은 청소년지도라고 할 수 있다. 지도(指導)는 어떤 목적이나 방향으로 남을 가르쳐 이끄는 것으로 인위적인 계획과 구체성을 강조한다. 청소년지도에 있어서 지도자는 일방적인 양육이 아닌 청소년과 상호교류를 바탕으로 한 안내와 조력을 통해 청소년이 능동적이며 지속적인 교육적 활동으로 청소년의 전인적 성장을 가능하도록 하기 때문이다. 나아가 궁극적으로는 청소년지도의 효과와 효율성을 높이기 위해서 청소년정책도 존재하는 것이다.

(3) 청소년개발

청소년개발(youth development)이란 청소년의 잠재능력을 보다 바람직한 방향으로 성장시키고 개발하는 일련의 적극적인 과정으로 정의할 수 있다(Pittman, 1996). 이는 1990년대 이후 청소년을 문제의 주체가 아닌 사회의 문화적·경제적 자원인 동시에 성인과 함께 사회변화를 이끌어 가는 적극적이고 긍정적인 존재로 인식해야 한다는 전제하에 등장한 개념이다. 단순히 청소년의 문제행동을 예방하고 치료하는 것만으로는 청소년의 긍정적인 발달과 성공적인 성인으로의 이행을 촉진함에 있어 한계가 있다. 따라서 청소년개발은 성인으로서의 삶을 위해 필요한 다양한 역량을 개발하고 긍정적인 행동을 늘리며, 문제행동으로부터 스스로를 보호하고 위험행동을 줄이는 데 초점을 둔다. 이는 과거 청소년에 대해 문제중심적 접근(problem-based approach)을 취했다면 오늘날에는 청소년의 잠재력과 가능성을 강조하는 강점중심적 접근(strength-focuses approach)으로 변화하고 있는 것이다. 문제중심 접근법은 청소년을 부정적이고 수동적인 존재로 보며 이들을 위험 요인으로부터 보호하고 격리함으로써 청소년문제와 비행 발생을 억제하는 데 중점을 둔다. 반면 강점중심적 접근법은 청소년을 성인과 함께 사회 발전을 견인해 내는 능동적이고 주체적인 존재로 인식하고 적극적인 입장에서 지도한다. 최근 청소년개발은 인적자원에 대한 교육, 훈련, 육성, 역량개발, 경력관리 및 개발 등을 관리하는 체계를 만들어 가는 인적자원개발(Human Resources Development, HRD)의 개념과 관련하여 강조되고 있다.

(4) 청소년수련

수련활동(discipline activities)은 청소년의 자율적인 체험활동으로 스스로의 경험과 체험을 통해 행동 변화와 잠재력 개발, 공동체의식 함양 등이 일어나도록 노력하며, 모험적이고 극기적이며 자연친화적인 방법을 포함하고 있는 수련중심의 기술적 활동을 의미한다. 청소년지도는 이러한 성격을 지닌 청소년 캠프나 야영, 스카우트 활동과 농촌 4-H활동과 같은 수련활동을 통해 발전해 왔다. 그러나 수련활동이 보다 체계성과 전문성을 갖게 된 것은 청소년지도가 전문적인 분야로 발전하게 되면서부터이다. 즉, 청소년수련과 청소년지도는 분리불가분의 관계이며 상호보완적 관계에 있는 것이다. 청소년수련 활동이 청소년에 의한 자율적인 체험활동이라고 하더라도 체험이 이루어질 수 있는 환경과 여건을 조성해 주어야 하며, 또 그들의 체험활동이 의미 있고 가치 있는 방향으로 전개될 수 있도록 프로그램화되어야 하며 동시에 그들의 흥미와 동기가 지속되고 강화될 수 있도록 관리되어야 한다(한상철, 2014). 이러한 일련의 모든 개입은 전문 청소년지도자에 의해 체계적이고 계획적으로 이루어지는 청소년지도이다. 결론적으로 청소년지도는 전문 청소년지도자가 청소년이 자율적인 참여와 체험을 통해 의미 있는 변화와 성숙에 이르도록 다양한 수련활동을 계획적이고 체계적으로 지도하는 과정이라 할 수 있다.

2. 청소년지도방법

1) 청소년지도방법의 개념

청소년지도는 학문이나 지식적 교육보다는 체험활동이나 프로그램을 매개로 하기 때문에 여타의 지도에서보다 방법이 중요하다고 할 수 있다. 이에 김영인(2014)은 "청소년지도방법이 곧 청소년지도라고 해도 과언이 아니다"라고 설명하며 그 중요성을 강조하기도 한다. 하지만 엄밀하게 말해서 청소년지도방법은 청소년지도라는 핵심 요소를 전략적으로 구체화하기 위하여 청소년지도사가 전문적으로 수행하는 행위라고 할 수 있다.

좀 더 구체적으로는 청소년 참여자의 조직화, 다양한 청소년 수련 및 활동 촉진에 필요한 기법, 매체 운용 능력, 프로그램 기획 및 운영 능력 등 일체의 개입 전략을 의미한다. 청소년 참여자의 조직화란 청소년지도활동을 수행하기 위해 청소년 및 참여자들을 어떠한 형태로 혹은 어느 정도의 규모로 조직화할 것인가를 의미한다. 수련 및 활동촉진기법은 청소년지도 활동을 촉진하기 위하여 전개되는 수단 혹은 기법으로 토의법, 강의법, 포럼, 역할연기, 연시법, 전시법, 실습 등의 다양한 기법이 있다. 매체 운용능력이란 수련 및 활동내용을 청소년 참여자들에게 보다 효율적으로 전달하기 위하여 사용하는 기구를 다루는 능력을 의미한다. 수련 및 활동매체로는 모형이나 모델의 실물매체를 비롯하여 인쇄매체, 시청각매체, 악기, 운동기구 등 다양한 기구가 있다. 청소년지도에 있어 프로그램의 개발과 운영기법은 핵심적인 지도방법이라 할 수 있다.

따라서 청소년지도사는 필수적으로 청소년을 대상으로 각각의 활동을 조직적으로 운영하고 즐겁고 실효성 있는 지도활동을 위해 프로그램을 기획, 설계, 실행, 평가할 수 있는 역량을 갖추어야 한다. 이처럼 청소년지도방법은 청소년지도의 이념과 목표 달성에 필요한 내용과 전문적인 역량을 청소년들에게 내면화하기 위해 청소년지도사가 활용하는 전략, 기법, 수단 등을 포괄하는 총체적 개념이다.

또한 청소년지도방법은 청소년지도의 내용에 따라 광의적 의미에서 교수-학습 활동, 진로지도, 생활지도와 상담활동, 교정활동, 청소년에 대한 조언과 대화 그리고 만남, 기타 협의적 청소년지도의 내용과 영역을 포함한다. 다시 말해 포괄적 범주에서 전문 청소년지도사가 청소년의 긍정적 성장과 발달에 도움을 주는 다양한 조력활동 일체를 포함한다. 반면에 협의적 의미에서 청소년지도방법은 실제 프로그램 단위에서 실천적 개입을 의미한다. 즉, 심성 개발, 리더십 개발, 사회성 개발, 자연체험 활동지도, 문화예술 활동지도, 교류활동 지도, 봉사활동 지도, 자치활동 지도, 여가활동 지도, 사이버공간 활동지도 등 각각의 활동을 효율적으로 전개할 수 있도록 활용 가능한 전문적인 지도 기법과 기술, 지식 등을 의미한다(천정웅 외, 2011).

2) 청소년지도방법의 특성

청소년지도방법은 다음의 다섯 가지 특징을 지니고 있다.

첫째, 청소년지도방법은 청소년지도의 이념과 목표를 실현하기 위한 도구적 성격을 지닌다. 청소년지도방법은 청소년지도가 추구하는 청소년들의 전인적인 성장, 총체적 성숙, 잠재력 개발, 시민적인 역량 강화 등을 실현하기 위한 구체적인 기술로서 성격을 지닌다. 이런 면에서 청소년지도방법은 그 자체가 목적성을 지닌 것이 아니라 도구적이고 수단적인 성격을 지닌다고 할 수 있다.

둘째, 청소년지도방법은 목표를 달성하기 위한 계획적이고 체계적인 활동이다. 아무리 효율적이고 좋은 지도방법이 존재한다고 할지라도 프로그램의 목적과 내용 그리고 지도대상의 특성과 부합되지 않는 지도방법은 효과성을 기대하기 힘들다. 이런 면에서 청소년지도방법은 목적, 내용, 대상, 공간에 최적화된 프로그램에 근거하여 이루어지는 계획적이고 의도적인 활동이라고 할 수 있다.

셋째, 청소년지도방법은 전문 청소년지도사와 청소년 사이에서 상호작용을 통하여 이루어진다. 청소년지도가 효율적으로 이루어지기 위해서는 우선적으로 청소년의 특성과 그들이 주체가 되어 이루어가는 문화에 대한 이해와 통찰이 요구된다. 나아가 청소년지도사는 청소년들과 충분한 공감대를 형성하고 이들의 근본적 욕구를 파악할 수 있어야 한다. 그리고 청소년 개인의 욕구 분석뿐만 아니라 기관 및 사회의 목적을 동시에 고려하여 수련활동의 목표를 설정하고 프로그램을 개발 및 실행할 수 있는 역량을 갖추어야 한다. 이런 면에서 청소년지도방법은 국가검정자격제도에 의해 인준받은 청소년지도사에 의해 실시되는 전략적 개입활동이라 할 수 있다.

넷째, 청소년지도방법은 주로 학교 밖의 장에서 실행된다. 최근 학교교육의 일부에서 청소년 전문 인력의 활동 기회가 확대되면서 장소적 속성에 따른 경계가 다소 확대되고 있는 추세이다. 하지만 여전히 청소년지도방법이 실행되는 주요 현장은 청소년수련원, 청소년수련관, 청소년문화의집, 청소년이용시설 등과 같은 청소년활동시설이라 할 수 있다.

다섯째, 청소년지도방법은 청소년의 적극적이고 실질적인 참여를 극대화하는 것을 전제한다. 청소년지도는 학교교육체제에서와 같이 어떤 이념이나 가치 그리고 내용을 일방적으로 지시하거나 주입하는 것이 아니다. 즉, 청소년들은 강압적인 활동에 의한 수동적 존재가 아니라 스스로가 주체가 되어 활동하는 자기 주도적이고 능동적인 존재이다. 따라서 청소년지도방법은 가능한 한 구성원들 모두가 함께 참여할 수 있도록 동기 및 참여 유발 요인의 강화를 통해 청소년을 안내하고 조력하는 활동이라 할 수 있다.

3) 청소년지도방법의 원리

청소년지도방법의 원리는 청소년지도자가 청소년 개인과 집단을 지도하기 위한 실천적 가치이자 준거를 제시하는 데 있다. 또한 이는 청소년을 지도함에 있어서 효율적인 지도방법 탐색과 선정 그리고 활용을 위한 기본원리를 제공해 준다는 점에서 중요한 의미가 있다. 청소년지도방법을 위한 일곱 가지의 기본 원리를 살펴보면 다음과 같다.

첫째, 존중의 원리이다. 고대로부터 현대에 이르기까지 청소년을 보는 관점은 문제와 일탈 그리고 비행을 일삼는 소수 집단(minority group)으로 보는 부정적 입장이 팽배하였다. 하지만 대다수의 청소년은 그들의 부모나 친구들과 원만한 관계를 유지하는 동시에 사회적인 가치도 아무런 문제없이 수용하며 행동하는 등 순조롭게 적응한다(Offer, 1981). 청소년지도자가 청소년을 어떠한 관점으로 바라보느냐 하는 것은 청소년지도자가 청소년을 대하는 태도는 물론, 청소년과 청소년지도자의 관계형성 및 프로그램의 효과 그리고 궁극적으로 청소년의 전인격에 영향을 미친다. 청소년을 비인격적 존재가 아니라 이 시기만의 독특한 발달특성을 지니고 있으며 자율성, 책임성, 권리, 참여, 시민성을 지닌 존재임을 인식하고, 그들의 욕구에 대한 존중이 전제될 때 청소년에 대한 모든 지도 접근방법이 그 진정한 의미를 지닐 수 있다. 이러한 청소년에 대한 존중은 청소년의 개별성과 자기 결정권을 인정하는 기초가 된다.

둘째, 자기 주도성의 원리이다. 자기 주도의 원리란 청소년지도방법에 있어서 청소년이 활동의 주체가 되어 적극적으로 참여하고 활동의 목적, 내용, 시기, 속도 등을 선택하고 결정할 수 있도록 하는 것이다(김영인, 김민, 2016). 청소년의 프로그램 참여는 외부의 강요나 기대에 의해서가 아닌 청소년 스스로의 자발적인 참여에 의해 이루어져야 한다. 이러한 자발적 의지를 유지하기 위해서는 참여 동기를 지속적으로 유지시키는 일이 중요하다. 강제적인 참여는 오히려 청소년들에게 반발심과 방어적 태도를 유발시키며 효과성에 있어서도 부정적 결과를 초래한다. 비록 청소년이 외부적인 압력에 의해 비자발적으로 참여했다 할지라도 프로그램에 참여하는 동안 자발적이고 자기 주도적으로 참여할 수 있는 동기를 고취시켜 주체적으로 활동할 수 있도록 지도하는 것이 필요하다. 따라서 지도의 목표에서부터 내용과 방법의 선정에 있어 청소년의 의견과 요구를 가능한 한 최대로 반영하고 수렴하는 과정이 요구된다. 또한 프로그램의 중간단계와 최종결과의 평가에 있어서도 청소년들이 참여할 수 있도록 독려해야 한다. 이는 청소년 스스로가 자신들의 활동을 평가하고, 개선방안을 수립하고 요구분석의 과정을 거치는 일련의 과정을 통해 학습자 중심의 청소년지도 프로그램을 고안하도록 이끌 수 있다.

셋째, 다양성의 원리이다. 한 회기의 프로그램의 내용과 지도과정에는 다양한 지도방법들이 조화롭게 병행되어야 한다. 집단을 이끌 때 고전적 강의방식이 효과적인 경우가 많다고 할지라도 학교 교육현장에서 주입식 교육에 지친 청소년들은 쉽게 흥미를 잃게 되고 지도 효과도 기대하기 어렵게 된다. 따라서 한 가지 이상의 새로운 지도방법을 병행함으로써 청소년들의 흥미와 관심을 자극하고 활동효과를 향상시키는 것이 필요하다. 나아가 미래사회 청소년지도자는 청소년의 개인적 특성, 지역적 특성, 문화적 배경, 종교 등 다양한 배경과 특성을 지닌 청소년들의 욕구에 부응하기 위해 맞춤형 지도방법을 통한 유연한 개입방안을 고려해야 할 것이다.

넷째, 상호성의 원리이다. 청소년활동에 참여하는 청소년들은 각자가 고유한 특성과 인격을 지닌 존재로 각자의 환경에 따른 다양한 욕구를 지니고 있으며, 각자가 자기 결정의 주체자로서 자율성을 지닌 독립적인 존재이다. 이들은 저마다 개별화된 목표를 지니고 있으며 개인의 재능이 완전하게 개발될 수 있는 경험의 기회를 갖기 위하여 활동에 참가한다. 그러나 이러한 학습은 개별학습인 동시에 보다 더 큰 공동체에서의 타인과의 적절한 조화와 경험의 나눔 속에서 극대화될 수 있다. 미래교육의 트렌드는 개별학습인 동시에 보다 더 팀워크 중심학습이 되며 팀 중심으로의 물건이나 지식 생산 방향을 향해 나아간다(박영숙, 2014). 따라서 청소년지도방법 또한 서로의 다름을 수용하고 이해하며 인정하여 줌으로써 혼자가 아니라 타인들과 함께 있다는 공동체 의식을 갖도록 해야 한다. 서로의 경쟁이 지나쳐 갈등과 대립을 조장하는 경쟁자적 입장에서의 상호작용이나 다른 사람과의 관계를 단절시키고 편협한 개인주의자를 양산하는 무상호 의존성의 개별적 입장이 아니라, 서로가 서로를 보완해 주고 격려해 주는 상생의 협동적 상호작용을 경험할 수 있도록 해야 한다. 청소년지도방법은 청소년 참가자들 간, 청소년과 청소년지도자 그리고 청소년과 가정, 학교, 지역사회, 국가 간의 협동적이고 유기적인 관계를 증대시키는 데 초점을 맞추어야 할 것이다.

다섯째, 활동성의 원리이다. 청소년지도는 학업 중심의 주입식 교육과 달리 활동을 중심으로 이루어진다. 배움과 깨달음 그리고 성숙은 실제 체험하거나 느껴본 경험에 의해 최고의 성과를 거둘 수 있다. 역사를 배우는 최고의 방법은 직접적인 역사 현장인 전쟁터나 성곽을 방문하거나, 고대의 폐허를 직접 걸어보고 고대의 의상을 입어보는 것이다. 배관공이 되는 최고의 방법은 전문 배관공과 함께 현장에서 직접 일을 해보는 것이다. 이러한 체험활동 중심의 지도방법은 청소년들에게 활동 자체의 재미와 분명하고 즉각적인 피드백이 명확한 목적성을 갖게 한다. 또한 그들의 존재가치를 인식시켜 주고 현실적인 감각과 실생활의 적응능력 발달 그리고 청소년들의 참여 동기를 유발시키고 지속시켜 나가는 데 기여한다. 따라서 청소년지도방법에 있어서 강의나 연설 등과 같은 전통적 교육방법보다는 청소년 스스로가 행함으로써 배울 수 있는 경험학습이나 실습, 견학, 방문, 실제 훈련활동 등과 같은 활동 중심의 지도방법이 고려되어야 할 것이다. 이때 청소년지도자는 반드시 활동의 의미를 내면화시키는 반성적 과정이 이루어질 수 있도록 지도해야 한다.

여섯째, 즐거움의 원리이다. 청소년을 지도하는 방법에 있어 강조되어야 할 가장 중요한 요소 중 하나는 즐거움이다. 영상매체의 숲에서 자란 오늘날의 청소년들은 과거에 비해 매우 감각적이고 감수성이 풍부하다. 심각하고 따분한 것은 싫어하고 재미있고 즉각적인 반응을 추구한다. 이들은 "지금-여기"의 현실 중심적 가치를 추구하며 일상의 소중함과 즐거움을 추구하는 행동양식을 지니고 있다. 따라서 청소년지도방법에 있어서도 오락적 기능을 발휘할 수 있는 지도방법을 활용하는 것이 요구된다. 청소년들이 프로그램을 통하여 진심으로 흥미를 느끼고 감동을 받을 때 비로소 그들은 자발적이고 적극적으로 참여하게 되고 지도자가 의도했던 변화에 도달할 것이다. 다만 유의해야 할 사항은 즐거움이 단순한 흥미 유발활동으로 끝나지 않도록 목적 및 방향성을 유지하는 것이다.

일곱째, 효율성의 원리이다. 효율성은 투입량을 고려하지 않고 목표 달성 수준을 따지는 효과성(effectiveness)과 단위 투입량에 따른 효과성을 의미하는 능률성(efficiency)이 복합된 개념이다. 청소년지도방법에 있어 효율성의 원리란 청소년활동에 투입되는 사람, 재정, 시설 등의 자원에 대한 지도목표의 달성, 즉 지도 산출의 비율을 가장 높게 하는 것이라 할 수 있다. 한정된 국가 및 지방 재정 내에서 청소년지도 목표를 달성하면서도 지도에 투입되는 비용을 상대적으로 적게 하려는 관심이 효율성의 강조로 나타난다. 따라서 청소년지도방법을 결정할 때 지도 프로그램의 목적과 내용 그리고 지도대상의 특성에 부합되는 적절한 지도방법을 고려해야 한다. 동시에 활용하고자 하는 지도방법 적용에 필요한 인적·물적 자원을 현실적으로 조달할 수 있는 다양한 지도방법을 숙지하고 있어야 할 것이다.

3. 청소년지도방법의 역사적 이해

청소년에 관한 인류의 관심은 오래전부터 있어왔지만 실제적인 학문적 논의가 이루어지고 이들이 사회문화적 집단의 하나로 뚜렷한 모습을 드러내며 주목을 받게 된 것은 현대사회에 들어오면서부터라고 할 수 있다. 특히 최근에 다음세대를 향한 사회적 관심이 높아지면서 청소년을 어떻게 지도할 것인지에 대한 연구가 활발해지고 있다.

청소년지도의 합리적인 방법 및 전략을 모색하는 청소년지도방법의 모체가 되는 학문은 청소년학이다. 우리나라에서 청소년학은 1990년 이후 본격적으로 청소년학이라는 분과학문의 정체성을 수립하는 연구가 실시되면서 학술적 논의가 본격화되기 시작하였다. 이 시기에 처음으로 한준상(1992)이 '청소년지도론의 학문적 성격과 과제'를 논하였으며 뒤를 이어 함종한(1992), 오치선, 권일남(1998), 배규한(2007), 한상철(2008) 등 다수의 연구자에 의해 학술적 논의가 이루어졌다. 이후 2000년대에는 청소년 수련시설의 개선, 단체 활동의 활성화, 청소년수련활동 활성화 방안 연구를 청소년지도학과와 한국청소년개발원, 청소년단체가 중심이 되어 추진하여 오고 있으나 아직은 타 분야에 비해 매우 미흡한 연구 영역이라 할 수 있다. 연구방법 또한 대부분 실태조사와 요구조사를 중심으로 한 설문조사방법이 주를 이루고 있다.

우리나라에서의 청소년지도는 학문적인 연구와 이론적인 발전에 따라 성립된 것이라기보다 사회적인 변화와 정책적 필요에 의해 구축되었다. 그렇다 보니 청소년지도가 논리적 체계성보다는 이미 저질러진 청소년의 문제행동에 대한 교도 및 선도 또는 심리적 부적응이나 행동으로 표출된 위험행동을 상담 및 치료하는 처방적이고도 실천적인 문제해결 방향 쪽으로 너무 서둘러 이루어졌다. 이로 인해 아직까지도 청소년지도를 사회적·정치적 필요를 충족시키기 위한 수단으로 간주하려는 일면이 존재한다. 하지만 대학 내 청소년 관련학과는 물론 심리학, 교육학, 상담학, 사회학, 복지학 등의 인접 사회과학 분야 그리고 연구소를 중심으로 많은 학자들이 청소년 관계법이나 정책과는 별도로 청소년지도와 관련한 실천적 기법 등을 과학적인 방법으로 탐구하며 학문적 체계와 깊이를 갖추어가고 있다(한상철, 2014). 이제는 관계법과 제도도 청소년지도를 효과적으로 실천하기 위한 제도적 뒷받침을 수행하는 역할을 한다고 해도 과언이 아닐 것이다. 다만 청소년을 대상으로 하는 다양한 이해집단들의 기득권 투쟁에 휘말려서 그 본질적 의미를 망각하기보다 시대적 변화와 현장의 상황적 요구를 적극적으로 수용하고 반영함으로써 그 위상과 학문적 가치를 향상시켜 나가야 하는 과제를 안고 있다.

우리나라 청소년지도의 역사를 살펴보면 오늘날과 같은 청소년지도는 일제강점기 청소년의 계몽과 지도를 위한 왜관소년회(1919), 천도교소년회(1921), 스카우트 정신을 바탕으로 한 조선소년군·소년척후단(1922), 색동회(1923), 흥사단의 청소년 계몽활동 등과 같은 청소년 운동 단체가 있었다. 그리고 농촌 4-H클럽, 한국청소년 단체협의회 설립 등 청소년 단체, 미성년자보호법 제정(1961), 아동복리법(1962), 청소년의 달 지정과 청소년 보호대책 위원회 설치(1964), 청소년대책위원회(1977) 등과 같은 국가적 관심에 의한 청소년 관련제도에 그 단초를 찾을 수 있다(김영인, 김민, 2014). 그러나 이 당시 청소년지도는 청소년을 건전하게 육성하려는 적극적 차원의 접근이라기보다 소극적 차원에서 청소년문제의 발생을 예방하고 위험요인으로부터 보호하는 활동이라 할 수 있다. 왜냐하면 청소년을 이해하고 지도하는 데 필요한 이론과 방법적 원리, 즉 청소년지도의 목적이나 프로그램을 구체화하지 않은 상태에서 모든 청소년을 예비 비행청소년으로 간주하고 극기훈련, 체력훈련 그리고 복종훈련만을 수행했기 때문이다.

이후 청소년지도가 본격적으로 등장하게 된 계기는 1987년 「청소년육성법」 제정, 1991년 「한국청소년기본계획」 수립 그리고 1991년 청소년육성법을 대체한 「청소년기본법」이 제정되면서부터이다. 당시 학계에서는 학교교육체제에서 입시를 위한 학교교육을 비판하고 이에 대응한 청소년 육성체제를 다음 〈표 4-1〉과 같이 고안하였다.

표 4-1 학교교육체제와 청소년육성체제의 비교

학교교육체제	청소년육성체제
학교	청소년시설
교육과정	청소년수련활동 프로그램
교사	청소년지도사
교수활동	청소년지도

이런 논의의 결과로 1991년 청소년육성을 위한 「한국청소년기본계획」이 수립되었으며, 같은 해 「청소년육성법」을 대체하여 제정된 「청소년기본법」에서 청소년육성의 개념을 규정하였다. 「청소년기본법」 제3조에 따르면 청소년육성이란 청소년활동을 지원하고 청소년의 복지를 증진하며 근로 청소년을 보호하는 한편, 사회 여건과 환경을 청소년에게 유익하도록 개선하고, 청소년을 보호하여 청소년에 대한 교육을 보완함으로써 균형 있는 성장을 돕는 것을 말한다. 비로소 법의 명칭에 사용하고 있음에도 불구하고 막연히 사용되던 청소년육성의 개념이 명확히 규정된 것이다. 또한 「청소년기본법」은 청소년 정책의 방향과 관련 시설의 설치, 청소년지도사 양성과 배치 등을 포함함으로써 제도적인 뒷받침을 마련해 주었다. 동시에 1991년 명지대학교에 청소년지도학과가 개설되었고, 청소년학회가 창립되면서 청소년지도의 학문적 발전을 위한 발판이 마련되었다. 이후 청소년학계와 실천 현장은 지속적으로 발전하였다. 그 결과 2025년 현재 청소년지도 관련 학과는 79개에 이르고, 청소년지도의 장인 청소년수련 시설은 864개(공공 685, 민간 179)(여성가족부, 2025. 10. 1. 기준)에 달하며, 청소년지도사는 72,622명(1급 2,825, 2급 53,07, 3급 16,720)(여성가족부, 2025. 10. 1. 기준)이 양성되는 등 청소년활동인프라 및 프로그램이 확대되고 있다. 이는 청소년지도의 학문적 발전과 함께 실천 현장의 전반적인 서비스의 질이 향상되고 있음을 의미한다.

4. 청소년지도방법과 청소년정책

청소년의 꿈과 끼를 키우고 전인적인 성장을 지원하기 위해서는 참신하고 독창적인 청소년지도방법을 발굴해야 한다. 이때 청소년관계법과 청소년정책은 청소년지도를 효과적으로 실행하기 위한 자원 조달 및 제도적 지원을 수행한다. 이런 점에서 청소년관계법과 청소년정책을 고찰할 필요가 있다. 광의적 의미에서 청소년정책이란 청소년을 대상으로 하는 모든 국가정책을 의미한다. 이러한 범주에서는 청소년정책 주무부처인 여성가족부를 중심으로 청소년과 관계된 중앙정부 각 부처의 청소년관련 정책과 사업들이 모두 포함된다. 반면 소극적 의미에서의 청소년정책이란 청소년의 권리와 참여, 청소년활동, 청소년복지, 청소년안전과 보호, 청소년의 교육, 청소년과 노동, 청소년의 비행 및 범죄, 청소년정책 추진체제 등 대체로 여성가족부가 주도하는 협의적 범주의 청소년정책들이라 할 수 있다. 이들 협의적 범주의 청소년정책은 대체로 「청소년기본법」을 근간으로 하여 「청소년활동진흥법」, 「청소년복지지원법」, 「청소년보호법」, 「청소년 성보호에 관한 법률」, 「학교 밖 청소년지원에 관한 법률」 등 관계 법령에 근거하여 추진하거나 중장기 청소년정책기본 계획에 근거하여 추진한다.

한편 대상에 따라 아동과 청소년을 통합하여 넓은 의미에서 하나의 청소년정책으로 살피기도 한다. 또는 연령에 따라 아동과 청소년을 구분하여 아동정책과 청소년정책을 구분하기도 한다. 이러한 구분은 관계 법령에 근거하여 구분하는데 「아동복지법」 및 「UN아동권리협약」에 따라 0~18세 미만을 아동으로, 청소년기본법에 따라 9~24세를 청소년 연령 기준으로 구분한다. 여기에서 상호 중첩되는 9~17세에 해당하는 정책은 각기 정책의 수립과 추진부처에 따라 아동정책 또는 청소년정책으로 분류한다. 이처럼 우리나라 청소년정책의 변천과정은 청소년정책 담당 부처 및 주요 관계 법령 제정과 흐름을 같이 한다. 우리나라 청소년정책의 변천과정을 살펴보면 다음 〈표 4-2〉와 같이 7단계로 구분할 수 있다.

표 4-2 청소년정책의 변천

단계	시기	기간	특성	명칭	주무부처	주요관계 법령
1단계	1948.8.~ 1964.9.	16년	부처별 산발추진	부처별 관련업무 추진	각 부처	
2단계	1964.10.~ 1977.8.	13년	부처 차원의 조정	청소년보호 대책위원회	내무부/ 무임소장관실	
3단계	1977.8.~ 1988.6.	11년	정부 차원의 조정	청소년대책 위원회	국무총리실/ 문교부	청소년육성법 제정
4단계	1988.6.~ 2005.4.	17년	정부 차원의 조정, 부처 차원의 총괄 집행	청소년육성 위원회	체육부/ 체육청소년부/ 문화체육부/ 국무총리실 (청소년보호 위원회)	청소년기본법, 청소년보호법, 청소년성보호법, 청소년활동진흥법, 청소년복지지원법 제정
5단계	2005.4.~ 2008.2.	3년	청소년조직 통합, 단일 청소년 전담조직 출범	청소년위원회/ 국가청소년 위원회	국무총리실	
6단계	2008.3.~ 2010.2	2년	정부 차원 통합	보건복지 가족부	보건복지 가족부	
7단계	2010.3.~ 2023.2	13년	여성가족부 개편 · 이관	여성가족부	여성가족부	개정된 청소년기본법, 학교 밖 청소년 지원에 관한 법률, 2023 새만금 세계잼버리스카우트 지원특별법
8단계	2023.3.~ 현재		청소년관련 법 · 재원 체계를 개선, 글로벌 K-청소년 선도	여성가족부	여성가족부	제7차 청소년정책 기본계획

1단계는 1948년 8월부터 1964년 9월까지 약 16년간의 시기이다. 이 기간은 특별히 청소년정책을 조정하는 정부행정기구도 없고 전담하는 기구도 없던 시기이다. 이 시기의 청소년정책은 각 부처별로 청소년과 관련된 정책을 산발적으로 추진하는 것이 전부였다. 청소년정책은 다른 정책의 부산물로 치부되거나 학교교육정책의 일부로 규정되었다. 청소년문제에 대한 산발적 규제와 보호조치는 「아동복리법」 및 「미성년자보호법」 등의 법령에 근거하여 이루어졌다.

2단계는 1964년 10월부터 1977년 8월까지 약 13년간의 시기이다. 이 기간에는 내무부 및 무임소장관실에 내무부장관을 위원장으로 하는 청소년보호대책위원회를 설치 및 운영하였다. 이 시기 청소년정책은 문제청소년에 대한 부처 차원의 조정과 규제 및 보호 위주의 정책으로 요약할 수 있다.

3단계는 1977년 8월부터 1988년 6월까지 11년간 지속되었다. 이 시기에 이르러는 정부 차원의 청소년 관계정책의 조정이 이루어지기 시작하였다. 즉, 국무총리실에 국무총리를 위원장으로 하는 청소년대책위원회를 설치하여 범정부적 차원의 청소년정책 조정이 시작되었다. 그러나 1983년 4월부터 1985년 1월까지 청소년정책이 문교부 소관으로 이관하였다가 다시 1985년 2월 국무총리실로 이전하였다. 이때 청소년문제개선종합대책(1985-1987)이 수립되었다. 그리고 3단계의 막바지인 1987년 11월 28일 청소년정책 발전의 모태라 할 수 있는 「청소년육성법」이 제정·공포되었고, 1988년 7월 1일 동 법률이 시행되었다. 이 시기에는 전단계가 지닌 제한을 극복하고 조직 편제가 이루어졌으나 여전히 청소년정책의 주요 골자인 '지도, 육성, 보호, 교정' 중심의 정책이 수립되었다. 즉, 요보호 중심과 청소년 일탈 및 비행예방, 규제와 보호 등 청소년의 긍정적 개발보다는 이들을 부정과 비행의 대상으로 삼아 선도 및 보호하려는 관점이 우세하였다.

4단계는 1988년 6월부터 2005년 4월까지이다. 이 시기는 청소년위원회가 설치되기 전으로 청소년에 관한 주요 관계법령의 제정과 시행이 이루어졌고 중앙정부 차원의 청소년 중장기기본계획이 수립·추진되면서 청소년에 대한 긍정적인 관점을 지니고 개발(참여와 권리존중)이 본격적으로 확산되었다. 즉, 청소년정책에 대한 국가와 사회적 책임이 강조되기 시작한 시기라고 할 수 있다. 이 기간에는 청소년육성법이 본격 시행됨으로써 비로소 청소년에 대한 새로운 시각의 구축과 인식의 전환이 이루어졌다. 하지만 청소년육성법의 시행은 단지 선언적 의미로 그쳐 실질적인 청소년정책의 발전을 이루지 못한 한계점도 동시에 갖고 있다는 비판도 있었다. 한편 이 시기에 청소년관련 전담조직이 설치·운영되기 시작하였다. 이 시기에 들어와 전체 청소년에 대한 종합적·장기적 정책을 수립하고 이를 추진하기 위하여 체육부가 관장하는 청소년육성위원회가 설치되었으며, 체육부 내에 청소년국이 신설되었다. 이는 곧 청소년정책조정실로 확대·개편되었으며, 구 청소년헌장이 제정(1990. 5. 12)되었다. 1990년 12월 체육부에서 체육청소년부로 부처명이 바뀌면서 청소년 업무의 영역이 확장되고 청소년정책이 활성화되기 시작하였다. 이 시기에 우리나라 청소년정책의 근간이 되는 한국청소년기본계획이 수립(1991. 6. 27)되었고, 제1차 청소년육성 5개년 계획이 수립(1993. 6)되었으며 청소년육성법을 대체하는 청소년기본법이 제정(1991. 12)되었다. 이후 1993년 문화부와 체육청소년부가 문화체육부로 통합되면서 청소년정책조정실은 청소년정책실로 명칭이 변경되었다. 또한 1998년부터 2002년까지 제2차 청소년육성 5개년 계획이 수립되었으며, 1988년 10월 25일 새로운 청소년헌장을 제정하게 되었다. 이와 함께 청소년정책 전담기구 조정도 함께 단행되었는데 문화체육부 청소년정책실 산하에 청소년보호위원회를 따로 두게 되었다. 이 청소년보호위원회는 1998년 2월 국무총리 산하로 이관됨에 따라 청소년정책은 청소년육성을 전담하는 문화관광부와 청소년보호를 전담하는 청소년보호위원회로 분리되었다. 이에 따라 법령상 청소년육성이라는 담론 안에 청소년활동, 청소년복지, 청소년보호 등의 정책 개념이 속해 있음에도 불구하고 실제 현장에서는 육성정책부처와 보호정책부처로 나뉘어져 혼란을 초래하였다. 또한 육성이나 수련이라는 용어에 대해 현장은 물론 학문체계 내에서도 끊임없이 새로운 개념적 모색을 요구하기 시작하였다.

5단계는 2005년 4월 청소년정책 조직의 통합과 단일 청소년전담조직이 출범한 이후부터 2008년 2월까지의 시기이다. 그동안 이원화된 청소년 중앙행정조직은 체계적·종합적 정책수행의 곤란을 가져왔고 새로운 청소년정책 환경 변화에 능동적으로 대처하는 데 한계를 나타냈다. 나아가 각 부처에 산재한 청소년정책의 총괄 조정 역할에도 어려움을 갖게 되었다. 따라서 이를 극복하기 위하여 2004년 12월 17일 정부혁신지방분권위원회는 정부의 청소년기능(육성 및 보호) 통합을 위해 국무총리소속 청소년위원회 설치를 확정·발표하였다. 2004년 12월 20일 청소년위원회 설립추진단을 구성·운영하였고, 2005년 4월 27일 국무총리 소속하의 청소년위원회를 공식적으로 발족하였으며, 「청소년기본법」 개정에 따라 2006년 3월 30일 국가청소년위원회로 명칭을 변경하였다. 이 시기에는 위기청소년통합지원체계 등 청소년복지기반이 조성되었고 참여정부라는 기조와 맞물려 청소년참여와 인권 등이 지속적으로 확대되었다. 아울러 이 시기에 청소년정책 전담부처의 통합 일원화 등 행정체계가 정비되었다. 또한 육성 및 수련을 대체하는 개념으로 푸른 성장, 역량 개발, 인증 수련활동 등의 용어가 논의되었다. 그러나 최종적으로 육성과 수련활동이라는 개념과 정의가 법적으로 채택되었다.

6단계는 2008년 3월 정부조직 개편으로 아동과 청소년정책의 통합이 추진되면서 청소년정책이 보건복지가족부로 편입된 이후 2010년 2월 여성가족부로 이관되기까지의 시기를 말한다. 하지만 아동정책과 청소년정책의 통합 추진은 상당한 갈등을 겪으면서 결국 여성가족부로 이관되어 다시 분리되기에 이르렀다. 이 시기의 근본적인 방향과 특성은 영유아-아동-청소년 등 생애주기 전반에 대한 통합적·능동적 행정서비스 및 통합정책이라 할 수 있다. 그러나 이런 정책적 기조의 변화는 청소년계뿐만 아니라 아동계까지 현장으로부터 극심한 반대에 직면하게 되었다.

7단계는 2010년 1월 18일부터 가족 해체 및 다문화가족 등 현안사항에 적극 대응하기 위하여 보건복지가족부의 청소년 및 다문화가족을 포함한 가족 기능을 여성가족부로 이관하는 내용의 「정부조직법」을 개정하고 여성부가 여성가족부로 개편된 시기다. 이 기간에 여성정책의 조정과 종합, 여성의 권익증진 등 지위 향상뿐만 아니라 가족정책이 한층 강화되었다. 그러면서 청소년정책이 여성·가족정책과 연계발전 전략을 지향하게 되었다. 그러나 이러한 개편은 여성정책 및 가족정책의 강화에 비해 상대적으로 청소년정책이 위축되어 그 외연이 축소되어졌다는 비판도 있다. 2014년 5월 학교 밖 청소년지원에 관한 법률이 제정되고 2015년 5월 동 법률이 시행되면서 학교 밖 청소년을 포괄하여 모든 청소년으로 청소년정책의 대상이 확대되었다. 아울러 이 시기는 해병대 캠프 사고, 세월호 참사 등과 같은 안전사고들로 인해 청소년정책 및 사업에 있어 청소년의 안전이 무엇보다 강조되었다.

또한 2018년 12월부터 「2023 새만금 세계스카우트잼버리 지원 특별법」이 제정되고 시행되면서, 세계잼버리 조직위원회 추진단을 구성하여 잼버리 행사 준비를 추진하고 있다. 이는 2018년부터 추진되어 온 「제6차 청소년정책기본계획」에 의거하여 4차 산업혁명에 대처할 수 있는 역량 신장을 목표로 청소년의 참여를 활성화하고 청소년이 주도하는 활동 확대 및 내실화하는 과제의 일환으로 추진되었다.

한편 우리나라는 청소년기본법에 근거하여 1993년부터 5년마다 범정부적 차원의 중장기 청소년정책기본계획을 수립·추진해 왔다. 2017년까지 추진된 「제5차 청소년정책기본계획」은 '청소년이 행복한 세상, 청소년이 꿈꾸는 밝은 미래'를 비전으로 '청소년의 역량 함양 및 미래핵심인재양성', '청소년의 자기 주도적 참여와 권리증진', '청소년의 균형 있고 조화로운 성장', '청소년의 안전하고 건강한 생활환경'을 목표로 설정하였으며, 이를 위해 5대 영역의 15대 중점과제와 75개 세부과제를 추진하였다. 이를 기반으로 그동안 안전한 청소년활동 환경 구축을 통한 청소년활동 기반 강화, 청소년 체험활동의 다양화로 건강한 성장지원, 청소년 정책참여의 기회 확대, 보호 사각지대에 있던 학교 밖 청소년 지원 강화, 청소년 대상별 맞춤형 보호·치료지원 강화, 청소년정책 총괄·조정 기능 강화를 위한 제도적 기반 마련 등의 뚜렷한 성과를 거두어 왔다.

이러한 성과에도 불구하고 청소년 인구의 지속적인 감소, 가족구조의 다양화와 가족 기능의 위축, 뉴미디어와 통신기술의 급격한 발달에 따른 매체환경의 급변과 이로 인한 청소년의 유해환경 노출 위험 증가, 제4차 산업혁명 시대의 도래, 청년 노동시장의 위축 및 고용 불안 등 청소년을 둘러싼 사회·경제적 환경이 변함에 따라 청소년정책이 새롭게 전환되어야 할 필요성이 대두되었다. 이와 더불어 청소년의 참여 및 권리의 중요성에 대한 우리 사회의 이해와 관심의 부족, 공급자 중심의 수요 예측과 계획에 의한 청소년 프로그램의 전개, 위기 청소년의 예방·보호·자립을 위한 종합적이고 충분한 지원의 부족, 지역 중심의 성과 지향적 청소년정책 추진 체계 미흡 등 「제5차 청소년정책기본계획」의 추진과정에서 나타난 한계를 극복하기 위한 범정부 차원의 포괄적이고 종합적인 청소년정책의 필요성이 꾸준히 제기되었다.

이에 정부는 보다 미래 지향적이고 실효성을 갖춘 정책을 마련하기 위하여 청소년 관련 학계, 부모 등 각계각층의 의견을 광범위하게 수렴하여 「제6차 청소년정책기본계획(2018~2022년)」을 수립하였다. 「제6차 청소년정책기본계획」에서는 '현재를 즐기는 청소년, 미래를 여는 청소년, 청소년을 존중하는 사회'를 비전으로 '청소년 참여 및 권리증진', '청소년 주도의 활동 활성화', '청소년 자립 및 보호지원 강화', '청소년정책 추진체계 혁신'의 4대 정책목표를 설정하였으며, 이를 달성하기 위해 12대 중점과제와 144개 세부과제를 수립하여 2022년까지 추진하였다.

그리고 제7차 청소년정책 기본계획(2023-2027)에서는 청소년이 디지털 시대에 건강하게 성장하고 사회적 역할을 확장할 수 있도록, 역량 강화, 복지 및 보호 확대, 참여와 권리 보장을 중심으로 수립되었다. 제7차 계획은 '디지털 시대를 선도하는 글로벌 K-청소년'을 비전으로 삼고, 청소년 성장 기회 제공과 안전한 보호환경 조성을 목표로 설정하였다. 정책 구조는 5개 대과제, 14개 중 과제, 39개 소과제로 구성되며, 청소년 활동 활성화, 복지 지원, 유해환경 차단, 참여와 권리 보장, 정책 기반 강화라는 다섯 가지 핵심 과제로 구체화하였다.

주요 성과 지표로는 청소년 삶의 만족도를 2020년 59점에서 2027년 7.2점으로 향상시키고, 청소년 단체활동 참여율을 2021년 7%에서 2027년 50%로 확대하며, 스마트폰 과의존율을 2021년 37%에서 2027년 28%로 낮추는 것을 목표로 하고 있다. 결론적으로, 제7차 청소년정책 기본계획은 정책 실효성을 높이고 지역 맞춤형 접근을 강화함으로써, 청소년이 디지털 시대에 능동적이고 건강하게 성장하도록 지원하며 지속 가능한 정책 추진 기반을 마련하고 있다. 「제7차 청소년정책기본계획」에서 추진하고 있는 주요내용은 〈표 4-3〉과 같다.

표 4-3 제7차 청소년정책기본계획

비전	디지털 시대를 선도하는 글로벌 K-청소년

⇧

목표	청소년 성장기회 제공	안전한 보호 환경 조성

⇧

	대과제(5개)	중과제(14개)
정책과제	1. 플랫폼 기반 청소년활동 활성화	1-1. 청소년 디지털역량 활동 강화 1-2. 청소년 미래역량 제고 1-3. 다양한 체험활동 확대 1-4. 학교안팎 청소년활동 지원 강화
	2. 데이터 활용 청소년 지원망 구축	2-1. 위기청소년 복지지원체계 강화 2-2. 청소년 자립 2-3. 청소년 유형별 맞춤형 지원지원 강화
	3. 청소년 유해환경 차단 및 보호 확대	3-1. 청소년이 안전한 온오프라인 환경 조성 3-2. 청소년 범죄 예방 및 회복 지원 3-3. 청소년 근로보호 강화
	4. 청소년 참여권리 보장 강화	4-1. 청소년 참여 활동 강화 4-2. 청소년 권익 증진
	5. 청소년정책 총괄 조정 강화	5-1. 청소년정책 인프라 개선 5-2. 지역 맞춤형 청소년정책 추진체계 구축

연습 문제

1. 청소년지도의 의미에 대해서 설명하시오.
2. 청소년지도방법에 대해서 논하시오.
3. 청소년지도방법의 역사에 대해서 설명하시오.
4. 청소년지도방법과 청소년 정책에 대해서 토론하시오.

CHAPTER

5

청소년지도방법의 이론

학습 내용

1. 경험학습이론
2. 구성주의이론
3. 동기이론

학습 목표

1. 경험학습이론에 대해서 설명한다.
2. 구성주의이론에 대해서 살펴본다.
3. 동기이론에 대해서 논의하도록 한다.

학습 개요

학교교육이 인지교육에 초점을 두고 있다면 청소년지도는 체험 활동을 통한 전인적 성장을 목표로 한다는 점에서 경험학습이론이 강조된다. 청소년지도 방법은 목표 달성을 위한 계획적이고 체계적인 활동으로, 최적화된 프로그램에 근거하여 이루어진다. 따라서 실제로 프로그램을 운영할 때 중요한 이론적 토대가 되는 것이 바로 경험학습이론이다.

구성주의는 전통적인 객관주의(objectivism) 관점인 행동주의와 인지주의 인식론을 비판하며, 학습자가 스스로 지식을 구성한다는 견해를 강조하면서 등장하였다. 즉, 구성주의는 20세기 후반 행동주의와 인지주의 이론으로 대표되는 기존 객관주의 인식론에 대비되는 개념으로, 교육 이해에 있어 이론적 · 방법론적 전환의 필요성을 제기하고 새로운 패러다임을 제시하는 방향타 역할을 하고 있다.

동기이론은 특정 목표를 지향하는 행동을 유발하고, 그 방향을 설정하며, 지속시키는 힘의 총합을 강조하며 행동주의 동기이론, 인본주의 동기이론, 인지주의 동기이론을 포함한다.

1. 경험학습이론

1) 경험과 경험학습

(1) 경험의 개념과 특성

학교교육이 인지교육에 초점이 맞추어져 있다면 청소년지도는 체험 활동을 통한 전인적 성장이 목표라는 점에서 경험학습이론이 강조된다. 그리고 청소년지도방법은 목표를 달성하기 위한 계획적이고 체계적인 활동으로 최적화된 프로그램에 근거하여 이루어진다. 이렇게 실제로 프로그램을 운영하고자 할 때 중요한 이론적 토대가 되는 것이 경험학습이론이다. 경험에 대한 정의는 학자에 따라 차이가 있으나 공통적으로 어떤 사건을 직접적으로 관찰하거나 행동에 참가함으로써 얻어진 결과, 즉 자신이 실제로 해보거나 겪어본 것 또는 거기서 얻은 지식이나 기능으로 개인의 삶을 형성하는 의식적인 사실로 정의된다. 철학적으로 경험은 객관적 대상에 대한 감각이나 지각 작용에 의하여 직접적으로 주어지는 인식을 의미한다.

경험과 학습 사이의 관계에 대해 가장 심도 있는 연구를 한 학자는 존 듀이(John Dewey, 1859~1952)이다. 그는 개인이 새로운 경험을 통해 어떤 것을 이해하는 교육적인 경험을 하게 되고, 그 결과로 성장이 일어난다고 보았다(Dewey, 1938). 경험은 처음에는 과거를 배우는 일로부터 시작되며, 현재의 활동과 결합하여 의미 있는 경험을 구성하고 환경과의 상호작용을 통해 변화한다. 듀이(Dewey, 1916)는 학습자의 경험을 간과한 전통적 교육의 대안으로 경험중심 교육을 제시하였으며 교육을 경험의 끊임없는 재구성이라 하였다. 체험 활동을 중심으로 이루어지는 청소년지도방법에 있어 경험학습의 중심개념인 경험의 교육적 특성을 살펴보는 것은 청소년지도사가 경험의 질을 구성함에 있어 매우 중요하며, 그 특성은 다음과 같다.

① 경험의 재구성

듀이는 교육을 경험의 계속적인 재조직 또는 재구성으로 인식하였다(Dewey, 1938). 과거로부터 전승된 경험은 재구성된다. 동시에 현재의 경험도 미래에 발생될 수 있는 어떤 경험을 보다 심도 있게 경험하도록 하는 과정의 일부라고 할 수 있다. 그러나 개인이 경험을 통해 새롭게 인식한 사건은 사실적인 사건을 그대로 받아들이는 것이 아니라 과거의 경험을 바탕으로 형성된 인식의 틀 안에서 이해하는 한계점을 안고 있다. 이런 점에서 청소년들이 동일한 체험을 하더라도 개인의 내부에서 일어나는 현상은 과거의 경험의 질이나 성격에 따라 다르게 수용될 수 있다. 이러한 내부적 과정을 통해 개인의 경험은 재구성·재창조된다.

② 경험의 연속성과 상호작용

경험은 연속성을 지니고 있으며 주위의 모든 대상과 상호작용한다. 다양한 경험이 이어질 때 경험의 연속성으로 인하여 선행경험은 후속경험에 영향을 미친다. 하나의 학습경험은 결코 고립적으로 발생되는 것이 아니며 경험의 연속성을 유지하기 위해서는 구체적인 경험과 이에 대한 반성적 사고 과정이 필요하다. 상호작용이란 경험이 개인과 당시의 환경을 구성하는 무엇들과의 상호작용을 통해 이루어진다는 것을 의미한다. 이러한 상호작용을 통해 구성되는 것을 상황이라고 한다. 연속성과 상호작용은 능동적으로 결합되어 작용하며 경험학습의 기초를 제공한다(Merriam et al., 2007). 따라서 교육자는 경험과 상호작용이 발생하는 상황에 관심을 기울여야 한다. 청소년활동에서의 경험은 새로운 환경과 그 환경 속에서의 함께 움직이는 집단, 즉 함께 활동하는 친구들과의 상호작용, 지도자와의 상호작용 등 다양한 상호작용을 동반한다. 그리고 개인과 환경의 조건들이 상호작용을 하면서 주어진 상황을 해결해 나가고 이를 통해 개인은 적응의 양식을 취해 나간다. 따라서 청소년지도자는 청소년의 새로운 경험이 지속성을 가지고 긍정적 변화를 수반할 수 있는 상호작용이 되도록 안전한 상황에서 다양한 자극을 제공하는 것이 필요하다.

③ 경험의 심미성

경험은 심미적이어야 한다. 듀이는 통합된 사건을 하나의 경험으로 제시하는데 경험이 그 자체로 완성되기 위해서는 심미적 특질을 지녀야 한다고 설명한다. 다양한 경험은 심미적 특질을 통해 통합되고 하나의 경험으로 완성된다. 경험이 통합되지 않는다면 경험은 분리된 일시적 사건에 불과하기 때문이다. 심미적이라는 것은 감상하고 지각하고 즐기는 것으로서의 경험을 말한다. 인식(recognition)은 자유롭게 발전할 기회를 가지기 전에 고정되어 버린 지각이다. 인간은 인식을 할 때 과거에 익숙하게 형성된 고정관념의 틀로 돌아가는 특성을 지니고 있다. 따라서 인간 내면을 크게 동요시키지 않는다. 그러나 심미적 경험은 지각(perception)을 가능하게 하여 인간 내면에 파급되는 물결을 통해 발전할 기회를 제공한다. 인간은 심미적으로 즐거움과 매력을 지닌 경험을 할 때 이를 수용하고 상호작용할 수 있으며 재구성을 통한 경험의 재창조가 가능하다. 즐거움이 출발점이 되어 과거와 현재의 경험이 상호작용하게 되기 때문이다. 교육에 있어서도 경험의 심미성을 느낄 수 없다면 내면의 변화는 발생하지 않는다.

청소년이 다양한 활동을 경험하는 과정에서 느끼는 감정의 움직임을 통해 자아존중감 및 사회성 향상 그리고 긍정적인 태도 변화를 가져온다는 것은 이미 많은 연구에서 증명되고 있다. 따라서 청소년지도방법은 청소년들이 적극적이고 주도적으로 자신들의 활동을 즐기며 마음을 움직일 수 있는 감동적인 경험이 되도록 접근해야 할 것이다.

이처럼 진정한 교육은 경험을 통해 이루어지지만 주의해야 할 점은 모든 경험이 교육적인 것은 아니라는 점이다. 어떤 경험은 잘못된 교육으로 성장을 왜곡하고 미래 경험의 폭을 좁게 만들기도 한다. 이러한 비교육적 경험의 예를 살펴보면 다음과 같다. 첫째, 감각과 감성을 부족하게 함으로써 미래의 풍부한 경험을 가질 수 있는 가능성을 제한하는 경험이다. 둘째, 특정 분야의 기계적 기술만 향상시킴으로써 개인을 한 곳에 고착시켜 결국에는 경험의 영역을 좁히는 경험이다. 셋째, 순간적으로는 즐겁지만 해이하고 부주의한 태도를 형성시켜 경험으로부터 얻을 수 있는 것을 방해하도록 경험의 질을 수정하는 경험이다. 넷째, 경험 자체는 즐겁고 흥미롭지만 다른 경험들과 연결되지 않아 경험의 누적이 이루어지지 않는 경험이다. 결과적으로 교육은 경험의 질에 의해 결정된다고 할 수 있다(Dewey, 1938). 청소년지도 또한 청소년지도자가 목표를 가지고 구조화한 경험의 질과 접근방법에 따라 그 효과성이 결정된다고 할 수 있다.

(2) 경험학습

듀이는 학습의 과정을 경험, 개념, 관찰, 행동을 통합하는 변증법적 과정이며 경험학습을 학습의 가장 본질적인 형태로 보았다(Dewey, 1938). 이후 인본주의 심리학이 각광을 받으면서 경험학습이론에서는 학습과정의 핵심에 학습자의 경험이 자리해야 한다고 강조했다. 1980년대에 이르러 경험학습이론은 콜브(Kolb), 자비스(Jarvis), 메지로우(Mezirow)와 같은 학자들에 의해 경험학습 과정에 대한 연구가 이루어지며 더욱 확장되었다. 콜브(1984)는 경험학습을 경험의 전환을 통해 지식을 창조하는 과정이라고 정의하였다. 즉, 경험한 내용을 성찰, 개념화 그리고 실험을 통해 전환하고 이런 과정을 통해 새로운 지식이 창조되는 과정이 경험학습인 것이다. 자비스(1987)는 경험학습을 지식, 기능 그리고 태도로 전환시키는 과정으로 정의하였다. 학습자가 경험 안으로 들어가서 경험에 대한 성찰을 하여 새로운 기술, 태도 또는 사고방식을 개발하는 과정으로 정의되기도 한다. 메지로우(1991)는 경험학습을 경험의 의미를 새롭게 수정하여 해석하는 과정으로 정의하였다. 국내에서 현영섭(2004)은 경험을 통해서 학습자가 자신의 문제 상황을 파악하고, 이에 대해 해결을 시도하고, 시도했던 경험을 바탕으로 해결책을 평가·수정하는 가운데 새로운 지식 획득, 세계관 형성을 이루는 학습으로 정의하였다.

이상의 논의를 종합하여 경험학습을 정의하면 경험학습(experiential learning)이란 학습자가 실제적 활동이나 체험을 통해 학습함(learning by doing)으로써 전환된 사고를 획득하고 이로 인해 새로운 감정 및 태도 그리고 확장된 지식을 형성하는 과정이라 할 수 있다. 경험학습과 관련하여 체험학습이나 실천학습을 같은 의미를 지닌 용어로 사용할 수 있으나 엄밀히 구분된다. 체험학습은 신체적인 경험(physical experience)을 강조하는 학습이다. 그리고 실천학습(action learning)은 실제 행동을 강조하는 활동으로 체험학습과는 구분된다. 경험학습은 이러한 체험학습과 실천학습을 포괄하는 더 광범위한 개념이라 할 수 있다(김지자, 정지웅, 2001).

2) 경험학습의 과정

(1) 듀이의 모형

듀이(1938)는 경험학습의 두 가지 주요 원칙으로 연속성과 상호작용을 제시하였다. 항상 서로 연결되어 함께 작용하는 연속성과 상호작용의 원칙은 학습이론이 순환적 성격을 가진다는 것을 나타내고 있다. 그의 경험학습 모형은 다음 〈그림 5-1〉과 같이 학습이 경험, 개념, 관찰, 행동을 통합하는 변증법적 과정이라는 점을 강조한다. 충동에서 시작된 경험학습 과정은 관찰을 통해 지식을 얻게 되고 지식을 근거로 판단을 하게 되는데, 그 판단은 다음 단계의 충동으로 이어진다. 경험에서 충동은 생각에 원동력을 주고, 생각은 충동의 방향을 제시한다. 즉각적인 행동을 지연시키는 것은 관찰과 판단에 필수적이며 행동은 목적 성취를 위해 필요하다. 이러한 과정들의 통합을 통해 맹목적인 충동을 성숙한

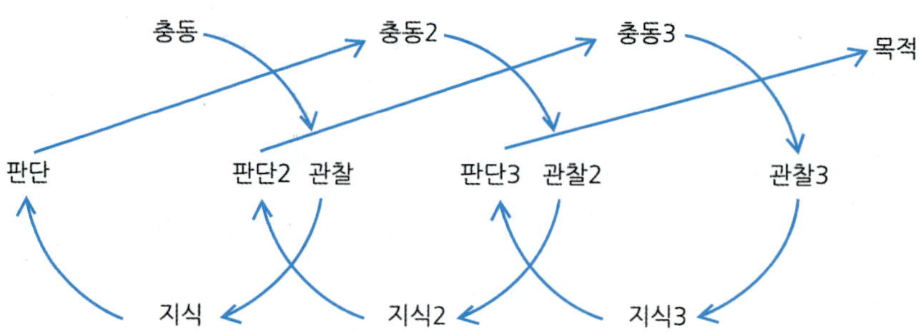

그림 5-1 Dewey의 경험학습 모형

자료: Kolb, D. A. (1984). *Experiential learning: Experience as the source of learning and development.* NJ: Prentice Hall, 23.

목표로 개발한다(Kolb, 1984). 듀이의 모형은 경험학습이론의 체계를 정립하는 데 공헌하였다.

(2) 콜브의 모형

경험학습이론을 근거로 경험학습의 구체적인 단계를 선정하고 이를 모형으로 제시하면서 경험학습의 단계를 측정할 수 있는 도구를 제시한 학자는 콜브(Kolb, 1984)이다. 그는 경험학습에 대한 6가지 가정[1)]에 기초한 4단계의 순환학습적 경험학습 모형을 다음 〈그림 5-2〉와 같이 제시하였는데, 경험학습의 과정을 구체적으로 설명하는 모형으로 가장 많이 알려져 있고 활용되고 있다. 4단계의 경험학습 과

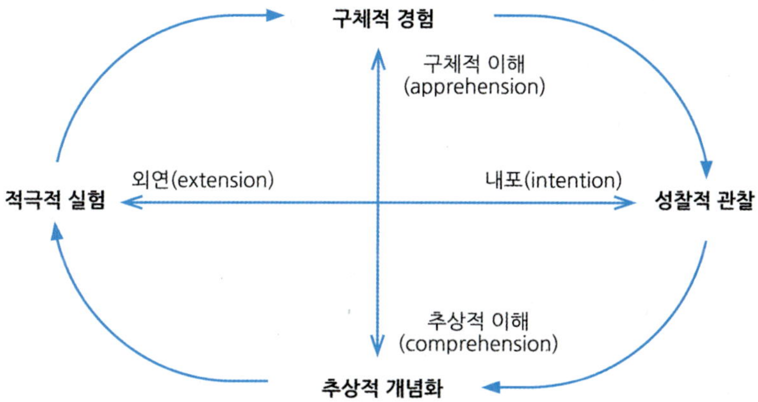

그림 5-2 Kolb의 경험학습 모형

자료: Kolb, D. A. (1984). *Experiential learning: Experience as the source of learning and development.* NJ: Prentice Hall, 23.

1) 콜브(Kolb, 1984)는 듀이(Dewey), 레빈(Lewin), 피아제(Piaget) 등의 경험학습 이론을 분석하여 학습에 대한 6가지 가정을 다음과 같이 언급하였다. 첫째, 학습은 결과가 아닌 과정으로써 더 잘 파악된다. 둘째, 학습은 경험을 기반으로 하는 계속적인 과정이다. 셋째, 학습은 서로 대립되는 요구들을 변증법적으로 해결하기를 요구한다. 넷째, 학습은 세상에 적응하는 전체적인 과정이다. 다섯째, 학습은 개인과 환경 사이의 상호작용과 연관된다. 여섯째, 학습은 지식을 창조하는 과정이다.

정은 구체적인 경험(Concrete Experience), 반성적인 관찰과 분석(Reflective Observation), 추상적 개념화(Abstract Experiment) 그리고 능동적 실험(Active Experience)이다.

① 구체적인 경험

이 단계에서 주로 사용하는 정신적 과정은 구체적 이해(apprehension)이다. 학습자가 구체적이고 직접적인 오감을 통해 경험을 지각하고 수용하는 것이다. 학습자를 둘러싸고 있는 모든 사물, 사람, 상황 등 구체적이고 직접적인 모든 환경은 경험의 재료가 된다. 이 단계에서는 새로운 경험에 편견을 갖지 않고 자신을 참여시키려는 학습자의 개방성과 의지가 중요하다.

② 반성적인 관찰과 분석

이 단계에서는 구체적인 경험을 추상적인 개념으로 전환하는 내포(intention)가 일어난다. 즉, 외부의 자극이나 상황을 내적인 표상이나 상징으로 전환하는 과정이다. 학습자는 주변에서 일어나는 상황의 진실과 그 의미를 밝히기 위해 주변의 상황을 주의 깊게 관찰하고 주변 사람들의 말을 경청한다. 이렇듯 반성적 관찰은 기존의 사고방식이나 이론보다는 새로운 접근방법을 찾는 데 초점을 두고 구체적 경험을 추상적인 개념으로 변화시키기 위한 과정이다. 이 단계에서 학습자는 다양한 관점으로 자신의 경험을 성찰하고 관찰할 수 있어야 한다.

③ 추상적 개념화

이 단계에서는 반성적 관찰의 과정을 통해 도출된 결과를 분석적이고 추론적인 방법을 사용하여 통합된 하나의 가설 또는 개념으로 만드는 과정이다. 이때 사용되는 추상적 이해(comprehension)는 상징적이고 추상적인 개념을 이해하는 것이다. 듀이(1933)가 설명한 반성적 사고 과정은 추상적 개념화와 관련된다. 추상적 개념의 형성은 원칙을 만들고 개념을 형성하여 가설을 만드는 것이다. 이 단계에서 학습자는 감정이나 직관보다는 이성과 논리적 분석을 통해 경험을 재구성한다.

④ 능동적 실험

마지막 4단계에서는 외연(extention)을 사용하여 내적이고 추상적인 개념을 외부의 경험으로 전환시키는 과정이다. 이 단계에서 학습자는 새롭게 형성된 추상적인 지식이나 가설을 실제 상황에서 문제를 해결하기 위하여 능동적으로 적용하고 검증하는 실천지향적인 접근 방식을 나타낸다. 이러한 능동적 실험은 후속 경험을 위해 계획을 세우는 과정이 된다.

이상과 같이 경험학습을 통한 지식의 창출은 이해(prehension)와 전환(transformation)이라는 지속적인 상호작용을 통해 이루어진다. 경험학습과정은 연속적이고 확장적인 나선형적 순환성을 띠며 지식의 확대와 재창조에 기여한다.

3) 반성적 사고

경험학습에서 경험이 단순하고 일시적인 사건이 아닌 하나의 경험이 되기 위해서는 반드시 반성적 사고(또는 성찰, reflection)의 과정이 필요하다. 듀이는 행위에 의하여 생긴 변화가 내부에서 발생한 변화에 반영될 때 비로소 학습이 일어난다고 보았다(Dewey, 1938). 행위나 활동이 경험의 외부적 요소라면 반성적 사고는 경험의 내부적 요소라고 할 수 있다. 경험의 외부적 및 내부적 요소는 1차적 경험과 2차적 경험으로 구분하기도 한다. 이는 경험 내용에 따라 구분한 것으로 1차적 경험은 돌, 식물, 동물 등의 대상들을 감각기관을 통해 직접 습득하는 것이다. 2차적 경험은 1차적 경험내용을 소재로 하여 성찰, 추론을 통해 이루어지는 관념이나 판단 등의 내적 경험을 의미한다. 듀이는 이것을 반성적 경험이라고 명하고, 1차적 경험과 2차적 경험을 밀접하게 연결시키는 것을 경험적 방법, 두 가지 경험을 격리시키는 것은 비경험적 방법이라고 설명한다(Dewey, 1938).

효과적인 성찰활동 방법으로는 지속적 성찰, 관계적 성찰, 도전적 성찰, 맥락적 성찰이 있다(Eyler & Schmiede, 1996). 첫째, 지속적인 성찰은 체험활동 이전의 준비과정, 체험활동과정, 체험활동 이후의 과정에서 일관된 성찰활동이 이루어지고, 이것이 다음의 체험활동에도 연속되는 것을 의미한다. 둘째, 관계적인 성찰은 체험활동과 기존의 지식구조, 행위와 사고 등을 연계하는 것을 의미한다. 셋째, 도전적인 성찰은 기존의 관성적인 사고방식에서 벗어나 새로운 관점에서 체험활동을 해석하고 새로운 방식으로 생각하면서 대안을 발견하고 새로운 문제를 제기하려는 것을 의미한다. 마지막으로 맥락적인 성찰은 체험활동이 이루어진 구체적인 상황 및 배경 등과 같은 맥락을 고려하여 분석하고 의미를 발견하는 사고 작용을 의미한다.

행위에 의하여 생긴 변화가 이와 같은 반성적 사고를 통해 내적인 변화에 반영될 때 막연한 사태의 흐름이 의미를 지니게 된다. 다시 말해 반성적 사고과정을 통하여 경험에서 발생한 다양한 상호작용을 내면화하지 못한다면 체험 및 실천학습으로서의 경험은 단순한 활동에 지나지 않게 된다. 경험이 의미 있는 것이 되려면 반드시 반성적 사고과정이 개입되어야 한다는 것이다. 이런 점에서 권일남(2016)은 청소년활동을 청소년이 직접 참여하여 얻은 경험으로부터 경험학습이론에서의 반성적 사고 과정을 거쳐 새로운 가치와 개념을 파악하며 적용해 나가는 학습의 장이라고 설명한다. 따라서 청소년지도방법에 있어서도 반성적 사고의 과정이 있어야만 비로소 이를 경험을 통한 학습이라고 할 수 있다. 청소년지도자는 청소년 자신들이 경험한 다양한 체험을 공유하고 자신만의 소중한 경험 세계로 새롭게 조직하여 의미를 내면화시키고 일반화시킬 수 있도록 지도방안을 구상하는 것이 필요하다.

2. 구성주의이론

1) 구성주의의 등장과 개념

서양 철학사, 철학사전, 인식론에서 구성주의(constructivism)라는 용어는 쉽게 찾아보기 어렵다. 누구에 의해서 최초로 사용되었고 또 어떻게 그 이론이 정립되어 왔는지도 분명하지 않다. 다만 구성주의는 전통적인 객관주의(objectivism) 관점인 행동주의와 인지주의 인식론을 비판하며 학습자 스스로 지식을 구성한다는 견해를 강조하면서 등장하였다. 인식론적 근간을 소크라테스 이전의 초기 회의주의자로 보기도 하나 보편적으로 인간은 자기 스스로 만든 것을 가장 잘 이해한다고 믿었던 18세기 철학자 비코(Vico, 1668~1744)에서 찾을 수 있다. 그는 "인간의 정신은 불확실한 본성을 갖고 있기 때문에 알지 못하는 것에 부딪히면 자신을 만물의 척도로 삼아 알지 못하는 일체를 판단한다"라고 하였다(Glasersfeld, 1997). 이후 대표적 급진적 구성주의자 글라저스펠트(Glassersfeld)는 구성주의를 교육에 국한시켜 하나의 이론적 개념으로 체계화하였다.

구성주의의 등장은 오히려 사회의 변화와 밀접한 관련이 있다(강인애, 2003). 농경시대에는 가정을 중심으로 도제관계의 교육이 이루어졌다면 산업사회에는 학교에서 집단교육 형태를 띤 교육이 실시되었다. 그리고 정보화시대에는 학습자 스스로 자신의 학습에 대해서 주도적, 능동적 역할을 하며 학습에 책임을 지는 교육이 요구되고 있다. 이에 따라 지식은 마음과 분리되어 존재하는 어떤 전체라고 보고, 교수의 목적을 교사가 학습자에게 학습자 외부에 있는 객관적인 진리 전달 위주에서 개인이 각자의 역사적, 문화적, 사회적 상황을 바탕으로 지식을 구성해 나가는 방향으로 바뀌고 있다. 이 같은 의미에서 구성주의란 지식과 학습에 관한 이론으로서 지식은 발견되어지기보다는 학습자의 독특한 경험과 세계에 대한 주관적 이해 및 해석을 바탕으로 의미를 구조화하는 것이라고 설명할 수 있다. 이렇게 구성주의는 20세기 후반 행동주의와 인지주의 이론으로 대표되는 기존의 객관주의 인식론에 대비되는 개념으로 교육 이해의 이론적·방법론적 전환의 필요성과 그에 따른 새로운 패러다임 구성을 위한 방향타 역할을 하고 있다.

2) 구성주의이론의 특징

첫째, 구성주의에서 지식이란 인식 주체가 결정하는 상대적인 것으로 개인에게 의미 있고 타당하고 적합하다고 여겨지는 것이면 모두 타당하다고 본다. 따라서 맥락에 적합한 의미를 구성하는 데 초점을 맞춘다. 이러한 인식론은 포스트모더니즘(post-modernism) 사조와도 일치한다. 객관주의에서는 절대적 진리와 지식이 존재하며 이를 습득하는 것이 교육 및 활동의 목표가 된다.

둘째, 구성주의에서는 신체적·사회적 경험을 통해 사고영역이 성장한다고 본다. 따라서 지도자는 다양한 활동, 직접적인 실습 및 체험학습, 사물에 대한 조작 및 실험 등을 중심으로 직접적으로 활동하며 배울 수 있도록 구성하고 인도하는 것이 필요하다. 또한 지도자는 학습자가 세상을 이해하도록 도울 수 있지만 자신의 세계를 구성하도록 강요해서는 안 된다. 한편 객관주의는 사고영역이 외부 실재를 반영하고 외부 실재에 의해 통제된다고 본다.

셋째, 구성주의에서 교사는 학습자를 위한 안내자, 조력자, 촉진자, 지지자의 역할을 수행한다. 이는 학습자 개인에게 전통적 행동양식이나 지식을 정확히 전수하는 지식의 전달자, 정보처리 활성자, 관리 감독자가 아닌 학습자가 무한한 인식 또는 생각을 창조할 수 있도록 안내하며 도와주는 역할을 한다.

넷째, 구성주의에서는 학습자를 의미의 능동적 구성자인 동시에 산출자로 본다. 객관주의에서는 학습자를 정보의 수동적 수용자로 보는 반면에 구성주의에서는 학습자를 능동적, 창조적, 개성적 그리고 무한한 가능성을 가지고 있다고 본다. 따라서 학습자 개인의 아이디어가 존중되고 그것을 활동에 최대한 반영한다.

다섯째, 구성주의에서는 협동학습 환경을 중시하여 다양한 견해의 인식과 문제해결력, 사고력, 인지적 전략의 습득을 중요시한다. 이는 개별적인 학습환경을 중시하여 개인 과제, 개인 활동, 개인 성취의 중요성을 강조하며 지식의 암기와 축적을 중요시하는 것과 확연한 차이를 보인다.

여섯째, 구성주의 교육과정은 창조적·실용적 교육과정으로 학습자의 특성, 적성, 관심, 성취 수준뿐만 아니라 학부모 및 지역사회의 요구와 특성이 반영된다.

교육체제에서 구성주의는 이미 학생중심교육이나 열린교육 등으로 우리에게 잘 알려져 있다. 대학진학을 위한 학업문화 그리고 입시를 위한 주입식 교육을 위주로 하는 우리나라에서 비록 소수이지만 시행되어져 왔다. 나아가 구성주의는 집단지성, 적시학습, 개별화 교육으로 이미 변화하고 있는 현대교육은 물론 초등학생도 인터넷을 검색해서 다양한 정보와 지식을 활용하는 상황에서 방대한 정보를 활용하여 스스로 무엇을 만들어 낼 것인지 고민해야 하는 미래사회 교육을 이끌어 갈 중요한 이론이라고 할 수 있다. 구성주의는 지식을 어떻게 보느냐에 따라 인지적 구성주의와 사회문화적 구성주의로 분류할 수 있다. 전통적 지식관인 객관주의와 구성주의의 교수-학습 원리를 종합적으로 비교·분석하면 다음 〈표 5-1〉과 같다.

표 5-1 객관주의와 구성주의의 비교

구 분	객관주의		구성주의	
지식	• 보편타당한 절대적 진리와 지식 • 인식 주체와 독립되어 외부에 존재		• 맥락에 적합한 의미 구성 • 마음의 산물로 인식 주체에 의해 결정	
의식	상징의 처리자, 자연의 거울		상징의 구성자, 자연의 해석자	
사고	• 외부 실재를 반영 • 외부 실재에 의해 통제		지각과 구성에 근거하며, 신체적, 사회적 경험을 통해 성장	
의미	인식 주체와 독립		인식 주체에 이해 결정	
상징	• 실재를 표상 • 외부 실재의 내적 표상		• 실재를 구성하는 도구 • 내부 실재의 표상	
대표 유형	행동주의	인지주의	인지적 구성주의	사회적 구성주의
학습	외현적 행동의 변화	인지구조의 변화	개인의 주관적 경험에 근거한 의미 구성	사회적 상호작용을 통한 의미 구성
학습자관	외부 자극에 반응하는 수동적 학습자관	내적으로 정보를 처리하는 능동적 학습자관	환경과 상호작용하여 의미를 구성하는 능동적 학습자관	
교육과정	교과서 중심의 기본 기능 강조		다양한 자료에 근거한 구성활동 강조	
교수	지식과 정보의 전달	지식과 정보의 전달 또는 발견	개인적 이해를 위한 사고 안내	지식의 공동 구성
지도자의 역할	관리자, 감독자	정보처리 활성자	촉진자, 안내자	촉진자, 안내자, 공동 참여자

구 분	객관주의		구성주의	
학습자의 역할	정보의 수동적 수용자, 청취자, 추종자	정보의 능동적 처리자	구성자, 산출자, 해석자, 의미의 능동적 설명자	
핵심 개념	자극, 반응, 강화	정보처리, 정교화	개인의 구성적 과정	사회·문화적 동화
주요 수업전략	연습과 피드백	정보처리 전략	유의미한 아이디어와 자료 등과 상호작용할 수 있는 풍부한 학습기회 제공	유의미한 아이디어와 자료 등과 상호작용할 수 있는 풍부한 학습기회를 학습자와 공동으로 구성
주요 매체	다양한 전통적 매체와 CAI	컴퓨터에 기초한 수업	인터넷, 다양한 구성도구	
평가	양적 평가, 총괄평가 강조		질적 평가, 형성평가 강조	
주요 이론가	Skinner, Thorndike	Bruner, Ausubel	Piaget, Glasersfeld	Vygotsky, Rogoff

3) 구성주의의 유형

구성주의를 주장한 대표적인 학자로는 피아제(Piaget, 1896~1980), 글라저스펠트(Glassersfeld, 1917~2010), 비고츠키(Vygotsky, 1896~1934) 등이 있다.

(1) 인지적 구성주의

인지적 구성주의는 주로 피아제(Jean Piaget, 1896~1980)의 발달심리에 이론적 근거를 두고 교수-학습 전략과 원칙에 대하여 논한다. 구성주의 핵심 이론가인 피아제는 '지식이 어떻게 구성되어지는가?'와 '인간이 어떻게 자신들의 세계를 알게 되는가?'에 초점이 맞추어져 있다. 그리고 연구 결과 인간의 지적 발달은 유전적 요인과 환경적 요인의 교류과정에서 창조 및 재창조된다고 결론지었다. 즉, 외부로부터 객관적인 정보가 주입되는 것이 아니라 경험을 통하여 자신의 지식을 쌓아가고 경험, 신념, 가치, 역사, 기존 인식들이 인지구조의 한 단위인 인지도식(schema)을 창출한다는 것이다. 그리고 이러한 도식들은 동화와 조절이라는 적응 과정을 통하여 변화하고 확장되며 더욱 정교해진다는 것이다(송인섭 외, 2013). 인지적 구성주의를 교수-학습에 적용시켜 볼 때 교수(instruction)는 학습자가 각기 적합한 발달단계에 도달할 때를 기다려서 발달단계에 알맞은 형태와 내용이 제시되어야 하며 좀 더 빨리 다음 단계로 발전할 수 있도록 도움과 자극을 주는 것이다.

인지적 구성주의에는 글라저스펠트(Glasersfeld)의 급진적 구성주의가 포함된다. 급진적 구성주의는 인식의 자율성을 주장하면서 전통적으로 인정되어 온 객관성의 개념을 부정한다(Glasersfeld, 1990). 그는 세 가지의 급진적 구성주의의 원리를 다음과 같이 제시하였다.

첫째, 지식은 감각을 통하거나 의사 교환의 방법에 의하여 피동적으로 받아들여지는 것이 아니다. 지식은 능동적으로 인식하는 주체에 의해 구성되는 것이다.

둘째, 인식 기능은 적응적이고 적합성 또는 성장성을 지향하는 경향이 있다.

셋째, 인식은 주체가 경험적 세계를 조직하는 데 공헌하는 것이며 결코 객관적·존재론적 실재의 발견을 돕는 것이 아니다.

급진적 구성주의는 지식이 언어를 통해 말하는 사람으로부터 듣는 사람에게로 전달될 수 있다는 관점을 부정한다. 따라서 학습자 개인의 고유한 방식으로 그들 자신의 지식을 구성하도록 하는 교육을 지지한다. 이처럼 급진적 구성주의는 지식의 주관적 측면을 강조하고 있으며 각각의 주체를 개별적이고 주관적인 자기 세계의 중심으로 본다.

(2) 사회문화적 구성주의

사회문화적 구성주의는 비고츠키(Lev Semenovich Vygotsky, 1896~1934)의 발달심리 이론에 근거하여 인간의 인지 발달을 사회적 상호작용의 내면화과정으로 이해한다. 인지적 구성주의가 지식 형성 과정에서 개인의 정신적 작용을 주요 요인으로 본다면 사회문화적 구성주의는 개인의 인지적 발달에 개인이 속한 사회와 그 구성원과의 상호작용 즉, 사회적 상호작용이 미치는 영향을 중요시한다. 그리고 모든 사회 구성원의 공통 주관성을 객관성으로 간주한다. 비고츠키 이론의 기본전제는 다음과 같다(Moll, 2009).

첫째, 인간은 환경과 상호작용하는 존재로 사회문화적 환경과의 상호작용을 통해 지식을 형성해 나간다. 인간을 둘러싸고 있는 사회문화적 환경은 인간이 무엇을 아는가를 결정할 뿐만 아니라 인간이 어떻게 사고하는가에 많은 영향을 준다.

둘째, 언어와 인지구조는 서로 독립적으로 발달하지만 언어가 주도적인 역할을 한다. 아동은 언어를 통해 자신을 돌보는 사람들의 지식과 태도를 내면화하며 자신을 발견하는 수단을 제공한다. 사회문화적 구성주의가 인지적 구성주의와의 차이점은 사회구성원들 간의 의사소통을 통한 지식의 구성이라고 할 수 있다.

셋째, 비고츠키는 개인이 속한 사회의 문화체계와 주위의 환경 조건들이 매우 중요하며 사회 속에서 성숙한 협동자들과의 상호작용이 학습의 효과를 가장 극대화할 수 있다.

비고츠키는 비계(Scaffolding, 건축공사 때 높은 곳에서 일할 수 있도록 설치하는 임시 가설물)를 통한 근접발달영역(Zone of Proximal Development: ZPD)의 개념을 강조하였다. 근접발달영역은 〈표 5-2〉와 같이 남의 도움 없이 혼자서 과제를 처리할 수 있는 아동의 실제적 발달수준과 타인의 도움을 받아서 수행할 수 있는 잠재적 발달수준 사이의 영역을 의미한다. 근접발달영역은 학습이 발달에 영향을 미칠 수 있음을 의미한다. 또한 학습자가 지식을 구성함에 있어 지도자(혹은 교사)의 학습 공동 참여자, 촉진자, 안내자로서의 역할의 중요성을 시사한다. 즉, 지도자는 활동 및 수업을 통하여 근접발달영역에 작용하여 학습자의 잠재적인 능력을 깨우칠 수 있도록 해야 한다.

표 5-2 비고츠키의 근접발달영역

실제적 발달수준	근접발달영역(ZPD)	잠재적 발달수준

4) 구성주의 학습의 원리

구성주의적 학습 원리를 정리하면 다음과 같다(김영인, 김민, 2016; 김종문 외, 2002; Fosnot, 1996).

첫째, 학습은 구성적·능동적 과정이다. 구성주의 학습은 학습자에 의한 능동적인 지식 구성을 본질로 하기 때문에 학습자의 자율성, 자기 주도성, 능동적인 참여가 매우 중요하다.

둘째, 학습은 반성적 능력을 통해서 추진된다. 반성적 능력은 자신의 행동과 판단을 스스로 점검하여 비판하는 능력으로 자기에게 적합한 지식을 구성하는 원동력이 된다. 이는 반성을 통해서 자신에게 적합한 의미를 창출하고 구성할 수 있기 때문이다. 학습에서 반성적 계기를 마련하기 위해 자신의 경험 들여다보기, 반성적 글쓰기 등을 활용할 수 있다.

셋째, 학습은 사회적·대화적 활동이다. 학습에서 교육자와 학습자, 학습자와 학습자 간의 대화를 통한 수평적인 소통적 관계의 형성은 중요하다. 소통을 통해서 의미가 이해되고 공유될 수 있으며 의미 형성이 촉진될 수 있기 때문이다. 학습조직은 학습활동, 학습주체, 학습과제 및 반성 등과 관련된 담론 공동체가 될 필요가 있다.

넷째, 학습은 적절한 불균형에 의해서 촉진된다. 학습자의 능력보다 과제의 수준이 조금 더 높은 인지적 불균형은 학습을 촉진하는 계기가 된다. 딜레마 상황, 모순적 상황 등과 같은 불균형 상황 역시 학습을 촉진하는 요소가 된다. 따라서 이런 상황에 대한 학습자의 탐구와 토론 등이 격려되어야 한다. 오류도 학습자의 개념 형성의 결과로 파악될 필요가 있으며 학습을 위해서 활용되어야 한다.

다섯째, 학습은 도구와 상징을 통해서 촉진된다. 학습에서 여러 가지 물리적 도구와 언어를 중심으로 하는 다양한 상징체계가 활용될 수 있어야 한다.

여섯째, 학습은 앎의 방법을 알게 하는 과정이다. 인간의 궁극적인 성취는 지식의 방법을 아는 것이다. 구성주의 학습은 외부에 존재하는 명제적 지식을 발견하고 수용하는 과정이 아니라, 학습자 스스로 자신의 삶의 맥락에 적합한 지식을 형성하는 과정이다. 따라서 학습에서 앎 자체 즉, 'what'보다는 앎의 방법, 즉 방법적 지식인 'how to'를 알게 하는 것이 중요하다.

5) 구성주의 학습의 형태

구성주의에는 여러 학습의 형태가 있으나 대표적으로 월취(Wertsch, 1947~)의 대화학습, 콜린스와 브라운 그리고 뉴만(Collins, Brown, & Newman, 1989)의 인지적 도제학습, 바로우(Barrows, 1928~2011)의 문제중심학습, 말라구찌(Malaguzzi, 1920~1994)의 소집단 프로젝트학습 등을 들 수 있다.

(1) 대화학습

대화학습 모형은 사회문화적 구성주의 이론을 바탕으로 고안된 학습모형이다. 대화학습은 언어가 지닌 기능, 즉 상호작용하고 서로를 위계적으로 조직하는 기호학적 공간에서 새로운 사고를 생성하는 점과 양방향적이고 수평적인 의사소통을 통해 의미를 창출하고 공유하는 대화적 기능을 주목하여 착안되었다. 대화학습에서는 지도자(혹은 교사)가 자신의 질문에 근거하는 답을 갖고 있거나 교사와 학습자가 비대칭적 위계관계 속에서 지식의 숙련이나 전달에 목적을 두고 접근한다면 오히려 창의적 사고를 저해하게 된다. 대화는 학습자를 지식 구성의 주체로 인정하고 수평적이고 개방적이며 상황에 따라 유연해야 하고 학습자의 지적 호기심과 동기를 자극할 수 있어야 한다.

(2) 인지적 도제학습

인지적 도제학습(Cognitive Apprenticeship Learning)은 형식교육이 피상적인 측면에만 초점을 두어 교육의 복잡한 성격을 제대로 반영하지 못함으로써 실패하고 있다고 비판했다. 이의 대안으로 전통적 의미의 도제(apprenticeship) 원리를 통해 전문가의 수행의 성격을 밝히고 그러한 수행을 적절히 습득할 수 있는 방법을 고안해 보려는 데서 인지적 도제학습이 비롯되었다. '인지적'이라는 용어는 이 학습이 고전적 의미의 도제 형태와 어떤 점에서 구분되는지를 잘 나타내 주고 있다. 고전적 도제 모형에서는 물리적인 지식과 기능의 습득을 목표로 하는 반면 인지적 도제학습에서는 인지적인 지식과 기능의 습득을 목표로 한다.

또한 '도제'라는 용어에는 학습이나 지식 습득은 체험을 통해 이루어지는 것으로 특정 상황과 맥락에서 이루어져야 한다는 뜻을 내포하고 있다. 즉, 인지적 도제학습에서는 고전적 도제학습과 달리 지식은 단순히 외부에서 관찰이 가능하고 정형화될 수 있는 과정만으로는 충분히 습득될 수 없다고 본다. 브라운 등(Brown, Duguid, & Collins, 1989)에 따르면 학습은 교과지식을 전달받거나 미리 설계된 문제를 해결하는 것보다는 해당 학문분야의 전문가가 과제를 어떻게 수행하는지를 다양한 측면에서 관찰할 때 배울 수 있다고 주장한다. 따라서 인지적 도제모형에서 학습이란 특성 사회집단의 전문가들이 지닌 지식과 사고과정을 학습하는 것으로 학습자가 전문가의 수행에 요구되는 다양한 기능을 확인하고, 이들이 적용되는 조건을 발견하여 이를 내면화하는 과정을 통해 이루어진다고 할 수 있다. 이는 결국 학습이 점차적으로 복잡한 과제, 상이한 문제해결 상황으로 계열화되는 것을 의미한다(Berryman, 1997).

학습절차는 문제해결을 위하여 전문가가 구체적으로 시범을 보이는 시연 단계(modeling), 문제해결을 위한 인지적 틀을 제시하는 교육적 도움제공 단계(scaffolding), 학습자가 스스로 문제를 해결할 수 있도록 교수적 도움을 점차 줄여가는 교수지원중단(fading) 단계의 세 단계로 구성된다(Collins et al., 1989). 시연은 실제 과제의 문제해결 과정을 전문가가 시범과 설명을 통해 보여주고 학습자가 그 과정을 관찰하는 것이다. 최정임(1998)은 시연이 학습에 가장 효과적이며 학습자를 중요한 방법에 몰두하도록 유도한다고 주장한다. 교육적 도움 제공은 학습자가 이미 알고 있는 것을 현재의 과제에 전이할 수 있도록 촉진시켜 주며 문제해결을 위한 인지적 틀을 제시하여 학습에 도움을 주는 디딤돌 역할을 한다. 이때 교수적 도움은 근접발달영역(ZDP) 내에서 꼭 필요한 경우에만 제공하고 과제수행이 익숙해짐에 따라 점차적으로 축소하고 학습자들이 숙련되면 완전히 제거되어야 한다.

(3) 문제중심학습

문제중심학습(Problem Based Learning: PBL)이란 구성주의적 학습관을 충실하게 반영하는 실천적 모형으로서 '문제로 시작하는 수업'이라고 할 수 있다. 이 이론을 정립하여 활용하는 데 가장 큰 공헌을 한 사람은 캐나다 맥매스터(McMaster) 의과대학 교수인 바로우(Barrows, 1988)이다. 그는 구성주의 이론과는 별개로 그가 의과대학 교육현장에서 교수로 활동하면서 느꼈던 기존 강의식과 암기식 수업환경의 부실성, 비현실성 등의 문제에 대한 대안적 방편으로 문제중심학습을 제시했다. 그러다가 문제중심학습은 구성주의에 의한 이론적인 지지를 받게 되었다. 더피(Duffy, 1996)는 문제중심학습의 학습목표는 "학습자로 하여금 어떤 문제나 과제에 대한 해결안을 혹은 자신의 견해나 입장을 전개(develop)하고, 제시(present)하며, 설명(explain)하고 나아가 옹호(defense)할 수 있어야 하는 것"이라고 주장한다. 따라서 교사는 설명보다는 문제를 제시하고 학습자들이 그 문제를 인식하여 그것을 스스로 혹은 동료들과의 토의를 통해 해결할 수 있도록 수업을 설계하는 것이 필요하다. 문제중심학습은 협동학습과 자율학습 그리고 다시 협동학습의 세 과정으로 이루어져 있다. 구체적으로 문제 사례의 제시, 자기 주도적 학습, 소집단 학습, 일반화, 반성(reflective thinking)의 다섯 가지 단계를 거친다(Ryan, 1994).

문제중심학습의 특징은 다음과 같이 세 가지로 살펴볼 수 있다. 첫째, 학습은 문제인식에서 시작된다. 따라서 학습자들은 자신들이 정보를 수집하는 이유와 학습하는 목적에 대해 보다 명확히 인식하게 된다. 둘째, 관련분야에 실재하는 비구조화된 문제들을 풀어간다. 비구조화된 문제는 현실세계의 복잡한 상황을 반영하고 있기 때문에 이러한 문제를 활용하는 것은 문제중심학습의 핵심적 요소라 할 수 있다. 셋째, 학습자 중심이다. 문제중심학습에서는 자기 주도적 학습(Self-directed Learning: SDL)이 강조된다. 따라서 학습자들은 스스로 학습과정에 대한 계획을 세우고 관리하며, 점검하고 통제하는 능력을 필요로 하며 집단 구성원 간의 토론을 통해 자신 및 타인의 관점을 비교하는 과정이 요구된다. 상대적으로 기존의 교육 방식에 비해 교사의 역할은 상당히 축소된다고 할 수 있다.

(4) 프로젝트학습

협동학습을 강조하는 이탈리아 북부 지역인 레지오 로마냐 지역에 위치한 에밀리아 시립 유치원에서 로리스 말라구찌(Loris Malaguzzi, 1998)에 의해 시작된 프로젝트학습은, 레지오 에밀리아 접근법(Reggio-Emilia approach)으로 유아교육에서 널리 알려져 있다. 프로젝트학습은 학습자들의 상호 관계를 강조하며 시작(소집단 구성, 흥미와 동기유발, 과제 설정과 파악, 계획 등), 전개(협력활동, 대안 모색과 문제해결 등), 정리(평가와 반성, 성과 발표 등)의 3단계로 구분된다. 프로젝트학습은 상호 협동 욕구를 중시하며 비고츠키의 근접발달영역(ZPD) 개념을 매우 중요시한다. 프로젝트학습에서 학습은 인간 개인의 능동적이고 주체적인 활동으로 인간들 사이의 상호작용 과정 속에서 이루어진다고 본다. 이 학습에서 지도자는 다음 연구를 자극하는 상황을 창조하는 역할을 수행함으로써 보다 효율적인 학습이 발생하도록 해야 한다.

3. 동기이론

1) 동기의 개념

(1) 동기의 정의

동기(motivation)란 라틴어 'movers(움직이다)'에서 유래한 것으로 동기의 개념에 대해서 학자마다 차이를 보인다. 린슬리(Lindsley, 1957)는 어떤 목표를 지향하는 행동을 일으키고 방향을 잡아 주고 유지하는 힘의 총합이라고 정의하고, 베렐슨과 스타이너(Berelson & Steiner, 1964)는 어떤 목표를 향해 행동하도록 활력을 주고 움직이게 하며 행동방향을 제시하는 내적인 상태로 정의하였다. 또한 이길복 외(2005)는 어떠한 행동을 할 때에 근원이 되는 내적·외적인 조건을 지칭하는 것으로 행동의 방향을 결정하고 활성화시키는 중요한 기능을 담당하는 요인으로 정의했다. 그리고 강명희(2014)는 동기란 일정한 목표의 성취를 위하여 특정한 계열의 행동을 시동하여 지속시켜 나가는 내적 상태라고 정의하였다.

이를 종합하여 오늘날 심리학에서 논의하는 동기의 의미를 살펴보면 다음과 같다. 첫째, 동기는 인간이 행동을 추구하게 하는 상태를 일컫는다. 둘째, 동기란 단순히 생물학적 욕구인 본능(Instincts)이나 추동(Drive)을 넘어 사회환경과 상호작용을 통해서 발달하는 자아실현의 욕구까지를 포함하는 것이다. 셋째, 동기는 한 개인의 특정한 행동을 발생시킬 뿐 아니라 일정한 방향성을 갖게 하며, 효과적인 행동을 지속시키는 활력소라고 정의할 수 있다. 청소년지도방법의 전제조건은 청소년들의 적극적이고 실질적인 참여를 극대화하는 것이다. 따라서 청소년지도자는 프로그램에 참여하는 구성원들의 동기의 본질, 유형, 수준, 장애 요인 등을 파악하고 청소년들의 동기 및 참여 유발 요인을 강화할 수 있도록 지도하는 것이 필요하다.

(2) 동기의 기능

동기의 기능은 크게 네 가지로 살펴볼 수 있다.

첫째, 발생적 기능(energetic function)이다. 이 기능은 동기가 행동을 촉발시키는 힘을 제공하여 행동하게끔 하는 것으로 시발적 기능 혹은 주도적 기능으로 부르기도 한다. 일반적으로 개체에게 결핍 상태가 발생하면 이를 충족하고자 하는 동기가 형성되고, 그 동기는 특정한 유인물을 찾아 요구(need)가 해소되어 만족을 얻을 때까지 다양한 반응 행동을 하게 된다(김훈기, 2013).

둘째, 지향적 기능(directive function)이다. 인간의 행동은 목표를 지향하는 방향으로 움직인다. 목표는 강력한 동기유발의 조건으로 행동을 수정하고 제어하는 방향타 역할을 한다. 이러한 면에서 지향적 기능은 수많은 선택적 과정을 통해 이루어진다고 할 수 있다.

셋째, 강화적 기능(reinforcement function)이다. 동기는 행동의 원동력이 되어 행동을 강화시킨다. 이때 욕구를 충족시켜 주는 강도가 강하면 행동은 지속되지만 강도가 약하면 행동은 소거된다. 강화적 기능은 지향적 기능과 밀접한 관계를 지니고 있다. 즉, 동기유발을 통해 어떤 목표를 지향하는 행동이 일어나고 그 결과로 목표를 달성하는 바람직한 효과가 발생했다면 학습자는 동일하게 전과 같은 행동을 계속 반복하게 된다. 반면 목표를 달성하지 못한 행동은 감소되거나 소멸하게 된다. 이런 면에서 행동은 '동기 → 선택 → 만족 → 강화 → 습관' 혹은 '동기 → 선택 → 불만족 → 소거'의 과정으로 이루어진다고 할 수 있다.

넷째, 조절적 기능(adjusting function)이다. 동기는 목표 행동에 도달하기 위해서는 다양한 과정과 방법 또는 동작이 선택되고 수행됨에 있어서 조절적 기능을 한다.

(3) 동기의 유형

동기는 목표행동을 일으키고 방향성을 지시하는 근원이 어디에 있는지에 따라 크게 내재적 동기(intrinsic motivation)와 외재적 동기(extrinsic motivation)로 구분할 수 있다. 내재적 동기는 행위 자체에 내재되어 있는 흥미, 호기심, 만족감, 성취감 등이 보상이 되어 과제를 수행하는 것으로 행동을 일으키는 힘이 개인의 내면에 있는 경우를 의미한다. 내재적으로 동기화된 사람은 행위에 참여하는 것 자체가 하나의 보상으로 작용하기 때문에 명시적인 대가나 외부의 보상이나 압력에 의존하지 않고 자신의 의지에 따라 자발적으로 행동한다(김유정, 2014; Ryan & Deci, 2000; Schunk et al., 2010). 이들은 특정한 행동 후에 주어지는 기쁨, 즐거움, 흥미, 도전감 등의 긍정적 정서를 경험하는 것을 보상으로 여긴다.

반면 외재적 동기는 다른 사람의 평가나 보상체계 등 환경적인 요인이 동기로서 작용하여 행동하게 되는 것으로 행동을 일으키는 힘이 외부에 있는 경우를 의미한다. 즉, 타인의 인정, 물질적 보상, 칭찬이나 관심 획득, 벌이나 비난, 불이익 등을 피하기 위해서 행동하거나 공부하는 경우 외재적으로 동기화되었다고 할 수 있다.

이러한 두 가지 동기의 유형은 상반된 개념이 아니며 일률적인 관련성이 존재하지도 않는다(Lepper, Corpus, & Iyengar, 2005; Schunk et al., 2010). 즉, 외재적 동기가 낮다고 해서 내재적 동기 수준이 높아지는 것이 아니며, 외재적 동기가 높다고 해서 내재적 동기 또한 높은 것은 아니라는 의미이다. 다만 인지적 평가 이론(cognitive evaluation theory)의 관점에서 고찰했을 때 외부에서 주어지는 물질적인 보상은 개인의 행동을 통제하거나 능력을 평가하려는 의도로 여겨질 수 있기 때문에 경우에 따라서는 오히려 내재적 동기를 감소시킬 수 있는 것으로 보고된다.

2) 동기이론

(1) 행동주의 동기이론

행동주의자들은 특정 행동을 유발시키는 보상이나 처벌의 종류 등 외적 강화를 사용하여 인간을 외재적으로 동기화시키는 것에 관심을 두었다. 전통적인 행동주의자들이 모든 인간의 행동을 자극-반응의 연합으로만 설명함으로써 한계에 부딪힌 반면 신행동주의의 대표적 학자인 클라크 홀(Clark Hull, 1951)은 사람들의 모든 행동이 욕구나 충동에 의해 긴장을 감소시키는 방향으로 진행된다는 충동감소 이론(drive reduction theory)을 제안하였다. 충동감소이론이란 인간의 모든 행동은 욕구나 충동으로 인한 긴장을 감소시키는 방향으로 진행된다고 보는 관점이다. 인간의 욕구는 크게 배고픔과 목마름과 같은 생물학적 욕구에 의해 자극되는 일차적 충동과 돈이나 권력에 대한 욕구, 창작예술 활동에 대한 욕구 등과 같은 이차적 충동으로 구분할 수 있다. 이차적 충동은 일차적 충동과의 연합 과정, 즉 일차적 충동의 해소를 통해 발생하며, 감소된 충동이 자극과 반응에 강화가 되어 습관적 행동이 형성되는 것이다(박형근, 방선욱 외, 2016). 생리적 결핍은 긴장을 발생시키고 개체는 그 결핍을 감소시켜 항상성을 유지하려 한다. 이에 결핍을 감소시키기 위해 충동이 발생하게 되고 만족을 통해 충동이 감소하게 되면 동기도 약화된다. 이와 같은 충동감소 이론은 다양한 동기에 의해 형성되는 인간 행동의 역동적인 측면을 잘 설명하고 있다. 하지만 배고픔을 견뎌내며 우아한 식사를 준비하거나 배가 불러도 맛있는 음식을 또 먹으려고 하며, 죽음과 같은 고통 및 두려움 속에서도 빙벽등반을 하는 등 인간의 모습은 강화에 충동의 감소가 반드시 요구되는 것이 아니라는 점에서 비판이 제기되기도 한다.

(2) 인본주의 동기이론

인본주의 이론은 인간이 지닌 건강하고 긍정적인 측면에 초점을 두는 이론으로 인간은 통합적인 존재로서 자기 실현의 경향성을 가지며 선한 본성을 지닌다고 보았다. 인본주의의 대표적인 학자인 로저스(Carl R. Rogers, 1902~1987)와 매슬로우(Abraham H. Maslow, 1908~1970)는 동기의 내적인 근원을 자아실현을 위한 개인의 욕구라고 설명한다. 즉, 사람들은 선천적으로 타고난 욕구인 자아실현을 이루기 위해 태어날 때부터 이미 갖추어져 있는 잠재력을 개발하기 위해 지속적으로 동기화된다는 것이다. 따라서 인본주의적 관점에서 학습자를 동기화시키는 것은 그들에게 잠재되어 있는 유능감, 자존감, 자아실현 등의 내재적 자원을 격려해 주는 것을 의미한다.

심리학자 매슬로우(1970)는 인간행동의 동기를 '욕구'라고 보고 욕구위계이론(hierarchy of need theory)을 정립하였다. 그는 욕구체계는 위계가 있는 사다리라고 보았다. 즉, 사다리에 오를 때 두 번째 단에 오르기 위해서는 첫 번째 단에 올라야 하며, 세 번째 단에 오르기 위해서는 두 번째 단을 올라야 하는 것처럼 상위 욕구는 이전 단계의 하위 욕구가 완전히 만족되었을 때 충족될 수 있다고 설명한다. 구체적으로 살펴보면 생존에 대한 가장 기본적인 욕구가 충족된 후에 두 번째 단계인 안전의 욕구나, 세 번째 단계인 소속과 애정의 욕구가 생겨난다. 그리고 네 번째 단계는 자기 자신과 타인에게 존경받고 싶어 하는 자기 존중의 욕구 그리고 마지막으로 자아실현의 욕구가 발생하게 된다.

또한 매슬로우는 욕구위계이론에서 동기를 결핍동기와 성장동기로 구분하기도 하였다. 결핍동기(deficiency motivation)란 인간이 자신의 생명과 삶을 유지하기 위해 반드시 필요한 동기로 음식, 물, 쾌적한 온도 등의 생리적 욕구와 신체의 안전 및 애정·소속의 욕구가 포함된다. 반면 성장동기(growth motivation)란 삶을 창조하려는 동기로 결핍동기가 어느 정도 충족되었을 때 자아실현에 도달할 수 있도록 작용하는 동기이다. 따라서 만약 하위의 욕구와 동기를 충족시키기 위한 삶을 산다면 결핍동기화된 삶이라 할 수 있으며, 상위의 욕구와 동기를 추구하는 삶을 산다면 성장동기화 혹은 메타동기화된 삶이라 할 수 있다.

이상과 같이 청소년지도자는 욕구위계단계에 근거하여 청소년의 참여동기를 분석하고 적절한 동기유발 및 지속전략을 마련할 수 있어야 한다. 하지만 청소년지도자는 욕구의 우선순위가 청소년에 따라 다양할 수 있기 때문에 욕구단계가 항상 순차적으로 발생하는 것은 아니며, 청소년이 당면한 문제에 따라 일시적인 퇴행이 일어날 수 있다는 점을 항상 염두에 두어야 할 것이다.

(3) 인지주의 동기이론

인지주의 이론에서는 인간을 능동적이고 적극적으로 사고하는 이성적인 존재로 본다. 즉, 인간은 배고픔과 같은 결핍 욕구나 보상과 같은 외부 강화에 의해 단순히 반응하는 존재가 아니라 사건이나 상황에 대해 자신이 부여하는 의미에 반응하는 존재인 것이다. 따라서 인지이론가들은 개인 스스로가 지닌 기대수준, 귀인신념, 자기 효능감 등에 기초한 내재적 동기를 강조한다.

기대이론(expectancy theory)은 개인이 어떤 행동을 할 때 자신의 노력의 정도에 따른 결과를 기대하게 되며, 그 기대를 실현하기 위하여 선택적 행동을 한다는 동기이론이다. 기대이론은 앳킨슨(Atkinson, 1923~2003)의 연구를 바탕으로 브룸(Vroom)에 의해 완성되었으며, 라이먼 포터(Porter)와 에드워드 로울러(Lawler) 등에 의해 발전되었다. 브룸(1964)은 동기는 유인가(Valence), 수단(Instrumentality), 기대(Expectancy)의 세 요인에 의해 영향을 받는다고 보고 첫 글자를 따서 다음과 같은 VIE 모형을 정립하였다.

$$\text{동기의 강도(MF)} = \text{유인가(V)} \times \text{수단(I)} \times \text{기대(E)}$$

혹은

$$M = f(V,\ I,\ E)$$

즉, 개인의 동기는 행위의 결과로 얻게 되는 보상에 부여하는 가치인 유인가, 행위의 1차적 결과(다양한 경험, 타인과의 의사소통, 자기 이해 등)가 2차적 결과(학습수준 향상, 타인의 인정, 사회성 및 자신감 향상, 진로의식 향상 등)로서의 보상을 초래할 가능성인 수단 그리고 그 자신의 노력이 어떤 성과를 가져오리라는 기대감의 복합적 함수에 의해 결정되는 것이다. 이때 사람마다 성과에 대한 선호는 개인의 욕구에 따라 그 중요성과 가치에 따라 달라지는 것으로 가정하며 유인가, 수단, 기대 요인 중 어느 하나라도 그 값이 제로(0)가 된다면 동기부여는 되지 않는다는 것을 의미한다.

따라서 청소년지도자는 청소년들의 욕구체계를 면밀히 분석하여 유인가를 높여주고, 지도자와 청소년 사이의 신뢰를 바탕으로 수단성을 증대시키고, 활동 노력을 통한 적합한 기대 목표를 설정하며, 긍정적 성과를 도출할 것이라는 기대감을 높여줌으로써 동기 수준을 향상시켜 줄 수 있다. 또한 청소년의 성취동기 수준에 따라 적절한 과제를 선택할 수 있도록 조력함으로써 청소년의 능력과 역량 및 동기수준을 향상시키는 데 기여할 수 있다.

한편 인지주의 동기이론을 대표하는 또 다른 이론으로 귀인이론(attribution theory)이 있다. 귀인이론은 성공이나 실패에 관한 원인을 귀속시키는 경향성에 대해 설명하는 이론으로 버나드 와이너(Bernard Weiner, 1986)에 의해 연구되었다. 그는 동기에 큰 영향을 주는 요소로 귀인을 지목하였다. 사람들이 자신의 실패나 성공의 원인으로 가장 많이 귀인하는 요소를 능력(ability), 노력(effort), 학습과제의 난이도(task difficulty), 운(luck) 등 네 가지 요소라고 하였으며, 지각된 성공과 실패의 원인들을 원인소재(locus of causality), 안정성(stability), 통제가능성(controllability)이라는 세 가지 차원의 모형으로 분류하였다. 원인의 소재는 성공과 실패의 원인을 자신의 내부에서 찾느냐 아니면 외부 환경에서 찾느냐의 문제로 흔히 내·외적 차원으로 특징지어진다. 안정성은 개인이 찾은 성공과 실패의 원인을 시간이 경과하거나 상황이 바뀌어도 변함없는 안정적인 요인에 두는지 아니면 상황에 따라 수시로 변할 수 있는 불안정한 요인에 두는지에 대한 문제로 안정적·불안정적 차원으로 특징지어진다. 통제가능성은 성공과 실패의 원인들이 자신의 의지에 따라 통제될 수 있는지 여부에 관한 문제로 통제가능과 통제불가능의 차원으로 분류된다. 와이너가 제시한 성공과 실패의 원인으로 가장 많이 귀인하는 네 가지 요소와 지각된 성공과 실패의 원인 세 가지 차원의 모형에 대해서 정리하면 〈표 5-3〉과 같다.

표 5-3 귀인 분류

구 분	원인소재	안정성	통제가능성
능력	내부	안정적	통제불가능
노력	내부	불안정	통제가능
운	외부	불안정	통제불가능
과제의 난이도	외부	안정적	통제불가능

청소년이 자기 행동에 대한 원인과 결과적 귀인을 어떻게 지각하느냐는 청소년의 감정과 차후 동기에도 영향을 미친다. 청소년이 실패의 원인을 자신의 노력부족 등과 같이 통제 가능한 내부적 원인으로 귀속시킨다면 성공을 위해 열정적으로 지속적인 노력을 하며 차후 성취동기가 증가할 것이다. 그러나 실패 원인을 자신이 통제 불가능한 외부적 원인인 운으로 귀인할 경우 무력감과 우울감에 빠지게 되고 차후 성취동기도 감소하게 될 것이다. 따라서 청소년지도자는 청소년들이 자신의 행동의 원인에 대해 합리적으로 귀인함으로써 동기를 향상시킬 수 있는 지도방법을 모색할 필요가 있다.

이외에도 반두라(Bandura, 1977)에 의해 제시된 자아효능감이론(self efficacy theory)에 따르면 자아효능감이란 어떠한 과제를 성공적으로 조직하고 실행하는 자신의 능력을 지각하는 특성으로 활동의 선택 및 노력의 양과 지속성을 결정하는 중요한 요인이라 할 수 있다. 청소년이 높은 수준의 자아효능감을 지니고 있다면 그는 높은 목표를 세울 것이며 어려움에 당면했을 때 끈기 있게 대처할 것이다. 반면에 자아효능감이 낮은 청소년의 경우 어려움에 직면했을 때 그 과제를 회피하거나 포기하기 쉬울 것이다. 이처럼 자아효능감은 과제에 도전하려는 동기는 물론 과제를 수행하는 동안 학습자들의 사고와 행동 그리고 성취수준에 직접적인 영향을 미친다. 따라서 청소년지도자는 청소년들에게 실제적이고 구체적이며 성취 가능한 목표 및 과제를 제시함으로써 청소년들의 자아효능감을 향상시킬 수 있어야 한다.

3) 동기유발방법

청소년을 지도하는 현장에서 비자발적인 청소년들의 참여동기를 유발시킬 뿐 아니라 이미 활동에 참여하고 있는 청소년들의 참여동기를 지속시키는 것은 청소년지도의 핵심과제라 할 수 있다. 이러한 관점에서 김영인과 김민(2008)은 참여자들의 동기를 유발하는 것은 행동의 원인인 동기를 불러일으키고 활동을 지속시키는 과정과 관련되어 있기 때문에 적절한 동기유발은 청소년들의 활동에 있어서 매우 중요하다고 하였다. 인간의 동기유발은 크게 학습자 스스로가 자발적으로 학습하려는 의욕을 갖게 하는 내적 동기(intrinsic motivation)유발과 학습자의 외부로부터 이루어진 외적 동기(extrinsic motivation)유발로 분류할 수 있다.

(1) 내적 동기유발

내적 동기유발은 참가자들의 내부적인 요구에 기인한다. 즉, 개인의 심리적 욕구와 성장을 위한 선천적 욕구로부터 발생한다. 이들은 활동 자체에 호기심, 도전감, 흥미를 느끼고 수행 후 스스로 성공감, 만족감, 성취감을 느낌으로써 자아존중감 향상을 가져온다. 이러한 내재적 동기를 유발시키기 위해서는 자율성, 유능성, 관계성이라는 세 가지 심리적 욕구를 충족시켜 주는 것이 필요하다.

먼저, 자율성의 욕구는 자신의 기대에 따라 독립적으로 행동을 결정하려는 욕구로 청소년 스스로에게 어떤 활동이나 행동에 선택기회를 부여함으로써 충족될 수 있다. 설사 외적인 요구에 의해 어쩔 수 없이 참가한 비자발적인 청소년이라 할지라도 그들이 저항할 수 있는 자유를 허용하고 그 저항을 최소화하여 개인의 관심과 목표로 전환시킴으로써 내적 동기를 유발시킬 수 있어야 할 것이다.

다음으로, 유능성의 욕구는 주어진 학습환경에서 효과적으로 기능을 발휘하려는 능력에 대한 욕구로 동기를 유발하는 주요 요인이 된다. 청소년이 유능성 지각에 가장 많은 영향을 미치는 것은 능력이 향상되고 있다는 긍정적인 피드백으로 청소년지도자의 지지와 격려가 요구되는 부분이다.

마지막으로, 관계성의 욕구는 타인과의 긴밀한 정서적 유대와 애착을 통해 소속감을 느끼고 존중을 받고 싶어 하는 마음이다. 이에 청소년지도자는 청소년을 둘러싼 환경체계를 이해하고 공감과 수용을 바탕으로 관계적 분위기를 조성하는 것이 필요하다.

동기유발전략에 관하여 많은 학자는 방안을 제시하였으며(Brophy, 1992; Slavin, 2003; Weiner, 1988), 특히 켈러(Keller, 1987)는 학습동기를 유발시키고 유지시키기 위한 구체적이고 처방적인 전략들로 ARCS모형[2)]을 제시하였다.

이를 종합하여 청소년지도 현장에서 청소년들의 내적 동기를 유발시키는 구체적 방안을 살펴보면 다음과 같다. 첫째, 청소년들이 목표를 뚜렷하게 인식할 수 있도록 한다. 활동목표가 명확할 경우 활동의욕의 상승을 가져온다. 따라서 청소년지도자는 집단활동 목표를 명확하게 인식할 수 있도록 할 뿐만 아니라 집단활동 내에 참가하는 청소년 개개인이 당면한 문제 및 해결 그리고 청소년의 성숙 수준에 따라 자기 활동의 목표를 설정하고 성취할 수 있도록 지도해야 한다. 이렇게 유발된 활동 동기는 지속적인 동기유발에 있어서도 긍정적인 효과를 가져온다.

둘째, 청소년들의 흥미를 유발해야 한다. 흥미는 개인의 내적 동기와 가장 강한 상관관계를 지니고 있는 요소라 할 수 있다. 청소년의 흥미와 무관하게 계획·진행되는 활동은 아무리 중요하고 의미 있다 할지라도 그 효과를 보기는 어렵다. 반대로 청소년 개인의 관심과 흥미에 따라 이루어지는 동아리 활동의 경우 그 효과성이 확연하게 증명된 바 있다. 이에 청소년지도자는 학습자의 능력 및 과제의 곤란도와의 관계를 적절하게 결합시킴과 동시에 학습자의 흥미를 유발시킬 수 있어야 한다. 이를 위해 활동주제에 접근할 수 있는 다양하고 흥미로운 방법을 사용하는 것이 필요하다. 또한 학습자가 현재 가지고 있는 흥미를 새로운 학습에도 연결시킬 수 있도록 지도해야 할 것이다.

셋째, 호기심을 유지시키도록 한다. 단회활동은 물론 주제의 연속성을 지닌 활동이라 할지라도 매 회기마다 청소년들로 하여금 호기심을 불러일으키고 호기심을 해결하도록 도전하게 함으로써 내적 동기를 유발시킬 수 있다.

넷째, 청소년 스스로 활동 결과를 평가하도록 한다. 이는 활동에 대한 성취감을 고양시키고 활동의지를 높여줌으로써 지속적인 동기유발을 일으킨다.

---

2) 켈러(Keller, 1984)의 ARCS 모형은 학습자의 동기를 유발·증진시키기 위한 모형으로 Attention(주의집중), Relevance(관련성), Confidence(자신감), Satisfaction(만족감)이라는 4가지 요소로 구성되어 있다.

(2) 외적 동기유발

외적 동기유발은 외부에 의해 통제되는 동기유발 방안과 내적 기준에 의해 통제되는 동기유발 방안으로 구분하여 살펴볼 수 있다(Ryan & Deci, 2000). 외부에 의해 통제되는 동기유발은 상(칭찬, 상장, 스티커, 물질적 보상 등)과 벌(질책, 공포, 불쾌한 정서적 경험 등)이라는 외부의 자극에 의해 행동하게 되며 외적인 행동적 준거를 지니게 된다. 대표적인 외적 동기유발 방법인 상벌은 학습자에게 학습의욕을 높여주기 위하여 가정이나 학교에서 여러 가지 방법으로 사용되어 왔다. 또한 행동주의 이론의 강화원리는 동기유발과 상벌의 관계를 객관적으로 증명해 준다. 그러나 보상 때문에 너무나 경쟁의식이 높아지게 될 경우 성격의 왜곡을 초래하는 큰 문제가 발생된다. 따라서 상과 벌은 대상, 연령, 성격 등을 고려하여 어디까지나 목적이 아닌 수단으로 적절히 조절되어야 할 필요가 있다(오윤선, 2017).

내적 기준에 의해 통제되는 동기유발이란 외부로부터 요구를 능동적으로 받아들이게 함으로써 참가자의 자존감을 높이고 존재감을 확인하게끔 해준다. 하지만 이 같은 동기유발의 경우 외부의 요구를 수용하지 않음으로써 발생되는 불이익을 회피하려는 의도에서 비롯된다. 이는 진정한 의미에서 '자신에 의한 확인'이 아니라 '외적 확인'이라는 점에서 외적 동기유발에 포함된다. 대표적인 방법으로 경쟁관계 형성하기, 청소년의 사회적 지위 활용하기 등이 있다. 그러나 경쟁심을 자극하는 것은 승리나 목적을 위해서는 수단과 방법을 가리지 않는 이기주의나 영웅주의를 조장하게 되고, 실패한 청소년에게는 패배주의나 피해의식을 형성함으로써 활동 본래의 목적을 상실하게 할 우려가 있다.

대부분의 청소년은 내적 동기유발에 의해 스스로 행동하기보다는 부모나 교사에 의한 외적 동기유발에 의해 활동 및 행동하는 경우가 많다. 따라서 청소년지도자는 청소년들의 외재적인 동기가 내재적인 동기로 전환되도록 힘써야 한다. 이를 통해 청소년들은 활동 목표를 능동적으로 수용하고 지속성을 가지고 자신의 역할을 수행함으로써 만족감과 행복감을 가지게 된다.

연습문제

1. 경험학습이론에 대해서 설명하시오.
2. 구성주의이론에 대해서 설명하시오.
3. 동기이론에 대해서 토론하시오.

CHAPTER

6

청소년지도와 리더십

학습 내용

1. 청소년지도자와 리더십
2. 리더십이론
3. 청소년지도사의 역할과 자질
4. 청소년지도자의 양성

학습 목표

1. 청소년지도자와 리더십에 대해서 설명한다.
2. 리더십이론에 대해서 이해한다.
3. 청소년지도사의 역할과 자질에 대해서 이해한다.
4. 청소년지도자의 양성 목표에 대해서 설명한다.

학습 개요

청소년지도자를 리더의 관점에서 보면, 광의적으로는 청소년에게 긍정적 영향을 주고 올바른 방향으로 이끄는 모든 존재를 포함할 수 있다. 즉, 가정의 부모와 형제, 학교와 기관의 교사, 지역사회의 성인들 모두가 청소년지도자가 될 수 있다. 리더십 이론에는 전통적으로 특성이론, 행동이론, 상황이론이 있으며, 최근에는 변혁적 리더십과 셀프 리더십이 강조된다.

청소년기본법에 따른 청소년지도자는 청소년지도사와 청소년상담사를 비롯해 청소년시설, 단체, 관련 기관에서 청소년 육성과 지도 업무에 종사하는 자를 말한다. 청소년지도사 자격은 여성가족부가 주관하고 한국산업인력공단이 검정을 맡으며, 합격자는 한국청소년활동진흥원의 연수를 거쳐 자격증을 취득한다. 청소년상담사는 여성가족부가 주관하여 한국청소년상담복지개발원과 한국산업인력공단이 검정을 실시하고, 합격자는 100시간 이상의 의무 연수를 받은 뒤 청소년상담복지센터나 청소년쉼터 등에서 활동한다.

1. 청소년지도자와 리더십

1) 리더로서 청소년지도자

리더(leader)는 인간이 사회적 존재로 집단을 이루기 시작하면서부터 존재해 왔다. 사전적으로 리더는 '남을 이끌어 가르치는 사람'을 뜻하며, 일반적으로 집단의 통일을 유지하고 구성원의 행동에 방향을 제시하는 역할을 담당하는 인물을 의미한다.

청소년지도자를 리더의 관점에서 살펴보면, 학자들의 주장과 정부의 정책적 개념을 종합했을 때 광의적으로는 청소년에게 긍정적 영향을 미치고 올바른 방향으로 이끌어 주는 모든 존재를 포함할 수 있다. 즉, 1차적으로 가정 내의 부모와 형제, 2차적으로 학교 및 기관의 교사, 3차적으로 지역사회의 다양한 성인들 모두가 청소년지도자라고 할 수 있다.

그러나 이들을 모두 전문적인 청소년지도자로서 리더십을 갖추고 청소년을 이끄는 리더로 규정하기에는 한계가 있다. 따라서 리더로서의 청소년지도자는 청소년지도사 또는 청소년상담사 자격을 취득하고, 신체적·인지적·도덕적·심리적·정서적·사회적 문제에 직면한 청소년에게 청소년지도의 원리와 실제를 적용하여 의미 있는 변화와 성숙을 돕는 사람이라고 할 수 있다. 나아가 청소년이 전인적 인간으로 성장할 수 있도록 이끌어주는 바람직한 성품을 지닌 지도자를 의미한다.

2) 청소년지도자와 리더십

리더란 엄밀한 의미로 집단에 있어서의 지도적 기능, 즉 리더십이라는 관점에서 규정되어야 하며, 어떤 인기 있는 사람이나 대표자 또는 문화영역의 권위자 등과는 구별된다. 전통적으로 리더십은 특정 상황 속에서 집단의 목표를 달성하기 위해 리더가 팔로워(follower)의 마음을 움직이고 동기화하는 영향력 행사 과정이라고 할 수 있다. 20세기 초반 과학적으로 연구되기 시작한 리더십은 집단 구성원의 갈등을 분쟁 없이 화합함으로써 집단이 지속될 수 있도록 이끄는 과정으로 여겨져 왔다. 그 과정에서 연구자의 관점과 집단이 처한 환경에 따라 수많은 정의와 다양한 이론을 등장시키고 여러 분야에 그 연구 성과가 적용·발전되고 있다. 리더십의 개념은 학자들에 따라서 다음과 같이 다양하게 정의되고 있다.

- 리더십이란 사람들이 바람직하다고 생각한 목표 달성을 위하여 서로 협력하도록 그들의 마음을 움직이는 행위이다(Tead, 1935).
- 리더십이란 조직구성원의 작업을 지시하고 조정하는 것이다(Fiedler, 1967).
- 리더십이란 기대와 상호작용 과정에서 조직의 구조를 주도하고 유지하는 것이다(Stogdill, 1974).
- 리더십이란 집단의 목적을 달성하기 위하여 더 많은 에너지를 팽창하도록 집단구성원들을 동기화하는 것이다(Karz & Kann, 1978).
- 리더십이란 한 집단의 활동을 공유된 목적으로 인도하는 특정한 개인의 행동이다(Hemphill & Coons, 1957).
- 리더십이란 구체적인 목표나 목적을 달성하기 위하여 특정한 상황 내에서 커뮤니케이션 과정을 통해 행사되는 사람들 간의 영향력 행사 과정이다(Tannenbaum, Weshler, & Massarik, 1961).
- 리더십이란 특정한 목표들을 달성할 수 있도록 의사소통 과정을 통하여 개인 간에 영향력을 행사하려는 의도이다(Fleishman, 1973).
- 리더십이란 사람들이 기대하고 상호작용을 하는 데 구조를 만들어 내고 유지시키는 것이다(Stogdill, 1974).
- 리더십이란 조직화된 집단의 활동에 영향을 미쳐 목표달성으로 이끄는 영향력 행사 과정이다(Rauch & Behling, 1984).
- 리더십이란 주어진 상황에서 개인이나 집단의 목표 달성을 위한 활동에 영향을 미치는 과정이다(Hersey & Behling, 1984).
- 리더십이란 상황이나 집단구성원들의 인식과 기대를 구성 또는 재구성하기 위하여 구성원들 간에 교류하는 과정이다(Bass, 1990).

- 리더십이란 다른 사람들로 하여금 공동의 목적을 달성하기 위해 움직이도록 유도하는 과정이다(Locke, 1991).
- 리더십이란 자신들의 공유하고 있는 목적이 반영된 실질적인 변화를 이끌어 내려는 의도를 가지고 이루어지는 리더와 추종자들 간의 영향력 행사 관계이다(Rost, 1993).
- 리더십이란 집단이나 조직의 한 구성원이 사건의 해석, 목표나 전략의 선택, 작업 활동의 조직화, 목표성취를 위한 구성원 동기부여, 협력적 관계의 유지, 구성원들의 기술과 자신감의 계발, 외부인의 지지와 협력의 확보 등에 영향을 미치는 과정이다(Yukl, 1998).
- 리더십이란 집단의 선을 위해 긍정적인 영향을 미치기 위한 노력으로 개인의 가치와 신념들을 공적으로 드러내고 적용하는 것이다(Samuel, 2003).
- 리더십이란 사람들이 자신의 가치와 잠재능력을 볼 수 있도록 분명하게 알려주는 것이다(Covey, 2004).

이와 같은 리더십에 대한 개념 정의에서 나타나는 공통점을 도출하여 그 의미를 살펴보면 다음과 같다.

첫째, 리더십이란 근본적으로 사회적 현상이며 일부는 사회적 상호작용이 요구되고 대면적인 관계에서 발휘되는 것이 보통이다.

둘째, 리더십은 조직활동과 관계를 구조화하는 효과가 있으며 조직 내 관계에서 의미를 만드는 과정과 관계된다.

셋째, 리더로 정의되기 위해서는 구성원들 사이에 한 참여자가 다른 사람에 비해 뛰어나다고 인식되어야 한다. 그리고 리더는 자신이 지닌 영향력으로 인해 높은 지위를 가진다.

이처럼 전통적인 리더십의 정의는 공동목표를 달성하기 위하여 한 개인이 집단의 성원들에게 영향을 미치는 과정으로 한 명의 영웅적 리더가 지닌 자질을 강조하고 있음을 알 수 있다. 그러나 최근에는 리더십을 리더와 팔로워의 관계에서 나오는 하나의 과정으로 이해하면서 리더와 팔로워의 양방향 영향력에 더욱 초점을 맞추고 있다(Bruce et al., 2008). 리더십을 리더가 팔로워에게 미치는 영향력이라고 보는 전통적인 관점에서 살펴보아도 팔로워의 중요성은 간과할 수 없다. 왜냐하면 팔로워가 리더의 영향을 받아들이지 않기로 작정한다면 리더는 팔로워를 이끌 수 없기 때문이다. 시대에 따라 요구되는 리더십 능력과 자질은 변화한다. 다음 〈그림 6-1〉과 같이 21세기 현대사회에서 팔로워는 영웅적 리더가 아닌 인격적이고 진실하며 헌신적이고 믿을 수 있는 리더를 따른다. 그리고 팔로워도 타인은 물론 자기 자신에게 잠재적 영향력을 미치며 살아가고 있는 의미 있는 존재이다.

전통적 리더십	새로운 리더십

조정경기: 주로 호수와 같은 잔잔한 물에서 속도를 내기 위해 길고 뾰족한 배로 물살을 가르는 보트레이스(boatrace)이다. 목표는 경쟁에서 이기는 것이다. 승조원은 노를 젓는 조수와 마주보고 앉아 경기 중 조율을 계시하고 여러 가지 조언을 하는 타수가 있다. 이때 조수는 도착 방향으로부터 등을 돌리고 타수의 구령과 지시에만 의지하여 노를 젓는다. 타수는 풍파와 조류에 익숙하고 판단력이 뛰어난 사람이 바람직하며, 체중이 가벼울수록 유리하다.	**래프팅**: 고무 보트를 타고 거세고 빠른 물살의 계곡 급류를 헤쳐나가는 레포츠이다. 목표는 속도의 문제를 초월하여 안전하고 재미있게 제대로 골인점에 도달하는 것이다. 리더와 구성원이 서로 같은 방향을 보며, 리더는 앞에 펼쳐질 폭포, 바위, 급물살에 대한 정보를 구성원과 공유한다. 가장 중요한 것이 팀워크로 지도자와 구성원 모두가 자신의 역할을 스스로 수행하는 동시에 협동심과 인내심이 요구된다. 이는 개별적이면서도 상호의존도가 높은 21세기를 반영한다.

그림 6-1 전통적 리더십과 새로운 리더십

3) 청소년지도자의 리더십

리더십 개발은 청소년기에 요구되는 발달과업 중 매우 중요한 요소이다. 리더십은 주로 경험학습을 통하여 획득된다. 청소년은 자율적인 참여를 통해 활동에 적극적으로 참여함으로써 리더십 기술들을 획득하게 된다. 또한 청소년은 청소년지도자를 통해 삶의 방향이 전환되는 동기를 부여받는다. 그리고 자신에게 영향력을 끼친 청소년지도자를 모방하고 동일시하면서 청소년 자신의 리더십 역량을 향상시켜 나간다. 이런 점에서 청소년지도자의 리더십은 매우 중요한 가치가 있다.

한편 청소년지도자에게 있어서도 변화무쌍하고 각자마다 독특한 개성을 지닌 청소년을 대상으로 집단을 형성하고 성공적인 관리와 운영 그리고 집단 목표를 성취해야 하는 일에 있어서도 리더십은 매우 중요하다. 청소년지도자는 청소년의 자율적인 참여와 활동을 통한 체험을 중시하며 그들의 전인적 성장을 돕는 자로서 민주적 리더십을 발휘하는 것이 바람직하다. 민주적 리더십을 발휘하는 청소년지도자는 활동의 참여자인 청소년들을 존중하고 의사결정에 참여하도록 한다. 또한 지도자와 청소년, 집단 내 청소년들 간의 양방향 의사소통이 원활하게 이루어지도록 이끈다.

2. 리더십이론

1) 전통적 리더십이론

(1) 특성이론

리더십의 연구는 위인들에 관한 연구로부터 시작되었다. 역사를 이끈 위인 혹은 지도자들은 남다른 특성을 타고난다고 보고 지도자의 특성에 초점을 둔 이론이 특성이론(Trait Theory)이다. 1940~50년까지 미국에서 주류를 이룬 특성이론은 리더의 능력은 타고난 것이고 리더와 팔로워를 구분시켜 주는 보편적 특성을 찾는 데 주목하였다. 테드(Tead, 1935)는 지도자의 특성으로 육체적 및 정신적 힘, 목표의식과 지도 능력, 정열, 친근감과 우호심, 품성, 기술적 우월성, 지능, 교육능력, 신념을 들었다. 버나드(Barnard, 2011)는 지도자는 기술적 특성으로 체력, 기능, 지구력, 기술, 지각력, 지식, 기억력, 상상력을 그리고 정신적 특성으로는 결단력, 인내, 용기를 타고나야 한다고 하였다. 이외에도 특성이론을 주장하는 학자들은 공통적으로 리더가 신체적 특징, 지적 능력, 인성, 사회적 특징, 과업수행능력, 사회적 배경 등에서 리더가 아닌 사람들과 차별화되는 성향을 가지고 있다고 보았다. 이러한 특성이론은 리더 개인의 능력을 측정하는 데 공헌하였으며 인재의 선발, 개발, 관리에 기여했다. 왜냐하면 신체·물리적 능력이 가장 중요시되던 농경사회나 초기 산업화 시대에는 효율성 측면에서 비교적 유효했기 때문이다. 그러나 리더의 특성을 연구한 많은 연구의 결론에서 모순점이 발견되었다. 즉, 어떤 학자가 성공적인 지도자의 특성으로 지적한 것을 다른 학자는 실패한 지도자의 특성으로 지적하는 등 일관성이 부족하여 일반화에는 무리가 있었다. 또한 그들은 리더가 이들 특성을 얼마만큼 가지고 있어야 할 것인가도 제시해 주지 못했다. 그리고 리더의 특성과 실제 리더십 사이에 인과관계에 대해서도 밝혀내지 못한 한계가 있다.

(2) 행동이론

1950~60년까지 행동이론(Behavior Theory)은 리더가 어떤 특성을 가진 사람인가(what a leader is)보다는 리더가 어떤 행동을 하는가(what a leader does)에 관심을 가졌다. 즉, 리더의 행동과 관련하여 어떤 행동이 조직구성원의 만족도, 행동양식, 과업성과에 영향을 미치는지를 주목하고 성공적인 리더와 그렇지 못한 리더의 행동의 차이를 찾고자 하였다. 그 결과 구성원들의 반응 및 생산성 그리고 성과의 차이는 리더십 유형에 따라 달라진다는 것을 발견하였다.

행동이론 리더십 연구는 업무지향과 관계지향을 두 축으로 하는 리더십 곡선으로 리더십을 이해한다(이상오, 2008). 이에 따라 리더는 조직 구조의 공식조직의 리더인 동시에 구성원 사이의 인간관계를 기반으로 한 비공식적 조직의 리더가 될 수 있어야 한다. 이에 오하이오 주립대학의 블레이크(Blake)와 머튼(Mouton) 교수는 리더의 업무지향형 행동을 구조성 차원의 리더십으로, 인간관계지향적 행동을 배려의 리더십으로 정의한 다음 〈그림 6-2〉와 같이 관리격자모형(tie managerial grid) 도식으로 발전시켰다(Blake & Mouton, 1964). 구조성 리더십은 리더가 구성원들의 업무분장, 업무관계 설정, 의사소통 유형 및 경로 등의 공식적인 업무프로세스를 규정한 후에 목표지향적으로 업무지시와 감독을 수행한다. 반면 배려의 리더십은 리더가 구성원들의 복지와 안녕, 지위, 공헌에 관심을 두고 신뢰관계를 구축하는 것에 중점을 둔다.

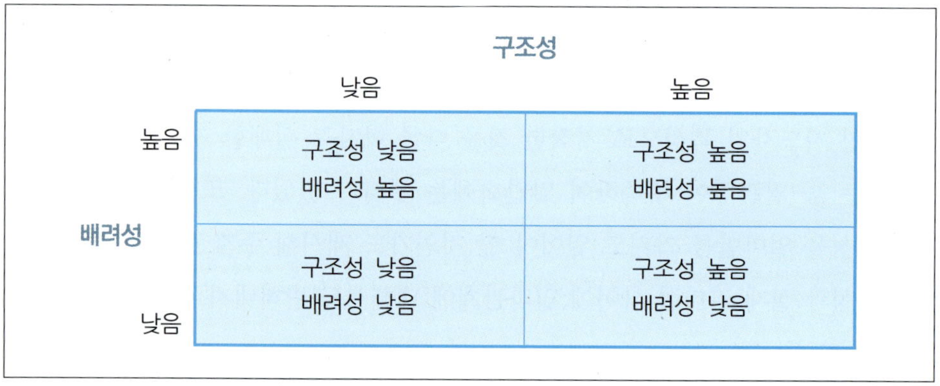

그림 6-2 오하이오 연구팀의 리더십 연구

스티븐 코비(Stephen R. Covey, 2001)는 리더십 유형을 강압적 리더십, 실리적 리더십, 원칙 중심의 리더십의 세 가지로 분류하였다. 강압적 리더십은 사람들에게 두려움을 이끄는 것으로 주로 통제의 기제를 사용한다. 이는 사람들이 잘 따르는 듯이 보이지만 팔로워로 하여금 리더에게 의존하게 하는 경향이 있다. 실리적 리더십은 적정한 보상을 약속함으로 이끄는 것으로 팔로워로 하여금 기능적이 되게 하고 통제보다는 영향력을 미칠 수 있다. 그러나 팔로워가 이윤에 의해 움직이기 때문에 관계적으로는 리더에게서 독립되어 있다. 원칙중심의 리더십은 리더가 떠나도 그 영향력이 지속되며, 상황에 좌우되지 않는 관계 형성으로 인해 구성원들이 주도적으로 행하게 한다. 그리고 외부적인 것에 이끌리지 않고 내부적으로 자신을 다스리며 그 모습을 보고 다른 사람들이 끌려오게 한다. 그 결과 리더와 팔로워는 상호의존적 관계를 형성하게 된다.

레빈(Lewin, 1938)과 리피트(Lippitt, 1958) 그리고 화이트(White, 1939)는 리더십 유형을 권위주의형, 민주주의형, 자유방임형의 세 가지로 분류하였는데 이는 리더십을 구분하는 가장 보편적인 방법으로 알려져 있다(이택호, 강정원, 2013).

첫째, 권위주의형 리더는 모든 권한과 책임을 보유하고 구성원에게 명확한 업무를 할당하며 주로 하향적 의사소통을 사용한다. 장점으로는 신속성, 질서 그리고 예측 가능한 성과를 들 수 있으며, 단점은 개인의 독창성을 무시한다는 것이다.

둘째, 민주주의형 리더는 상당한 권한을 위임하고 참여적 의사결정을 기초로 업무를 분할하며 활발한 쌍방향 의사소통을 사용한다. 장점은 참여를 통한 개인적 헌신을 제고하는 반면에 시간이 많이 필요로 한다는 단점이 있다.

셋째, 자유방임형 리더는 권한과 책임을 집단에 부여하고 구성원 스스로 업무를 수행하도록 하며 주로 수평적 의사소통을 사용한다. 장점은 리더의 간섭 없이 자율적으로 직무를 수행한다는 것이고, 단점은 양적 성취도가 낮고 목표 없이 방황하며 무질서를 초래할 수 있다는 것이다.

한편 미시간 대학 사회연구소의 리커트(Likert, 1961)와 그의 동료들은 리더의 유형을 생산중심적 리더(production-oriented leader)와 종업원중심적 리더(employee-oriented leader)로 구분하였다. 생산중심적 리더는 업무의 기술적 측면을 강조한다. 그들은 종업원들의 업무를 분담시켜 주고 주어진 과업이 잘 이행되는지 여부를 지켜보고 감독하며 종업원들을 조직목표를 달성하기 위한 수단으로 간주한다. 반면 종업원중심적 리더는 구성원들과의 대인관계를 중요시하며 종업원들의 욕구를 존중한다. 또한 자발적인 작업활동으로 높은 목표달성을 성취하는 데 관심을 기울인다. 이러한 태도는 종업원의 높은 업무만족에 영향을 미친다.

이러한 리더십 유형 연구는 특성연구에서와 같이 리더십이 천부적으로 타고나는 일부의 대상만이 지닌 것이 아니라 누구나 적절한 리더의 유형을 고찰하고 훈련되어 육성될 수 있다는 점에서 리더의 범위를 확대했다고 볼 수 있다. 그러나 여전히 리더의 자질, 특성, 유형에 초점을 맞추고 있어 조직이 처한 상황에 따라 그 이론의 설명력이 달라진다는 한계점에 부딪힌다.

(3) 상황이론

1960~80년 초에 대두된 상황이론(Situational Theory)은 상황에 따라 달라지는 리더십의 유효성으로 인해 상황에 맞는 리더십 유형을 찾는 데 초점이 있었다. 이 이론에서는 조직이 처한 특수한 상황에 대하여 역동적이고 융통성 있게 적응할 때 리더십의 효과가 극대화될 수 있다고 전제한다. 즉, 개인이 가진 특성이나 유형도 상황에 맞아야 된다고 주장하며 집단 구성원들 간의 상호작용을 주요하게 여긴다. 대표적으로 피들러(Fiedler, 1967)의 상황부합이론, 허쉬와 블랜차드(Hersey & Blanchard, 1977)의 상황리더십이론, 하우스와 에반스(House & Evans, 1971)의 경로-목표이론, 브룸과 예튼(Broom & Yetton, 1973)의 리더 참여 모델이 있다.

① 상황부합이론

1965년부터 연구되기 시작한 피들러의 상황부합이론은 상황변수를 구성하는 3요소 즉 리더, 팔로워 그리고 상황요소를 고려하여 LPC(Least Preferred Cowoker) 척도를 개발하여 과업중심적 리더와 관계지향적 리더로 분류하였다. 그리고 상황변수가 리더십의 유효성을 결정한다는 전제 아래 리더와 구성원과의 관계, 과업의 구조화 정도, 리더의 직책 권력이라는 세 가지 요소를 종속변수에 영향을 미치는 상황변수로 보았다. 이 연구는 특정한 리더의 스타일을 파악하고, 이 리더가 일을 하기에 가장 적합한 조직 상황을 발견하거나 조직구성원들의 특성에 적합한 유형의 리더를 선정 및 교육하여 조직의 성과를 극대화하고자 하는 목적을 지니고 있다. 피들러의 상황부합이론은 과거의 특성이론이나 행동이론과 달리 모든 상황에 적합한 최적의 리더와 리더십은 존재하지 않으며 조직구성원, 업무 조건 및 환경 등의 상황에 따라 역할과 기능이 달라질 수 있음을 보여준다. 또한 리더는 타고나는 것이 아니라 언제 어디에서 누구나 리더가 될 수 있음을 나타내고 있다.

② 상황적 리더십이론

허쉬와 블랜차드는 리더의 행동을 다음 〈그림 6-3〉과 같이 관계 행동과 과업행동으로 구분하고 네 가지 리더십 행동유형을 제시하였다. 첫째, 지시형 리더십은 고업무지향-저관계지향의 리더십 유형으로 리더는 구성원이 무슨 목표를 어떻게 달성할 것인가를 지시하고 구성원들의 활동을 주의 깊게 관찰하며 의사소통의 초점은 과업 달성에 맞추어져 있다. 둘째, 설득형 리더십은 고업무지향-고관계지향의 리더십 유형으로 리더는 과업 행동보다는 관계 행동을 통해 구성원들이 목표를 달성하도록 지원한다. 관계 행동에는 경청, 칭찬, 아이디어 제출 및 권유 그리고 피드백 제공 등이 있다. 의사결정의 책임은 구성원에게 위임하지만 문제해결의 최종 책임은 리더에게 있다. 셋째, 참여형 리더십은 저업무지향-고관계지향의 리더십 유형으로 리더는 구성원들의 참여를 장려함으로써 팀정신을 촉구하고 구성원들이 작업을 원활하게 수행할 수 있는 여건과 환경을 조성하는 데 중점을 둔다. 넷째, 위임형 리더십은 저업무지향-저관계지향 유형의 리더십으로 리더는 과업 및 관계 행동 모두를 최소한으로 줄이며, 과업에 대한 합의가 이루어지면 결과의 책임 또한 구성원에게 위임한다.

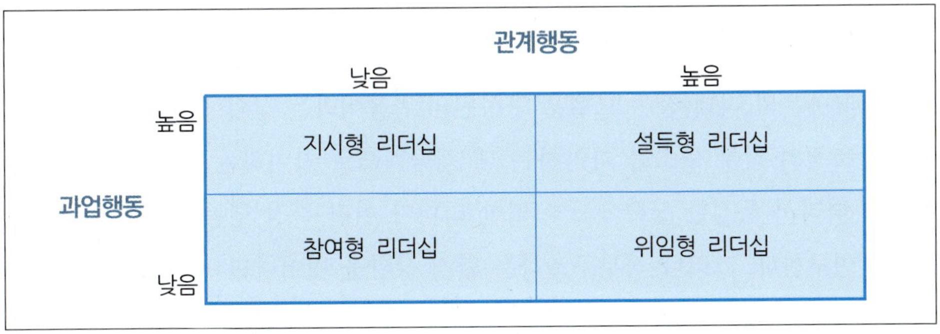

그림 6-3 상황적 리더십 이론에 따른 리더십 행동 유형

③ 경로-목표이론

하우스와 에반스의 경로-목표이론에 의하면 리더가 발휘하는 리더십은 멤버들의 욕구 즉 멤버들이 추구하는 만족, 행복, 목표를 달성해줄 수 있을 것이라고 인식된다면 수용될 수 있다. 따라서 리더란 성과가 좋으면 확실한 보상을 주며 구성원을 성공적인 성과로 이끄는 사람이라 할 수 있다. 즉, 팔로워들에게 목표로 가는 경로를 명확히 해줄 수 있는 리더십이 훌륭한 리더십이라고 주장한다. 그리고 이러한 경로는 상황에 따라 달라지는 것이다.

경로-목표이론에서는 리더십 유형을 지시적 리더십, 지원적 리더십, 참여적 리더십, 성취지향적 리더십으로 분류한다. 경로파악 연구는 이러한 리더십이 효과적으로 발휘하도록 요구되는 상황에 대해 제시하고 있다. 지시적 리더십은 첫째, 모호하여 업무 스트레스가 높은 상황에서 둘째, 작업 그룹 내에 상당한 갈등이 존재하는 경우에 셋째, 부하들이 통제위치가 외부인 경우에 효과적인 것으로 나타났다. 그러나 부하들의 업무 수행 경험과 능력이 있는 경우의 지시적 리더십은 비효과적인 것으로 나타났다.

반면 지원적 리더십은 업무가 구조화된 경우와 명확히 정형화된 권력구조가 존재하고 관료적인 경우에 효과적인 것으로 나타났다. 참여적 리더십은 부하들이 스스로 자신을 통제할 수 있다고 믿고 있었으며, 성취 지향적 리더십은 업무가 모호하게 구조화되어 있는 경우에 효과적으로 나타났다.

④ 리더 참여 모델

브룸과 예튼의 리더 참여 모델은 구성원의 반응이라는 상황에 대한 분석보다는 리더가 조직의 직무 구조를 파악하는 데 적극적으로 참여하는 리더십 연구를 의미한다. 따라서 특정한 상황에서 어떠한 리더가 어떤 특정 행동을 취해야 효과적인지를 연구한다. 그러나 직무구조라는 환경 상황을 벗어나면 적용가능성이 낮다는 문제점이 있다.

2) 최근의 리더십이론

(1) 변혁적 리더십

변혁적 리더십은 번스(Burns, 1978)에 의해 제기되고, 바스(Bass, 1985)에 의해 체계화된 개념이다. 번스는 이전의 모든 전통적 리더십은 리더가 원하는 것과 조직 구성원들이 원하는 것을 교환하는 거래적 리더십이라고 명명한다. 한 예로 선거운동에 참여하거나 투표를 하는 일에 있어 추종자들이 제공한 것에 대하여 보상함으로써 그들의 동기를 유발시키는 것이다. 반면 변혁적 리더십은 구성원에게 비전과 가치를 공유하고 권한을 부여하며, 동기화를 극대화시켜 개인이 조직과 한 방향의 목표를 설정하도록 함으로써 목표 달성을 이끈다. 변혁적 리더십은 리더와 구성원이 상호 간 더 높은 도덕적 및 동기적 수준을 만드는 과정이라고 설명한다. 변혁적 리더십은 공포, 탐욕, 질투, 미움 등의 하등 수준의 감정을 이용하는 것이 아니라 자유, 정의, 평등과 같은 고등 수준의 이상과 도덕적 가치를 활성화시킴으로써 구성원들의 의식을 고양하여 목표 달성을 추구한다. 하지만 거래적 리더십을 변혁적 리더십으로 모두 대체하는 것은 불가능하다. 왜냐하면 거래적 리더십도 효과적인 동기부여의 역할을 하고 있기 때문이다. 이에 바스(Bass, 2005)는 거래적 리더십과 변혁적 리더십을 상호 보완하는 것이 가장 좋다고 주장한다. 거래적 리더십과 변혁적 리더십을 비교하면 다음 〈표 6-1〉과 같다.

표 6-1 거래적 리더십과 변혁적 리더십 비교

구 분	거래적 리더십	변혁적 리더십
목표지향성	• 안정지향적(폐쇄적 체제) • 현상과 가까운 목표지향	• 변화지향적(개방적 체제) • 현상보다 높은 비전지향
동기부여전략	• 즉각적이고 가시적인 보상	• 높은 수준의 도덕적 가치를 활성화
관리전략	• 성과와 연계된 보상 • 예외적 관리	• 영감과 비전 제시 • 공유에 의한 동기유발
초점	• 하급관리자	• 최고관리층
관련조직	• 기계적 관료제	• 탈관료제, 유기적 구조

바스와 리지오(Bass & Riggio, 2006)는 변혁적 리더십을 구성하는 차원으로 카리스마적 영향력, 영감적 동기화, 지적 자극, 개별적 배려 이 네 가지를 제시하였다.

첫째, 카리스마적 영향력은 자신이 타인의 역할 모델이 될 수 있는 바람직한 방식으로 영감을 주는 리더의 능력을 일컫는다. 이러한 카리스마적 리더는 대개 높은 수준의 신뢰를 얻게 되는데 이는 자신이 솔선수범하여 모범을 보이며 자신이 한 말에 책임을 지기 때문이다. 이러한 카리스마적 영향력을 위해서는 높은 수준의 윤리 도덕적 수준과 진실성을 유지해야 한다. 그렇게 함으로써 리더는 더욱 용이하게 자신의 구성원들이 조직의 성공이라는 공동선을 위해 자신들의 관심사항을 넘어설 수 있도록 동기화시킬 수 있게 된다.

둘째, 영감적 동기화란 카리스마와 밀접한 관련이 있어 카리스마의 하위요인으로 간주되기도 한다. 리더는 자신의 구성원들에게 사기와 동기를 부여하고 영감을 주어야 한다. 변혁적 리더십에 있어 의사소통과 상호작용은 필수적이라 할 수 있다. 리더는 구성원들 간에 소속감이 자라나도록 하는 작업 문화를 조성해야 하며 그 결과 공유된 비전이라는 조직의 목표를 공유하게 된다. 카리스마적 리더십과 영감적 리더십은 변혁적 리더가 영감적 동기와 이상적 영향력을 모두 포용할 때 성취될 수 있는 것이다.

셋째, 지적 자극이란 변혁적 리더가 창의적 사고를 장려함으로써 조직의 목표 실현을 촉진하기 위해 구성원들의 정신을 자극하는 것을 말한다. 지적인 자극을 활용하는 리더는 구성원들로 하여금 당면한 문제에 대해 이미 세워진 가설을 비판적으로 받아들이고 새로운 방법으로 문제를 해결할 수 있도록 장려한다. 동시에 여러 복잡한 사안에 대해 선택적 집중과 단순 명료화하여 이해할 수 있도록 돕는다.

넷째, 변혁적 리더는 자신의 구성원들을 집단적으로 다루지 않고 개별적으로 배려한다. 이는 거대 조직에서 항상 가능한 접근은 아니지만 구성원들과 의사소통을 통해 개별 수준의 관계 형성을 위해 노력해야 한다.

(2) 셀프 리더십

셀프 리더십이란 스스로 자기 자신에게 영향을 미치기 위해 사용되는 사고 및 행동전략의 일체로 만츠(Manz, 1992)에 의해 제시되었다. 이는 자기 자신으로 하여금 높은 성과를 올리도록 이끌어 주는 자율적인 힘으로, 스스로가 자신에게 부과하는 자율통제를 중요시한다. 즉, 자율적으로 자기 실현을 하려는 의지이자 능력이며 내적 동기부여가 강조된다고 할 수 있다. 셀프 리더십의 세 가지 명제는 다음과 같다. 첫째, 누구나 어느 정도 셀프 리더십을 발휘하고 있다. 둘째, 효과적인 셀프 리더십은 학습을 통해 얻어진다. 셋째, 셀프 리더십은 경영자, 관리자, 구성원 모두에게 해당된다.

셀프 리더십의 전략은 효과적 행동을 위한 행동전략과 효과적 사고와 태도를 위한 인지전략이 있다. 행동전략이란 사람은 어떤 기준을 가지고 행동을 하게 되는데, 그 행동의 결과가 자신의 기준과 불일치할 경우 불일치를 제거하기 위해 노력하고 더 높은 기준과 목표를 설정하여 행동하면서 스스로 통제한다는 것이다. 구체적인 행동전략으로는 자기 관찰, 자기 설정 목표, 단서에 의한 관리, 리허설, 자연적 보상, 자기 비판이 있다. 반면 인지전략이란 정보를 인식하고 처리하는 방식으로 효율적인 사고 패턴을 확립하는 것이다. 구체적 인지전략으로는 자연적 보상, 과업의 자기 설계, 건설적 사고패턴을 제시한다(Manz, 1992).

셀프 리더십이 개인적 차원에서 개인의 능력 향상 및 자기 개발에 초점을 둔다면, 조직적 차원에서는 조직의 한 구성원으로 자신을 인식하고 개인의 자아인식을 높여 조직의 향상과 발전의 차원에서 사고하고 행동하게 하는 리더십이다. 외부의 지시나 통제가 아닌 자발적으로 협조하고 조직체를 위해 자신이 할 수 있는 일을 능동적으로 찾아 나선다. 이런 점에서 셀프 리더십은 다음 〈표 6-2〉와 같이 지시, 명령, 통제, 보상, 처벌 등에 의해 발휘되는 전통적 리더십과 궁극적으로 차이가 있다.

만츠(Manz, 1980)는 셀프 리더십 기술로 자기관찰기술, 목표설정기술, 자기강화기술, 자기비판기술, 자연적 보상 기술 그리고 자기연습기술 등 6가지를 제시하였다.

표 6-2 전통적 리더십과 셀프 리더십 비교

전통적 리더십	셀프 리더십
외부관찰	자기관찰
주어진 목표	자기설정 목표
과업수행에 대한 외부강화	셀프 리더십 행동에 대한 자기강화
외부보상에 의거한 열의	자연적 보상에 의거한 열의
외부로부터의 비판	자기바판
외부로부터의 문제해결	스스로의 문제해결
외부로부터의 직무할당	스스로의 직무할당
외부로부터의 과업계획	스스로의 과업계획
부정적 관점	긍정적인 관점
조직의 비전에 의존	구성원이 함께 창조한 비전에 헌신

자료: Manz & Sims(1980). *Super Leadership; Leading Others to Lead Themselves*, NY: Berkey Books.

3. 청소년지도사의 역할과 자질

1) 청소년지도자의 역할

청소년지도는 기존 제도교육에서 한계와 문제점으로 지적되는 형식성, 경직성, 타율성, 집단 중심성 등을 극복하기 위해 다양성, 개별성, 자율성, 창의성을 기본 전제로 할 때 그 효과를 거둘 수 있다. 이러한 특성에 근거하여 한상철(2004)은 청소년지도사의 역할을 전문가, 프로그램 설계자 또는 개발자, 촉진자, 지역사회 지도자, 과학자 및 예술가로 제시하였다. 전명기(2006)와 성열준(2015)은 청소년지도사에게 기대되는 역할을 전문가, 촉진자, 비판적 분석가, 예술가로 규정하였다. 또한 김영인과 김민(2016)은 청소년지도사를 청소년에게 희망과 감동을 주며, 청소년이 스스로 꿈을 실현하고자 하는 동기와 의지를 유발·지속시키는 교육자이자 리더로 보았다. 이들은 청소년지도사의 역할을 프로그램 개발 및 운영자, 동기유발자, 변화촉진자, 평가자, 상담자, 청소년 복지 증진자, 연구자, 자원 동원 및 조성자 등 8가지로 제시하였다.

청소년지도사는 청소년의 욕구 충족과 문제 해결, 그리고 국가적 목적 달성 차원에서 개인·집단·기관(조직)·지역사회와 소통하며 청소년지도의 목적을 실현해 나간다. 따라서 청소년지도사는 전문가로서의 기본적 역할을 이해하고 이에 필요한 지식과 기술을 갖추어야 한다. 더 나아가 청소년지도 현장에서 상황에 맞는 개입 역할을 선택하고, 그 수행에 필요한 전문지식과 기술을 적용할 수 있어야 한다. 청소년지도사의 역할은 개입 대상 수준에 따라 미시적 차원(개인), 중범위적 차원, 거시적 차원, 전문가 차원으로 구분하여 살펴볼 수 있다.

(1) 미시적 차원

청소년지도사는 미시적 차원, 즉 개인 차원에서 교사, 동기유발자, 조력자, 개발자, 상담자, 분석가, 예술가의 역할을 한다. 교사(teacher)는 청소년을 가르치는 역할로서 사회적 기능이나 문제 해결능력을 향상시키는 데 도움이 되는 적절한 정보를 제공하며 적응기술을 익히도록 한다. 이를 위해 청소년지도사는 많은 전문지식과 정보를 체득해야 한다. 또한 활동의 목적과 내용을 명확히 전달하고 이해시키기 위한 의사소통 기술을 갖추어야 한다.

동기유발자(motivator)는 청소년 스스로가 프로그램에 참여하고 청소년지도를 받고 싶은 마음이 들도록 청소년의 동기를 유발하고 지속시키는 역할을 하는 자를 의미한다. 자기 주도적 체험 활동을 중심으로 하는 청소년지도에서 동기유발자로서의 청소년지도자의 역할은 매우 중요하다. 따라서 청소년지도자는 청소년의 욕구 및 능력 수준, 청소년 활동의 특성과 목적, 청소년 시설이나 집단의 자원과 문화, 청소년지도자의 능력과 특성 등을 고려한 다양한 동기유발 방법을 상황에 적합하게 활용할 수 있는 역량을 지녀야 한다.

조력자(enabler)는 청소년의 욕구를 파악하고 문제를 명확히 규명하여 해결방안을 탐색하고 전략을 선택하며 보다 효과적인 문제해결능력을 개발하고 향상시키도록 돕는 역할로서 청소년지도자가 가장 일반적으로 수행하는 역할이다. 조력자로서 청소년지도사는 단순한 프로그램 제공자나 상담자의 차원을 넘어 청소년이 주도적으로 활동하고 자신의 잠재력을 발휘할 수 있도록 돕는다.

개발자(developer)는 청소년수련활동이 일련의 계획적이고 체계적인 프로그램에 의해 실행·종결될 수 있도록 청소년의 욕구를 분석하여 전체 지도과정을 설계 및 개발한다. 청소년지도는 전문성을 인준 받은 청소년지도자에 의해 이루어지는 동태적, 지속적, 체계적인 개입활동이자 조력활동이다. 따라서 청소년지도사는 청소년의 욕구를 분석, 목표 설정, 프로그램 설계 및 개발, 실행, 종결 및 평가라는 일련의 지도과정을 프로그램화하여 관리할 수 있는 개발자로서 능력을 갖추어야 한다.

분석가(analyst)로서 청소년지도사는 축적된 지식과 기존의 인식을 바탕으로 고정적이고 편협한 사고방식과 행동양식을 지닌 청소년들에게 객관적 분석과 통합적 사고를 통해 적합한 행동 대안과 조절된 감정을 획득할 수 있도록 돕는다.

예술가(artist)로서 역할은 예술의 창의성, 즉흥성, 조화성, 다양성 등의 특성을 바탕으로 청소년들의 욕구, 적성, 흥미, 교육수준 등에 따라 다양한 지도기법을 개발하여 접근하는 것이 필요하다.

(2) 중범위적 차원

청소년지도사는 기관이나 조직 차원에서 촉진자, 훈련가의 역할을 한다. 촉진자(faciliatior)는 기관이나 조직의 차원에서 조직의 기능이나 상호작용, 직원들 간의 협조나 지지, 정보교환을 촉진시키며 조직 간의 연결망을 강화하는 등 효과적인 기관 업무를 계획하고 실행하는 데 필요한 행정가로서 역할을 의미한다.

훈련가(trainer)는 청소년지도사의 전문가적 개발을 위한 직원 오리엔테이션, 세미나, 워크숍, 사례발표, 수퍼비전 등의 활동에 참여하여 전문가 교육이나 훈련을 담당한다.

(3) 거시적 차원

청소년지도사는 거시적 차원에서 지역사회 지도자로서 계획가, 행동가의 역할을 수행한다. 이는 청소년의 문제행동이나 심리적 부적응에 대해 사회의 구조적 문제와 관련하여 원인을 찾고 지역사회 내 이러한 요인들을 개선하며 수정 및 발전시키는 활동에 참여하는 것을 의미한다. 이때 청소년지도사는 지역사회 성인을 대상으로 한 교육과 계몽활동, 부모교육 및 상담, 사회기관 내 협력과 조정활동 등을 전문적으로 수행할 수 있어야 한다. 구체적으로 살펴보면 계획가(planner)는 지역사회나 사회구조에 관심을 갖고 청소년과 그들의 가족 나아가 그들이 속한 지역사회의 욕구를 파악하여 필요한 서비스를 개발하고 프로그램을 계획하는 역할을 담당한다.

행동가(activist)로서 청소년지도사는 청소년의 이익과 권리를 저해하는 사회적 불평등이나 문제점을 인식하고 청소년이 기본적 권리를 행사할 수 있도록 정책적·사회적 변화를 위한 활동에 참여하는 것이 요구된다.

(4) 전문가 집단의 차원

청소년지도사는 전문가 집단의 차원에서 촉매자, 연구자의 역할을 하며 이론적·실천적으로 청소년학과 실천현장의 프로그램 제고를 위한 활동을 수행한다. 구체적으로 촉매자(catalyst)는 프로그램의 질적·양적인 발전을 위한 활동하는 것으로 타 전문직과 연계하며 국가적 또는 국제적 활동을 하기도 한다.

연구자(researcher)는 급변하는 청소년의 문화와 프로그램에 대한 분석, 지역사회 욕구와 정책 수행의 실태 및 실효성 등을 연구함에 따라 전문적 이론을 발전시킨다. 또한 연구를 토대로 청소년지도 현장에서도 프로그램의 질을 향상시키는 역할을 한다. 이를 위해 청소년지도사는 프로그램 자료를 기록하고 관리하며 효과성을 지속적으로 평가·반영함으로써 더욱 다양하고 향상된 지도방법을 개발하기 위한 노력에 힘써야 할 것이다.

2) 청소년지도자의 자질

청소년지도자는 청소년들의 의미 있는 변화와 성숙, 전인적 성장, 자아실현 그리고 건전한 국가 사회의식을 갖도록 지도해야 하는 과제를 안고 있다. 무엇보다도 아직 신체적·정서적으로 과도기에 있는 청소년들과 함께 호흡하고 동고동락해야 하는 청소년지도의 성격을 고려할 때 청소년지도자들의 헌신과 강한 사명감 그리고 적절한 품성이 무엇보다 중요하다고 할 수 있다. 이를 위해 전문가로서 다양한 지식과 기술 그리고 역할을 습득함은 물론이고 이러한 역할을 충실하게 수행할 수 있도록 개인적인 자질을 발전시켜 나가야 한다.

코리(Corey, 1977)는 바람직한 청소년지도자의 자질로 용기, 솔선수범하는 태도, 정서적인 공감, 타인에 대한 선의와 관심, 훈련과정에 대한 신념, 개방성, 공격을 처리하는 능력, 인간적 역량, 끈기, 자신에 대한 각성, 유머 감각, 창의성, 모험성 등을 열거하였다. 권이종 등(2011)은 대표적인 청소년지도자의 자질로 인간에 대한 선의와 관심, 자신에 대한 각성, 용기, 창의적 태도, 끈기, 유머 감각, 청소년지도자의 연수적 노력으로 본 반면, 청소년지도자의 심각한 자기 문제로는 부적절한 자질로 보았다. 성열준(2015)은 청소년의 발달 가능성을 인정하는 긍정적인 태도, 청소년을 지도하는 일에 대한 긍지와 보람과 자부심, 투철한 자기 철학, 항상 공부하고 끊임없이 노력하는 태도, 전문성 강화 등을 청소년지도자의 자질로 보았다. 김영인과 김민(2016)은 노르트하우스(Northouse, 2001)가 제시한 윤리적 리더십의 5가지 원리를 적용한 다섯 가지의 자질, 즉 청소년에 대한 존중, 봉사, 정의, 정직, 공동체 형성을 위한 노력을 청소년지도자의 자질로 설명하였다. 본 장에서는 한국청소년정책연구원(2015)에서 제시한 청소년지도자의 자질을 중심으로 구체적으로 살펴보도록 하겠다.

첫째, 자기 이해이다. 청소년지도자는 청소년이라는 대상의 특수성과 지도내용 및 방법의 특수한 성질로 인하여 지도자의 인격과 관련된 개인적 성장이 무엇보다 중요시된다. 청소년지도자는 자기 자신의 정체성, 목표, 동기, 요구, 제한, 장점 및 단점, 가치관, 문제 등에 대해 자각하고 있어야 한다. 즉, 자신의 신체적, 정서적, 사회적인 면을 객관적으로 이해하고, 있는 그대로의 자신을 수용하며 자기 자신을 진실하게 개방할 수 있어야 한다. 이렇게 자기 인식과 성장이 이루어진 지도자는 청소년과 참 만남의 관계를 형성할 수 있고, 생산적이고 합리적으로 행동할 수 있으며 자신의 모든 잠재성을 최대한 발휘할 수 있다.

둘째, 전문지식을 갖추고 있어야 한다. 청소년지도사는 청소년 발달 특징, 청소년 심리, 청소년 정책, 청소년 문화 등 청소년지도방법을 설계하고 실행하는 데 필요한 전문지식을 구비해야 한다.

셋째, 전문기술이다. 청소년지도자가 습득해야 할 전문기술은 크게 조정 및 통합의 기술, 인간관계 기술, 실무적 기술로 구분할 수 있다. 조정 및 통합의 기술은 상급 지도자나 관리자 수준에서 특히 크게 요구되는 기술이다. 지역 내 청소년 집단 간의 요구를 조정하고 통합하는 기술, 지역 내 청소년기관 간의 업무를 조정 및 통합하는 기술, 지도자와 청소년 간의 관계를 조정하는 기술, 성인과 청소년의 요구를 조정하는 기술 등을 포함한다. 인간관계 기술은 중간관리자로서 요구되는 핵심적 기술로 상급 지도자와 실무 지도자 사이를 중재하는 데 중요시되는 기술이다. 마지막으로 실무적 기술은 청소년지도를 직접 담당하는 활동지도자에게 특별히 요구되는 기술로 직접적인 청소년활동과 관련된 지도기술이라 할 수 있다.

4. 청소년지도자의 양성

1) 청소년지도사

'청소년지도자'라 함은 「청소년기본법」에 의한 청소년지도사 및 청소년상담사와 청소년시설, 청소년단체, 청소년관련 기관 등에서 청소년육성 및 지도업무에 종사하는 자를 총칭한다. 국가전문자격인 청소년지도사 자격증 소지자는 2025년까지 총 72,622명이 배출되었으며, 청소년상담사 자격증 소지자도 41,091명을 넘어서고 있다.

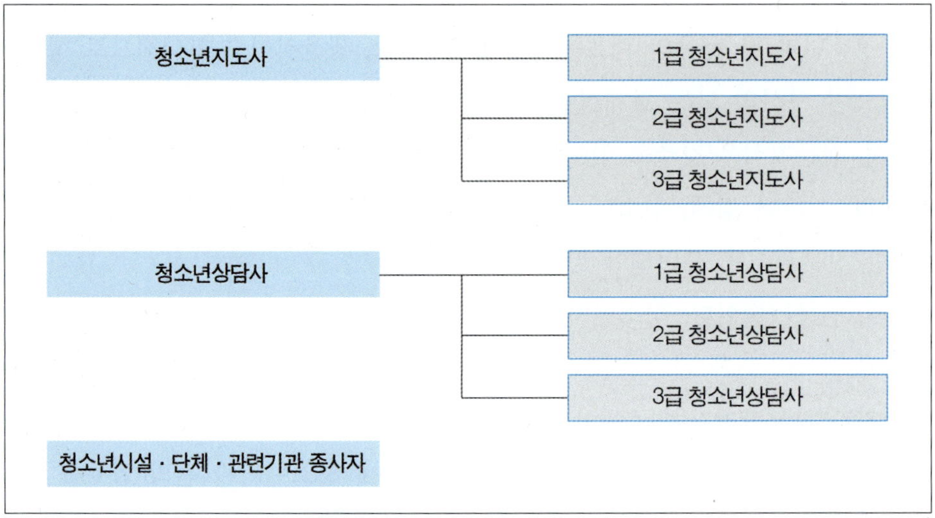

자료: 여성가족부(2025)

그림 6-4 청소년지도자의 분류

(1) 청소년지도사 응시자격

급격한 사회변화에 따라 심각해지고 있는 청소년문제를 적극적으로 해결하고 체계적인 청소년활동을 제공하기 위해서는 청소년수련활동에 대한 전문지식과 지도기법 및 자질을 갖춘 청소년지도자의 양성이 필요하다. 청소년지도자의 체계적이고 전문적인 양성을 위해 「청소년기본법」에서는 청소년지도사 양성 및 배치에 관한 내용을 규정하여 1993년부터 국가공인 청소년지도사를 양성해오고 있다. 청소년지도사는 1, 2, 3급으로 구분되며 청소년관련 분야의 경력, 기타 자격을 갖춘 자로서 자격 검정에 합격하고 소정의 연수를 마친 자에게 국가자격을 부여한다.

청소년지도사는 청소년활동(프로그램, 사업)을 전담하여 청소년의 수련활동, 지역·국가 간 교류활동, 동아리활동, 봉사활동, 예술활동 등을 지도한다. 청소년지도사의 등급별 자격검정에 응시할 수 있는 자격기준은 〈표 6-3〉, 자격검정의 과목 및 방법은 〈표 6-4〉와 같다.

표 6-3 청소년지도사 등급별 자격검정 응시자격 기준

등 급	응시자격 기준
1급 청소년지도사	2급 청소년지도사 자격 취득 후 청소년 활동 등 청소년 육성업무에 종사경력이 3년 이상인 자
2급 청소년지도사	1. 대학 졸업(예정)자 또는 이와 같은 수준 이상의 학력이 있는 사람으로서 2급 청소년지도사 자격 검정에 필요한 과목 모두를 전공과목으로 이수한 사람 2. 2006년 12월 31일 이전에 대학을 졸업하였거나 이와 같은 수준 이상의 학력을 취득한 사람으로서 별표 1의 2에 따른 과목을 이수한 사람 3. 대학원의 학위과정 수료(예정)자로서 2급 청소년지도사 자격 검정에 필요한 과목 모두를 전공과목으로 이수한 사람 4. 2006년 12월 31일 이전에 대학원의 학위과정을 수료한 사람으로서 별표 1의 2에 따른 과목 중 필수영역 과목을 이수한 사람 5. 대학 졸업 또는 이와 같은 수준 이상의 학력이 있다고 다른 법령에서 인정받은 후 청소년 활동 등 청소년 육성업무에 종사한 경력이 2년 이상인 사람 6. 전문대학 졸업 또는 이와 같은 수준 이상의 학력이 있다고 다른 법령에서 인정받은 후 청소년 활동 등 청소년 육성업무에 종사한 경력이 3년 이상인 사람 7. 3급 청소년지도사 자격 취득 후 청소년 활동 등 청소년 육성업무에 종사한 경력이 2년 이상인 사람 8. 고등학교 졸업 또는 이와 같은 수준 이상의 학력을 인정받은 후 청소년활동 등 청소년 육성업무에 종사한 경력이 8년 이상인 사람
3급 청소년지도사	1. 전문대학 졸업(예정)자 또는 이와 같은 수준 이상의 학력이 있는 사람으로서 3급 청소년지도사 자격 검정에 필요한 과목 모두를 전공과목으로 이수한 사람 2. 2006년 12월 31일 이전에 전문대학을 졸업하였거나 이와 같은 수준 이상의 학력을 취득한 사람으로서 별표 1의 2에 따른 과목을 이수한 사람 3. 전문대학 졸업 또는 이와 같은 수준 이상의 학력이 있다고 다른 법령에서 인정받은 후 청소년 활동 등 청소년 육성업무에 종사한 경력이 2년 이상인 사람 4. 고등학교 졸업 또는 이와 같은 수준 이상의 학력이 있다고 다른 법령에서 인정받은 후 청소년 활동 등 청소년 육성업무에 종사한 경력이 3년 이상인 사람

자료: 여성가족부(2025)

표 6-4 청소년지도사 등급별 자격검정의 과목 및 방법

구 분	검정과목	검정방법	
1급	청소년연구방법론, 청소년 인권과 참여, 청소년정책론, 청소년기관운영, 청소년지도자론	주·객관식 필기시험	
2급	청소년육성제도론, 청소년지도방법론, 청소년심리 및 상담, 청소년문화, 청소년활동, 청소년복지, 청소년프로그램 개발과 평가, 청소년문제와 보호	객관식 필기 시험	면접(3급 청소년지도사 자격증 소지자는 면접시험 면제)
3급	청소년육성제도론, 청소년활동, 청소년심리 및 상담, 청소년문화, 청소년지도방법론, 청소년문제와 보호, 청소년프로그램 개발과 평가	객관식 필기 시험	면접

자료: 여성가족부(2025)

(2) 청소년지도사 양성체계

청소년지도사 양성은 여성가족부 주관으로 한국산업인력공단에 위탁하여 자격검정을 실시하고 자격검정에 합격한 자에게 한국청소년활동진흥원에서 연수를 실시한 후 청소년지도사자격증을 교부하고 있다. 청소년지도사 자격검정의 합격기준은 필기시험 매 과목 40점 이상, 전 과목 평균 60점 이상의 점수를 얻어야 한다. 또한 2008년 1월부터는 2급 자격기준 중 대학졸업(예정)자 또는 이와 동등 이상의 학력이 있는 자로서 2급 청소년지도사 자격검정에 필요한 과목 모두를 전공과목으로 이수한 자와, 3급 지도사의 경우 전문대학 졸업(예정)자 또는 이와 동등 이상의 학력이 있는 자로서 3급 청소년지도사 자격검정에 필요한 과목 모두를 전공과목으로 이수한 자는 해당 급수의 청소년지도사 자격검정 필기시험을 면제한다.

자격검정에 합격한 자를 대상으로 실시하는 연수는 30시간 이상으로 하며, 자질과 전문성을 함양할 수 있는 내용으로 구성된다.

(3) 청소년지도사 양성실적 및 배치기준

청소년지도사 양성계획에 따라 1993년부터 2024년까지 1급 청소년지도사 2,825명,

표 6-5 청소년지도사 양성 현황

연도별	합 계	1급	2급	3급	남	여
합 계	72,622	2,825	53,077	16,720	21,157	51,465
2024	2,825	111	2,377	390	793	2,085
2023	3,649	241	2,834	574	1,048	2,601
2022	3,759	322	2,778	659	1,097	2,662
2021	4,317	179	3,404	734	1,252	3,065
2020	4,244	107	3,293	844	1,172	3,072
2019	3,929	135	2,966	828	1,115	2,814
2018	3,872	64	3,024	784	1,092	2,780
2017	3,781	51	3,032	698	1,032	2.749
2016	4,096	76	3,346	674	1,137	2,959
2015	4,062	28	3,275	759	1,062	3,000
2014	106	-	62	44	25	81
2013	3,837	41	3,041	755	936	2,901
2012	3,262	8	2,502	752	620	2,642
2011	3,051	82	2,262	707	606	2,445
2010	3,295	53	2,374	868	634	2,661
2009	2,931	34	2,165	732	557	2,374
2008	2,744	27	2,086	631	462	2,282
2007	909	31	695	183	295	614
2006	1,248	90	792	366	504	744
2005	1,392	31	456	905	391	1,001
2004	1,317	74	663	580	440	877
2003	1,370	90	700	580	511	859
2002	1,429	117	837	475	577	852
2001	1,583	97	990	496	700	883
2000	988	113	585	290	464	524
1999	868	128	530	210	438	430
1998	593	120	280	193	304	289
1997	635	131	314	190	375	260
1996	341	47	193	101	195	146
1995	715	101	361	253	412	303
1994	708	96	375	237	444	264
1993	713	-	485	228	467	246

자료: 여성가족부(2025)

표 6-6 청소년지도사 시설별 배치기준

배치대상	배치기준
청소년 수련관	1급 또는 2급 청소년지도사 각각 1명 이상을 포함하여 4명 이상의 청소년지도사를 두되, 수용인원이 500명을 초과하는 250명당 1급, 2급 또는 3급 청소년지도사 중 1명 이상을 추가로 둔다.
청소년 수련원	1. 청소년지도사 1명 이상을 포함하여 2명 이상의 청소년지도사를 두되, 수용정원이 500 명을 초과하는 경우에는 1급 청소년지도사 1명 이상과 500명을 초과하는 250명당 1급, 2급 또는 3급 청소년지도사 중 1명 이상을 추가로 둔다. 2. 지방자치단체에서 폐교시설을 이용하여 설치한 시설로서 특정 계절에만 운영하는 시설의 경우에는 청소년지도사를 두지 않을 수 있다.
유스호스텔	청소년지도사를 1명 이상 두되, 숙박정원이 500명을 초과하는 경우에는 2급 청소년지도자 1명 이상을 추가로 둔다.
청소년 야영장	1. 청소년지도사를 1명 이상 둔다. 다만, 설치·운영자가 동일한 시·도 안에 다른 수련시설을 운영하면서 청소년야영장을 운영하는 경우로서 다른 수련시설에 청소년지도사를 둔 경우에는 그 청소년야영장에 청소년지도사를 별도로 두지 않을 수 있다. 2. 국가, 지방자치단체, 그 밖에 공공법인이 설치·운영하는 청소년야영장으로서 청소년수련거리의 실시 없이 이용 편의만 제공하는 경우에는 청소년지도사를 두지 않을 수 있다.
청소년 문화의집	청소년지도사를 1명 이상 둔다.
청소년 특화시설	1급 또는 2급 청소년지도사 1명 이상을 포함하여 2명 이상의 청소년지도사를 둔다.
청소년단체	청소년회원 수가 2천명 이하인 경우에는 1급 청소년지도사 또는 2급 청소년지도사 1명 이상을 두되, 청소년회원 수가 2천명을 초과하는 경우에는 그 초과하는 2천명마다 1급 청소년지도사 또는 2급 청소년지도사 1명 이상을 추가로 두며, 청소년회원 수가 1만명 이상인 경우에는 청소년지도사의 5분의 1 이상은 1급 청소년지도사로 두어야 한다.

자료: 「청소년기본법 시행령」 제25조 제2항

2급 청소년지도사 53,077명, 3급 청소년지도사 16,720명 등 총 72,622명의 국가공인 청소년지도사를 배출하였다. 2024년도의 경우 총 2,878명의 청소년지도사를 배출하였는데 이 중 여성이 2,085(72.4%), 남성이 793명(27.6%)이며, 1급 111명, 2급 2,377명, 3급 390명이었다. 연도별 청소년지도사 양성 현황을 살펴보면 다음 〈표 6-5〉와 같다. 또한 청소년시설별 청소년지도사 배치기준은 〈표 6-6〉과 같다.

(4) 청소년지도사의 보수교육

「청소년기본법」 제24조 2에 근거하여 2013년부터 보수교육 의무화를 시행하였다. 청소년시설 및 청소년단체 등에서 청소년육성 업무에 종사하는 청소년지도사는 역량강화 및 자질 향상을 위하여 보수교육을 받아야 한다. 보수교육 시간은 2년에 1회 15시간 이상(2017. 1. 1. 시행) 청소년정책 및 권리교육, 성평등교육, 아동학대신고 의무자 교육, 청소년활동과 안전 등 청소년현장에 필요한 과목으로 이루어진다.

2) 청소년상담사

(1) 청소년상담사 응시자격

청소년상담사 자격증은 상담관련 분야를 전공하고 상담실무 경력이나 기타 자격을 갖춘 자로서 자격검정에 합격하고 소정의 연수를 마친 자에게 부여하는 국가자격증이다. 청소년상담사는 국가 차원의 청소년상담 관련 기관인 한국청소년상담복지개발원, 시·도 및 시·군·구 청소년상담복지지원센터 초·중·고·대학의 학생상담소, 청소년수련관, 사회복지관, 청소년쉼터, 청소년관련 복지시설, 경찰청이나 법무부 등 청소년업무 지원부서, 사설 청소년상담실, 아동·청소년 대상 병원, 일반 청소년관련 사업체, 근로청소년관련 사업체 등에서 청소년상담업무에 종사한다.

청소년상담사 자격검정 등급별 응시자격 기준은 다음 〈표 6-7〉과 같다.

표 6-7 청소년상담사 등급별 자격검정 응시자격 기준

등급	응시자격 기준
1급 청소년 상담사	1. 대학원에서 청소년(지도)학, 교육학, 심리학, 사회사업(복지)학, 정신의학, 아동(복지)학 분야 또는 그 밖에 여성가족부령으로 정하는 상담 관련 분야(이하 "상담관련분야"라 한다)의 박사학위를 취득한 사람 2. 대학원에서 상담관련분야의 석사학위를 취득한 후 상담 실무경력이 4년 이상인 사람 3. 2급 청소년상담사로서 상담 실무경력이 3년 이상인 사람 4. 제1호 및 제2호에 규정된 사람과 같은 수준 이상의 자격이 있다고 여성가족부령으로 정하는 사람
2급 청소년 상담사	1. 대학원에서 상담관련분야의 석사학위를 취득한 사람 2. 대학 또는 다른 법령에 따라 이와 동등한 학력을 인정받는 기관에서 상담관련분야 학사학위를 취득한 후 상담 실무경력이 3년 이상인 사람 3. 3급 청소년상담사로서 상담 실무경력이 2년 이상인 사람 4. 제1호부터 제3호까지에 규정된 사람과 같은 수준 이상의 자격이 있다고 여성가족부령으로 정하는 사람
3급 청소년 상담사	1. 대학 및 「평생교육법」에 따른 학력이 인정되는 평생교육시설의 상담 관련 분야의 학사학위를 취득한 사람 2. 전문대학 또는 다른 법령에 따라 이와 동등한 학력을 인정받는 기관에서 상담관련분야 전문학사를 취득한 사람으로서 상담 실무경력이 2년 이상인 사람 3. 대학 또는 다른 법령에 따라 이와 동등한 학력을 인정받는 기관에서 학사학위를 취득한 후 상담 실무경력이 2년 이상인 사람 4. 전문대학 또는 다른 법령에 따라 이와 동등한 학력을 인정받는 기관에서 전문학사학위를 취득한 후 상담 실무경력이 4년 이상인 사람 5. 고등학교를 졸업하고 상담 실무경력이 5년 이상인 사람 6. 제1호부터 제4호까지에 규정된 사람과 같은 수준 이상의 자격이 있다고 여성가족부령으로 정하는 사람

비고: 1. 상담 실무경력의 인정 범위와 내용은 여성가족부장관이 별도로 정하여 고시한다.
2. 고등학교, 대학, 전문대학 및 대학원은 별표 1의 비고 제4호와 같다.
3. 응시자격을 갖추었는지 여부는 자격검정 공고에서 정하는 서류제출 마감일을 기준으로 판단한다.

자료: 「청소년기본법 시행령」 제23조제3항 별표 3.

청소년상담사 자격검정은 필기시험과 면접시험으로 구성되어 있으며, 필기시험 과목은 1급 5과목, 2급과 3급은 각각 6과목이며, 합격기준은 매 과목 100점을 만점으로 하여 매 과목 40점 이상, 전 과목 평균 60점 이상이다. 필기시험 합격 후 면접시험을 볼 수 있다. 면접시험에 합격한 자에 한해 응시자격 기준에 해당하는지에 대한 여부를 확인하기 위하여 서류심사를 실시하며, 이를 통과한 자를 자격검정 최종 합격자로 본다.

청소년상담사 자격검정 과목 및 방법은 다음 〈표 6-8〉과 같다.

표 6-8 청소년상담사 등급별 자격검정 과목 및 방법

등급	검정과목		검정방법	
	구분	과목		
1급	필수	• 상담자 교육 및 사례지도 • 청소년관련 법과 행정 • 상담연구방법론의 실제	필기 시험	면접 시험
	선택	• 비행상담, 성상담, 약물상담, 위기상담 중 2과목		
2급	필수	• 청소년 상담의 이론과 실제 • 상담연구방법론의 기초 • 심리측정 평가의 활용 • 이상심리	필기 시험	면접 시험
	선택	• 진로상담, 집단상담, 가족상담, 학업상담 중 2과목		
3급	필수	• 발달심리 • 집단상담의 기초 • 심리측정 및 평가 • 상담이론 • 학습이론	필기 시험	면접 시험
	선택	• 청소년이해론, 청소년수련활동론 중 1과목		

자료: 「청소년기본법 시행령」 제23조 제3항 별표 4.

(2) 청소년상담사 양성체계

청소년상담사의 경우 여성가족부의 주관으로 한국청소년상담복지개발원과 한국산업인력공단에 위탁하여 자격검정을 실시한다. 그리고 자격검정에 합격한 자에 한해서는 실무능력 향상을 위해 100시간 이상 의무 연수를 실시한 후 청소년상담복지센터와 청소년쉼터 등 청소년복지시설에 배치·활용된다. 청소년상담사 자격연수 과목은 청소년 상담관련 이론과 실제적인 실무를 익힐 수 있도록 구성되어 있으며 1급, 2급, 3급 모두 5과목으로 구성되어 있다. 자격연수 형태는 급별 책무에 맞는 질적 교육을 위하여 이론, 세미나, 실습 등으로 구성되어 있다.

(3) 청소년상담사 양성실적 및 배치기준

청소년상담사 양성계획에 따라 2024년까지 총 23회의 청소년상담사 자격검정이 있었으며, 다음 〈표 6-9〉와 같이 청소년상담사 1급 1,836명, 2급 16,123명, 3급 23,132명으로 총 41,091명의 청소년상담사를 양성하였다.

「청소년기본법」에 따르면, 배치대상 청소년시설에는 일정한 기준에 의하여 청소년상담사를 배치하여야 하며 배치기준은 다음 〈표 6-10〉과 같다.

표 6-9 청소년상담사 양성 현황

연도 \ 급수	1급	2급	3급	계
2003	107	293	284	684
2004	21	90	103	214
2005	21	171	151	343
2006	30	171	206	407
2007	1	177	296	474
2008	47	194	450	691
2009	15	239	517	771
2010	14	140	332	486
2011	19	298	418	735

연도 \ 급수	1급	2급	3급	계
2012	29	335	928	1,292
2013	12	225	990	1,227
2014	15	409	1,558	1,982
2015	52	564	1,531	2,147
2016	39	830	2,141	3,010
2017	88	1,042	1,594	2,724
2018	109	787	1,515	2,411
2019	87	1,593	1,623	3,303
2020	179	1,824	1,460	3,463
2021	84	1,558	2,307	3,949
2022	225	2,137	1,142	3,504
2023	250	1,296	1,906	3,452
2024	392	1,750	1,680	3,822
누계	1,836	16,123	23,132	41,091

자료: 한국청소년상담복지개발원(2025).

표 6-10 청소년상담사 배치기준

배치대상 청소년시설	배치기준
가. 「청소년복지 지원법」 제29조에 따라 특별시, 광역시, 도 및 특별자치도에 설치된 청소년상담복지센터	청소년상담사 3명 이상을 둔다.
나. 「청소년복지 지원법」 제29조에 따라 시, 군, 구에 설치된 청소년상담복지센터	청소년상담사 1명 이상을 둔다.
다. 「청소년복지 지원법」 제31조에 따른 청소년복지시설	청소년상담사 1명 이상을 둔다.

자료: 「청소년기본법」 제25조 제2항

(4) 청소년상담사 보수교육

「청소년기본법」 제24조의 2에 따라 청소년시설, 청소년단체 및 학교 등에서 청소년 상담업무에 종사하는 청소년상담사는 자질향상을 위하여 정기적으로 보수교육을 받아야 한다.

연습문제

1. 청소년지도자와 리더십에 대해서 설명하시오.
2. 리더십이론에 대해서 논하시오.
3. 청소년지도사의 역할과 자질에 대해서 토론하시오.
4. 청소년지도자의 양성 목표에 대해서 설명하시오.

Youth Guidance Methodology

CHAPTER

7

청소년 대상별 지도방법

학습 내용

1. 개인중심 지도방법
2. 집단중심 지도방법

학습 목표

1. 개인중심 지도방법에 대해서 이해한다.
2. 집단중심 지도방법에 대해서 이해한다.

학습 개요

전통적으로 청소년지도 개입방법은 개인을 대상으로 한 개인중심 지도와 집단을 대상으로 한 집단중심 지도로 구분된다. 개인중심 지도는 청소년지도자와 청소년이 일대일 관계를 맺으며 이루어지며, 학습자가 스스로 현실을 인식하고 인지 과정을 통해 행동과 태도를 형성하여 자기 변화를 이루도록 돕는 것을 목표로 한다.

한편 집단지도는 바람직한 학습과 생활태도를 촉진하기 위해 정보와 자료를 제공하는 예방적 접근으로, 미래의 어려움에 대비할 수 있도록 방향을 안내하는 데 중점을 둔다. 집단지도는 일반적으로 구조화된 형태를 띠며, 논의 주제는 지도자가 선정한다. 집단중심 청소년지도는 공통의 목표를 지닌 청소년 집단이 지도자의 리더십과 집단의 역동성을 매개로 진행되는 방식으로, 실제 청소년지도 현장에서 가장 빈번히 활용되는 방법이라 할 수 있다.

1. 개인중심 지도방법

1) 개인중심 지도방법의 개념과 목표

전통적으로 청소년지도를 위한 개입방법은 청소년 개인을 대상으로 한 개인중심 지도방법, 집단을 대상으로 한 집단중심 지도방법으로 분류할 수 있다. 이 중 개인중심 청소년지도는 청소년지도자와 청소년 개인의 일대일 대면관계를 통해 이루어지는 지도 형태라 할 수 있다. 개인중심 지도방법의 목표는 학습자 스스로 현실을 지각하고 개인의 인지과정을 통해 자신의 행동에 반응하며 자신의 태도를 형성함으로써 궁극적인 자기 변화를 유도하는 것이다. 청소년은 아동과 성인 사이의 과도기적인 존재로 신체적, 인지적, 정서적, 사회적인 면에 있어 미성숙에서 성숙의 상태로 발달하는 과정에 있다. 이 과정에서 청소년들은 자신이 되고자 하는 이상적인 모습과 현재 자신의 모습 간의 차이로 인해 심리적으로 불안정한 상태를 보이게 된다. 따라서 청소년지도방법은 청소년들의 감정, 자극 그리고 충동에 대한 절제 및 통제력 향상, 자아존중감 향상, 심리적 독립성과 자율성 확립, 사회성 향상 등의 면에서 다양한 경험을 통하여 생산적이고 책임 있는 성인으로 성장하도록 한다. 청소년 개인능력개발을 위한 지도방법의 목표를 살펴보면 다음 〈표 7-1〉과 같다.

표 7-1 청소년 개인능력 개발을 위한 지도방법의 목표

발달요구	지도방법의 목표	
육체적 활동기회	• 새로운 육체적 능력을 시험해 보는 기회 제공 • 성장과 사춘기의 정상적 변화 이해 • 빠른 성장으로 정신적 혼란의 이완 기회 제공	
능력과 성취 기회	• 개인적 인지를 위한 몰입 기회 • 급진적·문화적 정체성의 수용기회 • 또래로부터 승인욕구 기회 • 새로운 관심과 능력의 출현 기회 • 성인으로부터 승인욕구 기회	• 성공을 위한 기회 • 상상적 청중으로서 자기 인식 기회 • 책임성을 위한 기회 • 성적 정체감의 수용 기회 • 불확실한 자아존중감 수용 기회

발달요구	지도방법의 목표
자아정의의 기회	• 이성 정체감의 수용 기회 • 자신의 미래에 대한 자기 인식 기회 • 감정주의적이고 분위기 중심의 수용 기회 • 자신의 긍정적 신체이미지 구축 • 타인으로부터 새로운 반응인정 기회 • 형식적 조작기의 징후 인식 기회
또래, 성인 간 적극적 사회적 상호작용	• 부모와 다른 성인과의 상호작용 기회 • 또래의 중요성 인식 • 성인으로부터 승인 기회 • 또래로부터 승인 기회
의미 있는 참여 기회	• 실제의 성인세계의 한 부분에 참여 기회 • 생활경험의 결핍에서 탈피하는 기회 제공 • 사회적 기술의 성숙

자료: 한국청소년개발원(2025)

개인중심 청소년지도방법은 교과지식을 축적하는 학습지향 지도방법과는 차별화된 접근이 요구된다. 개인중심 청소년지도방법에서 전제되는 조건은 다음과 같다.

첫째, 개인의 성숙에 필수적 요소인 자기 주도성과 자발성을 가지기 위한 능력과 욕구 안에서 성장되어야 한다.

둘째, 학습자의 경험이 이를 지도하는 지도자의 전문성과 결합되어 지속적으로 풍부한 학습자원이 될 수 있도록 개발되어야 한다.

셋째, 개인이 일상생활을 수행하고 또 그들의 삶의 문제를 보다 적응적으로 해결하기 위한 목적으로 제시되어야 한다.

넷째, 학습자의 내적 자극, 즉 호기심, 자아실현을 위한 욕구, 성장에 대한 갈망, 높은 도덕적 가치 등에 의해 동기화되어야 한다.

특별히 개인중심 지도방법에서 중점을 두어야 할 부분은 개인이 추구하는 내적 가치를 토대로 이를 선택하고 존중하며 행동하는 3단계를 통해 내적 가치를 발현하도록 하는 것이다.

(1) 선택화 단계

① 자유로운 선택

② 충분한 대안 중에서 선택

③ 발생할 결과에 대해 심사숙고한 다음에 선택

(2) 존중화 단계

① 선택에 대한 확신

② 자신의 선택을 자랑스럽게 여기며 존중

(3) 행동화 단계

① 선택하고 확신한 가치의 행동화

② 행동의 반복

2) 개인중심 청소년지도방법의 유형

개인중심 청소년지도방법은 지도자와 청소년이 보조자나 기자재 없이 완전히 독자적으로 이루어지는 학습 형태, 학습보조자의 도움을 받는 형태, 교육 자료나 기자재를 활용하는 형태가 있다. 청소년지도자는 개인 학습자의 특성과 목표를 고려하여 상황에 맞게 다양한 지도방법을 추구하는 것이 바람직하다.

(1) 도제제도

도제제도(徒弟制度)는 중세 유럽 장인(master)과 도제(apprentice) 중심의 기술 전수 형태의 교육에서 비롯된 개인중심 지도방법이다. 제자가 스승 밑에서 일정한 기능을 전수받아 독립할 수 있도록 하여 독자적인 영업을 하고, 그 역시 새로운 수련공을 두어 그 기능을 전수해 주는 제도로 수공업의 기능후계자를 양성하던 방법이다. 이 제도는 오랜 과거로부터 직종과 관계없이 사용되는 가장 이상적인 훈련방식 중 하나로 경험 있는 숙련자로부터 오랜 기간 함께 지내면서 개별적 습득을 하는 형태이다.

(2) 컴퓨터 보조수업 CAI(Computer Assisted Instruction)

컴퓨터를 직접 수업매체로 활용하여 많은 사람을 교육하면서, 동시에 개개인의 적성이나 이해력에 즉응하는 개별 지도가 가능한 교육시스템을 말한다. 이는 컴퓨터의 대량 정보처리능력을 이용하여 교사의 역할을 대행하도록 하는 것으로, 1인 교사에 의한 집단 학습방식의 불편을 보완하는 것을 목적으로 한다. 컴퓨터 기술을 이용한 교육은 1980년대 시청각 교육을 시작으로 1990년대 CAI, 2000년대 ICT(Information Communication Technology) 활용 교육 등으로 계속 발전되어 교육 패러다임 변화를 이끌었다. 청소년지도현장에서도 온라인 오리엔티어링 등에 응용되는 등 그 활용 정도가 높아지고 있다. 또한 자기 주도형 학습의 대표적 형태라 할 수 있다. CAI는 학습내용 구성에 따라 반복학습형, 개인교수형, 시뮬레이션, 교수게임형, 혼합형 등으로 분류되며 각 유형은 수업목표와 특성에 따라 독특한 기법을 사용하여 설계한다.

① **반복연습형** : CAI 프로그램 중 가장 일반적으로 사용되는 양식으로 이미 습득한 지식이나 기능을 반복연습하여 정규수업을 보충하고 강화하기 위한 것이다.

② **개인교수형** : 마치 교사와 학생이 일대일로 수업을 하는 것 같이 컴퓨터가 교사의 역할을 담당하여 새로운 학습 내용을 가르치고 확인하며 강화한다. 학습자에게 자세한 안내와 정보, 연습과 피드백이 제공되고 학습결과를 평가하여 학습자의 학습능력에 따라 각자의 속도로 학습할 수 있도록 한다.

③ **시뮬레이션형** : 시간적, 공간적, 경제적 제한으로 실제 경험할 수 없는 상황을 실제상황과 유사하게 컴퓨터로 모의하여 실제와 유사한 경험을 갖도록 한다. 시뮬레이션형은 비행기 조정훈련, 사업 경영의 실습, 상황 판단 훈련, 위험한 과학실험, 인체 수술 등 자연과학이나 사회과학분야에서 정보, 사고능력, 문제해결능력의 적용을 촉진시키기 위해 활용된다.

④ **교수게임형** : 동기유발과 학습을 강화시키기 위해 오락적인 요소와 경쟁적인 요소를 가미하여 이미 습득한 지식, 기능 등을 강화하는 고도의 동기유발적

접근방법이다. 이 유형은 사실과 원리, 문제해결능력, 협동과 같은 사회적 기능, 태도형성 등에 사용된다.

⑤ **혼합형** : 하나의 프로그램에 두 가지 이상의 유형이 혼합된 형태를 말한다. 일반적으로 코스웨어를 개발할 경우 교수활동을 보다 다양화하고 학습을 증진시키기 위해 두 개 이상의 CAI 유형을 포함하는 것이 가장 흔하게 사용되는 방식이다.

(3) 원격교육

원격교육은 교육현장에서 가르치는 사람과 청소년 사이에 물리적인 거리가 존재할 때 방송이나 통신수단 등을 활용하여 개별적으로 학습하게 하는 방법이다. 청소년지도 현장에서는 강좌형 프로그램이나 지도자 전문성 연수 프로그램 등에서 응용 가능성이 크다.

(4) 상담(Counselling)

개인적으로 어려움이 있는 청소년이 훈련받은 상담자의 도움으로 자신의 내적 문제를 치료하는 방법이다. 상담이란 도움을 필요로 하는 내담자가 전문적 훈련을 받은 상담자와의 안전한 대면관계 속에서 언어라는 매체를 통해 문제해결, 새로운 학습 그리고 전인적 성장을 경험하는 과정이라 할 수 있다. 청소년 상담자는 청소년과 수용적이고 구조화된 관계를 형성한 후 청소년이 자신과 환경체계에 대해 의미 있는 이해를 증진하도록 함으로써 청소년 스스로 효율적인 의사결정과 행동화를 통해 적응적인 정서를 갖도록 도울 수 있다. 이를 통해 청소년의 문제해결을 위한 지원은 물론 보다 적극적으로 정신질환 및 문제행동을 예방함으로써 청소년의 성장과 발달을 촉진한다.

(5) 직접 개별수련

일정한 지도자에 의존하여 수시로 직접 만나 쌍방 커뮤니케이션을 통해 학습하는 방식으로 개인지도, 멘토링, 코칭 등이 이에 속한다. 비용이 많이 들고 한 지도자를 한 청소년이 독점한다는 점에서 비효율적이라는 단점도 있지만 교육학에서는 영재교육 혹은 학습부진아 지도 등에서 매우 효과적인 방법이라는 평가를 받아왔다. 청소년지도 현장에서는 직업 교육, 진로 지도 등에서 응용가능한 지도방법이다.

(6) 현장경험학습

청소년들을 교외로 이끌어 현장에서 구체적으로 경험하고 학습하는 기회를 갖게 하는 실천적 학습방법이다. 현장경험학습의 종류는 크게 역할놀이 현장학습, 참여관찰, 현장학습 그리고 개인체험 프로젝트로 구분할 수 있다.

① **역할놀이 현장학습** : 역할놀이(role-playing)는 청소년들이 어떤 문제를 직접 역할을 수행해 봄으로써 그 문제를 밝혀내고 해결하여 그 결과를 논의함으로써 학습하는 형태이다. 역할놀이는 청소년들의 흥미를 유발하고 능동적으로 참여할 수 있도록 한다. 그리고 현장에서 일어날 문제를 사전에 경험함으로써 자신의 견해를 명료화할 수 있는 언어적 능력과 대화기술을 함양시키고 대처능력을 향상시킨다는 점에서 매우 효과적인 지도방법이라 할 수 있다.

② **참여관찰 현장학습** : 원칙적으로 관찰이 이루어지는 사건이나 현장에서 직접 눈으로 참여·관찰하는 방법으로 청소년은 기록을 재구성하여 실제 상황을 느낄 수 있게 해준다. 이는 현장견학 활동과 같이 직접적인 체험을 요구하는 학습과 동일한 효과를 가져올 수 있다.

③ **개인체험 프로젝트** : 특수한 목적을 달성하기 위하여 특정한 과제목표를 설정한 다음 이를 실천에 옮기는 방법으로 개인중심 학습방법에 있어 가장 전통적이고 보편적인 방식이다. 흔히 대안교육 현장 등에서 많이 활용되는 지도방법으로 완전학습, 프로그램학습, 프로젝트학습 등이 포함된다.

(7) 인턴십

도제중심 학습방법과 거의 유사한 형태로 자신의 희망이나 적성에 적합한 영역을 선정하여 일정 기간 사전 경험을 통해 전문지식을 습득하는 과정이다. 전통적으로 의사들의 현장교육 및 훈련에 많이 활용되어 왔다. 인턴십은 현재 예비 청소년지도 인력 직무 훈련과정에 응용되기도 하며 청소년 직업 실습과정과 연계하여 활발하게 적용되고 있는 개인중심 지도방법이다.

2. 집단중심 지도방법

1) 집단중심 지도방법의 개념

인간은 태어나면서부터 집단에 소속되며 집단을 통하여 성장과 발달을 경험한다. 넓은 의미로 인간의 집합체는 모두 사회집단이라고 할 수 있으며, 좁은 의미로는 공동의 목적을 성취하기 위해 구성원 사이에 분명한 기능적 상호 의존관계가 인정되는 이른바 조직적 집단에 한정된다. 특별히 청소년기는 신체적 성숙과정에서의 긴장과 부모에게서 독립하고자 하는 욕구, 그들이 갖는 지위 역할의 모호성 등으로 인해 정서적 불안과 혼란을 겪게 된다. 이때 청소년들은 또래집단을 통해 서로에 대한 친밀감과 소속감을 가지며 또래와의 관계를 통해 문제를 해결하고 심리적 안정감을 유지하게 된다. 이에 청소년기 집단 경험을 강조한 대표적인 학자인 코놉카(Konopka, 1972)는 함께 집단에 참여하는 또래들은 '함께 고민하는 사람'으로서, 자신의 상(image)을 인식하고 서로에게 도움이 되는 중요한 존재가 된다고 설명한다. 이외에도 청소년들은 집단의 경험을 통해 의사소통 능력, 적응적 대처기술, 효과적인 문제해결기법을 개발하기 때문에 집단중심 청소년지도방법은 매우 효과적인 지도방법이라 할 수 있다.

집단지도는 바람직한 학습과 생활태도를 촉진하기 위해 주로 정보와 자료를 제공하는 예방적 접근방법이다. 즉, 집단원에게 필요한 정보를 제공하고 미래에 도래할 수 있는 어려움에 대한 방향 안내에 초점이 있다. 집단지도는 비교적 구조화되어 있고 논의되는 주제도 일반적으로 집단지도자에 의해 선정된다. 집단의 크기는 보통 12명 이상(약 15~20명)의 대상으로 운영된다. 청소년집단이란 어떤 공통목표를 달성하기 위하여 상호의존적 관계에서 작용하는 두 명 이상의 청소년으로 구성된 모임을 의미한다. 따라서 집단중심 청소년지도는 청소년지도자와 공통의 목표를 지닌 청소년 집단이, 집단의 역동성과 지도자의 리더십을 서비스 매개물로 하여 이루어지는 지도 형태로 청소년지도 현장에서 가장 빈번하게 활용되는 접근방법이라 할 수 있다.

집단지도의 성격을 살펴보면 다음과 같다. 첫째, 집단지도는 집단경험을 통하여 집단구성원의 공통된 목적달성과 함께 개개인의 필요와 욕구를 충족시키기 위한 수단으로서의 활동이다. 둘째, 집단지도는 집단역동이론을 바탕으로 한 집단의 사고과정을 방법상의 중책으로 여기는 활동이다. 셋째, 집단지도는 집단 속에서 집단 내 구성원 사이의 심리적 역동관계를 활용한다. 넷째, 집단지도는 집단목표를 성취함에 있어서 집단구성원이 스스로 합리적이고 과학적인 방법으로 해결하도록 한다. 다섯째, 집단지도는 전문가의 지도 아래 이루어져야 한다.

2) 집단중심 지도방법의 목표

집단중심 지도방법의 목표는 청소년지도자가 구성한 집단의 종류에 따라 다소 달라질 수 있다. 토스랜드와 리바스(Toseland & Rivas, 1995)가 분류한 집단을 중심으로 청소년지도방법의 목표를 살펴보면 다음과 같다. 첫째, 지지집단의 목표는 청소년들이 스트레스를 주는 생활상의 사건을 잘 대처하고 효과적으로 적응할 수 있도록 돕는 것이다. 둘째, 교육집단의 목표는 청소년들의 지식, 정보 그리고 기술 향상에 있다. 교육집단은 주로 강의기법을 활용하여 구조화되는 특징을 지닌다. 대표적인 예로 성교육을 받는 청소년집단이 있다. 셋째, 성장집단의 목표는 청소년들에게 자신과 타인에 대해 그들의 생각, 감정, 행동을 인식, 확장, 변화시킬 수 있는 기회를 통하여 자신의 잠재력을 최대한 발휘하도록 하는 것이다. 대표적인 성장집단의 예로 청소년을 위한 가치명료화 집단이 있다. 넷째, 치료집단의 목표는 청소년들의 행동 변화, 개인적인 문제의 개선 또는 상실된 기능의 회복을 원조하는 것이다. 대표적으로 게임중독으로 인한 치료를 받는 청소년 집단이 있다. 마지막으로 사회화 집단은 사회적 관계에 어려움을 가지고 있는 청소년을 중심으로 사회기술을 학습하는 데 목표가 있다.

이상과 같이 집단의 종류에 따라 목표에 차이가 있지만 공통적인 집단중심 지도방법의 목표는 청소년들이 집단 경험을 통해 궁극적으로 학습자 자신의 내적 변화를 도모하는 것이다. 즉, 청소년 개인이 집단 간의 상호작용을 통해 자신의 문제를 객관적으로 검토하고 문제해결을 위한 행동을 습득함으로써 자기 관리 능력 향상 그리고 집단과정을 통해 대인관계 능력 및 사회적 기술을 발전시켜 궁극적으로 개인의 전인적 성장을 향상시키는 것이다. 이를 세부적으로 정리하면 다음 〈표 7-2〉와 같다.

표 7-2 집단중심 지도방법의 목표와 특징

항목	정의	성공적인 집단구조형성	집단지도의 순기능	역기능의 집단구성
자기 인식	• 타인에 대한 효과뿐만 아니라 자신의 느낌, 감정, 동인을 인식하고 이해하는 능력	• 적극적이고 생산적인 집단기술을 가짐 • 집단구성원에 대한 감정의 영향요인을 이해하고 감정을 통제 • 자기 확신, 높은 자아존중감, 긴밀하고 통합적인 자아정체감 • 자신의 행복감을 포함한 심리적 건강상태	• 감정을 지각하고 그들이 집단으로서 가능한 영향을 제공 함 • 집단구성원은 타인의 문제를 지각하고 그 문제를 추출하려 시도	• 다른 집단구성원이 갖고 있는 행동에 영향을 주지 못함 • 문제발생 시 집단 구성원은 개인적 문제에 관심을 갖는 형태로 바뀜 • 집단구성원은 타인의 환경에 조언을 못함

항목	정의	성공적인 집단구조형성	집단지도의 순기능	역기능의 집단구성
자기 조절	• 행동에 옮기기 전에 판단하는 능력 • 자신의 통제능력	• 자기 스스로 통제할 수 있는 감정의 자아 지각상태 • 감정을 통제하고 집단의 과업을 우선시하는 능력 • 갈등, 압력, 스트레스 등에서 감정을 조율 • 돌봄이나 지원을 통한 좌절과 스트레스 대처	• 집단은 생산적 부분에 초점, 감정을 조율함으로써 그 결과에 대해 부정적 영향을 갖지 않음 • 집단은 과업의 촉진과 직무수행에 적극적인 관계형성	• 집단구성원은 또래의 인식이 부족하고 감정적 격정을 다스리지 못함 • 의사소통에 문제가 있어 집단구성원은 감정적, 대인적으로 편향됨
동기 부여	• 외적 지위의 상승을 위한 열정 • 에너지나 열정의 추구	• 최선을 다해 타인의 집단구성원에 기여하는 동기 • 개방형, 유연성, 변화 동기, 혁신성, 창조성, 공통적 문제해결력 • 새로운 일의 시도, 헌신, 목표지향성 • 개인 또는 집단목표의 성취를 위한 관심 • 집단의 도덕성이나 적극적이고 생산적인 환경 유지 자세	• 집단구성원은 편안함을 느끼고 문제 발생 시 상호 논의를 통한 지원 • 동기화된 집단은 건설적 비평이 이루어지며 목표지향적이고 청사진에 관심을 가짐	• 권력적 환경 창출이 어려우며 동기의 상실, 부정적 비판만이 난무 • 패배주의적 사고
대인 관계 능력	• 타인이 만든 감정을 이해하는 능력 • 타인의 감정적 반응에 따라 대처하는 기술	• 동료의 마음을 이해, 해석 • 타인과의 공통의 협력적 분위기 형성 • 협동적 관계로 잠재능력을 전환 • 타인을 위한 관심, 안심시키는 감정 • 구성원들이 자신의 감정을 표현할 때 환경을 조성하는 능력	• 타인의 입장에서 직무수행을 통해 상대방의 이해가 가능하고 갈등 조율에 도움 • 집단토의가 서로를 도와준다는 의식이 강함 • 서로 다른 대인관계, 문화, 감수성 등의 이해	• 화가 나거나 폭력적이 됨 • 문제의 본질 파악 곤란 • 계획과정에 서로의 입장 이해가 어려워 통일된 의견 제시가 곤란하고 상호 불신

항목	정의	성공적인 집단구조형성	집단지도의 순기능	역기능의 집단구성
사회적 기술	• 상호 간의 지지망을 구축하고 관계를 유지하는 능력 • 협력적 분위기를 조성하는 능력	• 집단문화를 협력적이고 지원적이며 안락하게 하되 자기 판단적이지 않게 만드는 능력 • 다른 집단구성원과 적극적인 대인관계를 형성하는 전문적 능력 • 효과적인 의사소통과 사회적 기술을 통한 협동, 협력, 집단의 구축 • 타인에 대한 존경과 지원의 조장을 통한 적극적 집단분위기 형성 • 긴장완화, 갈등해소를 위한 집단 상호 간의 교호능력	• 개인태도보다는 마지막 집단의 과업을 중시함 • 건강한 사고를 위한 의사소통 강화	• 집단 간 의사소통 결여 • 집단 간에 자신의 감정을 표출하지 않으며 동시에 타인의 감정도 수용하지 않음

자료: 한국청소년개발원(2024)의 일부를 수정 보완함

3) 집단중심 청소년지도방법의 유형

집단중심 청소년지도방법은 대부분 소집단을 대상으로 한 방법이 중심이 된다. 비교적 비슷한 성격의 구성원으로 조직된 소집단 지도방법에는 크게 강의기법, 토론기법, 브레인스토밍, 역할연기, 현장경험, 게임 및 시뮬레이션 기법 등이 있다. 반면 대집단을 위한 지도방법에는 짧은 시간에 많은 정보를 다수에게 전달하기 위한 기능으로 회의지도기법, 강연, 매체 이용, 매스컴 활용 등이 있다.

(1) 강의기법

교수기법 중 가장 전통적인 방식으로서 지금까지 학교교육에서 주된 방법으로 사용되어 온 지도방법 중 하나이다. 강의기법은 중요한 정보를 효율적이고 능률

적인 교사의 언어로써 학습자에게 전달하도록 설계된 수업모형이다. 강의전달 방식으로는 낭독식, 암기식, 요점식, 즉흥식 등으로 구분된다. 강의기법의 근원은 고대 희랍시대의 철학자들이 서로의 지식을 공유하기 위한 방법으로 사용한 이래 지금까지 사용하고 있는 방법이다. 강의기법은 페스탈로치(Pestalozzi, 1746~1827) 등에 의해 교육방법 개선운동이 전개되면서 비판의 대상이 되었지만 당시 서적이 부족하여 교수자만이 책을 가지고 강의할 수밖에 없는 상황에서 일반적으로 활용되었다(임형택 외, 2015).

강의기법은 지도자가 다수의 청소년에게 비교적 단시간 내 많은 양의 지적 내용을 이해시키고 암기시키는 방법으로는 가장 적절하다는 장점으로 인해 지금까지도 널리 사용되고 있다. 그럼에도 불구하고 그 교육적 효과는 회의적이다. 그 이유는 일방적인 전달체계로 인한 학습자의 비동기화 때문이다. 후기 산업사회가 도래한 지 30년이 지났으며, 지식정보화사회가 등장한 지 20여 년이 지났다. 그리고 현재 4차 산업혁명의 사회를 지나 5차 산업혁명이 도래할 가능성도 배제할 수 없다. 이렇게 급변하는 사회에서는 지식 위주의 주입식 강의교육에서 벗어나 현장과 접목할 수 있는 창의적이고 실천적인 지도방법이 요구된다.

(2) 토론기법

토론기법의 가장 중요한 기능은 쌍방향 의사소통(two-way communication)이다. 즉, 토론을 통해 자신의 견해를 밝히는 동시에 타인의 의견을 들음으로써 보다 활성화된 학습을 행할 수 있다는 점이다. 토론은 찬성과 반대 또는 긍정과 부정의 입장을 견지하는 사람들이 자신의 주장을 가지고 논리적으로 상대방을 설득하여 자신의 주장이 옳음을 입증하는 논의방식으로 다른 사람의 생각과 의견을 존중하며 문제의 해결방향을 모색할 수 있다. 넓은 의미에서 각자의 의견을 협동적으로 제시하는 토의의 한 과정에 속한다. 토론은 지도자의 독재를 방지하고 다양한 이해관계에 있는 집단의 의견을 수렴하여 올바른 정책을 꾸려나가는 민주주의 발전에 절대적으로 필요한 논의방식이라 할 수 있다(천대윤, 2004).

우리나라에서 토론기법은 전통적인 수업방식인 지식 전달식 강의 수업의 한계를 극복하고 학습자의 참여를 이끌어 내고 학습의 주체가 되게 하자는 취지에서 여러 가지 수업 모델이 개발되던 중 발표식 수업 모델에 '반박'을 추가함으로써 청소년들 사이에 교차조사형 토론 형식의 대회가 치러지고 있다. 토론기법은 자신의 생각과 타인의 생각을 공유하며 사고력, 창의력을 기르도록 해준다. 또한 건설적이고 협동적인 과정을 통해 문제를 해결하고 아울러 민주시민으로서의 기본 자질을 함양하도록 지도할 수 있다. 토론기법의 장·단점을 살펴보면 다음 〈표 7-3〉과 같다.

표 7-3 토론의 장 · 단점 비교

장 점	단 점
• 자신과 타인의 생각을 공유하며 사고력, 창의력을 기르도록 해준다. • 문제에 다각도로 접근할 수 있다. • 의사결정 과정에 직·간접적으로 참여함으로써 그 결정을 수용하는 것이 비교적 수월해진다. • 상호 교류 및 협력 학습을 통해 바람직한 사회성을 길러 준다. • 토론하는 과정을 통해 민주적 소양을 함양할 수 있다.	• 다수의 논리가 소수를 억압하게 된다. • 신속한 의사결정과 행동이 어렵다. • 어떤 토론자나 파벌이 토론을 지배하게 되면 자유로운 의사표현이 어려울 수 있다. • 차선책을 선택하는 오류를 범할 수 있다. • 의견 불일치가 팽팽히 맞서는 경우, 갈등이 생기고 서로에게 나쁜 감정을 가질 수 있다.

토론은 다음 〈표 7-4〉와 같이 다양한 형태의 방식으로 분류될 수 있다.

표 7-4 토론의 다양한 형식

형 태	방 식
소집단 분과토론	대집단을 약 5~12명 정도의 소집단으로 나누어 분과 형태의 토론을 진행한 후 전체 집단이 다시 모여 각 분과 소집단의 토론결과를 종합·정리함.
버즈토론	6·6토론이라고도 함. 2인(짝꿍끼리) 토론 후, 이들이 조합하여 4인 토론 후, 8인 토론 등과 같은 형식으로 이루어짐.

형 태	방 식
패널 토론	배심토론이라고도 함. 사회자, 찬반토론자(패널), 청중들로 구성됨. 찬성과 반대의 성향으로 된 주제에 대해서 해당분야의 전문가나 권위자로 구성된 4~6명의 패널들이 모여 청중 앞에서 주제에 대해 토론하는 형식.
포럼	사회자, 발표자(1인 이상), 청중들로 구성됨. 발표자가 발표를 마치면 발표자와 청중들 간의 자유로운 토론.
세미나	고등교육기관에서 교수의 지도하에 학생들이 공동으로 토론·연구하는 교육방법. 학회 등에서 지명된 몇 회원의 연구발표를 토대로 전 회원이 토론하는 연구활동을 지칭함.
심포지엄	특정한 문제에 대하여 두 사람 이상의 전문가가 서로 다른 각도에서 강연식으로 의견을 발표한 후 참석자의 질문에 답하는 형식의 토론회.
워크숍	몇 개의 소집단으로 분류하여 작업과 토론을 병행하는 방식임. 전문적인 기술 또는 아이디어를 시험적으로 실시하면서 검토함.
원탁토론	소규모의 참가인원이 둥근 원탁에 둘러앉아 자유롭게 토론하는 방식으로 토의형식에 가까움.
지그소(Jigsaw) 토론	조각그림 맞추기(Jigsaw Puzzle) 토론으로서 모집단이 모여서 과제를 분담하고, 특정 과제를 맡은 학생들끼리 따로 모여서 토론한 후, 모집단으로 돌아가 동료들에게 가르치는 방식 이 모형은 진행방식이 이와 같다고 해서 붙여진 이름.

(3) 브레인스토밍(brainstorming)

브레인스토밍은 1941년 미국의 광고 회사 CEO인 알렉스 오스본(Alex F. Osborn)이 개발한 것으로 창조적 대안을 개발하는 기법이다. 한 가지 문제에 대해 가능한 한 기상천외한 생각을 자유롭게 말하는 가운데 타인이 낸 생각을 비판하지 않고, 오히려 그 생각을 확장하여 묘안을 내도록 한다. 브레인스토밍을 성공시키기 위해서는 첫째, 타인의 아이디어를 비판하지 않아야 하며 둘째, 자유분방한 아이디어를 환영하고 셋째, 되도록 많은 아이디어를 서로 내놓아야 한다.

토론기법은 지도자(토론 주최자) 1명, 기록자 1명을 포함하여 6~12명의 참가자

(stormer)가 약 20~60분 리더로부터 문제의 설명을 듣고 될 수 있는 대로 많은 대안(storming)을 제시하도록 하여 토의하고 분석하여 결정한다. 이를 통해 청소년들은 연상작용과 상호자극을 통해 보다 창조적이고 융통성 있는 대안을 도출할 기회를 얻게 된다. 브레인스토밍 기법의 성공여부는 청소년지도자의 토론 진행방식에 많은 영향을 받는다. 청소년지도자는 자유로운 분위기 속에서 특정 청소년의 의견대로 흘러가지 않도록 이끌어야 한다. 또한 청소년 전원이 참여하여 아이디어를 낼 수 있도록 배려와 조정의 능력을 발휘해야 한다. 토의주제도 구체적인 안건을 제시해야 하며 가능하다면 회의하기 며칠 전에 주제를 공유하여 참가자들이 미리 아이디어를 고민해 올 수 있도록 하는 것이 좋다.

(4) 역할연기(role play)

개인중심 지도방법에서도 유용하게 활용되는 역할연기는 소집단 지도방법에도 활발하게 활용되는 지도방법 중 하나이다. 실제적 위험부담이 없는 가상적 상황에 대해 소집단 구성원들에게 서로 다른 역할을 번갈아가며 수행해 보도록 함으로써 집단 구성원 간의 친근감을 증대시키고, 의사소통기술과 대처능력을 향상시키도록 돕는 기법이다. 역할연기는 아직 가치관 혼란을 겪고 있는 청소년들에게 연습 그 자체가 교육적 효과를 가질 수 있다. 역할연기는 학교폭력 및 성폭력 가해·피해 청소년들에게 그 효과를 입증 받고 있다.

(5) 현장경험

조직적인 계획에 의해 현장에서의 실제 경험을 통해 지도를 받는 방식이다. 단체견학, 수행여행 등 일종의 학습여행 프로그램을 통해 이미 오래전부터 시행되었으며 청소년 봉사활동도 현장경험에 속한다. 청소년지도자는 현장경험이 반성적 사고를 통해 의미 있는 경험이 되도록 현장활동 후 주의를 기울여 지도해야 한다.

(6) 게임 및 시뮬레이션

게임이란 일정한 규칙을 정해놓고 승부를 겨루거나 즐기는 놀이로 청소년들의 흥미적 욕구를 만족시키면서 청소년의 정서조절, 사회적 기술 습득 그리고 집단 간 상호작용을 통한 사회화 과정에 중요한 역할을 한다. 시뮬레이션은 복잡한 문제나 사회현상을 해석하고 해결하기 위하여 실제와 비슷한 모형을 만들어 모의적으로 실험하여 그 특성을 파악하는 것으로 물리적 시뮬레이션과 논리적 시뮬레이션 등으로 분류할 수 있다. 이러한 기법들은 아동청소년의 사회화 훈련, 가치관 교육 등에 있어 흥미와 교육적 효과를 제고시키는 집단지도방법으로 활용도가 높다고 할 수 있다.

(7) 레크리에이션

레크리에이션의 어원은 라틴어 'Recrestio'에서 유래한 것으로 '신선하다' 또는 '재충전하다'라는 의미를 지니고 있다. 따라서 전통적인 의미의 레크리에이션은 산뜻하고 차분하면서 자발적으로 선택한 행동을 의미하며, 현대적 의미에서 레크리에이션은 피로를 풀고 새로운 힘을 얻기 위해 여러 사람과 함께 놀거나 운동 등을 즐기는 일이다. 레크리에이션은 1930년대 이후 미국 경제불황으로 인해 청소년 일탈 및 범죄의 증가 등 사회문제가 크게 대두되자 이에 대한 해결방안으로 빈민계층의 아동청소년의 건전한 인격형성 및 여가선용을 위한 지역사회활동으로 레크리에이션을 활용하기 시작했다. 이후 우리나라에서는 1980년대부터 각 대학에서 교양과목의 하나로 레크리에이션 교육을 시작하였다.

레크리에이션은 청소년 여가선용을 통하여 심신의 피로를 회복시켜 주고 사회의 구성원으로서 사회성과 책임성을 길러주며 또한 활달하고 명랑한 성격을 갖도록 해준다. 또한 집단활동을 통하여 '나도 할 수 있다'라는 자신감을 갖게 해주며 청소년의 창의력 개발 및 대인관계능력을 향상시켜 주는 기능을 한다. 나아가 건전한 집단의 결속을 도모하여 청소년들이 바람직한 사회적 성취를 가능케 하는 원동력이 될 수 있도록 지도하는 방법이다.

4) 단계별 집단지도 과정

집단은 시간이 지남에 따라 집단의 내부 구조, 의사소통과 상호작용 형태, 응집력, 사회적 통제, 문화 등이 형성되며 변화되어 간다. 이러한 변화를 집단 발달이라고 한다. 집단 발달과정에서 서로 구분되는 기간 또는 구분되는 정도를 집단 발달단계라고 한다. 집단 발달단계는 학자들마다 서로 다른 견해를 가지고 있으나 일반적으로 청소년 집단 발달단계는 사전, 초기, 중간, 종결단계로 구분할 수 있다.

집단의 사전단계는 집단을 계획하고 조직하며 청소년들을 모집하는 것과 관련된다. 집단의 목적에 대한 설정은 청소년의 욕구가 드러남에 따라 청소년수련기관이나 청소년지도자가 이에 부응하기 위하여 집단을 결성하기로 결정할 때 어느 정도 정해진다. 집단의 목적은 청소년지도자와 집단 구성원의 토론을 통해 타협 및 수정될 수 있다. 이후 집단 초기단계에서는 집단감정이 출현하게 된다. 이때 청소년지도자는 집단저항을 다스리고 수용적이고 안락한 활동분위기를 조성해야 한다. 초기단계가 진전되면서 집단활동에 대한 동기와 능력이 촉진되고 청소년들의 집단 내에서 자신의 역할을 모색하고 시험한다. 중간단계는 활동의 과업과 목표를 달성하기 위해 집중적으로 노력하는 단계이다. 중간단계에서는 구성원 간 상호관계와 집단응집력이 매우 발달하게 된다. 집단응집력이란 집단 내에서 자신이 인정받고 수용된다는 소속감으로서 집단성원의 긍정적인 변화에 영향을 미친다. 종결단계는 그동안 집단이 해온 노력을 종결하고 총괄평가를 하는 단계이다. 종결단계에서는 집단감정과 응집력이 감소한다. 청소년지도자는 활동종결에 따른 감정을 처리할 수 있도록 지도가 필요하다. 청소년 집단 발달단계에 따른 지도활동을 다음 〈표 7-5〉와 같이 제시할 수 있다.

표 7-5 청소년 집단 발달단계와 지도활동

구 분	실시할 지도 활동	
사전 단계	• 활동의 목표설정 • 청소년집단의 구성 • 집단활동에 대한 승인 등 • 잠재적 후원기간 및 청소년에 대한 사정	• 청소년들의 모집 • 활동환경의 준비 • 청소년들에 대한 오리엔테이션
초기 단계	• 안락한 활동분위기의 조성 • 집단목적의 설정 • 과업목표와 집단유지목표 간의 균형 유지	• 집단의 구조화 • 집단활동에 대한 동기와 능력의 촉진 • 활동목표와 집단의 기능에 대한 설명
중간 단계	• 활동의 준비 • 청소년의 목적성취 지도	• 활동의 구조화 • 활동평가
종결 단계	• 활동에 대한 의존성을 감소시킴 • 활동종결에 대한 감정을 처리할 수 있도록 지도 • 청소년이 미래에 대한 활동 참여계획을 수립할 수 있도록 지도 • 실행된 청소년활동에 대하여 총괄 평가	

자료: 오윤선(2024)

연습문제

1. 개인중심 지도방법에 대해서 논하시오.
2. 집단중심 지도방법에 대해서 논하시오.

CHAPTER

8

청소년지도 프로그램

학습 내용

1. 청소년지도 프로그램의 의미와 성격
2. 청소년지도 프로그램의 유형
3. 청소년지도 프로그램의 개발

학습 목표

1. 청소년지도 프로그램의 의미와 성격에 대해서 이해한다.
2. 청소년지도 프로그램의 유형에 대해서 살펴본다.
3. 청소년지도 프로그램의 개발에 대해서 설명한다.

학습 개요

청소년지도방법은 주로 프로그램을 기반으로 이루어지기에 청소년지도자는 프로그램의 의미와 성격, 유형, 개발 절차를 충분히 이해할 필요가 있다. 프로그램 유형은 개발 주체에 따라 국가 단위, 기관 단위, 지도자 단위 프로그램으로 나눌 수 있다. 구성 범위에 따라서는 단위 프로그램, 연속 프로그램, 통합 프로그램, 종합 프로그램이 있으며, 형태에 따라 일일 · 정기형, 숙박형, 이동형 프로그램으로 구분된다. 또한 구조화 정도에 따라 구조화된 프로그램과 비구조화된 프로그램이 있고, 내용에 따라 건강 · 보건 · 안전활동, 문화예술활동, 과학정보활동, 예체능활동, 사회봉사활동, 모험개척활동, 자기계발활동, 국제교류활동, 직업체험활동, 환경보존활동 등이 포함된다.

청소년 프로그램 개발 과정은 연구자에 따라 세부 단계에서 차이가 있으나, 기본적으로 분석, 설계, 개발, 실행, 평가의 과정을 거친다.

1. 청소년지도 프로그램의 의미와 성격

1) 프로그램의 개념

청소년지도방법은 주로 프로그램에 토대를 두고 이루어진다. 청소년지도 프로그램은 청소년지도자가 청소년들에게 지도해야 할 내용과 방법을 체계적으로 구조화한 것이다. 따라서 청소년지도자는 프로그램의 의미와 성격, 청소년지도 프로그램의 유형, 프로그램 개발 절차에 대한 이해가 필요하다. 프로그램(program)의 어원은 라틴어 'prographein'에서 유래한 것으로 '칙령' 또는 '포고(布告)'라는 뜻을 지니고 있다. 이는 오늘날 사전적 의미로는 어떤 활동의 목록, 순서, 예정계획을 미리 공개해 놓은 계획표 또는 컴퓨터 실행 명령어로 사용되고 있다. 그러나 프로그램의 실제 개념은 일정한 활동들을 구체적으로 실행하기 위해 필요한 총체적 환경을 뜻한다. 이는 활동목적과 목표, 활동 대상, 과정, 방법, 장소, 시기, 조직, 매체 등의 모든 요소를 포함한다. 즉, 특정 문제와 대상을 상대로 구체적 목표를 달성하기 위하여 일정 기간에 인력과 예산 등을 투입하여 반복적이고 조직적인 활동을 벌이는 단위사업으로 의도적이고 조직적인 활동을 뜻하는 것이다.

청소년 프로그램은 다른 일반 프로그램과 달리 청소년의 전인적인 성장을 위한 변화과정을 체계적으로 조력하기 위한 목적으로 무엇(what)을 통해 어떻게(how) 조력하고 지원할 것인가를 구체화한다. 즉, 지도목적을 달성하기 위하여 가장 적합한 경험 및 내용을 선정하고 이를 조직화한 다음, 이들 경험을 어떤 매체를 활용하여 어떤 방법과 절차로서 제공할 것인지를 체계적으로 계획한 것이 프로그램이다(한상철, 2020). 청소년지도 프로그램에는 목표, 1개 이상의 활동, 활동에 수반되는 구체적인 기법, 대상, 시기, 지도에 필요한 인적·물적 자원, 순서와 계속성, 평가전략 등 각 요소들이 유기적으로 결합되어 있다.

2) 청소년지도 프로그램의 성격

청소년지도는 프로그램을 중심으로 이루어지기 때문에 청소년지도와 프로그램은 분리불가분의 관계라 할 수 있다. 청소년지도 프로그램은 청소년지도자의 입장에서 볼 때 청소년지도사가 청소년들에게 지도해야 할 내용과 방법을 체계적으로 구조화한 것이고, 청소년의 입장에서는 청소년들이 청소년지도자의 지도 아래 경험한 모든 활동들의 집합이라 할 수 있기 때문이다. 이처럼 청소년지도에 있어서 지도자와 청소년이 만나 활동이 이루어질 때는 청소년지도 프로그램이 사용된다. 청소년지도 프로그램의 성격을 살펴보면 다음과 같다.

첫째, 청소년지도 프로그램의 목적은 청소년의 문제, 요구 그리고 결핍을 해결하는 것이다. 청소년 교육과정은 지식, 기술, 태도, 가치 등을 교과목을 중심으로 가르치는 데 목적이 있는 반면 청소년 프로그램은 청소년들의 문제, 요구와 결핍을 해결하는 것이 주요 관심사이다. 비록 국가 단위의 청소년 프로그램은 국가의 정책과 방향을 같이 하는 부분이 있으나 청소년 프로그램 특성상 프로그램 공급자보다는 프로그램 수요자에게 더 많은 초점을 둔다.

둘째, 청소년지도 프로그램은 청소년지도의 목적을 달성하기 위한 수단적인 성격을 지니고 있다. 따라서 지도목적을 달성하기 위한 다양한 방법이나 전략을 활용할 수 있다.

셋째, 청소년지도 프로그램에 있어 지도자의 역할은 프로그램을 개발하고 청소년들과 함께 프로그램 속에서 경험하는 동반자 역할을 한다. 이는 청소년들에게 지식이나 이론을 가르치는 단순한 지식전달자의 모습과 차이가 있다.

넷째, 청소년지도 프로그램은 운영체계에 있어 프로그램을 운영하는 팀 단위로 독자적인 운영을 할 수 있다.

다섯째, 청소년지도 프로그램은 역동적이다. 청소년지도 프로그램은 청소년들의 욕구를 즉각적으로 반영할 수 있으며 순발력 있게 청소년 문제에 접근할 수 있다.

여섯째, 청소년지도 프로그램은 국가단위의 중앙 청소년기관, 지역별 청소년기관, 청소년 프로그램 개발자 등이 주체가 되어 개발된다.

2. 청소년지도 프로그램의 유형

1) 프로그램 개발 주체에 따른 분류

(1) 국가 단위의 프로그램

국가 단위의 프로그램은 국가가 청소년지도의 활성화를 위하여 정책적으로 개발·보급하는 프로그램을 의미한다. 국가 단위의 대표적인 프로그램으로 1992년에 한국청소년개발원이 개발하여 보급한 '청소년활동 프로그램(역사연극활동, 도시농촌 교환봉사활동, 호연훈련활동, 명절쇠기활동, 국토탐사활동 등)', 2001년에 문화관광부와 한국청소년개발원에서 개발하고 보급한 '각종 체험활동 프로그램(자연생태지도, 자동차 이해 및 체험, 만화영화 제작활동, 인터넷 신문 제작활동)', 2002년에 국립중앙청소년수련원에서 개발 보급한 프로그램(챌린지 어즈벤처, 댄스 스포츠 등) 등이 있다. 그리고 최근(2022~2025)에는 국가 차원의 청소년수련활동 인증제, 청소년자기도전포상제(국제청소년성취포상제), 청소년방과후아카데미 등 체계적인 지원 사업과 더불어 매년 공모를 통해 우수 프로그램을 발굴·매뉴얼화·배포하는 방식이 활발하게 운영되고 있다(연례 공모, 사례집, 우수 사례 공유 등). 하지만 국가 단위의 프로그램이 각 지역의 청소년수련기관에 활용된 경우 지역성과 현실성 등을 충분하게 반영하기 어렵다는 문제점이 있다.

(2) 기관 단위의 프로그램

청소년단체나 시설 등에서 독자적으로 개발하는 사업적인 성격을 가진 프로그램을 의미한다. 기간 단위의 프로그램은 기관의 이념과 지역성을 반영하여 독창적으로 개발되고 운영된다. 그리고 활동의 내용을 비롯하여 방법, 시기, 장소, 효과, 평가 등이 명확하게 제시되는 등 구조화되어 있다는 장점이 있다. 그러나 기관에 문서화된 프로그램이 존재하지 않을 경우 수련관의 시설만을 이용하는 수준이거나, 청소년지도사의 개인적 경험과 역량에 의존하여 수련활동을 전개할 수밖에 없어 기관이나 시설별로 독자적인 프로그램을 개발·운영하려는 노력이 요구된다.

(3) 지도자 단위의 프로그램

청소년지도현장에서 청소년지도사가 기관의 독자적인 프로그램에 기초하여 한 단위의 활동을 전개할 때 필요한 구체적인 활동계획을 수립하는 것을 의미한다. 지도자 단위의 프로그램도 활동내용, 시간, 장소, 대상, 매체, 자원 등 구체적인 요소를 포함하며 지도 실제를 명시해야 한다. 그러나 현실적으로 기관 수준의 프로그램이 있는 경우에도 단위활동 프로그램은 마련해 두지 않는 경우가 많으며, 설령 있다 하더라도 구체적인 지도지침을 제공해 주지 못하는 다분히 일반적인 지도안만 존재하고 있는 실정이다.

2) 프로그램 구성범위에 따른 분류

청소년지도 프로그램은 청소년활동을 통해서 도달하고자 하는 목표에 접근하기 위한 체험거리 또는 경험하게 될 거리들의 조합으로 이루어지게 된다. 여기서 가장 기본적인 단위의 활동거리가 단위 프로그램이며 프로그램의 구성 형태와 범위에 따라 다음과 같이 구분할 수 있다(김창현 외, 2024).

(1) 단위 프로그램

어떤 하나의 주제에 따른 내용을 바탕으로 단순하게 일회성으로 이루어지는 활동 프로그램을 의미한다. 대표적인 프로그램으로는 견학, 일회성 지역사회 봉사, 레크리에이션, 캠프 등이 있다.

(2) 연속 프로그램

하나의 주제를 여러 개의 내용으로 나누어 이를 일정한 순서에 따라서 연결한 프로그램이다. 즉, 단일 목표를 성취하기 위해 이루어진 동일한 계열의 복합 프로그램을 의미한다. 주로 청소년수련관에서 기능연마나 기술 습득을 목적으로 하는 청소년지도영역에서 개발된다. 대표적으로 수영, 태권도, 컴퓨터, 악기, 바둑지도 등의 프로그램이 있다.

(3) 통합 프로그램

한 주제에서 세분화된 여러 활동과 비슷한 활동들을 모아 한 체계 속에서 적절하게 세분화된 여러 활동이나 비슷한 활동으로 적절하게 연결하여 구성한 프로그램이다. 통합 프로그램은 각 활동의 기본적인 성격은 그대로 유지하면서 서로 관련된 내용을 적절히 연결하여 하나의 활동을 구성하는 융합적 방식을 취하고 있다. 이러한 프로그램은 청소년의 가치관 또는 태도형성, 사회문제 해결을 목적으로 하는 지도영역에서 많이 나타난다.

(4) 종합 프로그램

여러 영역의 활동 프로그램들을 한데 모아서 활동 체계에 따라 분류하지 않고 같은 구조 속에서 모든 활동을 종합적으로 전개하는 프로그램이다. 종합 프로그램은 부분별 프로그램들이 각각 고유한 목표와 성격을 그대로 유지하면서 어떤 연결 원칙이나 공통적인 문제, 상호관심적인 영역하에서 그 연계성을 합리적으로 조합한 총괄성을 가진 프로그램이다. 종합프로그램은 비교적 편성 규모가 큰 광역 프로그램으로 청소년 문화광장, 청소년축제, 청소년 우정캠프 등 행사중심 프로그램들이 많다.

3) 프로그램 형태에 따른 분류

청소년활동의 특성상 장소, 시기, 방법, 내용, 목적에 따라 다양한 형태의 프로그램으로 운영된다. 청소년수련활동 인증제도에서 활동 프로그램의 운영 형태에 따라 인정기준을 설정하기 위해 도입되었다(김창현 외, 2024).

(1) 일일 정기형 프로그램

청소년들의 일상생활이 이루어지는 생활근거지를 중심으로 숙박을 하지 않고 일정 기간 동안 정기적인 활동이 이루어지는 형태의 활동 프로그램이다. 주로 청소년수련관, 청소년문화의 집 등에서 취미개발, 문화활동, 스포츠활동 등의 각종 기능습득을 중심으로 이루어진다.

(2) 숙박형 프로그램

청소년들이 집을 떠나 일정한 숙박시설을 갖춘 활동장소에서 1일 이상 숙박을 하면서 이루어지는 활동 프로그램이다. 주로 청소년수련원, 청소년야영장 등에서 자연체험활동, 모험활동 등을 중심으로 이루어진다.

(3) 이동형 프로그램

프로그램의 목적과 내용에 따라 사전에 선정된 활동장소를 이동하면서 숙박과 더불어 이루어지는 활동 프로그램이다. 주로 역사탐험, 모험활동, 국토순례 등의 활동이 이루어진다.

4) 프로그램 구조화 정도에 따른 분류

(1) 구조화된 프로그램

구조화된 프로그램은 프로그램의 목적과 목표가 분명하고 그것을 달성하기 위한 활동, 지도방법 및 절차, 평가 및 피드백이라는 일련의 과정이 명확하게 제시되어 있다. 이들 프로그램의 대부분은 각 분야의 전문가에 의해 이론을 기초로 하여 개발되고 있다. 이러한 전문성과 연속성을 바탕으로 누구나 계획을 보고 진행할 수 있도록 구체적으로 만들어져 있다. 청소년지도 프로그램은 구조화된 프로그램을 지향하고 있다.

(2) 비구조화된 프로그램

비구조화된 프로그램은 단순한 행사 진행표나 일정표와 같은 것이다. 이러한 프로그램은 프로그램이 갖추어야 할 기본적인 요소가 부분적으로 혹은 전체적으로 생략되어 있으며, 기관이나 실행자의 주관적 경험에 크게 의존한다. 물론 지도자의 입장에서는 의도성을 갖고 일정에 따라 진행될 수 있으나 구체적으로 무엇을 어떻게 지도할 것인지에 대한 전문성과 지속성이 결여된 경우가 많다.

5) 청소년지도 내용에 따른 분류

청소년지도의 영역은 청소년들의 전인적 성장을 위한 가치 있는 경험과 체험거리를 의미한다. 이는 곧 청소년들의 생활 전체를 포함하는 포괄적인 것으로 특정한 기준과 내용을 기준으로 전체를 설명하기에는 무리가 있다. 또한 시대적 변화에 따른 청소년들의 요구와 사회적 과제들로 인하여 프로그램이 계속 개발되고 있다. 여기에서는 크게 10가지로 구분하여 제시하고 프로그램에 따른 구체적 활동의 예를 〈표 8-1〉에 제시하였다.

(1) 건강 보건 안전활동

청소년의 건강관리를 궁극적인 목적으로 하며, 공중보건 및 안전에 관한 지식을 이해하고 탐구하며 이를 실생활 속에서 실천하는 데 목적이 있다. 2013년 해병대 캠프 사고, 2014년 세월호 참사 등의 안전사고들로 인해 최근에는 청소년정책 및 사업에 있어 청소년의 안전에 관한 프로그램 개발 및 활동이 강조되고 있다.

(2) 문화예술활동

청소년들에게 올바른 문화적 정체성을 형성시키고 문화의 유지, 계승, 발전, 재창조의 과정을 익히도록 하는 데 목적이 있다. 민속놀이 프로그램, 향토민속 프로그램, 문화유적 탐사 프로그램, 민속예술 프로그램, 전통문화행사 프로그램이 있다.

(3) 과학정보활동

청소년들이 직접적인 관찰과 실험을 통하여 과학의 기초적인 지식과 원리를 습득하고, 여러 가지 과학적 현상에 대한 탐구 능력을 키우도록 하는 데 목적이 있다. 실험 및 실습활동 프로그램, 관찰 및 탐사활동 프로그램, 견학 프로그램, 과학공작 프로그램 등이 있다.

(4) 예체능활동

청소년들이 체육 및 예술활동에 대한 기본적인 소양과 안목을 갖추도록 할 뿐만 아니라 정서 발달과 창조능력을 증진시키고 신체적·정서적 건강을 증진시키는 데 목적이 있다. 각종 스포츠 활동 및 행사 프로그램, 종합예술 프로그램, 음악활동 프로그램, 문학활동 프로그램, 기타 활동 등이 있다.

(5) 사회봉사활동

청소년들이 이웃, 지역사회와의 만남을 통하여 향토애와 시민정신을 함양할 뿐 아니라 일상생활에서 공동체 의미를 깨닫고 몸소 실천하도록 하는 데 목적이 있다. 시설봉사 프로그램, 지역사회 봉사활동 프로그램 등이 있다.

(6) 모험개척활동

청소년에게 레포츠와 탐험활동을 통하여 건전한 성장 발달과 여가활동을 장려하고 미래의 삶에 대한 도전, 용기, 성취의식을 함양시키는 데 목적이 있다.

(7) 자기 계발활동

청소년기의 발달과업인 자아정체감 형성을 돕고 자아에 대한 이해와 수용을 바탕으로 타인과의 관계형성을 도우며 건강한 성격개발과 사회적응을 돕는 데 목적이 있다. 자기 성장 프로그램, 심성계발 프로그램, 인간관계 개선 프로그램, 가치관 명료화 프로그램, 진로탐색 프로그램 등이 있다.

(8) 국제교류활동

청소년의 국제 문화, 체육, 예술 교류를 통하여 우리나라 전통문화를 해외에 널리 소개할 뿐만 아니라 청소년들이 다민족, 다문화 사회에서 함께 사는 것을 배우고 세계 속의 한국인으로 성장하기 위해 다양한 문화 체험과 문화 교류의 기회를 제공하는 데 목적이 있다.

(9) 직업체험활동

청소년들이 자신의 관심 분야와 궁금한 직업 현장을 체험해 봄으로써 적극적으로 진로를 탐색하고 직업에 대한 생각을 제고해 볼 수 있는 기회를 갖게 되며, 다양한 직업세계에 대한 시야를 넓히고 21세기 지식기반 사회를 이끌고 갈 전문적인 직업인으로서의 능력 및 사회적 적응 능력을 배양시키는 데 목적이 있다.

(10) 환경보존활동

범지구적 과제인 환경보존과 관련하여 청소년이 주체가 되어 환경 보호의식을 함양하며, 실천활동을 통해 깨끗하고 살기 좋은 지역사회로 개선하고자 하는 데 목적이 있다.

표 8-1 청소년지도 프로그램과 활동

프로그램	활 동
건강 · 보건 · 안전 활동	약물예방활동, 신체단련활동, 흡연, 음주, 약물, 비만 예방활동, 안전 · 응급처치 활동 등
문화예술 활동	문화권탐방활동, 예술감상활동, 명절쇠기활동, 국토탐사활동, 민속놀이활동, 노래광장활동, 놀이한마당활동, 전통문화사랑방활동(우리 노래, 춤, 악기, 극, 풍속활동), 신토불이상차림활동, 역사연극활동, 역사인물기행활동, 역사읽기활동, 박물관기행활동, 선현답사활동, 전통예술창조활동, 취미생활활동, 문예사랑활동, 영상매체이해활동, 만화이해활동, 어울마당활동, 가족과 함께하는 놀이 24가지 활동, 전설의 고향 활동, 하나되는 몸짓 활동, 전통축제한마당, 영상음악, 어울춤, 철학기행 등
과학정보 활동	독서교실활동, 환경캠프활동, 장영실의 하루 활동, 자기 표현활동, 컴퓨터와의 만남 활동, 지구촌시대를 여는 정보통신활동, 정보캠프활동, 창작마당활동, 과학놀이활동 등
예체능활동	수영, 축구, 태권도, 농구, 등산 등 각종 스포츠 활동, 체육대회, 전국해양제전, 즉석가요제, 음악감상회, 영상음악과의 만남, 미완성문장 완성하기, 창작발표, 저자와의 만남, 춤강연, 영화감상 등
사회봉사 활동	도시농촌교환봉사활동, 모의지방의회활동, 지역사회명사만남활동, 지역사회봉사활동, 장애청소년 스포츠활동, 화목한 가정 꾸미기 활동, 이웃돕기한마당활동, 지역사회공개토론활동, 환경살리기 운동, 우리는 환경을 지키는 녹색파수꾼 활동, 함께하는 지역공동체 활동, 가족유대강화활동, 한마음가족 등
모험개척 활동	바들산체험활동, 안전사고대비훈련활동, 호연훈련활동, 자연농장활동, 수상훈련활동, 신바람풍물체조활동, 대한군인활동, 백두에서 한라까지 활동, 비만예방활동, 한국의 강 탐사활동, 국토사랑배낭여행활동, 모험체험활동, 산들탐사활동, 미지의 세계 활동 등
자기 계발활동	친밀감 형성활동, 자기 이해 및 수용활동, 자기 개방활동, 효과적인 사고훈련, 위기훈련, 자기 주장 훈련, 경청활동, 장님탐험활동, 어깨동무활동, 거울이 되어 움직이기 활동, 가치관 경매활동, 청소년 법정활동, 우리의 진로활동, 전문직업인 초청 간담회, 직업의 세계, 면접훈련 등
국제교류 활동	국산품애용활동, 청소년국제교류활동, 국제교류준비활동, 세계문화비교체험활동, 나라사랑체험활동, 외국문화이해활동, 통일광장활동, 온누리로 향한 배달의 얼 활동 등
직업체험 활동	청소년모의창업활동, 경제캠프활동, 진로탐색활동, 직업현장체험 등
환경보존 활동	생태활동, 환경탐사활동, 자연지도 만들기, 숲체험, 환경음식 만들기, 환경 살리기 활동, 환경 · 시설 보존활동 등

3. 청소년지도 프로그램의 개발

프로그램 개발과정에서 다음 〈표 8-2〉와 같이 여러 가지 형식의 모형이 개발되어 왔다. 개발자들에 따라 발달단계에 있어 다소 차이가 있지만 기본적으로 모든 모형이 분석(Analysis), 설계(Design), 개발(Development), 실행(Implementation), 평가(Evaluation)의 과정을 포함하고 있다. 이에 따라 프로그램 설계의 일반 모형인 ADDIE에 대해 살펴보면 다음과 같다.

표 8-2 프로그램 개발 모형

연구자	프로그램 개발의 단계
Tyler(1949)	교육목적, 학습경험 선정, 학습경험 조직, 평가
한국청소년개발원(1994)	기획, 설계, 실행, 평가
변창진(1994)	요구사정, 계획수립, 목표설정, 내용선정, 내용구성, 도구구성, 전략선정, 평가, 관리
Caffarella(1994)	기획과정의 기초설정, 프로그램 아이디어 확인, 프로그램 아이디어 분류와 우선순위 결정, 프로그램 목표개발, 학습전이를 위한 준비, 평가계획의 수립, 체재, 계획표, 요원요구의 결정, 예산준비와 계획안의 마케팅, 수업계획 설계, 시설조정, 프로그램 가치의 보고
박인우(1995)	조사, 분석, 설계, 개발, 실시, 총괄평가
Dick & Carey(1996)	요구사정(교수분석, 학습자 환경분석), 성취행동목표진술, 준거지향검사개발, 교수전략개발, 교수자료개발, 형성평가, 총괄평가
김진화 · 정지웅(2000)	기획, 요구분석, 목적/목표설정, 설계, 마케팅, 실행/관리, 평가
Caffarella(2002)	상황분석, 공고한 지지기반 확보, 프로그램 아이디어 확인, 아이디어 분류와 우선순위, 프로그램 목표 개발, 지도 계획 작성, 학습전이 계획 구안, 평가계획 수립, 시사점 추출과 공유, 프로그램 형식, 일정, 스탭요구 선택, 예산확보와 홍보계획, 각종 시설과 온라인사이트 활성화

연구자	프로그램 개발의 단계
Rockwell & Bennett (2003)	경제, 사회, 환경적 조건, 실천, KASA, 반응, 참여, 활동, 자원
Taylor & Pokwell (2006)	투입, 산출, 성과
한국청소년정책연구원 (2014)	기획, 설계, 마케팅과 홍보, 실행과 운영
윤성혜, 장지은, 김세영 (2017)	메이커교육 기반으로 청소년의 기업가정신을 키우기 위한 프로그램 모형 제안. 델파이 조사, 실천적 설계원리 포함
한국청소년활동진흥원(KYWA) (2024)	디지털화 관점에서 기관·프로그램 설계·운영에 적용 가능한 진단지표와 실행 가이드를 제시함(프로그램 설계 모형/운영체계 관련 시사점 포함)
강경균 (2025)	목적·연령별 영역·내용·방법·전략 등 구성요소 제시 및 전문가 타당화

1) 분석

분석은 청소년들의 요구와 청소년 특성분석, 프로그램이 운영될 환경분석, 과제분석 그리고 기관 및 시설의 요구, 사회의 요구, 부모의 요구 등을 종합적으로 분석해 내는 것을 말한다. 요구분석은 청소년지도 프로그램 개발의 목적이 청소년의 문제, 욕구, 결핍 해결에 있는 것과 같이 우선적으로 프로그램의 주체이자 수혜의 대상인 청소년들의 욕구를 적극적으로 반영하는 과정이다. 이후 사회, 부모, 기관의 욕구를 반영하여 종합적인 분석이 이루어진다. 요구분석을 위해 가장 많이 사용하는 방법으로 질문지법, 면접법, 전화응답, 관찰법 등이 있다. 과제분석은 프로그램의 목적을 달성하기 위해 필요한 지식, 기능, 태도를 파악하고 이들 간의 계열과 범위를 설정하는 과정이다. 환경분석은 프로그램의 목적을 달성하는 데 필요한 기자재, 시설, 경비, 행정적·재정적 상황, 개발 기간 등을 고려하는 것을 의미한다.

2) 설계

설계는 분석의 결과로 밝혀진 정보를 토대로 목표를 분명하게 하고 청소년지도방법 및 전략을 적용하기 위한 단계이다. 청소년지도의 목표를 성취하기 위한 교육내용, 경험활동, 교수전략 그리고 교수매체를 선정하여 효과적인 지도전략을 산출해야 한다. 교수전략은 프로그램 목표를 달성하기 위해 필요한 구체적인 방법 및 활동으로 청소년의 주의집중전략, 동기유발전략, 학생참여전략 등을 포함한다. 교수매체는 지도자와 청소년 간의 의사소통을 위해 사용되는 매개체로 학습목표와 대상자를 고려하여 활용해야 한다. 교수매체에 대해 체계적인 연구를 한 데일(Dale, 1947)은 '경험의 원추(Cone of Experience)'라는 시청각 매체 분류모형을 제시했다(김영인, 김민, 2016). 그는 학습자가 구체적인 경험을 먼저 한 후 간접적인 경험을 거쳐 추상적인 경험을 하는 것이 학습의 효과적인 순서라고 보았다. 다음 〈그림 8-1〉에서와 같이 학습자는 실제행동으로 경험하고, 매체를 통해 보고 들으며 언어에 의한 상징화 과정을 통해 개념을 효과적으로 학습할 수 있다. 이는

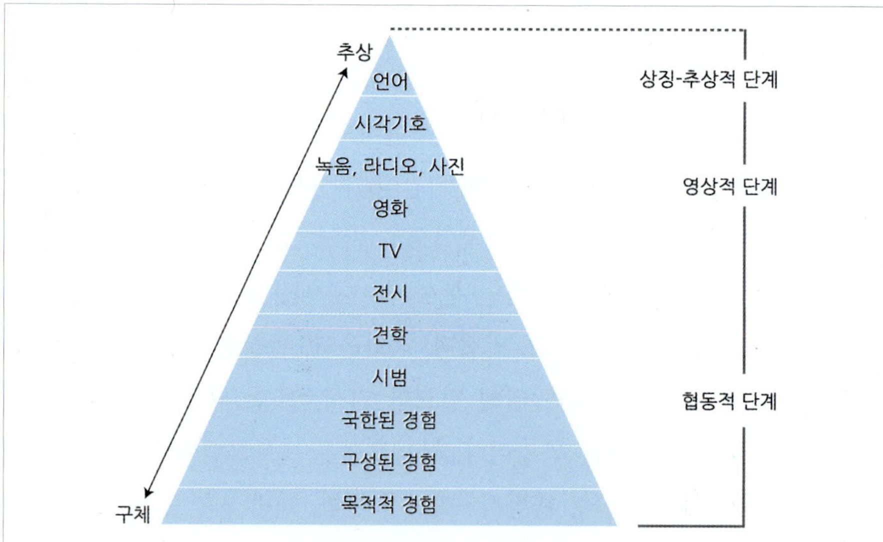

그림 8-1 Dale의 경험의 원추

브루너(Bruner)의 지식의 세 가지 표현양식과도 일치한다. 먼저 행위에 의한 학습은 행동적 표상으로 실제 경험, 견학, 시범 등으로 이루어진다. 그리고 영상을 통한 학습은 관찰을 통해 얻어지는 학습으로 영화나 관련 TV프로그램 시청을 통해 이루어진다. 마지막으로 추상적 개념에 의한 학습은 상징적 표상으로 언어나 기호를 통해 이루어진다. 따라서 지도자는 청소년의 연령, 지적 수준, 태도, 적성 등의 특성, 청소년 집단의 규모, 지도내용의 목표와 내용, 매체의 속성과 기능, 물리적 환경, 매체의 실용성을 고려하여 선정하는 것이 필요하다.

3) 개발

개발은 프로그램 설계에 바탕을 두고 실제 지도에서 사용될 강사매뉴얼, 학습자매뉴얼, 교수계획안과 같은 지도자료 및 계획서를 산출하기 위한 단계이다.

4) 실행

실행은 실제로 개발된 프로그램을 기관이나 학교에서 활용하는 단계이다. 청소년지도자는 청소년들의 성장과 발달이라는 최적의 결과를 성취하기 위해 프로그램을 지도 상황에 맞게 수정할 수 있다. 이 단계에서는 다양한 지도방법이 통합되어 하나의 과정으로 이해될 수 있어야 한다.

5) 평가

평가는 앞에서 언급한 4단계의 모든 요소의 효과성, 효율성 그리고 매력성을 평가하기 위한 방법을 포함한다. 즉, 프로그램이 얼마나 잘 설계되고 개발되었는지 그리고 그것이 실제로 얼마나 잘 전개되었으며 또한 적절히 관리되었는지를 전체적으로 평가하는 것이다.

연습문제

1. 청소년지도 프로그램의 의미와 성격에 대해서 설명하시오.
2. 청소년지도 프로그램의 유형에 대해서 설명하시오.
3. 청소년지도 프로그램의 개발에 대해서 설명하고 논하시오.

Youth Guidance Methodology

PART 3

청소년지도 방법의 실제

CHAPTER 09

청소년수련활동 지도방법

CHAPTER 10

청소년 진로지도방법

CHAPTER 11

청소년상담 지도방법

CHAPTER 12

청소년봉사활동 지도방법

CHAPTER 13

청소년자치활동 지도방법

CHAPTER 14

청소년교류활동 지도방법

CHAPTER

9

청소년수련활동 지도방법

학습 내용

1. 청소년수련활동의 개념과 중요성
2. 청소년수련활동의 특성
3. 청소년수련시설과 활동인증제
4. 청소년수련활동 지도방법

학습 목표

1. 청소년수련활동의 개념과 중요성에 대해서 이해한다.
2. 청소년수련활동의 특성에 대해서 살펴본다.
3. 청소년수련시설과 활동인증제에 대해서 이해한다.
4. 청소년수련활동 지도방법에 대해서 설명한다.

학습 개요

청소년수련활동은 청소년들이 폐쇄된 공간에서 청소년기의 발달 특성을 충분히 인식하지 못한 채 제한된 생활을 한다는 비판에 대응하여, 청소년들의 여가와 생활 환경에서 다양성을 추구하기 위해 제시되었다. 이 활동은 청소년이 자연을 직접 보고 느끼며 체험할 수 있는 기회를 제공하고, 다양한 욕구를 충족시키며 건전한 인간적 특성을 육성하며, 대안적 교육 활동을 경험하며 바람직한 사회 구성원으로 성장하도록 돕는다.

청소년수련시설은 이러한 수련활동을 위해 필요한 시설, 설비, 프로그램을 갖추고 청소년지도자의 지도 아래 체계적이고 조직적인 활동이 이루어지도록 설치된 대표적인 장소를 의미한다.

한편 청소년수련활동 인증제도는 일정 기준 이상의 형식적 요건과 질적 특성을 갖춘 청소년 활동이 정당한 절차를 거쳐 공적 기관에 의해 인정되었음을 증명하는 제도이다. 청소년수련활동의 지도방법으로는 합리적인 수련활동 계획 수립, 실생활 중심 지도, 충분한 안전교육 실시 등이 있다.

1. 청소년수련활동의 개념과 중요성

1) 청소년수련활동의 개념

청소년수련활동은 청소년들이 폐쇄된 공간 속에서 청소년기의 발달특성을 충분히 지각하지 못한 채 제한된 생활을 하고 있다는 비판이 제기되면서 청소년들의 여가와 생활배경에서 다양성을 추구하기 위하여 제시되었다. 청소년수련활동은 세 가지의 의미로 사용되고 있다. 첫째, 우리 민족의 전통적인 개념의 측면에서 일상생활에서 자신을 이해하고, 자아실현으로서 자기 세계를 바라보며, 자신이 갖고 있는 잠재력을 향상시키는 과정을 지칭한다. 그 대표적인 예로 신라의 화랑도를 들 수 있다. 둘째, 정책적 개념의 측면에서 청소년기본법에 명시된 수련활동의 정의를 살펴볼 수 있다. 이는 청소년수련활동을 청소년의 균형적 발달을 위하여 능동적 참여에 기초를 두고 생활권 또는 자연권에서 심신 단련, 자질 배양, 취미 개발, 정서 함양, 사회봉사활동을 통해 배움을 실천하는 조직적인 체험활동을 의미한다(1991. 12. 31 제정, 청소년기본법 제3조 제3항). 그러나 청소년활동 현장에서는 2004년 2월 청소년기본법을 개정하면서부터 청소년활동과 청소년수련활동 간의 개념적 혼선이 지속적으로 발생하고 있다. 청소년기본법에는 청소년활동이 청소년의 균형 있는 성장을 위하여 필요한 활동과 이러한 활동을 소재로 하는 수련활동, 교류활동, 문화활동 등 다양한 형태의 활동으로 명시되어 있다. 이는 청소년 활동을 수련활동 중심에서 문화활동과 교류활동 등 다양한 활동을 포괄하는 상위의 개념으로 확장시키는 과정에서 발생된 개념적 혼선이라고 할 수 있다.

청소년수련활동은 신체강건, 의식강화, 정서적 안녕감, 창의성 계발이라는 4가지 요소가 상호 균형적인 상태로 개인에게 작용하면서 의미 있는 상태로 개인의 역량을 키워나가는 중요한 역할을 한다. 성장 급등기에 있는 청소년의 건강한 신체적 성장은 물론 청소년들이 가정이나 학교에서 체험하기 어려운 다양한 성장경험을 보충하여 그들의 감성 및 사회성 개발을 위한 여건을 제공해 준다. 즉, 청소년들이 또래집단의 자유로운 분위기 속에서 타인의 감정에 대한 인식과 대응, 자신의 감정 조절과 통제 등을 위한 감성적 능력을 발달시켜 나갈 수 있도록 돕는다. 결론적으로 청소년수련활동이란 청소년이 자발적으로 청소년활동에 참여하여 청소년기에 필요한 기량과 품성을 함양하는 교육적 활동으로서 청소년지도자와 함께 청소년 수련거리에 참여하여 배움을 실천하는 체험 활동이라 할 수 있다(청소년활동진흥법 제2조).

2) 청소년수련활동의 중요성

청소년수련활동은 청소년들에게 자연을 직접 보고 느끼며 경험하게 함으로써 자연 탐사 및 탐색의 기회를 제공해 준다. 그리고 청소년들이 일상의 긴장과 스트레스에서 탈피하여 건강한 자아의식을 함양하도록 하며, 집단활동을 통한 연대와 단결을 강화하여 인간관계를 개선시킨다. 또한 어려움과 힘든 체험을 이겨냄으로써 자신감과 극기의 능력을 제고하는 데 큰 긍정적인 영향을 미친다. 이처럼 청소년수련활동은 청소년 스스로가 자신이 원하는 체험기회에 참여함으로써 경험의 내적 강화를 이루게 되고 자신이 집단 속에서 해야 할 역할과 참여의 위치 등을 스스로 정함으로써 내적 동기화를 유발하는 데 매우 효과적이라 할 수 있다(권일남 외, 2010).

(1) 다양한 청소년들의 욕구 충족

청소년수련활동은 청소년기의 급격한 신체적 변화와 발달로 인한 심리적 혼란과 정신적 불안정감을 극복하고 자아정체감을 발견하는 계기가 될 수 있는 활동이다. 따라서 새로운 가치관을 정립하고 심리적 안정감을 발현할 수 있도록 다양한 청소년들의 요구를 충족시켜 줄 필요가 있다.

(2) 건전한 인간 특성의 육성

청소년들은 새로운 것을 직접 보고 느끼는 과정을 통해 새로운 자아를 탐색하고, 자신들의 내면에 존재하고 있는 능력을 개발한다. 그들만의 건전한 인간 특성에 대한 의미를 더욱 확연히 드러내고, 어려움을 극복하면서 건전한 인간 특성을 기를 수 있게 된다.

(3) 대안적 교육활동

수련활동과 같은 체험교육이 중요한 이유는 지식위주의 획일적 교육에서 벗어나 자신들이 처해 있는 여러 사회적 상황에서 문제해결을 위한 대안적 교육활동으로서의 의미를 가지고 있다.

(4) 바람직한 사회구성원으로서의 성장

청소년들이 보다 나은 인격을 연마하고 그들이 바람직한 사회구성원으로 성장할 수 있도록 청소년들의 자발적 참여를 통해 심신을 단련하고 자질을 개발하여 배움을 실천하는 수련활동의 기회가 필요하다.

2. 청소년수련활동의 특성

청소년수련활동의 함축적인 특성을 살펴보면 다음과 같다(김정숙, 조남억, 2024).

첫째, 청소년수련활동은 집단 경험적 활동이다. 즉, 두 사람 이상의 상호작용을 통하여 정서적 유대, 지위와 역할, 가치와 규범 등의 인간관계의 다양한 형태가 나타나는 집단활동이다. 예를 들어 청소년 수련거리는 과잉보호 속에서 살고 있는 청소년에게 집단활동의 경험을 통해 적절한 좌절감을 겪게 하고 도전 의식을 준다. 이를 통해 과보호 청소년이 시행착오를 겪으면서 스스로 사회적 상황에 대처방안을 습득하게 하고 자립심과 독립심을 발달시킴으로써 궁극적으로 개인의 성장을 도모하도록 이끈다.

둘째, 청소년수련활동은 교육적 활동이다. 다시 말해 단순히 여가선용을 위한 놀이활동이 아니라 청소년기의 역량과 품성을 함양하는 교육적 목적과 이념을 구현하는 활동이다.

셋째, 청소년수련활동은 자발적 활동이다. 즉, 청소년 참가자 스스로가 자신의 활동 여부를 선택할 수 있다. 이렇게 자발성을 강조하는 이유는 수련활동의 적합성 여부를 청소년 스스로 선택하게 하는 데 그 의의가 있다.

넷째, 청소년수련활동은 체험적인 활동이다. 체험적 수련활동은 청소년이 실제로 보고, 듣고, 느끼고, 만지고, 활동함으로써 지금까지 경험해 보지 않은 일을 새롭게 실행해 보는 과정이다. 특히 자연체험의 기회가 적은 도시 청소년들에게는 인위적이고 도시화된 환경을 벗어나 의도적으로 자연환경과의 만남의 장을 제공하는 활동이 강조된다.

다섯째, 청소년수련활동은 창의적인 활동이다. 수련활동의 창의성은 체험적 수련활동 자체가 지닌 가변성과 긍정적인 우발적 행동을 드러내며, 청소년 각자의 반성적 사고를 통해 활동 프로그램을 해석함으로써 새로운 활동 형태와 경험을 창출하는 데 있다.

3. 청소년수련시설과 활동인증제

1) 청소년수련시설의 개념

청소년수련시설은 대표적인 수련활동 장소로서 청소년수련활동을 위해 필요한 시설, 설비, 프로그램 등을 갖추고 청소년지도자의 지도 아래 체계적이고 조직적인 수련활동을 하도록 설치된 시설을 의미한다. 즉, 청소년수련시설은 단순히 외형적인 공간이나 건물을 지칭하는 것이 아니라 그 안에 운영되는 체험활동(혹은 수련거리)과 지도자를 포괄하는 개념이라 할 수 있다. 청소년기본법에서는 청소년 수련시설을 생활권수련시설(청소년수련관과 청소년문화의집), 자연권수련시설(청소년 수련원, 청소년야영장) 그리고 유스호스텔로 구분하였다.

그러나 2005년 새로 제정된 청소년활동진흥법에 따라 현재는 청소년수련시설과 청소년이용시설로 구분한다. 청소년수련시설은 청소년들이 여가, 놀이 및 문화예술 활동에 필요한 여러 시설, 설비, 프로그램 등을 갖추고 청소년지도자의 지도 아래 체계적이고 조직적인 체험적 수련활동을 실시하는 시설을 지칭한다. 우리나라의 청소년수련시설은 수련활동의 종류와 기능, 수련시설이 소재하고 있는 입지적 여건 등에 따라 6가지로 구분된다. 첫째, 청소년수련관은 다양한 청소년 수련거리를 실시할 수 있는 각종 시설 및 설비를 갖춘 종합수련시설이다. 둘째, 청소년수련원은 숙박기능을 갖춘 생활관과 다양한 청소년수련거리를 실시할 수 있는 각종 시설과 설비를 갖춘 종합수련시설이다. 셋째, 청소년문화의집은 간단한 청소년수련활동을 실시할 수 있는 시설 및 설비를 갖춘 정보, 문화, 예술 중심의 수련시설이다. 넷째, 청소년특화시설은 청소년의 직업체험, 문화예술, 과학정보, 환경 등 특정 목적의 청소년활동을 전문적으로 실시할 수 있는 시설과 설비를 갖춘 수련시설이다. 다섯째, 청소년야영장은 야영에 적합한 시설 및 설비를 갖추고 청소년수련거리 또는 야영편의를 제공하는 수련시설이다. 여섯째, 유스호스텔은 청소년의 숙박 및 체류에 적합한 시설·설비와 부대·편익시설을 갖추고, 숙식편의 제공, 여행청소년의 활동지원을 기능으로 하는 시설이다.

우리나라에서는 〈표 9-1〉과 같이 869개의 시설이 설치·운영되고 있다. 이들 중에서 청소년문화의집이 365개로 가장 많고 청소년수련원과 수련관, 유스호스텔, 야영장 순으로 설치되어 있다. 청소년수련시설은 1992년 이전 전국 수련시설이 150여 개에 불과하였으나, 2005년 601개, 2010년 721개, 2015년 797개로 매년 지속적으로 증가하다가 2025년 12월 기준 869개의 시설이 운영되고 있다. 이와 같이 지속적인 청소년수련시설 확충은 건전하고 다양한 체험활동을 할 수 있는 청소년활동인프라 및 프로그램이 확대되고 있으며, 전반적인 서비스 질이 향상되고 있음을 의미한다.

표 9-1 청소년수련시설 현황

	총계	수련관	문화의집	수련원	야영장	유스호스텔	특화시설
계	869	205	365	152	34	99	14
직영	385	155	126	100	9	80	4
위탁	484	205	239	52	25	19	10

자료: 한국청소년수련시설협회(2025)

2) 청소년수련활동 인증제

(1) 인증제도의 개념 및 목적

청소년수련활동 인증제도는 다양한 청소년활동에 수련활동이 갖는 일정 기준 이상의 형식적 요건과 질적 특성을 갖춘 청소년 활동이 정당한 절차로 성립되었음을 공적기관에 의해 증명하는 제도이다(청소년활동진흥법 제35조). 인증제도는 안전을 확보해야 하는 활동이나 일정 규모 이상의 활동은 인증기준에 맞추어 인증을 신청하고 모든 활동은 전문인력을 배치함으로써 위험요소를 최소화하고 안전한 활동환경을 마련하고자 함에 그 취지가 있다. 인증제도의 목적을 구체적으로 살펴보면 다음과 같다.

- 청소년이 안전하고 유익한 활동을 선택하여 참여할 수 있도록 양질의 프로그램을 제공한다.
- 청소년에게 안전하고 질적 수준이 담보된 다양한 청소년 활동 정보를 제공한다.
- 참여한 활동내용을 국가가 기록, 유지, 관리하여 자기 계발과 진로모색에 활용하도록 자료를 제공한다.
- 건전한 청소년 활동 선택의 장을 조성하고 청소년 활동 전반에 대한 국민적 신뢰를 확보한다.

(2) 인증제도의 주요 특징

인증제도의 주요 특징으로는 사전인증, 서면인증, 프로그램 인증이 있다.

사전인증이란 프로그램을 시행하고자 하는 기관이나 단체는 참가자를 모집하기 전에 프로그램 인증을 받는 것이다. 의무적으로 인증을 신청해야 하는 대상으로는 청소년 참가 인원이 150명 이상인 수련활동과 다음 〈표 9-2〉와 같이 위험도가 높은 청소년수련활동일 경우이다. 단순 체험(견학) 활동, 단순 기능 습득을 위한 훈련 내지 강좌, 운영시간 최소기준 미충족 활동 그리고 불특정 다수를 대상으로 하는 행사나 축제는 인증신청에서 제외된다.

표 9-2 위험도가 높은 프로그램

구분	프로그램 내용
수상활동	래프팅, 모터보트, 동력요트, 수상오토바이, 고무보트, 수중스쿠터, 호버크래프트, 수상스키, 조정, 카약, 카누, 수상자전거, 서프보트, 스킨스쿠버
항공활동	패러글라이딩, 행글라이딩
산악활동	크라이밍(자연암벽, 빙벽), 산악스키, 야간등산(4시간 이상의 경우만 해당한다)
장거리 걷기활동	10km 이상 도보이동
그 밖의 활동	유해성 물질(발화성, 부식성, 독성 또는 환경유해성 등), 집라인(zip-line), ATV, 탑승 등 사고위험이 높은 물질, 기구, 장비 등을 활용하여 이루어지는 청소년수련활동

자료: 청소년활동진흥법 시행령 제15조의 2 제2호 관련, 별표 7

서면인증이란 인증을 신청하려는 자가 관련 자료를 서면으로 작성하여 제출하는 것을 의미한다. 인증 신청 시기는 활동 개시 45일 이전으로 기준별 증빙서류를 구비하여 접수해야 한다. 인증은 일련의 인증절차[1)]에 따라 진행된다. 각 영역별

1) 인증신청서 및 접수처는 인증정보시스템(http://yap.youth.go.kr)에서 할 수 있다. 2020년에는 비대면방식 청소년활동 인증기준을 개발하여 청소년활동의 혁신을 도모하였으며, 코로나19와 같은 재난 등의 사유로 인해 인증수련활동 운영이 원활하지 못한 기관에 대하여 인증수련활동을 중지할 수 있는 제도적 보완장치를 마련하였다.

인증기준은 공통기준과 개별기준으로 나누고 공통기준은 활동 프로그램, 지도력, 활동환경 등 세 가지 영역, 개별기준은 숙박형과 이동형으로 구성되어 있다. 활동 프로그램 기준의 경우 청소년의 발달 특성과 욕구를 반영하여 프로그램을 개발하고 평가체제를 마련하며 자원의 효율적인 운영계획이 수립되었는지를 확인한다. 지도력 기준의 경우 프로그램 운영 및 관리에 적합한 자를 선정, 청소년 참여 인원수 대비 지도자 배치, 안전고려활동에 있어 유자격자 배치 등을 확인한다. 활동 환경 기준의 경우 청소년들에게 안전하고 적합한 활동환경을 제공할 수 있도록 공간과 설비, 사용 여건, 보험가입 등 계획을 철저하게 수립했는지를 확인한다. 이를 통해 공공성, 유익성, 안전성 등을 확보하고 안전하고 신뢰받을 수 있는 환경에서 프로그램이 진행될 수 있도록 지도·감독한다.

프로그램 인증이란 각 기관은 기관 내에 운영하는 프로그램을 각각 개별적으로 인증받아야 한다는 의미이다. 즉, 프로그램을 인증받았다는 것은 개별 프로그램에 대한 인정일 뿐 기관 전체에 대한 인증을 의미하는 것은 아니다.

4. 청소년수련활동 지도방법

1) 합리적인 수련활동지도계획 수립

청소년지도자는 수련활동 계획을 수립할 때 청소년들의 요구, 수련활동의 목표, 프로그램 내용, 지도 방향, 환경 등을 파악하고 지역적 특성과 실정에 맞게 수련활동의 내용을 재구성할 수 있어야 한다.

2) 실생활 중심의 지도

수련활동은 일상생활과 관련된 실생활 중심의 교육으로 실습, 관찰, 체험, 실기 등 활동중심의 교육을 구성하도록 해야 한다. 또한 청소년이 자발적인 태도로 임하며 자신의 적성과 흥미를 발견할 수 있도록 지도해야 한다.

3) 충분한 안전교육 실시

수련활동은 신체적인 운동을 수반하는 교육과정이기 때문에 항상 안전교육에 주의를 기울여야 한다. 그리고 수련활동은 단지 육체적인 활동만이 아닌 수련활동에 임하는 마음가짐을 배양하는 것임을 기억해야 한다. 또한 시설 및 기구의 사용과 취급에서 시설의 효율적 활용과 사용 중의 안전관리에 힘써야 한다.

연습문제

1. 청소년수련활동의 개념과 중요성에 대해서 설명하시오.
2. 청소년수련활동의 특성에 대해서 설명하시오.
3. 청소년수련시설과 활동인증제에 대해서 설명하시오.
4. 청소년수련활동 지도방법에 대해서 토론하시오.

Youth Guidance Methodology

CHAPTER

10

청소년 진로지도방법

학습 내용

1. 급변하는 미래사회와 직업세계의 변화
2. 진로지도의 기초 이해
3. 청소년 진로발달이론
4. 청소년 진로지도 프로그램
5. 청소년 진로지도방법

학습 목표

1. 급변하는 미래사회와 직업세계의 변화에 대해서 이해한다.
2. 진로지도의 기초에 대해서 이해한다.
3. 청소년 진로발달이론에 대해서 이해한다.
4. 청소년 진로지도 프로그램에 대해서 살펴본다.
5. 청소년 진로지도방법을 이해한다.

학습 개요

진로지도는 진학지도와 직업지도를 포함하여, 개인의 전 생애에 걸친 직업적 발달을 촉진하고 진로를 준비하도록 돕고, 선택한 직업에서 적응하며 지속적으로 성장할 수 있도록 지원하는 과정이다. 진로지도의 궁극적인 목적은 진로상담과 진로교육을 통해 개인적으로는 자아를 실현하고, 국가적으로는 인력의 효율적 활용을 통해 국가 발전에 기여하는 것이다. 진로지도의 구체적인 목표는 자신에 대한 정확한 이해 증진, 직업세계에 대한 이해 증진, 합리적 의사결정 능력 향상, 정보 탐색 및 활용 능력 함양, 일과 직업에 대한 올바른 가치관 및 태도 형성이 있다.
청소년 진로발달 이론으로는 특성-요인이론, 발달이론, 홀랜드(Holland)의 인성이론, 직업적응이론 등이 있다. 청소년을 대상으로 한 진로지도 프로그램은 정부 연구기관, 지자체, 각급 학교를 중심으로 개발되어, 프로그램의 목적과 대상에 따라 다양한 방식으로 활용되고 있다.

1. 급변하는 미래사회와 직업세계의 변화

1) 4차 산업혁명

산업혁명은 인류 문명의 발전 과정에서 생산양식과 사회구조의 근본적 변화를 이끌어온 핵심 요인으로 평가된다. 1차 산업혁명이 농업에서 기계화를 촉진하고, 2차 산업혁명은 제조업 중심의 대량생산 체계를 확립했다. 그리고 3차 산업혁명은 정보통신기술을 매개로 금융·의료·통신 등 다방면의 산업 고도화를 이끌었고, 4차 산업혁명은 융합(convergence)과 연결(connectivity)을 핵심 특성으로 한다(Schwab, 2016). 즉, 인공지능(AI), 사물인터넷(IoT), 빅데이터, 클라우드 컴퓨팅, 블록체인, 로봇공학 등 첨단 정보기술이 사회 전반에 융합되고 상호 연결되면서 산업과 생활 세계의 구조적 전환을 야기하고 있다.

2020년대 초반까지만 하더라도 무인 자동차, 드론, 3D 프린터, 인공지능과 같은 기술은 '파괴적 기술(disruptive technology)'로 미래 가능성 차원에서 논의되었다. 그러나 2025년 현재 이러한 기술들은 상용화 단계를 넘어 사회 인프라의 일부로 자리 잡았다. 대표적인 예로 자율주행차는 일부 대도시에서 교통체계에 통합되어 운행되고 있으며, 드론은 물류 배송과 응급 의료 지원 수단으로 활용되고 있다(Kim & Lee, 2024). 또한 초거대 언어모델(LLM) 기반의 인공지능은 텍스트·이미지·음성 등 다양한 영역에서 인간과 협업하며 교육, 행정, 연구, 창작 등 다방면의 업무 수행에 기여하고 있다.

3D 프린팅 기술은 건축, 의료, 패션, 우주 산업에까지 응용 범위를 넓혔고, IoT는 단순한 가전제품 제어 수준을 넘어 스마트시티, 스마트헬스케어, 재난 관리 체계에까지 확장되었다. 이 과정에서 초연결(hyperconnectivity) 환경이 조성되었으며, 이는 사람과 사람, 사람과 기계, 나아가 AI와 AI 간의 자율적 소통을 가능하게 하는 단계로 진입하였다.

또한 디지털 네트워크 환경은 소셜 미디어의 단순한 소통 기능을 넘어, 메타버스 플랫폼과 실시간 다국어 AI 번역 기술을 매개로 지구촌 단위의 협업과 교류를 일상화시켰다. 저궤도 위성 기반 인터넷 서비스(예: Starlink)의 보급은 전 세계 오지까지 네트워크 접근성을 확대하여 사실상 전 인류의 인터넷 연결을 실현하고 있다(UN ICT Report, 2025).

이러한 변화는 청소년 세대의 삶과 학습 방식에도 중대한 전환을 가져오고 있다. 원격·혼합 학습 체계, AI 기반 학습 지원 도구, 디지털 협업 환경은 청소년들이 새로운 지식 습득과 진로 탐색을 보다 개별화된 방식으로 경험하게 한다. 동시에 디지털 노동시장의 유연화로 인해 적응력, 창의성, 비판적 사고, 디지털 리터러시가 청소년들에게 필수적 역량으로 요구되고 있으며, 이는 미래 인적자원 개발 정책과 청소년 교육의 핵심 과제로 부상하고 있다(박미영, 2023; OECD, 2024).

결국 4차 산업혁명은 단순한 기술혁신의 차원을 넘어, 인간의 삶의 방식과 사회 구조, 청소년 세대의 정체성과 미래 가능성까지 재구성하고 있다는 점에서 학문적·정책적 논의의 중심에 놓이고 있다.

2) 인공지능

인공지능에 대한 연구는 1956년 미국의 다트머스 학회에서 처음으로 공식화되었다. 당시에는 인간의 사고방식과 유사한 시스템을 개발할 것이라는 기대감으로 시작되었으나 60여 년이 경과한 현대의 인공지능은 인간의 지능을 뛰어넘는 지능화로 대변되고 있다. 그 대표적인 사례가 '알파고의 등장'이라고 할 수 있다. 인공지능(AI) 로봇 기술은 더욱 정밀해지고 있으며, 로봇 산업을 크게 세 가지로 나눌 수 있다. 인간을 닮은 로봇인 휴머노이드(humanoid) 로봇 산업, 로봇의 일부를 인간에게 접목하는 사이보그 산업 그리고 사람의 뇌를 닮은 인공지능 산업이다. 이미 로봇은 우리들의 가정과 제조업에 등장하여 우리를 대신하여 작업을 수행하고 있다. 그 예로 일본에서는 세계 최초 감정 인식 로봇 페퍼가 피자헛과 KFC에서 직접 고객의 주문을 받고 있다. 또한 페퍼는 힐튼 호텔에서도 고객 응대 서비스를 제공하고 있다. 머지않아 급속히 발전하는 소프트웨어로 인해 기능이 정밀해지고, 인간과 상호작용은 물론 지구상의 모든 인간의 삶을 도와주거나 대신 관여하게 될 것이다. 인공지능 로봇은 인간의 생각을 대신하며 인간 대신 글을 쓰고 아이들에게 공부도 가르쳐주고, 책도 읽어주고 아이들을 보호해 주고, 어르신들을 부축해 주는 등 인간의 친구가 되어 줄 것이다.

인공지능은 모든 산업에 결합되어 산업을 혁신하고 모든 제품을 더 빨리, 더 많이, 더 싸게, 더 좋게 만들어 낼 것이다. 이는 인류의 삶을 편리하게 만들어 주겠지만 고용에 있어서 심각한 위협이 될 것이다. 더 많은 일자리에 로봇과 인공지능이 투입될 것이다. 이제는 로봇에게 빼앗기는 직장을 대신해 이러한 로봇을 작동시키는 컴퓨터제어, 컴퓨터 프로그래머, 컴퓨터 장비 조작, 컴퓨터 시스템 분석 등 컴퓨터 프로그램 관련직무에 대한 교육과 훈련을 통해 축적된 기술과 자질을 가진 인재를 필요로 할 것이다.

청소년들은 인공지능을 공부해야 한다. 이를 통해 다양한 욕구를 지닌 개인에 따라 맞춤형 서비스를 제공하며 빠르게 변화하는 트렌드에 반응하고 전 세계적인 실업문제에 대응하여 개인의 고용을 스스로 책임져야 한다. 자신의 전문성을 살려 각각의 프로젝트로 만들어 운영하는 1인 기업은 미래사회에 더욱 필요할 것이다. 이를 위해 청소년들은 기계가 할 수 있는 일을 잘 이해하고 기계를 제대로 활용할 수 있는 역량을 갖추어야 한다. PC를 통해 게임을 하는 것뿐만 아니라 게임을 제작하는 프로그램을 익혀야 하는 일은 선택이 아닌 필수가 되었다.

3) 직업혁명

현대는 발전한 IT를 중심으로 의료, 금융, 통신, 방송, 자동차, 조선, 건설, 섬유 등 전혀 다른 다양한 분야의 융합이 활발히 이루어지고 있다. 최첨단 제품과 서비스의 대부분이 ICT와 연관되어 있다. 이러한 첨단기술산업의 능력을 과소평가하거나 적절하게 대응하지 못한 사람들은 직무 부적응은 물론이며 일자리를 급속하게 잃게 될 것이다. 미래학자들은 신기술이 계속해서 실업자들을 증가시킬 것이라고 예측하고 있다. 하지만 일자리가 부족해지더라도 일거리는 부족하지 않을 것으로 예측하고 있다. 왜냐하면 과학기술 발달로 소멸하는 직업들도 많지만 새로운 변화와 기술에 따른 신규 직업들이 생겨나기 때문이다. 다음 〈표 10-1〉에서는 로봇으로 대체될 가능성이 높은 직업과 미래 부상 기술 분야를 제시하였다.

표 10-1 직업의 변화

미래 사라질 가능성이 높은 직업	
1	텔레마케터
2	데이터 입력 관련 직업
3	법률 비서
4	재무 담당 직원
5	설문 조사관
6	물건을 분류하는 사람
7	행정 업무 담당자 및 관리직
8	회계/경리 담당자
9	보험회사의 사무직
10	은행과 우체국의 창구 직원
11	지자체 행정관
12	비정부기구 행정관

미래 부상 기술 분야	
디지털 경제	가상 교육
	원격 근무
	전자정부
에너지 환경	스마트그리드
	정밀 농업
	유기 농업
	기후 조절
	그린 이코노미
	유전자변형 동/식물
	수경 농업
	대체식품
	대체에너지
정보통신	가상현실
	사물인터넷
	인텔리전스 인터페이스
	클라우드/그리드
	생체인식
	인공지능
제조 및 로봇공학	스마트 로봇
	나노 테크놀로지
	하이테크 홈
	모듈러 건축
	에너지 저장

<table>
<tr><th colspan="2">미래 사라질 가능성이 높은 직업</th><th colspan="2">미래 부상 기술 분야</th></tr>
<tr><td rowspan="2">13</td><td rowspan="2">도서관 사서</td><td rowspan="7">바이오 및 의료</td><td>합성생물학</td></tr>
<tr><td>개인 맞춤 의료</td></tr>
<tr><td rowspan="2">14</td><td rowspan="2">조립/수리 기술자</td><td>생명 연장</td></tr>
<tr><td>게놈 치료</td></tr>
<tr><td rowspan="2">15</td><td rowspan="2">목수</td><td>원격 진료</td></tr>
<tr><td>암 치료</td></tr>
<tr><td rowspan="2">16</td><td rowspan="2">교환원 및 콜센터 직원</td><td>뉴로 테크놀로지</td></tr>
<tr><td rowspan="4">우주</td><td>우주관광</td></tr>
<tr><td rowspan="2">17</td><td rowspan="2">섬유 산업 종사자</td><td>달 개척</td></tr>
<tr><td>인류의 화성 정착</td></tr>
<tr><td rowspan="2">18</td><td rowspan="2">회계사</td><td>태양광 인공위성</td></tr>
<tr><td rowspan="5">운송</td><td>연료 전지 자동차</td></tr>
<tr><td rowspan="2">19</td><td rowspan="2">접수 담당자</td><td>지능형 자동차</td></tr>
<tr><td>하이브리드 자동차</td></tr>
<tr><td rowspan="2">20</td><td rowspan="2">화물, 배송 회사의 사무원</td><td>전기자동차</td></tr>
<tr><td>극초음속 비행기</td></tr>
</table>

자료: 한국직업능력연구원(2024)

오늘날 청소년들의 65%는 아직 생기지도 않은 직업에 종사하게 될 것이다. 확실한 것은 미래에는 평생 한 직장에서 정규직으로 일하는 모습보다는 단기 계약직이나 시간제 근로로 매번 새로운 일에 투입되어 다양한 직장을 거치며 일하게 될 것이다. 오늘날 미국의 직장인은 평생 11개의 일자리를 거치는데 앞으로는 한 사람이 거쳐야 하는 일자리가 더 많아지고, 개인은 한 번에 여러 가지 일을 동시에 수행하는 경우가 많아질 것이다(오윤선, 황인숙, 2025). 따라서 청소년들에게 의사소통 능력, 창의력, 비판적 사고력, 협업력, 적응력, 회복탄력성 그리고 지속적으로 배우려는 사고방식을 기를 수 있도록 교육해야 한다.

새로운 일을 수행하는 데 필요한 기술의 종류는 끝없이 늘어나고 인공지능, 가상현실, 증강현실, 빅데이터 등 다양한 ICT의 등장으로 사회 변화는 더욱 급격하게 빨라질 것이다. 하지만 기술 발전에도 청소년들이 할 일은 여전히 남아 있다. 미래학자인 엘빈 토플러는 "21세기의 문맹은 읽고 쓰지 못하는 사람이 아니라 배우지 못하고, 배운 것을 잊어버릴 줄 모르고, 다시 새롭게 배우려 하지 않는 사람들이다"라고 하였다. 청소년들은 변화하는 시대에 발맞추어 자신들이 겪을 변화를 정확하게 인식하고 능동적이고 적극적으로 대응하고 적응하는 자세가 요구된다. 일자리 자체보다는 변화하는 노동의 성격을 이해하고 새로운 기술을 배우는 교육과정에 적극적으로 참여하는 태도가 필요할 것이다.

4) 노령화 사회

한국인의 기대 수명은 지난 40년간 20년이 늘어났다. 통계청(2024) 자료에 따르면 우리나라 100세 이상의 인구는 2019년 4,874명에서 2023년 7,634명으로 56.63% 증가했다. 남성은 1,298명(17%), 여성은 6,336명(83%)으로 100세 이상 여성 인구가 4.8배 이상 많은 것으로 나타났다. 이는 의료기술의 발달 및 생활환경 개선으로 인해 노령화 사회가 되면서 노동시장에도 변화가 오게 되었다. 현재와 같은 추세가 계속된다면 우리나라의 인구는 2040년에 3명 중 1명이 노인이 되는 초고령화 사회가 된다. 1955~1963년 사이에 태어난 베이비부머 세대가 중년과 노년에 이르렀지만 100세 시대 도래로 인해 건강이 양호한 60세 및 그 이상의 근로자들은 은퇴를 미루고 싶어 한다. 그리고 여전히 일을 통해 삶의 의미와 목적 그리고 정체성을 확인하고 싶어 한다.

이처럼 일을 하고 있는 60세 이상의 사람들로 인해 청년 노동자들의 노동시장 접근 시기는 더 늦어질 것이다. 또한 이 같은 인구구조의 변화로 청년층에 유용한 직업에 대한 집중보다 중년과 노년의 필요에 적합한 직업들이 더욱 개발되고 활성화될 것이다. 구체적으로 박영숙과 제롬 글렌(Jerome Glenn, 2017)은 스마트 간병 및 의료 산업, 간병 로봇 사업, 고령자 식품 산업, 실버 여행업, 라이프 엔딩 산업, 고령자 전용 주택 및 리폰 산업, IT 농업 등을 고령화 시대의 새로운 산업 및 일자리로 제시하고 있다.

5) 세계 경제의 불확실성과 저성장

미래 사회환경을 가리켜 '뷰카(VUCA)'라고 칭한다. 뷰카란 변동성(Volatility), 불확실성(Uncertainty), 복잡성(Complexity), 모호성(Ambiguity)을 가진 사회환경을 의미하는데 오늘날 세계 각국의 모습이라고 할 수 있다. 세계 경제의 불확실성은 기업의 지속 가능성에 대한 불안 요소로 작용하여 기업 경영자들의 불안감은 물론 고용 근로자들과 직업환경 전체의 불안감으로 번지고 있다. 세계 경제가 일시적인 불경기가 아닌 저성장의 국면에 접어들면서 우리나라는 물론 세계 각국은 위험인자를 최소화하고, 자국의 이해를 면밀하게 계산하고 있다. 국가마다 금융 규제와 감독이 강화되었으며, 투자를 장려하던 분위기도 사라졌다. 이러한 저성장 국면에 돌입하면서 기업은 신규 채용 규모를 줄이고 있다. 또한 '이태백(이십대 태반이 백수)', '십장생(십대도 장차 백수가 될 가능성이 보인다)' 등의 신조어 난립은 청년층 실업률이 매우 심각한 수준임을 대변하고 있다.

한편 우리나라 최저임금 인상은 축복과 동시에 저주가 되었다. 용돈을 벌고자 하는 십대에게는 이익이지만 생계를 위해 풀타임 직업을 원하는 근로자에게는 독이 된 것이다. 지식기반 경제체제에서 기업 경영의 유연성은 보통 노동의 유연성으로 이어지는데, 국가가 근로자들의 고용환경에 직접적으로 개입하지 않거나 고용주와 근로자들 간 상호 합의가 이루어지지 않으면 파트타임 근로자들과 임시직 근로자들이 증가할 수밖에 없다. 이는 노동조건의 악화로 이어져 안정적이고 숙련된 노동력은 축소되고 일시적이고 불안정한 직업들은 증가하게 된다. 따라서 회사는 근로자들을 낮은 임금으로 고용할 수 있고 해고하기도 수월해진다. 그러므로 이런 방식으로 채용된 근로자들의 근무여건은 열악해지기 쉽다. 또한 이는 최고 임금과 최저 임금의 격차를 키우는 일이 된다(오윤선, 2024).

6) 근로조건에 따른 인력 이주 증가 현상

세계화 시대가 되면서 다국적 기업은 근로자들에게 지불해야 할 경비를 최소화시키기 위하여 저임금 국가인 개발도상국으로 이전하였다. 하지만 오늘날에는 기업이 해외에 생산라인을 갖추지 않더라도 제3세계에서 들어온 인적 자원들을 값싼 임금으로 고용하기도 한다. 우리나라에도 현재(2025) 외국인의 고용률은 64.7%로 전년대비 0.2%p 상승하였고, 취업자 수는 8만 7,000명 증가하여 취업자 수는 101만 명으로 나타났다. 현재 우리나라는 고학력, 저출산, 고령화 사회 그리고 저성장 시대의 소비 위축에 발맞추어 저임금 일자리에 고용할 근로자를 더 이상 자국 인력으로 충원할 수 없게 되었다.

반면 국가 발전과 경제 성장을 유지하기 위해서는 인재들이 좋은 환경과 여건에서 일할 수 있도록 해야 함에도 불구하고 우리나라의 열악한 처우에 인재들이 해외로 이주하고 있다. 미국이 영국을 제치고 세계 최고의 강국이 된 것은 유럽과 아시아에서 최고의 인재를 계속해서 받아들였기 때문이다. 미국은 외국인 이공계 학생이 석사 이상 학위를 취득하면 영주권을 받는 데 용이하도록 하였다. 그리고 중국은 좋은 인재를 영입하기 위해 미국 금융위기가 발발했을 때 월가에서 퇴출당한 인재들을 대거 스카우트하여 국제금융 인프라를 순식간에 향상시켰다. 그뿐만 아니라 중국은 과학기술 발전에 투입하는 예산을 매년 20%씩 늘리고 있으며, 과학기술 인력 충원의 저변도 두텁다.

현대사회는 창의적 문제해결 능력을 갖춘 인재를 필요로 한다. 사회가 필요로 하는 능력을 갖춘 근로자 그리고 규모에 맞는 노동인력을 확보하는 것은 우리나라 직업세계의 과제라고 할 수 있다(최윤식, 2024).

2. 진로지도의 기초 이해

1) 진로지도의 개념

진로지도는 파슨스(Parsons, 1907)가 미국의 보스톤시에서 시작한 직업상담(vocational counseling)을 효시로 하여 이후 직업지도(vocational guidance)라는 명칭으로 사용되었다. 그러다 1970년 이후 진로교육(career education)의 도입과 함께 진로상담(career counseling), 진로지도(career guidance)와 동의어로 사용되고 있다. 그러나 엄격하게 구별하자면 진로상담은 진로지도를 효율적으로 이끌기 위한 방안이다. 개인이 지니고 있는 잠재 가능성을 인식·탐색하고 개발시켜 자신이 원하는 진학·직업을 선택하고 이에 잘 적응하도록 함으로써, 선택한 진학·직업에 만족하고 능률을 향상시켜 행복감을 느끼며 지낼 수 있도록 하는 것이다(김충기, 2001). 김봉환(2000)은 진로지도를 "사람들이 활동하는 생애동안 그들의 진로 발달을 자극하고 촉진하기 위해서 전문상담자나 교사 등과 같은 전문인이 여러 장면에서 수행하는 활동들로 진로계획, 의사결정, 적응문제 등에 조력하는 것"이라고 정의하였다. 즉, 진로지도는 진학지도와 직업지도를 포함한 개인의 전 생애에 걸쳐 직업적 발달을 촉진시키고 진로를 준비시켜 그에 따라 직업을 선택하고 선택된 직업에서 적응하여 계속 발전할 수 있도록 돕는 과정이다.

종합적으로 진로상담은 개인의 전 생애에 걸쳐서 진로선택과 관련된 모든 상담활동, 즉 가족, 일, 여가 등이 진로계획 및 통합된 영역으로 간주된다. 한편 진로상담과 유사하게 사용되는 직업상담(Vocational Counseling)은 개인이 특정한 직업을 선택하고, 선택한 직업에서 적응을 원활하게 수행할 수 있도록 도우며, 나아가 직업전환 및 은퇴과정에서 발생할 수 있는 문제들을 예방하고 지원하는 전문적인 상담활동을 의미한다. 그리고 진로지도는 이 모든 개념을 포괄하는 상위개념이라 할 수 있다. 청소년기는 일의 중요성에 대한 인식이 뚜렷해지며 진로 준비의 결정적 시기로 청소년의 발달과정에서 반드시 필요하다.

2) 청소년 진로지도의 목표

진로지도의 궁극적인 목적은 진로상담 및 진로교육을 통하여 개인적으로는 자아를 실현하고, 국가적으로는 인력의 효율적인 활용으로 국가발전에 기여하는 것이다. 이를 위한 구체적인 진로지도의 목표는 자신에 대해 보다 정확한 이해 증진, 직업세계에 대한 이해 증진, 합리적인 의사결정 능력의 증진, 정보탐색 및 활용능력의 함양, 일과 직업에 대한 올바른 가치관 및 태도 형성에 있다.

(1) 자신에 대한 정확한 이해

복잡한 직업세계에서 자신에게 가장 적합한 직업을 선택하기 위해서는 무엇보다도 자기의 가치관, 능력, 성격, 적성, 흥미, 신체적 특성 등에 대하여 올바르게 이해하는 일이 필수적이다. 특히 청소년지도자는 청소년들이 진로지도를 통하여 정확하고 객관적인 자기 이미지를 형성할 수 있도록 도와야 한다.

(2) 직업세계에 대한 이해

많은 청소년이 일과 직업세계에 대해 잘 모르고 있는 경우가 많다. 설령 알고 있다고 해도 매우 피상적인 수준에서 단편적인 측면만을 숙지하고 있다. 따라서 진로지도를 통해 일의 종류, 직업세계의 구조와 특성, 직업세계의 변화, 고용기회 및 경향 등을 올바르게 이해하도록 하는 일은 진로지도의 중요한 목표가 된다.

(3) 합리적인 의사결정 능력의 증진

진로지도의 최종결과는 자신에 대한 정보, 직업세계에 대한 정보 등을 토대로 최종적으로 진로를 선택하는 의사결정을 하는 것이다. 청소년들이 진로지도를 통해 자신의 진로를 스스로 선택하고 계획을 추진할 수 있도록 학습하고 의사결정 능력을 증진시키도록 도와야 한다.

(4) 정보탐색 및 활용능력의 함양

정보화 시대를 바람직하게 살아가는 모습 중 하나는 자신에게 필요한 다양한 정보를 신속하게 수집, 분석, 가공하여 적절하게 활용하는 능력을 갖추는 것이다. 이를 통해 합리적인 의사결정이 이루어질 수 있도록 도와야 한다.

(5) 일과 직업에 대한 올바른 가치관 및 태도 형성

진로지도의 중요한 목표 중 하나는 청소년으로 하여금 일과 직업에 대한 올바른 가치관 및 태도를 갖도록 하는 것이다. 일을 하는 것은 생계수단 이상의 의미를 갖는다. 일은 사회봉사와 자아실현의 수단이 된다.

3. 청소년 진로발달이론

1) 특성-요인이론

(1) 특성-요인이론의 배경

특성-요인이론(trait-factor theory)은 개인차 심리학과 응용심리학에 그 배경을 두고 인간 행동의 개인차에 대한 측정과 확인에 초점을 두고 있다. 대표적인 이론가로 파슨스(Parsons, 1909), 윌리엄슨(Williamson, 1950), 홀(Hull, 1928), 키트슨(Kitson, 1925) 등이 있다. 생활지도의 아버지로 불리는 파슨스(1909)가 제안한 특성-요인이론은 진로상담과 관련된 초창기의 이론으로 자신에 대한 명확한 이해와 여러 직업에 관한 지식의 합리적인 연결이 현명한 직업선택이라고 보았다. 즉, 파슨스는 개인분석, 직업분석, 과학적 조언을 통한 매칭(matching)을 주장하였다. 이는 자신의 강점과 약점을 포함한 개인적 성향을 충분히 이해하고, 주어진 직업에서의 성공조건 및 보상과 승진에 관한 정보를 알아야 하며, 입수한 정보를 바탕으로 선택과정에서 '진실한 추론'을 해나가야 한다는 것이다.

많은 상담자, 교육자, 심리학자들이 파슨스가 세상을 떠난 후에도 그의 개념을 옹호하고 확장시켰다. 개인차 심리학의 성장은 과학적 측정을 통한 특성 확인을 가능케 하여 파슨스의 모델에 추진력을 더했다. 특히 피터슨(Peterson)은 진로상담자들이 사용할 수 있는 여러 가지 심리검사도구를 개발하였다. 미네소타 대학교의 직업심리학자들은 다양한 특수적성검사, 인성검사 등의 도구를 개발함으로써 특성-요인이론의 기초를 다졌다. 이들은 또한 상담기법, 진단전략, 적재적소의 배치에 관한 정보를 담은 책들도 펴냈으며, 이들의 연구결과로 1977년 『직업사전』이 출판되었다.

(2) 기본가정

파슨스(Parsons)는 그의 저서 『Choosing a Vocation(직업의 선택)』에서 현명한 직업선택에 관련되는 세 가지 주요 요인을 다음과 같이 제시하였다.

첫째, 자신에 대한 명확한 이해, 즉 적성, 능력, 흥미, 포부, 환경 등의 이해.

둘째, 여러 직업에 따른 자격 요건, 장·단점, 보수, 취업기회, 장래전망 등에 관한 지식.

셋째, 위의 두 요인 간의 합리적인 연결 즉, 내담자 자신의 개인적 요인에 관한 자료와 직업에 관한 자료를 중심으로 진로상담을 통해 내담자가 현명한 선택을 하도록 도와주는 조력활동이다. 이렇듯 현명한 직업선택은 자기 자신에 대한 분명한 이해, 제반 직업조건과 욕구의 인식 그리고 이 두 가지 요소의 적절한 매칭으로 이루어진다고 할 수 있다.

밀러(Miller, 1974)는 특성-요인이론을 다음과 같은 다섯 가지 가정에 기초를 두고 있다.

첫째, 직업 발달은 개인과 직업특성 간의 관계를 합리적으로 추론하여 의사결정을 도출해 가는 인지과정이다.

둘째, 직업선택에서는 발달보다는 선택 자체를 강조한다.

셋째, 개인에게는 각기 자기에게 맞는 하나의 적절한 직업이 있다. 한 사람이 여러 가지 직업에 두루 적합하다고 볼 수는 없다.

넷째, 각 직업에는 그 직업에 맞는 특정한 형태의 사람이 종사하고 있다. 따라서 어떤 특정한 직업에서 유능하게 일할 수 있는 사람의 특성에는 어떤 제한이 있다고 볼 수 있다.

다섯째, 누구나 자신의 특성에 알맞은 직업을 선택할 수 있다.

이와 같이 특성-요인이론은 개인의 적성, 지능, 흥미, 가치관, 성격 및 개인이 갖고 있는 여러 특성을 심리검사 등의 객관적인 방법으로 찾아내고, 각각 직업이 요구하는 제반 요인을 분석하여 개인의 특성에 적합한 직업을 선택하게 하는 이론이다. 이러한 직업선택은 개인의 능력수준과 욕구가 자기가 원하는 직업에서 요구하는 능력과 강화체계가 일치되어 직무만족도를 높이고 성공적인 직업 적응을 가능하도록 한다.

2) 발달이론

발달이론(Developmental Theories)은 특성요인에 비해 보다 포괄적인 접근을 하고, 시간에 따라 일어나는 모든 진로행동의 변화와 발달을 전제로 한 종단적 분석에 더 많은 관심을 가지고 있다. 또한 자아개념을 더 중요시하는 점에서 특성이론과 차이가 있다(Herr & Cramer, 1979). 즉, 특성-요인이론이 직업선택을 일회적인 행위로 간주하였다면 발달이론에서는 진로 발달을 생애의 전 과정에 걸쳐 발생하며, 나중에 이루어지는 결정은 그 이전의 영향을 받게 되는 것으로 가정하고 있다. 발달이론의 대표적인 학자로는 긴즈버그(Ginzberg, 1951), 수퍼(Super, 1957), 타이드만과 오하라(Tiedman & O'Hara, 1963), 터크맨(Tuckman, 1974) 등이 있다.

(1) 긴즈버그(Ginzberg)의 진로 발달이론

경제학자 긴즈버그(Ginzberg), 정신의학자 긴스버그(Ginsburg), 사회학자 엑셀라드(Axelrad) 그리고 심리학자 헤르마(Herma)는 직업선택 과정에 발달적 접근방법을 도입한 최초의 연구자들로 간주되고 있다(Zunker, 1994). 이들은 "직업선택은 하나의 발달과정이다. 그것은 단 한 번의 결정이 아니라 일련의 결정들이 계속적으로 이루어진다. 각 단계의 결정은 전 단계의 결정 및 다음 단계의 결정과 밀접한 관계를 가지고 있다."라고 주장하였다. 다시 말해서 직업선택이란 일회적인 행위, 즉 단일결정이 아니라 장기간에 걸쳐서 이루어지는 일련의 결정이며, 직업선택 과정은 비가역적이라는 것이다. 따라서 나중에 이루어지는 결정은 그 이전 결정의 영향을 받게 된다. 이러한 직업선택의 과정은 흥미, 능력, 가치관 등의 주관적 요소와 현실세계와의 타협으로 이루어진다. 긴즈버그와 동료들(1951)의 이론은 유아기부터 시작하여 성인 초기까지 직업과 관련한 자신의 바람(Wishes)과 가능성(Possibility) 간의 타협을 통해 직업을 선택해가는 과정으로 환상기, 잠정기, 현실기의 3단계로 구분할 수 있다.

① **환상기**(fantasy period)

이 시기는 자기가 원하는 직업이면 무엇이든지 할 수 있다고 인식하는 단계로, 자신의 능력이나 현실적인 여건과 제약을 거의 인식하지 않고 욕구를 중요시하는 단계이다. 대개 6~11세까지 해당하는 시기로 아동은 무엇이든 하고 싶고, 하면 된다는 환상 속에서 비현실적인 선택을 하는 경향을 나타낸다.

② **잠정기**(tentative period)

자신의 흥미, 적성, 능력, 가치 등 주관적인 요인이 직업선택의 주요 요소로 간주된다. 현실적인 여건이나 제약 조건에 대한 인식을 별로 고려하지 않기 때문에 직업선택의 문제에 있어서 다분히 비현실적인 성격을 띤다. 주로 고려하는 요인에 따라 흥미단계, 능력단계, 가치단계, 전환단계 등의 네 가지 하위 단계를 거치게 된다. 첫째, 흥미단계는 대략 11~12세까지의 시기로 취미, 흥미가 직업선택의 주요인이 된다. 둘째, 능력단계는 대략 13~14세까지의 시기로 학업 성적, 타인의 인정 등이 직업선택의 주요요인이 된다. 이 시기의 청소년은 자기 능력을 고려하지만 극히 피상적이고 불완전하다. 셋째, 가치단계는 대략 15~16세까지의 시기로 자신의 가치, 생애 목표가 직업선택의 주요요인이 되며 마지막으로 전환단계는 대략 17세 전후의 시기로 주관적 요소에서 현실적 외부 요인으로 관심이 전환되며, 현실적 외부 요인이 직업 선택의 주요인이 된다.

③ **현실기**(realistic period)

이 시기는 대개 17세 이후부터 성인기에 이르는 시기로 직업 요구조건, 교육 기회, 취업 기회 등 외부의 여러 현실적인 요인과 개인의 흥미, 능력, 가치, 성격 등 자기 자신의 요인과 타협으로 실제적인 직업선택을 하게 되는 단계이다. 이 단계는 다시 탐색 단계, 구체화 단계, 특수화 단계 등의 세 가지 하위 단계를 거치게 된다. 탐색 단계에서는 직업선택을 위해 필요하다고 생각되는 교육이나 경험을 쌓으려고 노력하는 단계이다. 구체화 단계는 직업목표를 정하고 자신의 진로결정과 관련된 내·외적 요소를 종합할 수 있는 단계이며, 타협이 중요한 요인이 된다. 마지막으로 특수화 단계에서는 자신이 내린 결정을 더욱 구체화시키고 세밀한 계획을 세우는 단계라고 할 수 있다.

(2) 수퍼(Super)의 진로 발달이론

수퍼(Super, 1957)의 이론은 긴즈버그(Ginzberg) 이론의 한계를 극복하고자 하는 노력에서 시작되어 현재까지 나온 진로이론 중에서 가장 포괄적이고 종합적인 이론이라고 할 수 있다. 수퍼는 진로 발달을 아동기부터 성인 초기까지로 제한한 긴즈버그의 초기 이론에 이의를 제기하고 진로 발달은 인간의 전 생애에 걸쳐서 이루어지고 변화하는 것이라고 하였다. 또한 직업선택을 타협의 과정이라고 본 긴즈버그의 이론을 보완하여 타협과 선택이 상호작용하는 일련의 과정으로 보고, 진로 발달을 개인과 환경과의 상호작용에 따른 결과와 같이 상호작용에 의한 적응과정이라고 하였다.

수퍼의 이론에서 중요한 개념 중의 하나는 직업발달단계이다. 그는 1951년 자신의 이론을 더욱 발전시키기 위하여 진로유형 연구(Career Pattern Study)라는 장기 연구 프로젝트를 수행한 바 있는데, 이 연구의 주요 개념이 바로 직업 발달단계(Vocational Developmental Stage)이다. 생애 발달에 따른 진로 발달의 단계와 각 단계별 특징을 제시하면 다음과 같다.

① **성장기**(growth stage, 14세 이전)

이 시기의 아동은 가정과 학교에서 중요한 타인들을 동일시함으로써 자아개념을 발달시킨다. 이 단계의 초기에는 욕구와 환상이 지배적이나 사회참여와 현실 검증이 증가함에 따라 점차 흥미와 능력을 중요시하게 된다. 이 단계는 환상기, 흥미기, 능력기의 3가지 하위단계로 구분된다.

- 환상기(fantasy substage, 4~10세) : 아동의 욕구가 지배적이며 자신의 역할 수행을 중시한다.
- 흥미기(interest substage, 11~12세) : 진로의 목표와 내용을 결정하는 데 있어서 아동의 흥미가 중시된다.
- 능력기(capacity substage, 13~14세) : 진로선택에 있어서 자신의 능력을 중요시하며 직업훈련조건을 중시한다.

② **탐색기**(exploration stage, 15~24세)

이 단계는 학교생활, 여가활동, 일 경험을 통한 역할수행과 자신에게 적합한 직업을 탐색하고 잠정적으로 선택한다. 자신의 여러 특성을 이해하게 되며, 점차 현실적 요인을 중시한다. 탐색기는 잠정기, 전환기, 시행기의 3가지 하위단계로 구분된다.

- 잠정기(tentative substage, 15~17세) : 진로선택에서 자신의 욕구, 흥미, 능력, 가치관, 성격 등을 고려하며 토론, 일의 경험 등을 통해서 잠정적으로 직업선택을 시도한다.
- 전환기(transition substage, 18~21세) : 취업에 필요한 교육과 훈련을 받으며 자아

개념을 확립한다. 현실적 요인이 직업의식과 직업 활용의 기초가 된다.

- 시행기(trial substage, 22~24세) : 개인이 어떤 직업을 선택하여 종사하기 시작하면서 그 직업의 적합성 여부를 시험한다. 인턴십, 실습생 등 진로 경험을 갖게 된다.

③ **확립기**(establishment stage, 25~44세)

이 단계에서 개인은 자신에게 적합한 분야에서 종사하고 정착함으로써 안정을 이룬다. 확립기는 시행기와 안정기의 2가지 하위단계로 구분된다.

④ **유지기**(maintenance stage, 45~64세)

이 단계에서 개인은 직업세계에서 확고한 위치를 확보하여 그 직업 및 지위를 유지하기 위한 노력을 한다. 개인은 비교적 안정되고 만족스러운 삶을 살아가는 시기이다.

⑤ **쇠퇴기**(decline stage, 65세 이상)

이 단계에서 개인은 신체적·정신적으로 기능이 쇠퇴하게 된다. 이에 따라 직업전선에서 은퇴하여 다른 새로운 역할과 활동을 찾게 된다. 재취업이나 봉사, 여가 등 새로운 일을 찾는 시기이다.

수퍼는 직업 발달 5단계에서 탐색기와 확립기의 진로 발달을 중요시하였다. 그 이유는 이 시기에 개인이 좋아하는 직업세계에 구체적인 선택을 하고, 선택한 직업에서 안정과 발전을 이루면서 자아개념을 완성해 가는 시기이기 때문이다. 이와 같이 수퍼는 진로 발달에 있어서 자아개념의 중요성을 강조하면서 개인의 진로 발달과정을 자아실현과 생애 발달과정으로 보았으며, 자아 이미지와 일치하는 직업을 선택한다고 보았다.

3) 홀랜드(Holland)의 인성이론

인성이론은 여러 직업에 종사하는 사람에 대한 정보와 다양한 직업환경에 관한 정보를 알 수 있도록 구성된 것으로써, 인성에 바탕을 둔 심리이론적 입장과 유형(type)에 따라 다른 선택을 하게 된다는 유형론적 입장에 근거하고 있다. 홀랜드(Holland, 1985)는 개인의 행동양식이나 인성유형이 직업선택과 발달에 중요한 영향을 미친다고 보았다. 그는 직업선택이 개인의 타고난 유전적 소질과 문화적 요인 간의 상호작용의 소산이라고 보았다. 홀랜드 이론은 흔히 RIASEC 이론이라고도 일컬어지며 홀랜드(Holland, 1919~2008)에 의해 주창된 이론으로서, 현재까지 직업심리학과 진로상담 분야에서 가장 큰 영향을 미친 이론으로 평가되고 있다. 홀랜드(Holland, 1992)의 이론에서는 사람들의 직업관련 성격과 흥미가 여섯 가지의 유형으로 분류될 수 있다고 하였다. 여섯 개의 직업흥미 유형의 특징을 설명하면 다음과 같다.

(1) 현장형(Realistic)

현장형의 사람들은 기계적 현장에서 직접 신체적으로 하는 활동이나 기계를 조작하는 직업, 예를 들면 일반적으로 기계나 공구를 다루는 업무, 현장 기술직과 관련된 직업과 관련이 있다. 현장형은 사물 지향적이고 구체적·실용적이며, 기능성과 예측 가능성을 선호한다. 반면 사교능력이 부족하여 자신의 감정을 타인에게 말로 표현하기 어려워하며 교육적 활동이나 치료적 활동은 좋아하지 않는다.

(2) 탐구형(Investigative)

탐구형의 사람들은 사람보다는 아이디어를 지향하고 추상적·분석적인 사고를 요하는 직업, 예를 들면 수학, 물리학, 생물학, 사회과학과 같은 학문적 분야에서 연구하는 직업과 관련이 있다. 탐구형은 탐구심이 많고 논리적, 분석적, 합리적이며 지적 호기심이 많고 비판적·내성적이다. 반면에 사회적이고 반복적인 활동에는 흥미를 보이지 않으며, 주위의 간섭 없이 독립적으로 활동하는 것을 선호하여 정서적인 상황에서 불화를 일으킬 수 있다. 현장형 직업이 물건을 만드는 기계나 도구에 보다 많은 초점을 둔다면, 탐구형 직업은 데이터나 정보를 산출하는 기계나 측정도구에 더 많은 관심을 둔다. 탐구형은 여섯 가지 유형 중 가장 높은 사회적 지위를 차지하고 있다(Gottfredson, 1980).

(3) 예술형(Artistic)

예술형의 사람들은 창의성을 지향하며 아이디어와 재료를 사용하여 자신을 새로운 방식으로 표현하는 직업, 예를 들면 작가, 음악인, 연극인과 같은 예술적 분야와 관련된 직업과 연관이 있다. 예술형은 직관적이며 상상력이 풍부하고 창조적이며, 예술적인 재능과 심미적 성향을 발휘할 수 있는 일을 선호한다. 반면에 틀에 박힌 것을 싫어하고 체계적·구조화된 활동에는 흥미를 보이지 않으며, 자유분방하고 개성이 강하여 협동적이지는 않다. 예술형의 직업은 예술형 사람들의 분포에 비해 상대적으로 적은 편이다(Gottfredson, 1975). 예술가 유형의 학력 수준은 여섯 가지 유형 중에서 두 번째로 높다.

(4) 사회형(Social)

사회형의 사람들은 다른 사람들과 어울려 일하고 어려움에 처한 사람들을 돕는 일, 사람들 간의 이견을 좁혀 주고 사람들을 교육시키는 직업, 예를 들면 직업상담사, 사회복지사, 교사 등과 같은 직업과 관련이 있다. 사회형은 외적인 보상보다는 다른 사람을 육성하고 후원하며 미래 세대 형성에 도움을 주고 문화적 규범을 전달할 수 있다는 내재적 가치가 더 중요한 의미를 지닌다. 사회형은 대인관계 기술이 좋으며 온유한 사람이라는 칭송을 받는 경우가 많다. 양육과 지원을 하되 리더십은 발휘하지 않는 것이 이 유형의 전형적인 특성이다. 반면에 기계를 다루는 일이나 군대처럼 엄격한 규율 속에서 일하는 것을 싫어한다.

(5) 진취형(Enterprising)

진취형의 사람들은 기업가적 기질이 강하고 특정 목표의 달성을 위해 타인을 설득, 통제, 지배하는 데 관심이 있는 직업, 예를 들면 기업 경영자 업무, 정치활동, 각종 영업 등과 같은 직업과 관련이 있다. 진취형은 각 개인의 지위와 위치가 분명하고, 권위나 권력이 위계가 잘 구조화된 환경체계, 상황을 잘 통제할 수 있으며 리더십을 발휘할 수 있는 환경을 선호한다. 이들은 성취의욕이 강하고 열정적이며 능력과 모험심이 강한 편이다. 진취형은 물질이나 아이디어보다는 사람에 관심을 가지고 있지만, 권력과 통제를 강조하기 때문에 대인관계에서는 어느 정도 거리감을 갖는다.

(6) **사무형**(Conventional)

사무형의 사람들은 사무직처럼 세부적이고 질서 정연하며 자료의 체계적인 정리 같은 업무와 관련된 직업, 예를 들면 사서, 통계관리, 은행업무, 회계업무, 일반관리업무 등과 같은 직업과 관련이 있다. 사무형은 대체적으로 성실하며 정확하고 계획성이 있으며, 인내심과 책임감이 강한 편이다. 이들은 자신에게 맡겨진 일을 묵묵히 수행해 나가는 것을 좋아하며 변화가 별로 없는 환경, 규칙적인 업무시간과 실내에서 조용히 하는 일을 선호한다.

4) 직업적응이론

직업적응이론(Theory of Work Adjustment)은 미네소타 대학의 데이비스와 롭퀴스트(Dawis & Lofquist, 1950)가 1950년대 후반부터 지속적으로 수행해 온 직업적응프로젝트의 연구 성과를 바탕으로 발전된 이론이다. 데이비스와 롭퀴스트는 1969년과 1984년에 이어 1991년에 직업적응이론의 기본적인 의미를 제시한 바 있는데, 이 이론은 특성-요인이론의 성격을 지니는 복합적인 이론으로 개인의 특성에 해당하는 욕구와 능력을 환경에서의 요구사항과 연관지어 직무만족이나 직무유지 등의 진로행동을 설명하려는 이론이다. 이들은 최근에 이론의 적용 영역과 대상을 확장한 개인(P)-환경(E) 조화(fit)이론(Person-Environment Correspondence Counseling)으로 수정하고, 개인과 환경 간의 상호작용을 통한 욕구충족을 강조하였다(Dawis, 2005).

직업적응은 사람과 환경이 조화로운 욕구와 기술을 가질 때는 상응(correspondence) 상태로 이상적이지만, 양자의 변화 모두 근로자의 불만족을 야기할 수도 있다. 이때 개인이 직업환경 내에서 자신의 적합성을 증가시키려는 시도가 직업적응이다. 따라서 직업적응이론은 개인이 직업환경 내에서 환경과의 조화로운 상태를 추구하는 적응적 행동양식과 자신의 욕구가 얼마나 충족하는가 하는 직업만족을 다룬다. 직업적응이론은 크게 직업성격적 측면, 직업환경적 측면 그리고 직업적응적 측면으로 구성되어 있다.

4. 청소년 진로지도 프로그램

1) 진로지도 프로그램의 내용

진로지도 프로그램은 다음 〈표 10-2〉와 같이 자기 이해 활동, 진로 정보 탐색 활동, 진로 계획 활동, 진로 체험 활동으로 구성되어 있다. 그리고 진로 활동 내용을 선정하기 위해서는 영역별 활동을 주의 깊게 검토해야 한다.

표 10-2 진로지도 프로그램

구 분	내 용	활 동
자기 이해 활동	• 학생 자신의 장점과 단점, 성격 파악 • 일에 대한 건전한 가치관 확립 • 각종 진로검사를 통하여 자신의 소질과 적성 파악 • 자신에게 적합한 일과 직업의 이해 등	• 자기 이해 및 심성 계발, 자기 정체성 탐구, 가치관 확립 활동, 각종 진로 검사 등
진로정보 탐색활동	• 직업의 소중함 알기 • 다양한 직업의 종류 조사하기 • 직업 분류하기 • 직업인과 인터뷰하기 • 미래 유망 직종 찾아보기 • 부모님 직장 탐방하기 등	• 학업 정보 탐색, 입시 정보 탐색, 학교 정보 탐색, 학교 방문 등 • 직업 정보 탐색, 자격 및 면허제도 탐색, 직장 방문, 직업 훈련, 취업 등

구 분	내 용	활 동
진로계획 활동	• 학교에서 배우는 여러 교과와 직업과의 관계 이해하기 • 더 공부하고 싶은 분야 찾아보기 • 자신의 희망하는 분야에서 일하는 직업인 탐구하기 등	• 학업 및 직업에 대한 진로 설계, 진로지도 및 상담활동 등
진로체험 활동	• 학생 자신이 희망하는 직업을 직접 체험해 보기 등	• 학업 및 직업세계의 이해, 직업 체험 활동 등

2) 진로지도 프로그램의 유형

청소년을 대상으로 한 진로지도 프로그램은 정부 연구기관 및 지자체, 각급 학교를 중심으로 개발되어 프로그램의 목적과 대상에 따라 다양한 방식으로 활용되고 있다. 이는 크게 학교 교실 내에서 수업시간을 활용하여 진로와 관련한 다양한 정보와 의사결정 기술 등 학생들의 진로 발달을 지원하도록 설계된 교실형 진로지도 프로그램과, 직업체험관에서 다양한 직업을 간접적으로 체험하거나 또는 선택한 직업 현장에서 직접적인 체험을 하는 체험형 진로 프로그램 두 가지 유형이 있다. 실제 진로지도에서는 이 두 가지 유형의 프로그램이 통합적으로 사용되고 있다.

다음 〈표 10-3〉은 체계적인 개발과정을 거쳐 교육현장에 보급된 대표적인 학교급별 교실형 진로지도 프로그램(Career Development Program; CDP)으로 초등학교, 중학교, 고등학교(일반고, 특성화고), 대학교용이 개발되어 현장에서 활용되고 있다. 각각의 프로그램은 공통적으로 도입부, 자신에 대한 이해, 직업세계에 대한 이해, 교육세계에 대한 이해, 진로의사결정, 진로계획 및 준비라는 여섯 개의 단원 총 34차시로 구성되어 있다. 구체적인 매뉴얼은 한국고용정보원 사이버진로교육센터(www.work.net)에서 찾아볼 수 있다.

표 10-3 학교급별 진로지도 프로그램(CDP)의 내용

구분	초등학교	중학교	고등학교	대학교
도입부	• 삶에서 일이 중요한 이유 • 프로그램 안내	• 삶과 직업 • 프로그램 안내	• 행복한 삶의 조건 • 진로와 직업선택 • 프로그램 안내	• 삶, 직업, 진로의 의미 • 프로그램에 대한 자세한 안내
자신에 대한 이해	• 흥미, 성격, 가치관 등을 활동 위주로 제시 • 직접 느낄 수 있는 놀이 중심	• 자기 이해와 진로 • 심리검사를 통한 자기 이해 • 나의 이해 종합	• 적성, 흥미, 성격, 가치관 등을 검사 위주로 제시 • 현실여건을 고려한 종합적 자기 이해	• 성장과정, 적성, 흥미, 성격, 가치관, 환경 등을 고려하여 자신의 특성에 맞는 직업 찾기
직업 세계에 대한 이해	• 일의 의미와 직업의 소중함 • 직업에 대한 성편견 • 다양한 직업세계 이해	• 직업의 의미, 종류와 특성 • 미래의 직업세계 이해 • 직업관과 직업 윤리	• 직업세계의 탐색 • 희망직업 목록에 대한 정보수집 • 합리적인 직업관 • 성공한 직업인	• 직업 및 노동시장 • 직업정보와 자격 정보
교육 세계에 대한 이해	• 학교의 단계와 종류 • 공부와 직업의 관계 • 직업세계에 대한 관심 제고	• 효과적인 학습 기술 • 상급학교에 대한 이해 • 평생교육의 필요성 이해	• 직업과 관련학과 및 교과 • 학습기술 • 평생교육과 직업	• 평생직업과 평생학습
진로 의사결정	• 자신의 의사결정 방식 • 합리적 의사결정 • 진로의사결정 연습하기	• 의사결정 유형 이해 • 합리적 의사결정 • 절차를 익히고 연습하기	• 자신의 의사결정 유형 • 합리적 의사결정 연습 • 희망직업 및 희망학과 선택	• 합리적 의사결정 절차 • 잠정적 직업결정 • 최종 직업선택
진로계획 및 준비	• 교육계획서 작성 • 직업계획서 작성 • 미래 상상하기	• 진로계획 세우기 • 진로 준비하기	• 자신의 미래 설계 • 자기 표현법 익히기	• 진로준비계획 • 자기 PR 능력 개발 • 면접준비

자료: 한국고용정보원 사이버진로교육센터(www.work.net)

5. 청소년 진로지도방법

1) 청소년 진로지도자의 역할

(1) 상담자로서 진로지도자

진로지도에 있어 지도자는 상담자의 역할을 수행한다. 구체적으로 살펴보면 첫째, 지도자는 청소년에게 관심과 애정을 가지고 학생 개인의 요구와 수준을 파악하여 청소년과 원만한 관계를 유지해야 한다. 둘째, 학생들이 직면하고 있는 학업문제, 진로 및 취업문제, 생활문제 등 다양한 어려움을 공감하고 이해하는 등 지속적인 관심을 유지해야 한다. 셋째, 진로 및 직업에 관한 정보를 수집하고 제공해야 한다. 넷째, 청소년의 진로 특성과 직업 요구를 파악하여 합리적인 의사결정을 할 수 있도록 도와야 한다.

(2) 촉진자로서 진로지도자

지도자는 청소년의 진로개발 촉진자의 역할을 한다. 구체적으로 살펴보면 첫째, 청소년이 진로와 직업에 대한 흥미와 관심을 지속적으로 유지할 수 있도록 지원해야 한다. 둘째, 청소년이 진로분야에 애착을 가지고 진로준비를 꾸준히 실천할 수 있도록 지원해야 한다. 그리고 기관 및 시설 차원에서 진로 발달을 위한 프로그램을 기획하고 운영해야 한다.

(3) 코디네이터로서 진로지도자

우리나라 중학교의 경우 2016년부터 자유학기제가 전면 실시되면서 중간·기말고사를 안 보는 대신 토론, 프로젝트, 실습수업이나 직장 체험활동과 같은 진로교육을 받는 제도가 도입되었다. 이에 따라 학생들은 중학교 한 학기 동안만이라도 시험 부담 없이 자신의 꿈과 끼를 찾는 진로탐색 기회를 가지게 되었고, 자유학기제 동안 학생들은 기존의 교육과정, 수업방법, 평가방식과는 다른 수업문화를 경험하게 되었다. 또한 한 학기에 두 차례 이상 종일체험 활동을 실시하고 학생이 스스로 진로체험 계획을 세우면 학교가 출석으로 인정하는 자기 주도 진로체험도 실행하였다. 우리나라의 수업 장면에서 문제가 되는 것은 학교가 지나치게 지식 위주의 획일적인 주입식 교육활동을 한다는 것이었다. 하지만 자유학기제로 인해 학생의 흥미와 적성의 다양성이 인정되고, 교사와 학생이 상호 소통하고 존중하면서 토론식 수업문화로의 변화가 이루어진다면 향후 재미있는 수업문화의 정착을 기대할 수 있을 것이다.

한편 아일랜드가 전환학년제 실시를 위해 수업 프로그램을 꾸릴 전담 코디네이터를 학교마다 배치한 것과 다르게 우리나라에서는 일반 교사나 기존 진로진학상담교사가 자유학기제 업무에 관여한다는 점에서 큰 차이가 있다. 또한 수업시수 조정이나 자율학습 등 편법적으로 활용하는 문제, 학생의 주도적 활동보다는 교육자 중심으로 운영되는 문제, 지역사회와의 네트워크 부재, 외부 자원과의 연계 경험 부족 등의 문제들이 시범사업에서는 물론 본 사업에서도 제기되고 있다. 이에 따라 학교-청소년 기관의 허브로서 청소년지도자의 역할이 강조될 것이다. 청소년 활동 전문가로 대표되는 청소년지도사는 아직 학교 내에서의 활동이 많지는 않지만 학교와 청소년체험기관을 연계하는 코디네이터로서의 역할, 교사와 학부모에게 청소년 진로지도에 대한 전문적이고 다양한 교육을 제공하는 교육지도자로서의 역할, 자유학기제에 필요한 프로그램을 개발하고 운영하는 프로그램 개발자로서의 역할이 과제로 남아 있다고 할 수 있다.

2) 진로상담지도 5단계

(1) 접수면접

진로상담의 첫 번째 단계는 접수면접이다. 접수면접은 실제상담 이전에 상담호소문제가 무엇인지 상담기관에서 다룰 수 있는 문제영역인지를 확인하고, 실제상담자와 연결짓기 위한 기본적인 정보를 수집하는 대화가 이루어지는 장이기 때문에 소홀히 취급될 수도 있다. 하지만 내담자들이 상담을 가장 처음에 접하는 장이기 때문에 접수면접에 대한 인상이 곧 상담에 대한 인상을 결정한다고 볼 수 있다. 따라서 접수면접 과정에서 상담자와 내담자 간의 협력적 관계 수립의 기본 토대가 마련되어야 한다.

접수면접 단계에서 상담자가 해야 할 중요한 과제는 상담을 신청한 내담자의 주된 문제가 진로문제인지, 아니면 심리적인 문제인지를 감별하는 것이다. 내담자가 호소하는 문제가 한 가지 영역이 아닌 경우도 많기 때문에, 상담자들은 이 내담자의 경우 과연 진로문제를 주 호소 영역으로 보아야 하는지 아니면 심리적인 문제를 주 호소 영역으로 보아야 하는지를 감별해야 한다.

(2) 관계 수립 및 내담자 분류

상담의 토대는 내담자와의 긍정적이고 협력적인 관계수립이다. 아무리 좋은 상담전략과 기법이 제시되더라도 내담자가 상담자에 대해 호의를 갖고 희망적으로 상담에 임하지 않으면 상담의 목표는 달성되기 어렵다. 이러한 중요성 때문에 일반 상담에서는 관계수립을 일종의 동맹관계로 보고, 치료적 동맹 또는 작업 동맹이란 용어로 상담자와 내담자 간의 유대, 협조, 목적의식의 공유 등을 지칭하고 있다. 진로상담자가 내담자와 좋은 관계를 형성하기 위해서는 몇 가지 고려해야 할 사항이 있다.

첫째, 상담을 하러 온 내담자들은 불안도가 높은 채 상담실로 온다.

둘째, 상담자는 자신의 문제를 해결하기 위해 그동안 행해 왔던 내담자의 노력을 인정하고 이를 격려할 필요가 있다.

셋째, 상담자는 내담자와 전문적이면서 개인적인 관계를 형성해야 한다.

넷째, 상담자는 내담자의 바람과 욕구를 파악하는 한편 왜 이 시점에서 내담자가 상담자를 찾아왔는지를 확인할 필요가 있다.

다섯째, 관계수립과 동시에 상담자는 진로상담에 대한 구조화 작업을 해야 한다.

(3) 문제 평가 및 목표 설정

① 문제 평가

내담자가 호소하는 문제의 내용과 심각도 그리고 내담자 상태를 파악하는 것은 상담자가 해야 할 가장 중요한 과제다. 상담자는 내담자의 주호소문제를 확인하는 한편, 호소문제가 왜 발생하였고 내담자는 이 문제를 어떻게 이해하고 있는지를 파악해야 한다.

② 목표 설정

문제가 파악되면 내담자와 더불어 진로상담의 목표를 설정해야 한다. 상담자 입장에서 보면 내담자보다 자신이 상담의 전문가이기 때문에 목표를 자신이 설정하고 싶은 욕구가 있다. 하지만 문제를 안고 있는 사람은 내담자이며, 어떻게 보면 내담자는 해결의 전문가는 아니지만 문제의 전문가이기 때문에 반드시 내담자와 합의하여 목표를 설정해야 한다. 그리고 내담자들이 진로상담을 하는 이유와 방향을 인식하고 적극적으로 목표 달성을 위해 노력하도록 촉진하려면 다소 시간이 걸리더라도 목표 수립과정에 내담자를 적극 참여시켜야 한다.

(4) 행동계획 수립 및 행동 실행을 위한 조력

목표수립은 행동계획의 수립과 자연스럽게 연결된다. 행동계획을 세울 때 상담자들이 귀담아 들어야 할 사항을 기스버스, 헤프너와 존스턴(Gysbers, Heppner, & Johnston, 1998)은 다음과 같이 제시하였다.

첫째, 내담자로 하여금 현실적인 성과로 기대할 수 있는 것이 무엇인지 알게 한 후 빨리 그리고 자주 목표와 행동계획의 실행을 위한 기대와 욕구를 정하여야 한다.

둘째, 내담자들의 이전 경험은 합리적으로 계획을 세우는 데 도움이 되지 못하므로 목표를 세우는 과정을 연습시키고 목표와 계획을 재검토하고 비판하며, 목표와 계획을 정교화할 수 있도록 도와주어야 한다.

셋째, 행동화하는 것보다 계획을 세우는 것이 훨씬 쉽기 때문에 목표를 달성하기 위하여 내담자에게 목표와 계획을 말하고, 쓰고, 연습하고, 시각화하는 기회를 주어야 한다.

넷째, 내담자의 욕구와 스타일에 따라 행동계획 과정을 개별화할 필요가 있으며, 일이 계획대로 안 될 때는 그동안 공들인 내담자와 자신의 노력을 평가절하하지 말아야 한다.

(5) 종결 및 추수지도

모든 상담은 종결이라는 지향점을 갖고 출발한다. 하지만 때때로 상담자와 내담자 모두 종결을 의식하지 않고 상담을 진행하다가 여러 가지 이유로 조기 종결하거나, 종결 준비가 부족한 채로 종결을 하여 미진하게 상담관계를 중단하는 경우가 있다. 하지만 상담과정의 시작 초기부터 종결을 염두에 두게 되면 내담자의 상담 참여도가 높아지고 종결에 따른 정서적인 어려움이 줄어들 수 있다. 따라서 진로상담자는 상담의 시작 단계에서부터 지속적으로 종결을 염두에 두고 있어야 하며 내담자에게도 이를 밝힐 필요가 있다.

3) 진로상담지도 기술

(1) 목표수립을 위한 진로상담 기법

① 목표 설정을 위한 기법: 면담 리드

면담 리드란 상담자가 적절한 질문을 통해 내담자의 욕구나 가치 정보를 표현하도록 돕는 기법이다. 내담자의 초기 진술은 매우 중요하므로 상담자가 적절히 목표를 이끌어 내기 위한 면담 리드 기술은 매우 중요하다. 목표 설정을 위한 면담 리드 기술은 다음과 같은 질문으로 시작할 수 있다.

- 당신은 진로상담의 결과가 무엇이기를 원하십니까?

- 진로상담 후 당신이 달성하고자 하는 것은 무엇입니까?
- 진로상담이 종결되었을 경우를 상상해 보십시오.
- 당신이 원하는 모습은 어떤 모습입니까?
- 현재의 상황이 어떻게 달라지기를 원하십니까?

② 진로목표 설정의 준거

진로상담에서 만족스러운 결과를 도출하기 위해서는 구체적인 목표를 설정해야 한다. 진로목표를 설정할 때는 다음과 같은 내용을 고려하여 설정하는 것이 좋다.

첫째, 목표는 가능한 한 구체적으로 표현하도록 한다. 내담자는 목표에 대해 막연하게 진술하는 경향이 있으므로, 상담자는 내담자로 하여금 희망하는 직업의 종류나 원하는 돈의 액수, 특정한 전공 등과 같이 구체적으로 언급하도록 조력해야 한다.

둘째, 목표를 관찰 가능한 방식으로 표현하도록 한다. 인지적 제약이 있거나, 나이가 어릴수록 그리고 진로모델이 결여되어 있을수록 내담자들은 목표를 관찰 가능한 방식으로 표현하는 것을 어려워한다. 따라서 상담자는 진로목표를 구체적이고 관찰 가능한 방식으로 표현할 수 있도록 조력해야 한다.

셋째, 목표의 달성 시점을 지정한다. 목표 달성 시점을 정하는 것은 목표 달성 가능성을 높이고 내담자의 목표 달성 동기를 부여하는 역할을 한다.

넷째, 달성 가능한 목표를 설정한다. 상담자는 내담자의 열정을 손상시키지 않으면서 내담자의 상황과 능력을 고려한 달성 가능한 목표를 설정하도록 조력해야 한다.

다섯째, 실천 행동을 계획한다. 상담자와 내담자는 하나의 목표가 정해졌다면, '이런 일이 발생하도록 하려면 나는 정확히 무엇을 해야 하는가?'라는 질문을 통해 보다 구체적인 실천계획을 세울 수 있다. 그리고 가장 쉬운 것부터 가장 어려운 것까지 위계적 배열하거나 순서에 따라 배열한 후 과제를 수행하도록 한다.

(2) 내담자 특성 파악을 위한 진로상담 기법

① 생애진로사정

생애진로사정(Life Career Assessment; LCA)은 아들러(Adler, 1870-1937)의 개인심리학에 기초한 것으로서 상담자가 내담자의 체계적인 다양한 정보를 수집하고 내담자는 자신에 대해 체계적으로 이야기를 해 나가면서 자신의 경험에 대해 정리하고 자신의 삶의 방식을 알아가는 과정이다. 생애진로사정은 크게 진로사정, 일상적인 하루 부분, 강점과 약점, 요약 이 네 부분으로 구성되어 있다. 첫째, 진로사정은 내담자가 그동안 경험했던 이전의 직업 경험에 대한 사정, 내담자가 그동안 받았던 교육과 훈련 경험 전반에 대해 이야기하고 평가하는 교육과 훈련 부분, 내담자가 어떻게 여가시간을 보내는지에 관한 여가활동에 대해 탐색한다. 둘째, 일상적인 하루 부분은 내담자가 일상적인 하루를 어떻게 조직하는지 탐색함으로써 성격요인 중 독립적-의존적, 체계적-임의적 요인에 대해 탐색한다. 셋째, 강점과 약점 사정에서는 내담자가 스스로 생각하는 세 가지 주요 강점과 주요 약점에 대해 접근한다. 넷째, 요약에서는 내담자로 하여금 이 회기를 통해 깨달은 것을 요약함으로써 상담을 통해 얻은 정보를 강조하고, 수집된 정보들을 상담목표와 관련지어 생애진로 주제들을 극복하고 강점으로 발전시킬 수 있는 요소들을 제시해 줄 수 있다.

② 진로가계도

진로가계도(career genogram)는 보웬(Bowen, 1960)의 가계도를 응용한 것으로 진로상담의 '정보수집' 단계에서 내담자의 정보를 수집하는 질적 평가방법 중 하나이다. 이 기법은 3대에 걸친 내담자 가족이 어떠한 직업을 선택해 왔는지, 그것이 내담자에게 어떠한 영향을 미쳤는지 파악하도록 함으로써 내담자를 더 깊이 이해하도록 돕는다. 진로가계도 작성을 통해 내담자의 진로기대 형성에 중요한 역할을 한 사람에 대한 이해, 내담자의 직업세계 이해, 중요한 타인에 의해 형성된 진로 장벽, 성역할 편견 등을 탐색 및 통찰할 수 있다.

③ 직업카드 분류법

직업카드 분류법이란 미국심리학회(APA) 심리상담분과에서 연설을 한 타일러(Tyler, 1961)에 의해 제안되어진 것으로 직업카드를 개발하고 이를 분류하는 활동을 통해서 직업 흥미를 탐색하는 방법 또는 질적 도구를 의미한다. 직업카드 분류방법은 내담자들의 흥미, 욕구, 가치, 능력, 선입견, 직업 선호 등을 분류하거나 우선순위를 매기는 비표준화된 접근법으로 상담자의 상담목적과 내담자의 특성에 따라 다양한 방법으로 활용할 수 있다.

④ 표준화된 검사

검사는 진로상담의 과정과 결과를 증진할 뿐만 아니라 진로를 선택하고 결정하는 데 있어 비교적 정확하고 객관적인 자료를 제공하기 때문에 보다 과학적인 상담을 가능하게 해 준다. 진로와 관련된 표준화된 심리검사에는 어떤 일을 수행하는 데 있어서 요구되는 특수한 능력이나 잠재능력을 측정하는 진로적성검사, 어떤 종류의 활동 또는 사물에 대하여 특별한 관심이나 애착 정도를 측정하는 진로흥미검사가 있다. 또한 일상적인 생활 속에서 나타나는 개인의 일관된 행위로 욕구, 자아개념, 성취동기, 포부수준, 대인관계 등 여러 가지 요인을 포함하는 복합적인 심리적 특성을 측정하는 성격검사가 있다. 개인이 어떤 특정한 방향으로 행동하게 하는 원리나 믿음 또는 신념을 측정하는 진로가치관 검사, 동일한 연령층의 학생들과의 비교에서 나타나는 상대적인 직업준비의 정도를 측정하는 진로성숙도 검사가 있고, 진로선택에 대한 확실한 결정 정도를 측정하는 진로결정 검사 등이 있다.

(3) 의사결정 조력을 위한 진로상담 기법

① 의사결정 유형검사 활용

의사결정 유형에는 합리적 양식(rational style), 직관적 양식(intuitive style), 의존양식(dependent style) 등이 있다. 이때 하렌(Harren, 1984)이 개발한 진로의사결정 검사 척도를 유용하게 활용할 수 있다.

② 진로자서전 쓰기

내담자가 과거에 진로와 관련하여 어떻게 의사결정을 했는지 알아보기 위해 학교선택, 고등학교 졸업 후의 직업훈련, 시간제 일을 통한 경험, 고등학교에서 배운 지식과 기술들, 중요한 타인들에 대해 내담자가 스스로 기술하게 한다. 이때 '학교생활 중 가장 기억에 남는 선생님은 누구이며, 그 이유는 무엇인가?', '학업적인 면에서 가장 좋아하는 과목은 무엇이며, 그 이유는 무엇인가?', '학교 생활 중에 가장 즐거웠던 경험과 가장 좌절감을 경험했던 경험은 무엇인가?', '재량활동 시간에 선택한 활동은 무엇인가?' 등을 중심으로 작성할 수 있다.

③ 근거 없는 믿음 확인하기

엘리스(Ellis, 1977)의 현실치료의 ABCDE모델을 활용한 것으로 진로와 관련된 근거 없는 믿음에 대해 합리적으로 생각하게 하는 것이 진로의사결정 과정에 활용될 수 있다. 진로신화에 대한 내용들은 어떤 일을 해보지도 않고 그렇게 될 것이라는 것을 확신하는 것이다. 이러한 잘못된 믿음을 갖고 있는 내담자들에게는 그들이 묶여 있는 믿음이 근거 없는 것이라는 것을 인식하도록 하는 것이 중요하다. 내담자들이 그러한 믿음과 노력이 잘못된 것이라는 것을 통찰하는 순간 그들은 새로운 대안을 찾을 수 있게 된다. 그리하여 좀 더 이성적인 신념을 지니고 합리적 선택을 할 수 있게 되는 것이다.

연습문제

1. 급변하는 미래사회와 직업세계의 변화에 대해서 설명하시오.
2. 진로지도의 기초에 대해서 설명하시오.
3. 청소년 진로발달이론에 대해서 논하시오.
4. 청소년 진로지도 프로그램에 대해서 토론하시오.
5. 청소년 진로지도방법을 설명하시오.

CHAPTER

11

청소년상담 지도방법

학습 내용

1. 청소년상담의 이해
2. 청소년상담의 주요이론
3. 청소년상담의 지도방법

학습 목표

1. 청소년상담에 대해서 이해한다.
2. 청소년상담의 주요이론에 대해서 살펴본다.
3. 청소년상담의 지도방법에 대해서 이해한다.

학습 개요

청소년상담은 전문성을 인정받은 상담자가 신체적, 인지적, 도덕적, 심리적, 정서적, 사회적 문제를 가진 청소년을 대상으로, 상담의 원리와 실제를 활용하여 의미 있는 변화와 성숙을 돕고 전인적 성장으로 이끌기 위한 과정이다. 상담은 안전한 대면 관계뿐만 아니라 다양한 매체를 통해 이루어질 수 있다.

청소년상담의 유형은 상담 방식에 따라 대면상담과 통신상담으로 나뉘고, 상담 형태에 따라 개인상담, 집단상담, 가족상담 등으로 나뉜다. 주요 이론으로는 정신분석 상담, 인간중심 상담, 행동주의 상담, 인지행동 상담, 형태치료 상담, 의미치료 상담, 현실치료 상담, 통합적 상담 등이 있으며, 상담 기법으로는 주의집중, 경청, 공감, 질문, 반영, 직면, 해석, 정보 제공, 지지와 격려 등이 활용된다.

청소년상담자가 갖추어야 할 자질에는 전문적 자질과 인성적 자질이 있으며, 전문적 자질은 상담 수행에 필요한 지식과 기술을, 인성적 자질은 상담자가 지녀야 할 기본적 태도와 품성을 의미한다.

1. 청소년상담의 이해

1) 청소년상담의 의미와 필요성

상담(counseling)이란 용어는 라틴어의 'consulere'에서 유래된 것으로서 고려하다(to consider), 조언을 받다(to ask counsel) 그리고 조언을 구하다(to ask counsel of)라는 의미를 지닌다. 동양에서 사용하고 있는 한자의 상담(相談)이란 의미를 찾아보면, 나무 목(木)과 눈 목(目)으로 이루어진 '서로 상(相)'은 두 그루의 나무가 눈을 맞대고 마주한다는 뜻으로 쓰이는 낱말이다. 그리고 말씀 언(言)과 태울 염(炎)이란 두 글자로 조합된 '이야기 담(談)'은 마치 활활 타오르는 불과 같이 서로 말을 주고받는다는 의미를 지닌 낱말이다. 따라서 글자 그대로 풀이하면, 상담이란 두 사람이 마주 보고 대화를 나누는 행위를 뜻하는 것이다. 좀 더 구체적으로 두 사람이 마주 보고 나누는 대화 가운데 한 사람은 도움을 받기 위해 다른 한 사람은 도움을 주기 위해 대화를 나누는 조력적 면담을 의미한다. 상담에 대하여 많은 학자가 정의를 내리고 있지만 종합적으로 상담이란 도움을 필요로 하는 내담자가 전문적 훈련을 받은 상담자와의 안전한 대면관계 속에서 언어라는 매체를 통해 문제해결, 새로운 학습 그리고 인간적 성장을 경험하는 과정이라고 할 수 있다(오윤선, 2025).

이러한 상담의 개념과 일련의 상담이론 그리고 상담기법의 원리가 청소년상담에 적용되지만 청소년 발달의 특수성, 기성세대 그리고 다른 사회·문화적인 환경을 반영한 청소년상담이 필요하다. 청소년상담이란 도움을 필요로 하는 청소년이 전문적 훈련을 받은 상담자와 안전한 대면관계 속에서 언어라는 매체를 가지고 문제해결, 새로운 학습 그리고 인간적 성장을 경험하는 과정이라고 할 수 있다. 좀 더 구체적으로 살펴보면 첫째, 청소년 상담활동의 대상은 청소년 자신과 청소년지도사, 청소년상담사, 부모, 교사와 청소년 관련기관 그리고 가정, 학교, 청소년 고용업체, 청소년 수용기관, 청소년 봉사기관 등을 포함한다. 청소년문제는 청소년 발달과정에서 개인적인 원인도 있지만 환경과 관계에서 발생하는 경우가 많기 때문에 청소년상담 대상은 청소년 개인뿐만 아니라 청소년 관련인 및 관련 기관도 포함된다. 둘째, 청소년상담은 청소년들이 현재 당면하고 있는 정신적 질병의 치료 및 문제해결뿐만 아니라 정신적 질병의 예방 및 건전한 발달과업을 성취하도록 도움으로써 청소년의 전인적 성장과 발달을 촉진한다. 셋째, 청소년상담은 진로, 학업, 비행, 정신건강 등의 다양한 문제에 대해 개인상담, 집단상담, 가족상담 등 다양한 형태의 상담을 제공한다. 그리고 교육, 훈련, 자문, 매체 등을 활용하여 개입할 수 있다. 종합적으로 청소년상담이란 전문성을 인준받은 청소년상담자가 신체적, 인지적, 도덕적, 심리적, 정서적, 사회적 문제에 직면한 청소년들에게 청소년상담의 원리와 실제를 활용하여 청소년들이 의미 있는 변화와 성숙에 이르며 전인적 인간으로 성장할 수 있도록 체계적인 상담자와의 안전한 대면관계 또는 각종 매체를 통하여 돕는 과정이라고 할 수 있다.

청소년기는 심리적 이유기로 발달단계상 부모로부터 심리적으로 독립하기 시작하고 자아정체감을 형성해 나가는 시기이다. 그러나 우리나라 청소년들은 과도한 학업 스트레스로 인해 극단적인 일탈행동이나 충동적인 행동으로 표출될 가능성이 많다. 이미 가정과 학교생활에 적응하지 못하는 일부 청소년들의 학업 부적응, 따돌림, 가출, 비행, 약물남용, 성 문제 등 다양한 문제행동이 돌출되고 있다. 그리고 급속히 진행되고 있는 사회변화로 인하여 청소년들의 가치관 및 태도 변화는 기성세대와의 복잡한 갈등과 혼란을 가중시키고 있다. 나아가 다양화, 전문화, 복잡화되어 가는 현대사회에서 청소년들은 과거보다 더 다양한 사회적 역할기대에 직면하면서 정체성 혼란이 가중되고 있다. 또한 세계 경제의 불확실성과 저성장은 청소년들에게 청년 실업에 대한 불안까지 가중시키고 있다. 이로 인해 청소년상담은 청소년상담복지센터, Wee 센터, Wee 클래스, 지역사회투자서비스(아동청소년 심리지원서비스, 비전형성지원서비스) 등을 중심으로 활발하게 진행되고 있다. 청소년의 의미 있는 변화와 성숙 그리고 전인적 인간으로 성장을 위하여 청소년지도가 청소년 집단의 수련활동이나 단체활동, 캠프활동 등을 체계적으로 지도하는 데 초점을 둔다면 청소년상담은 청소년들이 겪고 있는 심리적인 문제를 해결하고 청소년 개인으로 하여금 보다 주체적이고 적응적인 나와 우리가 되는 경험을 할 수 있도록 조력한다. 그러나 청소년상담이 전체 청소년을 대상으로 하는 보편주의적인 접근으로 나아가면서 이와 같은 구분은 다분히 의도적인 것일 뿐 학문적으로 청소년지도와 상담을 구분하기는 어려운 면이 있다.

2) 청소년상담의 유형

(1) 상담방식에 따른 분류

① 대면상담

대면상담은 여러 유형의 상담 중에서 가장 전통적으로 실시해 오던 상담 진행 방식으로 상담자와 내담자가 직접 만나서 얼굴을 맞대고 언어로써 대화하며 내담자의 성장과 발달을 도와주는 과정이다. 상담자는 대화를 통해 내담자를 이해하며 또 대화를 통해 내담자를 변화시킨다. 대화는 내담자를 이해시키는 핵심수단이며 문제를 해결하고 성장을 촉진시키는 가장 유력한 상담도구가 된다. 또한 상담자는 대면상담을 통해 언어적 정보 이면에 있는 비언어적 정보를 관찰함으로써 내담자가 스스로 보고하는 내용 이외에 다른 여러 가지 중요한 정보를 상담에 활용할 수 있다.

② 통신상담

통신상담은 상담자가 내담자를 전화, 컴퓨터 등의 매체를 이용하여 내담자의 성장과 발달을 도와주는 과정이다. 정보통신기술의 발달로 인해 신문, 잡지, 라디오, 텔레비전, 전화와 더불어 컴퓨터는 중요한 매체로 상담에 활용되고 있다. 대표적인 통신상담으로서 전화상담과 사이버상담, 나아가 2014년부터는 여성가족부에서는 청소년들에게 친숙한 스마트폰 카카오톡을 통해 실시간으로 양방향 대화가 가능한 청소년 상담이 제공되고 있다.

(2) 상담 형태에 따른 분류

① 개인상담

개인상담이란 일상생활에서 심리적·정서적인 어려움에 당면한 내담자와 전문적인 상담자와 일대일로 만나서 상담을 진행하는 형태이다. 상담자는 내담자가 자기 자신과 환경에 대해 의미 있는 이해를 증진하도록 함으로써 내담자의 성장과 발전을 촉진하는 심리적인 조력의 과정을 말한다. 이때 상담자는 내담자를 존중하고 수용하며 상담자 자신의 생각과 감정에 솔직해야 한다. 이러한 촉진적인 관계 속에서 내담자는 스스로 효율적인 의사결정을 하고 여러 심리적인 특성들을 긍정적인 방향으로 변화시키도록 도움을 받게 된다. 개인상담은 내담자의 문제가 위급하고 원인과 해결이 복잡하며 집단에서 공개적으로 다루기 어려운 문제일 경우에 적절한 상담 형태이다. 청소년 개인상담의 경우 상담의 비밀보장이 필요하지만 비행이나 자살 등의 위기상담일 경우 부모 및 사회 지원체계와의 즉각적인 협조가 필요하다. 또한 청소년의 변화를 위한 적합한 환경체계 구성을 위하여 부모상담이 요구된다.

② 집단상담

집단상담이란 두 명 이상의 집단원이 모여 상호의존적인 관계에서 개개인의 문제해결과 인간적 성장을 촉진하기 위한 상담적 접근방법이다. 집단상담은 개인상담과 달리 집단원들 간의 역동적인 상호작용을 치료적으로 활용할 수 있다. 집단 참가자 등과 서로 정보를 공유하고 문제해결을 위한 더 많은 관점을 조망하며 다양한 자원을 제공받을 수 있다.

동조성향이 강하고 또래와의 관계를 중요시하는 청소년의 경우 집단상담이 효과적일 수 있다. 청소년들이 또래들과 함께 집단상담에 참여하면 혼자만 겪고 있는 어려움이 아니라 비슷한 느낌과 생각을 발견하고 서로 위로와 격려를 받고 수용하며 경험을 통해 소속감을 느낄 수 있다. 경우에 따라서 집단상담은 한 명 이상의 상담자가 참여할 수 있는데, 집단상담자는 상담이론에 능숙할 뿐 아니라 집단상담의 장점을 잘 활용하고 집단 운용에 능숙해야 한다.

집단상담이 필요한 경우로는 내담자가 타인 이해 능력이 부족하고 자신이 타인들에게 어떻게 보이는지에 대해 민감한 반응을 보일 경우에 유용하다. 또는 다른 사람들에 대한 배려와 존중감이 필요한 내담자, 타인과의 대화를 포함한 사회적 기술의 습득이 필요한 내담자, 대인관계에서 자신감이 필요한 내담자나 자기 공개에 대해 지나친 위협을 느끼는 내담자 등에게 사용될 수 있다. 내담자들은 타인을 대하는 바람직한 태도나 행동 반응을 집단 내에서 즉각적으로 시도하고 그 결과를 확인해 볼 수 있다(오윤선, 2025).

③ 가족상담

가족상담이란 가족을 대상으로 하는 상담을 의미한다. 청소년상담은 가족 및 학교와의 유기적인 관계 속에서 효과가 증대된다. 왜냐하면 청소년은 상담을 통해 그 호소하는 문제가 일시적으로 해결이 되었다고 하더라도 역기능적 가족체계 영향으로 변화를 유지하기 어렵기 때문이다. 따라서 청소년을 포함한 가족상담을 통해 가족 안에서 문제를 일으키는 근본적인 원인을 변화시킬 필요가 있다.

2. 청소년상담의 주요이론

1) 정신분석 상담이론

(1) 주요개념 이해

프로이트(Sigmund Freud, 1856~1939)에 의해 태동된 정신분석은 프로이트 이후 다양한 학파와 기술적 용어 그리고 임상치료 형태가 생겨나면서 오늘날 상담과 심리치료의 여러 분야에 커다란 영향을 미치고 있다. 청소년상담과 관련하여 프로이트 정신분석의 핵심 내용을 간단히 살펴보면 다음과 같다.

첫째, 프로이트의 정신분석학에서는 인간을 결정론과 무의식적 정신과정이라는 두 가지 개념을 기본적 가설로 설정하고 있다. 프로이트는 과거 생활 경험들에 의해, 특히 출생에서부터 5세 사이의 어린 시절에 경험한 무의식 속에 잠재해 있는 심리적이고 성적인 사건들이 개인의 현재 행위를 결정한다고 보았다. 이런 점에서 프로이트의 인간론은 결정론적이고 비합리적인 관점이라고 말할 수 있다.

둘째, 프로이트는 인간의 마음이 의식(conscious), 전의식(preconscious), 무의식(unconscious)으로 구성되어 있다고 보았다. 의식은 어떤 순간에 우리가 알거나 느낄 수 있는 모든 경험과 감각으로 성격의 제한된 극히 일부만을 나타낸 것이다. 반면 무의식은 인간 정신의 가장 크고 깊은 심층에 잠재해 있으면서 의식적 사고와 행동을 전적으로 통제한다. 인간의 모든 생활경험은 잠시 동안만 의식의 세계에 있을 뿐 대부분 무의식으로 들어가 잠재하여 이후에도 개인의 행동에 강력한 영향력을 행사한다. 전의식은 의식과 무의식의 영역을 연결해 주는 문지기 역할을 한다고 볼 수 있다.

셋째, 프로이트는 인간의 성격을 원초아(id), 자아(ego), 초자아(super ego)로 구성되어 있다고 보았다. 원초아(id)는 심리적 에너지의 원천으로서 무의식에 의해 지배받으며 '쾌락원칙'에 따라 본능적 욕구를 충족시키기 위하여 맹목적이고 충동적으로 작용한다. 이후 성장과정에서 현실에 적응하기 위해 상황을 인식하고 판단하여 충동을 조절하는 자아(ego)가 발한다. 자아는 학습, 사고, 추리, 결정, 기억 등의 인지능력을 가지며 현실검증의 기능을 한다. 초자아(super ego)는 세 가지 성격구조 중 마지막에 발달하는 체계로서 아동이 부모의 가치기준을 동화함으로써 발달하며 사회규범과 행동기준이 내면화된 것이다.

넷째, 프로이트는 성적 추동 에너지인 리비도(libido)가 신체의 어느 부분에 집중되느냐에 따라 발달단계를 구강기, 항문기, 남근기, 잠복기, 생식기의 다섯 단계로 구분하였다. 이 과정에서 문제가 발생할 경우 성인이 되어서도 과도한 신경증적 불안을 경험하게 되고 그에 대처하기 위해 부적응적인 방어기제를 사용하거나 공포증, 강박증, 히스테리 등의 신경증적 증상들을 만들어 내게 된다(Patton & Meara, 1992).

(2) 상담목표 및 주요기법

정신분석상담의 목표는 크게 내담자의 무의식적 갈등을 의식화시켜서 개인의 성격구조를 재구성할 수 있도록 조력하는 것에 있다(오윤선, 2025). 상담자는 과거 자신의 문제에 대한 통찰을 통해 자신을 이해시키고 현재 행동을 현실에 기초해서 현실적, 이성적, 합리적으로 이루어질 수 있도록 돕는다. 또한 과거의 환경이 현재 내담자에게 미치는 영향 요인과 자기방어에 대한 분석 및 해석을 통해 내담자의 인식과 통찰을 강화하고 개인의 인격구조를 재편성해서 일상생활에 적응할 수 있도록 하는 데 목표가 있다.

이러한 목표를 달성하기 위해 사용되는 정신분석 상담기법으로는 자유연상, 꿈의 분석, 해석이 있다. 자유연상(free association)은 정신분석상담의 가장 핵심이 되는 기법으로 어떤 대상과 관련하여 아무런 형식 없이 마음에 떠오르는 생각, 감정, 기억들을 수정도 가하지 않고 자유롭게 이야기하도록 하는 것이다. 즉, 청소년 내담자가 자신의 마음속에 떠오르는 것이 아무리 사소하고 말하기 어려운 내용일지라도 모두 상담자에게 이야기하도록 하고, 청소년상담자는 그것을 통해 내담자의 마음속에 억압된 자료를 수집하고 해석하여 청소년으로 하여금 증상과 관련한 통찰을 얻도록 돕는다. 꿈의 분석(dream analysis)은 자유연상과 마찬가지로 내담자의 무의식 세계에 접근할 수 있는 또 하나의 방법으로 내담자의 무의식적 욕구를 발견하고 해결되지 못한 문제를 통찰할 수 있도록 해준다. 이후 상담자는 해석(interpretation)을 통해 자유연상, 꿈, 저항, 전이 등을 분석하고 그 속에 담긴 행동상의 의미를 객관적으로 규명해서 내담자에게 의미를 설명해 준다.

상담의 종결은 훈습과 전이를 해결함으로써 이루어진다. 훈습(working-through)은 중심적 갈등을 내담자가 반복해서 이야기하고 상담자가 이를 반복해서 해석하는 과정이다. 갈등은 한두 번의 통찰 경험으로 변화되지 않는다. 따라서 전이의 분석은 여러 번에 걸쳐 다양한 방식으로 지속되어야 한다. 이를 통해 청소년 내담자는 자신의 방어와 동기가 무엇인가를 의식하게 되고, 내담자가 과거의 중요한 인물에게 느꼈던 감정을 상담자에게 투사하는 전이를 해결함으로써 보다 성숙되고 현실적인 결정을 할 수 있게 된다.

프로이트는 청소년기에 대해 큰 관심을 가지지 않았다. 그러나 프로이트 이후 여러 정신분석학자들이 청소년기의 특성을 연구하고 청소년에 대한 정신분석을 시도하였다(Stephen & Margaret, 2000). 청소년기는 과도기적 특성으로 인해 많은 혼란을 겪는 시기이다. 따라서 청소년을 대상으로 정신분석을 시행할 때는 불안정과 혼란의 문제로 판단하기보다는 정상적인 특성으로 수용하여 인내심을 가지고 분석해야 한다. 또한 상담자에 대한 전이나 저항도 정상적인 현상으로 받아들이는 자세가 필요하다(Holder, 2006).

2) 인간중심 상담이론

(1) 주요개념 이해

인간중심 상담은 로저스(Carl Ransom Rogers, 1902~1987)에 의해 체계화된 것으로 정신분석상담의 진단적, 해석적, 지시적인 면에 대해 반대하고 비지시적 상담을 주장한다. 그 핵심 내용은 다음과 같다.

첫째, 로저스는 인간을 유기체로서 선천적으로 선하며 실현화 경향성을 가진 존재로 보았다. 로저스는 인간은 자아실현 경향성(self actualization)을 타고났으며 이로 인해 자아를 유지하고 향상시키며 실현화시킨다고 믿었다. 그러나 인간은 부모나 사회에서 요구하는 가치의 조건화에 의해 실현화 경향성을 방해받아 부모가 제시하는 기준에 맞춘 부정적인 존재가 될 수 있다. 따라서 부모가 아이를 아무 조건 없이 있는 그대로 수용하는 태도가 필요하다. 그럴 때 아이는 유기체적 가치화 과정에 따라 자신이 타고난 성향을 확인하고 실현해 갈 수 있다.

둘째, 인간의 성격은 특정한 성격 유형을 지니고 태어나는 것이 아니라 다양한 주관적인 경험들을 통해 형성된다. 즉, 개인에게 미리 정해진 성격 발달 패턴은 없으며 삶의 경험에 따라 성격은 달라질 수 있는 것이다. 모든 사람은 자신의 경험을 독특하게 구성하는 틀을 갖고 있으며 이에 따라 다른 사람과 구별되는 독특한 성격을 갖게 된다.

(2) 상담과정 및 주요기법

인간중심 상담이론에서 심리적 문제의 근원은 실제 자기와 이상적 자기의 불일치에서 비롯된다. 따라서 상담의 목표는 완전하고 충분히 기능하는 자기 자신이 되는 것이다. 구체적으로 내담자가 자신의 경험에 개방적이 되고, 현실에 부합하는 지각을 하며 자신을 신뢰하고 타인을 수용하는 경향이 커지도록 돕는 것이라 할 수 있다. 인간중심 상담에서는 특정한 상담기법보다는 진실성, 무조건적 긍정적 존중, 공감적 이해 등과 같은 상담자의 적절한 태도가 내담자의 변화를 촉진시킨다고 본다.

청소년 상담자의 이러한 태도는 청소년과의 관계에서 상호 신뢰적인 분위기를 조성하며 청소년이 거리낌 없이 자기를 개방하게끔 한다. 이를 통해 청소년은 자신의 내면세계(감정, 욕망 및 가치판단 등)를 이해하고 자신의 문제를 파악할 수 있게 된다. 나아가 자신의 환경에 대한 왜곡된 지각을 수정하고, 현실적 경험과 자아개념 간의 조화를 이루며 궁극적으로 능력과 개성을 최대한 발휘하는 자아실현을 이룰 수 있게 된다. 이러한 인간중심 상담은 청소년을 자기 삶의 주체가 되게 한다는 청소년지도의 기본 목표와 일맥상통한다.

3) 행동주의 상담이론

(1) 주요개념 이해

행동주의 상담에서 인간의 행동은 환경에 의해 결정된다고 본다. 따라서 행동주의 상담은 학습원리를 이용하여 바람직한 행동은 증가시키고 바람직하지 못한 행동은 감소시킴으로써 청소년의 문제해결을 조력하는 것에 그 목적이 있다. 행동주의의 대표적인 학자와 이론으로는 파블로프(Pavlov, 1849~1936)의 고전적 조건화, 스키너(Skinner, 1904~1990)의 조작적 조건화, 반두라(Bandura, 1925~)의 사회인지적 이론 등이 있다. 그 핵심내용을 살펴보면 다음과 같다.

첫째, 고전적 조건화는 파블로프의 체계적 실험 연구에서 비롯되었다. 개는 먹이를 보면 타액을 자동으로 분비한다. 그런데 먹이를 보여주기 전에 종소리를 들려주면 나중에는 종소리만 들어도 타액을 분비하게 된다. 즉, 종소리는 원래 타액을 분비하는 자극이 아니었지만 먹이와 짝지어 제시됨으로써 조건화된 속성을 갖게 된 것이다. 이러한 고전적 조건화는 인간의 공포증을 비롯한 많은 심리적, 행동적 병리를 학습하게 된 과정을 설명하고, 역조건형성의 원리를 이용함으로써 치료에 접근할 수 있도록 한다.

둘째, 조작적 조건화는 손다이크(Thorndike, 1874~1949)와 스키너의 연구에 의해 체계화된 학습기제이다. 새장에 갇힌 배고픈 비둘기가 우리 안에서 여러 가지 행동을 하다가 우연히 원판을 쪼게 되는데, 이렇게 원판 쪼는 행동을 할 때마다 먹이를 공급하게 되면 비둘기는 원판 쪼기 행동을 학습하게 된다. 즉, 유기체가 특정 행동을 할 때마다 선택적으로 행동에 대해 보상을 제공함으로써 그 행동을 강화시키는 것이다. 이러한 조작적 조건형성은 강화와 처벌을 활용한 청소년의 행동수정의 이론적 근거가 되었다.

셋째, 반두라에 의해 발달된 사회인지이론은 직접 강화와 처벌을 받지 않더라도 관찰학습을 통한 대리강화와 대리처벌을 통해 학습이 이루어진다는 원리이다. 관찰학습은 주의, 파지, 운동재현, 동기과정을 통해 이루어진다.

(2) 상담과정 및 주요기법

행동주의 상담의 목표는 내담자가 고통을 겪고 있는 문제행동을 수정하고 보다 적응적인 행동을 하도록 돕는 것이다. 구체적으로 첫째, 자신의 감정이나 생각 및 희망을 관련된 일상 장면에서 자유로이 표현할 수 있도록 훈련하기 둘째, 사회적인 활동을 저해하는 비현실적인 공포를 제거하기 셋째, 내담자가 인생에 있어서 중요한 결정을 내리는 데 방해가 되는 내면의 갈등을 해소하도록 조력하는 것이다.

이를 위해 상담자와 청소년은 상호 신뢰적인 관계를 구축하고 체계적인 평가에 의해 선택된 문제행동에 집중하여 어떤 목표를 어떻게 바꿀 것인지 학습이론에 의거해서 구체적인 목표를 설정하게 된다. 행동주의 상담기법으로는 체계적 둔감법, 모델링, 자기 표현 훈련, 토근강화, 타임아웃, 혐오치료, 홍수법, 이완 훈련 등 다양한 치료기법이 있다. 그리고 최종적으로 상담 목표가 달성되었다고 상담자와 청소년이 동의하면 그동안 학습 효과를 정리하여 청소년이 향후 새로운 문제행동을 하게 될 때 활용할 수 있도록 하는 과정을 거쳐 상담을 종결한다(Corey, 1991). 이러한 일련의 행동주의 상담과정에서 상담자는 다소 적극적이고 지시적인 역할을 하게 된다. 하지만 상담자는 청소년의 행동을 상담자의 기준으로 판단하지 않아야 하며, 청소년 스스로 행동 목표를 세울 수 있도록 함으로써 청소년이 자신의 삶을 적극적이고 주체적으로 주도할 수 있도록 도와야 할 것이다.

4) 인지행동 상담이론

(1) 주요개념 이해

대표적인 인지행동 상담이론으로는 알버트 엘리스(Albert Ellis, 1913~2007)의 합리적 정서행동치료(Rational Emotive Behavior Therapy: 이하 REBT)와 아론 벡(Aaron Beck, 1921~2021)의 인지치료가 있다. 인지행동이론은 인간을 이루는 세 가지 핵심영역인 인지, 정서, 행동이 상호작용하는 과정에서 인지가 중심이 되어 정서와 행동에 미치는 영향을 강조한다(오윤선, 2025). REBT 상담이론을 살펴보면 다음과 같다.

첫째, 엘리스는 인간은 동시에 사고하고 느끼고 행동하는 존재이며 생각은 감정과 행동의 원인이 된다고 보았다. 이때 인간은 합리적이고 올바른 사고를 할 수 있는 반면 비합리적이고 왜곡된 생각을 할 수도 있다. 청소년이 비합리적이고 왜곡된 생각으로 매일의 사건을 해석할 때 타인에 대한 분노, 적개심, 불안, 죄책감 혹은 우울을 초래하게 되고 이러한 감정들은 내면화된다.

둘째, 엘리스는 인간은 자기와 대화할 수 있고(self-talking), 자기를 평가할 수 있으며(self-evaluating), 자기를 유지할 수 있는(self-sustaining) 존재로 보았다. 인간은 독특하고 자신의 한계를 이해할 만한 힘을 지녔으며, 아동기에 무비판적으로 주입된 기본 관점과 가치를 변화시키고 자기 패배적 경향에 도전할 능력을 갖고 있기 때문에 변화가 가능하다.

셋째, 부적응적인 반응을 낳는 비합리적 신념에는 당위성, 과장성, 비하성, 낮은 인내성 등이 있다(Corey, 1991).

(2) 상담과정 및 주요기법

REBT 상담의 목표는 청소년의 비합리적 신념을 파악하고 합리적 신념으로 바꾸는 것이다. 이러한 목표를 달성하기 위해 사용되는 상담기법으로 논박기법을 사용한다. 구체적으로 청소년 내담자가 가지고 있는 비합리적 생각과 그 생각에 근거한 자기 언어를 찾아서 생각의 비합리성을 확인하고 논박(disputing)하는 것이다. 그리고 내담자에게 비합리적 생각과 대치되는 합리적 생각을 하게 하고 그 생각을 자기 언어로 진술해 보도록 한다. 마지막으로 자기 언어로 진술된 합리적 생각을 실제 행동에 적용하고 더욱 일반화시켜 청소년으로 하여금 합리적인 사고와 자기 언어에 근거해서 삶을 살아갈 수 있도록 한다.

이를 통해 청소년은 적절한 정서를 가지며 바람직한 행동을 할 수 있게 된다. 같은 맥락에서 벡(Beck)은 내담자의 자동적 사고를 살펴보고 논박분석을 통해 역기능적 가정들의 타당성을 확인하는 인지 재구조화기법, 내담자가 자주 사용하는 '모든', '언제나', '항상', '절대로' 등과 같은 단어를 파악하여 자신의 절대성 진술을 지각하도록 돕는 절대성 도전기법을 제시하였다. 그리고 치료를 위해 청소년이 자주 하는 자동적 사고 뒷면에 적응적 반응을 적어 놓고 자동적 사고가 떠오를 때마다 읽도록 하는 대처카드 기법, 바람직한 모습을 상상하도록 하는 인지 예행연습 기법 등을 제시하였다.

피아제의 인지 발달단계에 따르면 청소년기는 형식적 조작기로 논리적 사고가 가능할 뿐 아니라 새로운 사고능력을 활용하려는 성향이 강한 시기이다. 따라서 부적응적 행동의 원인이 되는 비합리적 신념을 파악하여 논리적으로 평가하고 수정하는 것을 강조하는 상담기법은 청소년에게 적합한 상담방법이라 할 수 있다.

5) 형태치료 상담이론

(1) 주요개념 이해

프리츠 펄스(Fritz Perls, 1893~1970)에 의해 창안된 형태치료(Gestalt therapy)에서는 인간은 자기 내부에서나 주변에서 일어나는 일에 대해 완전히 인식할 수 있으며 환경 속에서 자신을 경험하고 자각하며 자기를 조절할 수 있는 능력, 자유롭게 선택하고 책임질 수 있는 능력, 통합을 이룰 수 있는 능력이 있는 존재로 본다(Perls, 1969). 따라서 형태치료에서 상담자는 내담자가 자신의 욕구, 감각, 감정, 언어표현, 주변 환경을 정확히 인식하고 경험하도록 하기 위해 내담자의 자세나 행동을 과장해서 반복하도록 하거나 불편해 하는 감정을 피하지 않고 계속 경험하도록 한다. 이 과정에서 내담자의 인식, 접촉, 통합능력이 향상될 수 있을 것으로 보았다.

형태치료는 지금-여기에 강조점을 두고 현재 이 순간을 감지해 완전히 경험할 수 있는 학습을 강조한다. 과거와 미래를 중요하게 여기는 것은 현재와의 접촉을 피하는 한 방편일 수 있기 때문이다. 미해결 과제는 끊임없이 해결을 요구하며 전경으로 떠오르려고 하기 때문에 항상 지금-여기에 그 모습을 드러내고 있다. 따라서 상담사는 '왜'라는 질문보다는 '어떻게', '무엇이'라는 질문을 통해 자기를 충분히 각성하고 자신의 부적응 행동의 본질과 그것이 어떻게 자기 삶을 방해해 왔는지를 알아차리고 접촉할 수 있도록 개입하는 것이 필요하다.

(2) 상담과정 및 주요기법

형태치료 상담의 목표는 내담자로 하여금 자신의 삶에 책임을 질 수 있는 독립적이고 성숙한 실존적 존재가 되도록 하는 것이다. 즉, 내담자가 외부에 투사하거나 자신의 내부에 격리시켜 인식하지 못한 자신의 욕구나 감정에 대해 각성 수준을 높이고, 자신의 행동에 책임을 지고 주도권을 행사하며, 자신의 욕구를 충족하는 동시에 타인의 권리를 존중하는 방식을 배우도록 하는 것이다(Zinker, 1978). 이처럼 내담자가 보다 완벽하게 자신을 자각하고 내적 갈등을 경험하며 불일치와 양가적 감정을 해결하고 미해결 과제를 해결하기 위해 사용되는 형태치료 상담기법으로는 빈 의자 기법, 대화실험, 투사놀이, 반동기법, 행동연습의 실험, 과장실험, 둘러보기, 느낌을 지속하기, 꿈에 대한 형태적 접근 등이 있다.

대표적인 형태 치료기법 가운데 하나인 빈 의자 기법은 내담자가 모든 역할을 수행하는 역할놀이 기법이다. 이를 통해 내사가 외형화되면 내담자는 갈등을 더 완전하게 경험할 수 있게 되며 내담자는 양 측면을 모두 수용하고 통합함으로써 갈등을 해결할 수 있게 된다. 반동기법은 심한 자제와 과도한 소심함으로 고통을 느끼는 내담자에게 자신을 과시하는 역할을 하도록 하는 것이다. 이를 통해 내담자는 침전되고 부정된 자신의 부분들과 직면할 수 있으며 부정하려고 노력해 온 자신의 속성을 받아들이도록 도울 수 있다. 꿈에 대한 형태적 접근기법은 정신분석적 접근처럼 꿈을 해석하거나 분석하지 않는다. 펄스는 꿈은 인간 실존의 가장 자발적인 표현으로 미결된 상황이나 성취되지 못한 염원 나아가 자신의 실존적인 메시지와 현실투쟁을 내포하고 있다고 보았다. 따라서 꿈을 현실화하고 재현시킴으로써 꿈을 이해하고 해석하여 그 실존적 의미를 더욱 명확하게 한다.

청소년기는 자기 중심적 사고로 인해 자신과 환경을 통합적으로 살피기 어려우며 정서적 불안정으로 인해 현실을 충분히 경험하지 못하여 자유롭고 통합된 존재가 되는 방해를 받을 수 있다. 따라서 청소년상담자는 청소년으로 하여금 자신의 본성에 따라 자신의 존재를 실현해 가도록 허용해 주며 스스로 문제를 발견할 수 있도록 안내하는 역할을 하는 것이 필요하다. 이런 의미에서 형태치료 상담자의 역할은 교사나 지도자로서의 역할보다는 하나의 거울과 같은 역할이 필요하다고 할 수 있다.

6) 의미치료 상담이론

(1) 주요개념 이해

프랭클(Victor Flankl, 1905~1997)에 의해 창시된 의미치료는 삶의 의미를 찾기 위한 독특한 치료기법일 뿐 아니라 실존의 의미를 찾고자 하는 인간의 욕구를 다루고 있다. 프랭클은 인간을 결정론적 관점에서 보는 것을 반대하고 현상학과 실존주의에 철학적 기반을 두는 인본주의적 관점에서 이해하고 있다(Frankl, 1978). 그는 의미치료의 세 가지 기본원리를 다음과 같이 제시하였다. 첫째, 어떤 조건 하에서도 인간의 삶은 의미를 지니고 있다. 둘째, 인간에게는 의미를 찾는 의지가 있으며 행복은 그것의 성취를 통하여 온다. 셋째, 한정된 상황 속에서도 인간은 삶의 의미를 구현하는 자유가 있다.

프랭클은 인간 실존의 필수조건으로 인간 존재의 차원을 제시해 주는 길잡이가 되는 정신, 자신이 무엇이 될 것인지를 결정하는 자유, 자유에 수반되는 책임을 제시하였다. 그는 인간이 주체적이고 능동적으로 삶의 의미를 찾기 위해 자기(self)로부터 초점을 옮겨 자신의 의미와 목적을 찾는 자기 초월 능력과 삶의 의미 추구를 강조하였다. 또한 인간을 자기 분리나 자기 초월적인 능력을 가진 실존적 존재로, 자기 인생의 책임자이고 모든 일의 선택자로 자유의지에 따라 의미를 추구하는 존재로 설명하였다.

(2) 상담과정 및 주요기법

의미치료 상담의 목표는 내담자로 하여금 실존적 공허를 통해 갖는 무의미감이나 신경증에서 벗어나 삶의 의미를 발견하도록 하는 것이다. 실존적 공허가 정신질환의 원인이 되기 때문에 상담자는 내담자가 자신의 존재 의미를 발견하고 내담자가 자신의 삶에서 최상의 가능한 행동을 달성할 수 있도록 도와야 한다. 구체적으로 상담자는 내담자와 그 증상을 구분하고 삶에 대한 그릇된 태도를 긍정적 태도로 변화하도록 하며, 자신에 대한 책임감을 자각하고 수용하며 의미 있는 활동과 경험을 하도록 도와야 한다.

의미치료 상담에서는 비인간적 조작적인 방법은 배제하며 자유, 선택, 책임성 그리고 자기 초월과 같은 내담자의 인간적 자질에 호소한다. 주요기법으로는 반성제거법, 소크라테스 대화법, 태도수정기법, 호소기법 등이 있다. 반성제거법은 내담자가 지나치게 걱정하는 나머지 어떤 문제에 사로잡혀서 헤어나지 못하는 상황에서 의미를 찾을 수 있게 해주는 기법이다. 소크라테스 대화법은 내담자로 하여금 자기 보호를 위하여 쓰고 있는 가면 속에 자아의 참모습을 발견하도록 돕는 기법이다. 내담자의 태도의 수정은 자신이 유전자, 환경 혹은 과거의 무기력한 희생자라는 패배의식을 극복하게 함으로써 새로운 사고와 통찰력 그리고 적극적이며 심리적으로 건전한 태도에 관심을 재집중시키게 하는 데 목적이 있다. 호소기법은 태도의 수정, 역설적 의도, 반성 제거에 반응할 수 없을 정도로 의지가 너무 약한 내담자를 위해 고안된 것이다. 이 기법은 약물남용 치료집단이나 내담자가 불안정하고 불확실하며 의존적이고 나아가 어린 경우에 특히 잘 적용될 수 있다.

제2의 탄생이라 일컫는 청소년기는 삶의 의미를 발견하고 자기의 존재의 가치를 새롭게 확립하는 시기이다. 의미치료 상담은 청소년 스스로 자기 삶의 의미를 찾고 행복한 삶을 향해 나갈 힘을 길러줄 수 있다는 점에서 청소년 상담현장에서 유용하게 활용될 수 있을 것이다.

7) 현실치료 상담이론

(1) 주요개념 이해

현실치료는 글래서(William Glasser, 1925~2013)의 선택이론에 기초한 상담이론으로 자신이 선택한 일에 대한 책임은 전적으로 자신에게 있으며 현재 자신의 삶은 자신이 통제할 수 있다는 것을 기본 가정으로 한다(Glasser, 1981). 글래서는 인간에게는 생존, 사랑과 소속, 힘(권력)이나 성취, 자유, 즐거움이라는 다섯 가지 기본 욕구를 가지고 있다고 본다. 그러나 사람마다 욕구 강도에 차이가 있으며 각자 다양한 행동을 통해 욕구를 충족시키기 위한 결정을 한다. 즉, 예외가 있기는 하지만 개인의 모든 전체 행동은 자신이 만족시키고자 하는 것을 얻기 위한 최선의 시도라 할 수 있다.

현실치료의 핵심 개념은 책임감이다. 개인이 행하는 모든 것이 자신의 선택이라면 그 선택에 책임을 가져야 하기 때문이다. 책임을 진다는 것은 비난이나 처벌을 받아야 한다는 의미가 아니라 자신의 욕구가 무엇인지 잘 알아서 다른 사람을 방해하지 않으면서 자신이 욕구를 충족시키는 행동을 선택하는 것을 의미한다. 또한 현실치료에서는 상담자와 내담자 간의 전이, 내담자가 자신의 과거나 증상에 집중하는 것은 있는 그대로의 존재와 지금 현재의 관계를 회피하는 방식으로 간주한다.

(2) 상담과정 및 주요기법

오늘날 현실치료는 문제의 원인이 되는 불만족스러운 관계 혹은 관계의 결여에 관심을 기울인다. 인간의 욕구 중에서도 가장 기본이 되는 욕구는 사랑하고 소속되고자 하는 욕구이기 때문이다. 따라서 상담자는 내담자가 자신이 선택한 사람들과 관계를 맺거나 재관계를 맺도록 도와주어야 한다. 더불어 내담자가 기분이 상하거나 상처받았다는 것은 이 다섯 가지 욕구 중 하나 또는 그 이상이 충족되지 못한 결과인 것이다. 이에 상담자는 상담과정의 한 부분은 내담자가 원하는 바의 우선순위를 정하고 그들에게 정말 중요한 것을 밝혀내도록 조력해야 한다. 이때 상담자가 유념해야 할 부분은 내담자의 과거를 이해하고 과거를 재경험하는 것에 중점이 있지 않고 현재의 문제와 구체적 대인관계에 집중함으로써 장·단기적 목표를 설정하고 상담 계획을 세우기에 집중해야 한다는 점이다. 이를 통해 내담자가 현재 인간관계를 향상시키고 내적 조절과 힘에 대한 감각과 책임감을 지니고 더 자율적으로 삶을 즐기며 성숙한 삶을 향해 나아가도록 도와야 할 것이다(Corey, 2010).

이를 위해 상담자는 질문기법, 토의와 논쟁기법, 직면기법, 역설적 기법, 유머기법 등을 사용할 수 있다. 이를 통해 내담자가 진정 원하는 것이 무엇인지 알 수 있으며, 욕구충족 방법에 대한 현실성과 책임에 대해 논하고, 내담자에게 선택의 기회를 제공하고, 이를 위한 자기 내적 통제감을 증진시킬 수 있도록 개입할 수 있다. 난폭한 행동, 중독, 여타의 반사회적 행동으로 인해 상담처분을 받은 청소년들은 대다수의 경우 상담자와 상담과정에 강한 저항감을 가지고 있다. 현실치료 상담에서 청소년상담자는 이러한 비자발적인 내담자와 관계를 맺을 수 있어야 한다. 또한 청소년의 편에 서서 이들의 옹호자로서 청소년들이 진정한 욕구를 파악하고 건설적으로 욕구를 충족시킬 수 있도록 도움으로써 진정한 희망을 갖고 변화를 꾀할 수 있도록 해야 할 것이다.

8) 통합적 상담이론

각각의 상담이론들은 내담자의 문제행동을 변화시켜 내담자가 좀 더 적응적이고 행복하게 생활하도록 조력한다는 공통된 목표를 지니고 있다. 그러나 그 목표를 달성하는 방법은 동일하지 않다. 상담사의 적극적이고 지시적인 역할을 강조하는 이론이 있는가 하면, 내담자의 적극적인 역할을 강조하는 이론도 있다. 또한 내담자의 감정이나 인지에 초점을 두고 개입하는 이론이 있고 행동에 초점을 두는 이론도 있다. 한편 통합적 상담은 각 이론의 장점을 활용하여 내담자를 치료할 수 있는 효과적인 방법을 찾는 것이라 할 수 있다(Corey, 2010). 즉, 내담자의 다양한 문제와 성향에 따라 상담자가 여러 이론의 장점을 통합하여 활용하는 것을 의미한다. 예를 들어 청소년의 우울증을 효과적으로 치료함에 있어 행동치료, 인지치료, 대인관계치료, 단기정신역동치료의 기법을 통합적으로 활용하는 것이다. 현재 상담 현장에서는 95.8%가 통합적인 접근을 하고 있는 것으로 볼 수 있다.

따라서 청소년상담자는 청소년에 대한 이해는 물론 자신의 인간에 대한 철학적 전제와 성향, 신념에 맞는 이론을 선택적으로 통합하여 자신만의 통합적 이론을 개발하는 것이 필요하다. 이를 위해 상담자는 효과적인 기법과 이에 대한 이론적 토대를 충분히 갖추어야 할 것이다.

3. 청소년상담의 지도방법

1) 청소년상담의 기법

청소년에게 어떠한 방법으로 개입했느냐에 따라 상담의 결과가 확연하게 달라지게 된다. 그러므로 효과적인 청소년상담을 위해서는 다양한 기법을 활용하는 것이 필요하다. 여기에서는 모든 사람에게 적용되는 동시에 모든 상담이론에 적용되는 기본적인 기법을 살펴보면 다음과 같다.

(1) 주의집중

상담자는 내담자에게 분열되지 않는 관심을 집중하도록 노력해야 한다. 관심과 이해를 담은 눈으로 시선을 마주하고 긴장을 풀고 편안한 자세로 가끔 내담자를 향해 몸을 숙이는 자세를 가진다. 그리고 산만하지 않되 자연스러운 몸동작을 사용하도록 한다.

(2) 경청

경청은 상담의 기본 기법으로 내담자로 하여금 상담자가 자신의 이야기에 주의를 기울이고 듣고 있다는 것을 알게 하는 것이다. 효과적인 경청을 위한 기술은 다음과 같다(Collins, 1983). 첫째, 상담자 자신의 갈등과 선입견을 버리고 내담자가 전달하는 것에만 모든 관심을 집중한다. 둘째, 내담자가 이야기하는 내용에 대해서는 그것이 가끔 상담자에게 공격적인 내용이라고 할지라도 무시하거나 비판하는 표현은 언어적으로든 비언어적으로든 피한다. 셋째, 상담자의 오감을 모두 사용하여 내담자가 언어적·비언어적으로 표현을 통해 전달하고자 하는 메시지를 정확히 파악한다. 넷째, 내담자가 이야기하는 것뿐 아니라 이야기하지 못하는 부분까지 경청한다. 다섯째, 내담자가 침묵하거나 눈물을 흘릴 때는 인내하고 기다림으로 내담자가 자신의 생각을 정리할 수 있도록 한다. 여섯째, 상담자는 내담자의 눈을 적절한 수준에서 간헐적으로 바라보면서 이야기를 경청한다. 일곱째, 고개를 끄덕이거나 적절한 추임새를 활용하여 상담자의 적극적인 경청을 알린다. 하지만 내담자가 핵심적인 문제에서 벗어난 이야기를 할 때는 상담자의 선택적 경청이 요구된다.

(3) 공감

공감이란 상담자가 내담자의 입장이 되어 그의 생각과 감정을 이해하는 것이다. 상담자가 내담자의 감정에 공감하고 있음을 나타낸다면 내담자는 그 자신이 이해받고 있다는 느낌을 갖게 되고 더욱 상담자를 신뢰하게 된다. 이는 상담자와 내담자 간의 촉진적 의사소통은 물론 내담자의 자기 탐색, 자기 이해 및 수용의 기본바탕이 된다.

(4) 질문의 사용

상담자의 기술적 질문은 내담자로부터 상당한 양의 유익한 정보를 이끌어 낼 수 있다. 또한 내담자의 자기 이해는 물론 명료화나 직면의 한 기법으로 유용하게 사용할 수 있다. 상담자가 질문을 할 때 유의해야 할 사항은 다음과 같다. 첫째, 너무 많은 질문을 쏟아내지 않는다. 이는 오히려 상담자의 역할과 상담의 성격을 오해하게 만들 수 있다. 둘째, 내담자가 대답하기 어려운 부적절한 질문은 하지 않는다. 만약 직면과 문제해결을 위해 필요하다면 완고하고 우회적인 표현의 질문이 바람직하다. 셋째, 내담자가 아직 말할 준비가 되어 있지 않은 질문은 하지 않는다. 넷째, 최소한 한두 문장으로 표현할 수 있는 개방적 질문을 한다. 다섯째, 내담자를 혼란스럽게 하는 이중질문은 하지 않는다. 즉, 내담자가 이해하기 쉽도록 한 번에 하나씩 핵심질문을 하는 것이 좋다. 여섯째, 추상적인 질문보다는 구체적인 내용의 질문이 좋다.

(5) 반영

상담자가 내담자와 함께 있으며 내담자의 생각과 감정을 이해하고 있다는 사실을 내담자에게 전달하는 방법 중 하나이다. 마치 거울에 모습을 비추듯이 상담자가 내담자의 이야기 내용과 감정을 반영해 주는 것이다. 반영기법을 사용할 때 상담자는 내담자의 이야기마다 반영하기보다는 간헐적 반영이 바람직하다.

(6) 직면

직면은 내담자의 자기 이해를 돕기 위하여 상담자의 눈에 비친 내담자의 행동특성 내지 사고방식의 스타일을 지적해 주는 것이다. 이때 지적은 내담자를 공격하거나 악한 마음으로 비난하는 것이 아닌 온유한 마음으로 그리고 포용적인 자세로 할 때 최선의 결과를 얻을 수 있다. 이를 통해 내담자는 상담자나 외부에 비친 자기의 모습을 되돌아보고 통찰의 순간을 경험케 하는 직접적이고 모험적인 자기 대면의 방법이다.

(7) 해석

상담자가 내담자로 하여금 자기의 문제를 새로운 관점에서 이해하도록 그의 생활경험과 행동의 의미를 상담자가 설명해 주는 것이다. 그러나 상담자의 성급한 해석은 내담자의 방어를 초래할 수 있으므로 신중하게 사용되어야 한다.

(8) 정보 제공

정보가 필요한 내담자들에게 다양한 사실들을 알려주는 것이다. 그러나 어느 특정한 순간에 지나치게 과다한 정보를 제공하지 않도록 주의해야 한다.

(9) 지지와 격려

지지와 격려는 어떤 상황이나 어떤 시점에서든지 중요하게 여겨지는 요소이다. 특히 상담을 시작할 때 내담자에게 용기를 주며 중간단계에서 내담자가 지니고 있는 자원들을 볼 수 있게 하며 종결과정에서 내담자의 결정이 행동으로 지속적으로 실행될 수 있도록 돕는다.

2) 청소년상담자의 자질

청소년상담자가 갖추어야 할 자질에는 전문적 자질과 인성적 자질이 있다. 전문적 자질은 청소년상담이라는 전문활동을 수행함에 있어서 요구되는 지식과 기술을 의미한다면 인성적 자질이란 상담자가 갖추어야 할 기본적인 태도나 품성을 말한다.

(1) 전문적 자질

청소년상담자는 청소년을 상담함에 있어서 상담에 대한 충분한 이론적 지식, 상담을 진행하는 기술 그리고 기타 상담지원활동에 필요한 능력을 갖추어야 한다. 상담활동을 위한 지식으로는 다양한 상담이론, 인간의 발달단계에 대한 이해, 성격의 구조와 형성과정, 심리적인 역동 등이 있다. 또한 청소년상담을 진행하는 기술을 익히는 것이 필요하다. 청소년상담은 특성상 심리상담 이외에 진로 및 학업상담, 대인관계상담, 비행상담, 위기상담 등 다양한 문제상황을 다루어야 한다. 따라서 청소년 상담자는 문제에 따른 개인상담 개입, 집단상담 개입, 교육을 통한 개입 그리고 간접개입, 지역사회 개입 등 다양한 방법으로 청소년 문제에 개입할 수 있는 기술을 갖추어야 한다. 이 밖에도 원활한 상담활동을 위한 행정능력, 사업추진능력, 조직 구성 간의 의사소통능력, 연구능력 등의 전문적 자질이 요구된다.

(2) 인성적 자질

상담자에게 요구되는 인성적 자질에는 여러 가지가 있다. 로저스(Rogers, 1980)는 인간중심주의적 관점에서 상담자에게 진실성(혹은 일치성), 무조건적 긍정적 관심

그리고 공감적 이해가 필요하다고 보았다.

진실성이란 상담자가 내담자를 대할 때 진실하고 솔직한 자세로 임하는 것을 말한다. 상담자에게 상담 장면에서 자신의 권위나 체면에 얽매이지 않고 자신을 있는 그대로 인정하고 표현할수록 내담자는 건설적인 방향으로 변화되고 성장할 수 있는 가능성이 커진다. 이를 위해서 먼저 청소년상담자는 충분한 자기 이해와 수용능력을 갖추어야 한다. 자기 자신의 목표, 정체, 동기, 요구, 가치관, 느낌, 장점과 단점 등에 대하여 객관적으로 인식하고 이해하려는 노력을 통해서 상담자는 자신의 모습을 있는 그대로 수용할 수 있게 된다. 또한 상담자 자신은 완성된 인격이 아니라 끊임없이 성장하고 형성되는 과정에 있음을 직시하고 때로 실수가 발생하더라도 이를 인정할 수 있어야 한다. 이러한 상담자의 인성이 준비되었을 때 청소년을 변화시키는 진정한 힘이 발휘되는 것이다.

무조건적 긍정적 관심이란 상담관계에서 상담자가 청소년 내담자를 구별하거나 비교하여 판단하지 않고 감정 및 행동 특성을 있는 그대로 수용하고 존중하며 대하는 것을 의미한다. 이 말은 청소년의 모든 것을 허용해야 한다는 의미는 아니다. 청소년의 현재 모습에 바람직하지 않은 면이 있더라도 그들의 현재 삶과 행동을 인정하고 존중하려는 마음가짐을 가져야 한다는 것이다. 이는 상담자가 청소년 내면에 바람직한 것을 깨닫고 추구할 수 있는 잠재력이 있다는 것을 믿고 기대하는 마음으로 진정한 관심과 사랑을 가질 때 가능할 것이다.

공감적 이해란 상담자가 내담자의 경험과 감정을 민감하고도 정확하게 인식하는 것을 의미한다. 상담자는 순간순간마다 드러나는 청소년 내담자의 경험과 감정을 청소년의 입장이 되어 예민하고 정확하게 공감하고 이해할 수 있어야 한다. 상담자가 자신의 감정을 공감하고 있다는 것이 청소년에게 지각될 때 내담자는 자신이 이해받고 있다는 느낌을 갖게 되고, 이런 과정에서 내담자는 상담자를 신뢰하고 자신을 드러내 보임으로써 자기 탐색과 자기 이해를 시작할 수 있다.

3) 상담 시 지양해야 할 청소년지도자의 태도

상담자와 청소년의 치료적 관계를 차단하는 행동에는 지나친 관심의 표현, 경직성, 도덕적 판단, 응징적 반응, 외상적 자료에 대한 지나친 탐색, 비난, 잘못된 약속, 위협, 자기 확립적 노출, 거절, 인내성 결여, 속임, 비웃음, 청소년을 얕잡아 보는 태도, 관용 결여, 고의적인 진술, 미성숙한 해석, 비현실적인 희망 제시 등이 있다. 구체적으로 청소년지도자가 지양해야 할 태도를 살펴보면 다음과 같다.

첫째, 듣기를 소홀히 하는 것이다. 청소년지도자가 청소년 내담자의 말에 온전한 주의를 기울이지 않는다면 내담자가 표현하는 언어적·비언어적 의미를 정확하게 파악하기 어렵다. 또한 잘못된 진단을 내릴 가능성이 많아진다.

둘째, 상담목표를 설정을 하지 않는 것이다. 이는 상담 초보자뿐 아니라 숙련된 전문가에게서도 나타날 수 있는 흔한 실수이다. 지도자는 청소년 내담자가 상담을 통해 해결하고자하는 기대목표를 명확히 하고 동의 아래 상담목표를 설정하는 것이 필요하다. 상담목표를 설정하는 것은 상담자와 내담자 모두에게 방향감을 제시해 준다.

셋째, 상담개입 이전에 내담자에 관한 정보를 수집하기 위해 너무 많은 시간을 보내거나 반대로 충분한 정보를 수집하지 않은 상태에서 급하게 상담을 진행하는 것이다. 이런 경우에 피상적인 상담으로 인해 비효율적인 상담으로 종결되거나 청소년이 중도에 상담을 포기하는 결과를 낳을 수 있다.

넷째, 질문 사용의 실수로 상담자는 청소년이 스스로 내면의 욕구와 감정을 탐색하고 생각을 정리할 수 있도록 대화를 이끌어야 한다. 따라서 폐쇄형 질문이나 추상적이고 부적절한 질문은 피해야 한다.

다섯째, 상담 시 일방적인 강의나 훈육을 하는 것이다. 상담자는 상담시간이 지시적인 강의시간이 아님을 유념하여 상호작용하는 대화가 이루어지도록 해야 한다. 이는 청소년을 상담할 때 가장 주의해야 할 사항 중 하나라고 할 수 있다.

여섯째, 내담자의 이해 정도를 파악하지 못하는 것이다. 상담자는 청소년이 상담의 목표를 인식하고 상담과정을 충분히 이해하고 있는지 미루어 짐작하지 말고 항상 피드백을 통해 점검하는 자세를 가져야 한다.

일곱째, 상담자가 문제에 대한 모든 대답을 이미 정해 놓고 제시하는 것이다. 상담자는 청소년이 합리적인 문제해결과정을 통해 스스로 의사결정을 할 수 있도록 조력하고 그 결정을 존중해야 한다. 마치 상담자가 모든 문제에 해답을 갖고 있는 것처럼 내담자의 생각과 판단을 가르치려는 태도는 청소년에게 심한 저항감을 일으킬 수 있다.

여덟째, 유머 사용의 실수로 청소년에 대한 인신공격, 단순한 흥미 유발 등의 태도를 피해야 한다.

연습문제

1. 청소년상담의 개념에 대해서 설명하시오.
2. 청소년상담의 주요이론에 대해서 설명하시오.
3. 청소년상담의 지도방법에 대해서 논하시오.

Youth Guidance Methodology

CHAPTER

12

청소년봉사활동 지도방법

학습 내용

1. 봉사활동의 이해
2. 청소년봉사활동
3. 청소년봉사활동 지도방법
4. 청소년 자원봉사활동 지도방법 사례

학습 목표

1. 봉사활동 개념에 대해서 이해한다.
2. 청소년봉사활동에 대해서 이해한다.
3. 청소년봉사활동 지도방법에 대해서 고찰한다.
4. 청소년 자원봉사활동 지도방법 사례에 대해서 이해한다.

학습 개요

청소년봉사활동은 봉사와 학습이 결합된 형태의 청소년 활동으로, 완전한 의미의 봉사활동이라기보다는 봉사활동을 통한 학습, 즉 봉사학습의 개념에 더 가깝다. 이러한 활동은 청소년이 지역사회의 다양한 일을 봉사를 통해 직접 체험하며 사회활동을 미리 경험할 수 있는 '경험교육'의 기회를 제공한다.

청소년봉사활동의 유형은 다음과 같이 구분할 수 있다. 첫째, 활동 분야별로는 일손돕기, 위문, 지도, 캠페인, 자선구호, 환경시설 보존, 지역사회 개발 등 다양한 봉사활동이 있다. 둘째, 활동 장소별로는 공공기관 및 시설, 사회복지시설, 행사장, 농 · 어촌, 하천 · 산 · 바다 등에서 이루어지는 봉사활동이 있다. 셋째, 참여 경로에 따라 학교, 청소년 단체 및 시민단체, 종교기관, 개인적 경로를 통한 봉사활동으로 나눌 수 있다. 넷째, 참여 방식에 따라 직접 봉사활동, 간접 봉사활동, 지지 활동으로 구분된다.

1. 봉사활동의 이해

1) 봉사활동의 의미와 필요성

자원봉사라는 용어는 라틴어 'voluntas' 혹은 'voluntus'에서 유래한 것으로 '자유의지(will)'와 '욕망(desire)'이라는 의미를 지니고 있다. 영어로 봉사활동은'voluntarism' 또는 'service'로 표현되며 '자발적인 활동', '봉사', '돌봄'을 의미한다. 또한 한자로 자원봉사(自願奉仕)는 '스스로(自) 원해서(願) 받들고(奉) 섬기다(仕)'라는 의미를 지닌다.

사회복지의 관점에서 자원봉사란 개인, 집단, 지역사회에서 발생하는 문제를 예방, 통제, 개선하기 위한 제반 활동에 보수를 받지 않고 자발적으로 참여하는 활동을 뜻한다. 종합적으로 자원봉사활동이란 대가 없이 자신의 의지로 타인을 존중하며 이웃과 더불어 사는 가치관에 바탕을 두고 자유의지로 자신이 선택한 기관 또는 지역사회에서 지속적으로 개인이나 집단, 사회 공동의 문제를 예방하는 활동을 의미한다. 이러한 봉사활동은 단순히 여가를 즐기는 활동과는 달리 생산적인 성격을 지니고 있다(Morrissey & Werner-Wilson, 2005). 또한 자원봉사란 과거에 어려운 이웃을 섬기고 돕는 행위에서 오늘날 돌봄과 연대의 정신을 통해 공동체의 사회 문제를 해결하려는 사회참여 활동을 모두 포함하는 개념이라 할 수 있다.

봉사활동의 목적은 지역사회의 구성원으로서 다양한 봉사활동을 통해 나눔과 배려를 배우고 이웃과 서로 사랑하는 마음을 가지며, 공동체 의식과 호혜정신 그리고 지역사회 발전에 이바지하는 태도를 기르는 것이다.

봉사활동은 개인적, 사회적, 국가적, 인류적 차원으로 그 필요성을 살펴볼 수 있다. 봉사활동은 개인적 차원에서 자기 계발의 계기가 되며, 세상과 소통하는 방법을 터득하게 해준다. 또한 도덕적 존재로서 삶의 가치를 발견하고 자아실현을 향해 나아가도록 한다. 사회적 차원에서 봉사활동은 공동체 정신을 바탕으로 사회적인 유대와 결속력을 강화시키고 사회적 통합성을 제고한다. 그리고 상호 이해와 결속, 신뢰와 정직성 그리고 유대감 등과 같은 사회 자본 형성에 기여함으로써 사회 변화와 발전에 기여한다. 국가적 차원에서 봉사활동은 국민들이 국가가 미처 처리하지 못하는 영역의 문제를 자발적인 역량을 토대로 처리함으로써 행정 및 재정 자원의 부족을 보충하며 참여 민주주의의 문화를 형성하는 데 기여 한다.

2) 봉사활동의 특징

봉사활동의 특성은 자발성, 이타성, 무급성, 지속성, 자아실현성, 학습성, 헌신성, 공공성, 협동성, 전문성 등 다양하게 제시되고 있다. 이 중 사회복지협의회(1997)가 규정한 자원봉사활동의 특성을 바탕으로 청소년봉사활동의 특징을 살펴보면 다음과 같다.

첫째, 자발성으로 누구의 명령, 통제, 강요도 받지 않고 오직 자신의 생각과 판단에서 비롯되어 구체적인 행동으로 발현되는 실천적 행위이다. 봉사활동의 특성 중 가장 중요한 특성이라고 할 수 있다. 이 때문에 봉사활동을 흔히 '자원봉사'라고 일컫는다.

둘째, 공익성으로 어느 특정한 개인이나 단체의 이익 또는 종교적 입장을 위한 것이 아니라 사회 전체의 보편적 이익을 위해 이루어진다.

셋째, 무보수성으로 순수한 자원봉사활동은 어떤 형태의 대가를 기대하지 않고 섬김과 헌신의 정신에서 비롯된다. 따라서 타인을 도와줌으로써 얻게 되는 정신적인 보람이나 개인의 정서적 만족 이외의 다른 물리적인 보상을 기대하지 않아야 한다.

넷째, 이타성으로 자원봉사활동은 본인의 이익이나 명예가 아닌 타인을 존중하고 배려하며 남을 돕고 싶어 하는 마음으로 이루어진다.

다섯째, 지속성으로 자원봉사활동은 일시적인 선행이 아닌 일정기간 지속적으로 이루어지는 행위이다.

이처럼 봉사활동이 일반적으로 갖는 특성 이외에 학생 봉사활동이 갖는 특성으로 학습성이 있다. 학습성이란 봉사자가 봉사활동을 통해서 자신의 내면적인 정신세계와 외면적인 행동을 변화시키는 학습 경험을 하게 되는 것을 의미한다. 즉, 봉사활동을 통해 문제해결력을 기르고 이웃에 대한 관심과 사랑을 키우며, 시민으로서 참여적 태도와 책임성을 형성하게 된다. 봉사활동은 교육적 경험을 본질적으로 내포하는 활동으로 봉사활동으로서의 학습성은 청소년들에게 봉사활동을 장려하는 이유에 해당한다.

2. 청소년봉사활동

1) 봉사학습

청소년봉사활동은 봉사와 학습이 결합된 형태의 청소년 활동이라 할 수 있다. 청소년자원봉사활동은 완전한 의미의 봉사활동이라기보다 자원봉사활동을 통한 학습 곧 봉사학습(Service Learning)의 개념에 더 가깝기 때문이다. 청소년들의 봉사활동은 지역사회의 다양한 일을 봉사를 통해 직접 체험함으로써 사회활동을 미리 경험하는 '경험교육'을 하기 위함이다. 봉사학습으로서 자원봉사활동은 일반적인 자원봉사활동과 구별된다.[1] 봉사학습은 실천적 교육으로서 학생들의 발전을 향상시키기 위해 의도적으로 구조화하고 인간과 지역사회의 욕구를 함께 해결하고자 하는 활동에 학생들을 참여시키는 교육을 의미한다(Jacoby, 1996). 봉사학습은 수혜자뿐 아니라 봉사에 참여하는 학생의 삶까지 개선하는 상호호혜성의 성격을 지닌다. 즉, 봉사학습은 청소년들이 타인에게 도움을 주는 일을 행함으로써 동정, 이타심, 헌신 등의 만족감을 느끼는 협소한 봉사로 끝나는 것이 아니라 인간의 존엄성을 깨닫게 하며 지역사회에 대한 이해를 넓혀준다. 또한 복지제도 및 대상에

1) 학생 봉사활동은 첫째, 완전히 자발적인 활동이라기보다는 교육적으로 지도되고 평가되는 활동이며 둘째, 봉사활동의 계획에서 평가에 이르는 전 과정을 통하여 철저하게 학교가 개입하는 활동이며 셋째, 학생들의 발달단계를 고려하여 각 학교급별로 적절히 이루어지는 활동이다.

대한 비판적 인식을 길러주며 사회적 책임감과 애국심을 길러주고, 민주시민의식을 함양하는 데까지 나아가도록 한다. 이처럼 봉사활동이 지닌 교육적 성격으로 인하여 청소년자원봉사활동은 학교 교육과정의 일부로 지정하여 청소년들에게 자원봉사활동을 장려하고 있으며, 그 활동 결과를 학생생활기록부에 반영함으로써 더욱 활성화하고 있다.

2) 청소년봉사활동의 효과

콘래드와 헤딘(Conrad & Hedin, 1989)은 자원봉사활동이 청소년들에게 개인적, 지적, 사회적 성장에 긍정적인 영향을 미친다고 보았다. 먼저 개인적 성장과 관련하여 자아존중감, 개인적 유능감, 자아와 도덕 발달, 새로운 역할 탐색, 새로운 도전의 수용과 위험의 감수, 가치와 신념의 수정과 강화, 책임감 향상, 자기 행동의 결과에 대한 수용 등에 긍정적 영향을 미친다. 둘째, 지적 성장과 관련하여 기본적인 학업기술, 높은 수준의 사고기술, 봉사 경험과 직접적으로 관련된 내용과 기술, 경험으로부터 습득한 기술, 지식의 습득과 보유에 대한 동기, 책이나 강의를 통해서 설명할 수 없지만 꼭 알아야 할 통찰력을 얻을 수 있다. 마지막으로 사회적 성장과 관련하여 사회적 책임성, 정치적 유능성, 시민 참여정신 함양, 자원봉사와 관련된 직업에 대한 지식과 탐색, 다양한 배경과 삶의 상황에 처해 있는 사람들에 대한 폭넓은 이해와 평가 등에 영향을 미친다. 이외에도 자원봉사활동이 의사소통기술의 증진, 도덕적·윤리적 가치판단, 사회에 대한 이해증진, 공동체 의식함양 등에 매우 효과적이다. 이를 바탕으로 청소년봉사활동의 효과를 종합적으로 정리하면 다음과 같다.

첫째, 청소년자원봉사활동은 경험학습의 일환으로 청소년의 지적인 성장을 돕는다. 청소년들은 봉사활동을 통하여 사회구성원들이 당면한 문제를 발견하고, 그 문제에 영향을 미치는 사회적, 경제적, 환경적 요인을 분석한다. 그리고 문제가 지닌 파급효과를 분석하고 대처방안을 강구하는 일련의 학습기술들을 실제 상황에 맞게 적용하여 종합적이고 체계적인 사고력을 기를 수 있다.

둘째, 청소년자원봉사활동은 청소년의 인성형성에 기여한다. 청소년들은 봉사활동을 통해 이타성, 약자에 대한 배려, 나눔, 사랑 등과 같은 따뜻한 마음을 갖게 된다. 그뿐만 아니라 어려운 과업을 완수하고 새로운 경험에 도전하면서 자신의 잠재력을 발견할 수 있다. 그리고 봉사활동을 통한 성취감은 청소년에게 자신감을 주고 긍정적인 자아상을 확립하도록 한다. 또한 집단경험을 통해 다양한 사회문화적 배경과 가치를 가진 사람들과 상호작용하면서 타인의 의견을 이해하고 수용하는 힘을 키울 수 있다. 나아가 인간에 대한 존엄성, 사회적 연대감, 공동체의식을 키워간다.

셋째, 청소년자원봉사활동은 민주 시민 자질 함양에 이바지한다. 자원봉사활동을 통해 자신의 행동에 책임을 지고 전체 집단의 이익을 위하여 자신을 희생하고 양보하는 것을 배운다. 또한 지역사회에 산재해 있는 각종 유용한 자원을 발견하고 활용할 수 있는 능력을 개발하게 된다. 궁극적으로 자기 중심적이고 이기적인 생각에서 벗어나 더불어 함께하는 삶이 건강한 민주시민 의식의 출발점임을 인식하게 된다.

3) 청소년봉사활동의 유형

(1) 활동 분야별 봉사활동

활동 분야별 봉사활동 유형은 일손돕기활동, 위문활동, 지도활동, 캠페인활동, 자선구호활동, 환경시설 보존활동, 지역사회 개발활동, 기타 봉사활동으로 분류된다. 일손돕기는 일손이 모자라는 공공기관, 복지시설, 보건소, 학교, 농·어촌 등을 찾아 도움을 주는 봉사활동이다. 위문활동은 우리 사회에서 소외되어 외롭고 힘들게 살아가는 사람들을 방문하여 위로하는 봉사활동이다. 지도활동은 아동이나 어르신들에게 학업, 운동, 문화, 레크리에이션 등을 지도하는 봉사활동이다. 캠페인활동은 특정 사안이나 사회적 이슈에 대해 사람들에게 정보를 주고 계몽하기 위한 활동이다. 자선구호활동은 재난, 재해, 질병, 빈곤 등으로 어려움에 처한 난민, 병자, 노약자, 빈민, 고아 등을 돕고 구제하기 위한 활동이다. 환경시설 보존활동은 환경오염과 파괴로부터 자연환경과 동식물을 보호하고, 주변 환경이나 시설들을 깨끗하게 유지 및 보호하기 위한 활동이다. 지역사회 개발활동은 지역사회 주민의 요구를 파악하고 반영하여 지역사회의 환경을 개선하고 발전시키기 위한 활동이다. 이상의 7가지 활동에 포함되지 않은 활동을 기타 봉사활동이라고 한다. 유형별 구체적인 활동은 다음 〈표 12-1〉과 같다.

표 12-1 청소년 자원봉사활동 영역

영역	활동 내용	활동 프로그램
일손 돕기 활동	복지시설 일손 돕기	어린이 돌보기, 시설물 관리, 학습교제 제작, 배식, 설거지, 세탁, 청소, 잡초 제거, 시각장애인에게 책 읽어 주기, 편지 대필하기 등
	공공기관 일손 돕기	안내하기, 주소 대필하기, 문서 신청 대신하기, 우표 부치기, 우편물 분류 돕기, 청소, 간단한 업무 돕기, 도서정리, 자료 정리, 심부름하기 등
	보건소 일손 돕기	안내하기, 청소, 잡초 제거, 간단한 업무 돕기, 심부름하기 등
	농어촌 일손 돕기	모내기나 추수 돕기, 어린이 돌보기, 주변 청소하기, 심부름하기, 어장이나 과수원 일손 돕기 등
	학교 내 일손 돕기	운동장 정리, 학교 행사 안내, 환경미화, 나무 심기, 졸업생이 출신학교를 방문하여 청소 도와주기 등
위문 활동	육아시설 방문	육아시설 아동과 친선게임, 자매결연, 위문품 전달 등
	양로원 위문	노래, 춤, 연주, 연극 등을 통해 위로하고 위문품 전달 등
	장애인시설 방문	함께 놀기, 장애인 돕기, 위문품 전달 등
	자매부대 위문	일일 병영생활, 위문편지, 위문품 전달 등
지도 활동	동급생 지도	교과별 학습부진학생지도, 운동지도, 게임지도 등
	하급생 지도	유아원생 돌보기, 유치원생 지도, 초등학생 지도, 중학생 지도 등
	사회 교육지도	어린이 축구·농구교실, 어린이 컴퓨터교실, 에어로빅 교실, 각종 문화 및 레크리에이션 지도 등
	교통 안전지도	교통신호 지키기, 건널목 교통안전지도, 등·하굣길 안전지도 등

영역	활동 내용	활동 프로그램
캠페인 활동	공공질서 확립	차례지키기 캠페인, 부정부패 추방 캠페인 등
	교통안전 캠페인	교통안전 캠페인, 안전사고 예방 캠페인 등
	학교주변 확립 캠페인	유해업소 방문 계도, 전단 나누어 주기 등
	환경보전 캠페인	자연보호 캠페인, 동물보호 캠페인 등
자선구호 활동	재해구호 활동	재해구호를 위한 노동봉사, 재해구호를 모금활동, 독거노인 돕기
	불우 이웃 돕기	장애인 돕기, 의료비 모금활동, 노약자 위로금 모금, 바자회 개최, 말벗 되어 드리기, 신문 읽어 드리기 등
	헌혈 및 일손 돕기	안내하기, 심부름하기, 간단한 업무 돕기 등
	국제협력 및 난민구호	헌혈, 골수기증, 장기자랑 등
환경시설 보존활동	자연 보호	하천, 바다, 산 등의 오염방지 활동 등
	문화재 보호	문화유적지 주변 청소하기 등
지역사회 개발활동	지역실태조사	지역사회 현황파악 활동, 지역사회복지 지도 만들기 등
	지역사회 가꾸기	마을 꽃길 만들기, 놀이터 만들기, 도로 정비 등
	지역홍보	자역신문 만들기, 지역 안내지 만들기 등
	지역 행사 지원	지역 내 체육대회 및 지역행사 일손 돕기, 지역문화 행사장 청소 등

(2) 활동 장소별 봉사활동

활동 장소에 따른 봉사활동 유형은 공공기관 및 시설 봉사활동, 사회복지시설 봉사활동, 행사장 봉사활동, 농·어촌 봉사활동, 하천, 산, 바다 봉사활동 등으로 구분될 수 있다.

(3) 참여경로별 봉사활동

참여경로에 따른 봉사활동 유형은 학교를 통한 봉사활동, 청소년 단체 및 시민 단체 등을 통한 봉사활동, 종교기관을 통한 봉사활동, 개인적 경로를 통한 봉사활동으로 구분할 수 있다. 대다수 청소년의 경우 학교를 통한 봉사활동이 이루어지고 있으며, 개인적으로는 인터넷(1365자원봉사센터) 등을 통해 이루어지고 있다.

(4) 참여방식별 봉사활동

참여방식에 따라 직접 봉사활동, 간접 봉사활동, 지지활동으로 구분할 수 있다. 직접 봉사활동은 환자의 보조, 자연보호활동(청소) 등 봉사자의 직접적인 활동이 매개가 되는 반면 간접 봉사활동은 음식이나 의료, 기금 등의 모집 및 전달활동으로 이루어진다. 지지활동은 캠페인 조직 및 활동, 사회의식 개선 등의 활동이 이루어진다.

4) 청소년봉사활동 현황

(1) 청소년자원봉사활동의 도입

우리나라 청소년들은 사회에 만연된 물질만능주의 가치관과 부모의 지나친 보호 속에서 남을 먼저 배려하기보다는 오직 자신과 가족만을 생각하는 극단적인 개인주의 풍조에 물들게 되었다. 게다가 치열한 입시 위주의 학교교육은 청소년기에 길러져야 할 인성을 빼앗아 버렸다. 이에 입시 위주 교육에 매몰된 청소년들의 인성을 함양하고 공동체 의식을 제고하며 민주시민으로서의 자질 향상과 사회생활에 필요한 직업에 대한 탐색 및 준비 등을 할 수 있도록 도와줄 수 있는 방안이 논의되었다. 그 결과 1995년 대통령자문기구인 교육개혁위원회에서는 「5.31 교육개혁방안」을 제안함으로써 청소년들로 하여금 입시 위주의 학교교육에서 탈피하여 다양한 체험활동 및 봉사활동을 할 수 있는 제도적 틀을 마련하였다.

(2) 청소년자원봉사 포털사이트 개발 및 운영

청소년자원봉사 활동은 학교 교육과정 속에서 인성교육과 공동체 역량을 함양하는 중요한 교육적 수단으로 자리 잡아 왔다. 제7차 교육과정에서는 봉사활동을 특별활동의 한 영역으로 통합하여 운영하면서 학생들이 보다 조직적이고 체계적인 방식으로 봉사활동에 참여하도록 하였다. 이에 따라 2005년에는 청소년봉사활동 관리시스템(CS 버전)이 구축되어 청소년들이 인터넷 환경에서 실시간으로 봉사활동을 신청하고 경력을 관리하며 확인서를 출력할 수 있는 편의성을 갖추게 되었다. 이후 2008년에는 웹(Web) 버전으로 개편되어 온라인 접근성과 안정성이 강화되었고, 2012년에는 여성가족부 청소년통합정보시스템과의 통합을 통해 관리 기능이 확장되었다. 2014년 7월부터는 여성가족부 청소년자원봉사 포털사이트인 Dovol과 행정안전부 자원봉사 통합관리시스템인 1365 나눔포털의 연계 서비스가 제공되면서, 교육부 교육행정정보시스템(NEIS)을 통해 학생생활기록부에 봉사활동 실적이 자동으로 전송되는 체계가 마련되었다. 이어서 2017년에는 청소년활동정보서비스(youth.go.kr)와 통합이 이루어져, 청소년자원봉사활동뿐만 아니라 국제교류, 자유학기제 연계 체험활동 등 다양한 청소년 활동 정보가 함께 제공되는 통합적 관리가 가능해졌다.

한편, 2022년에 고시된 제8차 교육과정은 핵심역량 중심 교육을 강조하면서 봉사활동 역시 단순한 시간 이수 차원을 넘어 청소년의 진로 탐색, 자기주도 학습, 지역사회 참여 역량을 기르는 방향으로 확대되었다. 이에 발맞추어 청소년자원봉사 포털 역시 디지털 기반으로 고도화되었는데, Dovol과 1365 포털 간의 연계가 강화되고, 인공지능(AI)과 빅데이터 분석을 활용하여 청소년에게 맞춤형 봉사활동을 추천하는 서비스가 시도되고 있다. 특히 코로나19 팬데믹 시기를 거치면서 비대면·온라인 자원봉사 활동이 제도화되었으며, 2023년 이후에는 고교학점제와 학교자율과정 운영과 연계하여 봉사활동을 학점과 프로젝트형 학습으로 인정하는 흐름이 확산되고 있다. 이는 청소년자원봉사 활동이 단순한 참여 기록에 머물지 않고, 청소년의 디지털 문해력과 글로벌 시민성, 그리고 사회참여 역량을 강화하는 미래형 교육적 활동으로 발전하고 있음을 보여준다.

결과적으로 청소년자원봉사 포털사이트는 제7차 교육과정 시기에는 봉사활동의 제도적 기반을 마련하고 체계적 관리 체계를 구축하는 데 기여하였다면, 제8차 교육과정에서는 청소년의 성장과 진로 탐색, 나아가 미래사회 핵심역량 함양을 위한 교육적 실천 도구로 자리매김하고 있다. 앞으로는 AI, 빅데이터, 메타버스 등 첨단기술을 접목하여 청소년 개개인에게 더욱 맞춤화된 봉사 경험을 제공하고, 지역사회와 세계를 연결하는 글로벌 플랫폼으로 발전할 가능성이 크다. 이처럼 청소년자원봉사 포털은 교육·사회정책·디지털 기술을 잇는 통합적 성장의 장으로서 그 의미가 더욱 확대되고 있다.

(3) 청소년 자원봉사활동 현황과 제도적 변화

청소년자원봉사활동은 제7차 교육과정 시기부터 특별활동 시수에 반영되어 제도화되었다. 중학교와 고등학교 학생들은 3년 동안 최소 60시간 이상의 봉사활동을 하도록 장려되었으며, 중학생의 경우 60시간을 채울 경우 고입 내신에서 봉사점수 20점 만점을 받을 수 있었다. 고등학생은 내신 반영은 없지만 대학 수시 전형에서 봉사 이수 여부와 동아리 활동이 중요하게 반영되면서 기본 이수 시간을 충족하지 않으면 불이익을 받을 수 있었다.

청소년 봉사활동은 청소년활동진흥센터에서 인증한 봉사활동 인증터전을 중심으로 이루어지고 있으며, youth.go.kr 포털을 통해 봉사 실적이 등록·관리된다. 인증터전은 청소년 기관과 단체, 사회복지기관, 문화예술 및 체육·관광시설, 의료·보호시설, 기업체 사회공헌 재단 등 다양한 기관을 포함하고 있어 청소년들이 여러 분야에서 봉사활동을 경험할 수 있도록 한다.

2016년부터는 청소년의 안전한 봉사환경을 조성하기 위해 자원봉사 상해보험 제도가 도입되었으며, 2017년에는 1365 나눔포털과 VMS 포털 간 종합보험 통합이 추진되어 수혜 대상이 확대되었다. 또한 같은 해부터는 자기주도형 봉사활동이 새롭게 도입되었다. 기존의 봉사활동이 기관 담당자가 기획한 프로그램에 참여하는 방식이었다면, 자기주도형 봉사활동은 청소년이 지역사회의 문제를 스스로 발굴하고 분석한 뒤 봉사의 목적과 실행 방법을 직접 기획하여 활동하는 방식으로 전환되었다. 이 사업은 2017년 4개 시·도에서 시범 운영되었으며, 이후 2018년부터는 전국 17개 시·도로 확대되었다. 이를 통해 청소년들이 자발성과 주도성을 기르는 계기가 마련되었다.

한편, 제8차 교육과정(2022 개정 교육과정)은 봉사활동을 창의적 체험활동 영역과 유기적으로 연계하도록 규정하였다. 봉사활동은 자율·자치활동, 동아리활동, 진로활동 속에서 통합 운영되며, 학생생활기록부 기재 방식도 변화하였다. 봉사활동 실적은 학교 교육계획에 따른 활동과 학생 개인계획에 따른 활동으로 구분되며, 창의적 체험활동 내의 봉사 연계 여부를 자동으로 반영하는 시스템이 구축되었다. 이는 봉사활동이 더 이상 독립된 영역이 아니라, 다양한 학습 활동 속에서 청소년의 역량을 길러주는 통합적 요소로 자리 잡고 있음을 보여준다.

2024년 기준으로, 행정안전부 1365 나눔포털 통계에 따르면 전체 인구 중 약 1,590만 명이 자원봉사자로 등록하였으며, 이 가운데 실제 활동 인원은 약 218만 명으로 집계되었다. 청소년 인구(10대)의 경우 등록된 봉사자가 약 166만 명, 실제 활동 인원이 약 37만 명으로, 등록률은 높지만 활동률은 상대적으로 낮은 편이다. 청소년 봉사활동 참여 분야를 보면 안전·방범 분야가 약 43%로 가장 높고, 생활편의 지원 분야가 약 27%를 차지하는 반면, 환경보호나 국제협력 분야는 참여 비중이 낮은 것으로 나타났다.

이처럼 청소년 봉사활동은 제7차 교육과정에서 제도적 기반을 마련한 이후, 제8차 교육과정에 이르러 핵심역량 중심 교육과 연계되며 질적 성장을 도모하고 있다. 2016년 이후 안전과 보험 제도가 마련되고, 2017년 이후 자기주도형 봉사활동이 확산되면서 청소년들은 단순 참여를 넘어 주도적 사회참여자로 성장할 수 있는 기회를 갖게 되었다.

그러나 2024년 통계에서 확인되듯 등록 대비 실제 참여율의 격차, 특정 분야로의 편중, 비대면 봉사활동의 활성화 부족 등은 여전히 해결해야 할 과제로 남아 있다. 앞으로 청소년자원봉사활동은 교육과정, 지역사회, 디지털 플랫폼을 연계하여 청소년의 자발성과 역량을 높이고, 나아가 미래사회의 핵심인재로 성장할 수 있도록 지원하는 방향으로 발전해야 한다.

3. 청소년봉사활동 지도방법

1) 청소년봉사활동 지도의 교수 - 학습계획

한국청소년개발원(2020)은 청소년봉사활동을 실시할 때 고려해야 할 점으로 다음과 같이 7가지를 제시하였다. 첫째, 자신의 역할에 대한 분명한 이해 둘째, 청소년자원봉사자에 대한 지지 셋째, 공동의 목표 선정 및 대안 선택 넷째, 청소년에게 제공해 줄 사회적 자원 탐색 다섯째, 자원봉사 활동과정에서 안전문제 고려 여섯째, 활동 시작 전 및 종료 후와 관련된 준비 일곱째, 지속적인 자원봉사활동 독려이다. 봉사활동은 봉사활동의 내용, 장소, 시간, 방법 등 다양한 요소를 고려하여 체계적이고 구체적인 계획을 세워야 한다. 이에 따라 교수·학습을 계획할 때와 직접적으로 운영할 때 지도자가 고려해야 할 점을 살펴보면 다음과 같다.

첫째, 청소년봉사활동의 의도에 부합하고 설정한 목표에 도달할 수 있도록 충실한 활동 계획을 세워야 한다. 학교 체제에서 봉사활동에 점수가 도입된 지 20여 년이 흘렀다. 그렇다 보니 봉사활동의 취지와는 다르게 봉사활동조차 점수를 획득하기 위한 방안이 될 때가 많다. 따라서 봉사활동에 대해 학생들에게 물어보면 '지하철에서 피켓 들기', '쓰레기 줍기', '복지관에서 어르신들 안마하기', '시간 때우기' 등의 대답을 의외로 쉽게 들을 수 있다. 이는 봉사할 곳이 부족한 사회적 여건에서 발생하기도 하지만 봉사활동이 형식적·피상적으로 운영되고 있음을 지적하는 부분이다. 이에 지도자는 학생들의 봉사활동에 대한 요구나 관심을 조사하고 활동에 대한 배경 지식을 습득, 봉사 대상이나 기관에 대한 사전 파악 등을 통해 적절한 봉사활동 방법을 계획하고 봉사 후 마무리 활동까지 상세하게 계획하는 것이 필요하다.

둘째, 지역사회의 여건이나 특수성과 관련지어 이루어질 수 있도록 한다. 지도자는 지역사회 내 특정 장소나 시설에서 봉사활동을 계획할 때 기관에 대한 충분한 이해를 바탕으로 봉사활동의 적절성에 대해 파악하고 설명하는 것이 필요하다. 이는 청소년들의 지역사회에 대한 관심과 애정을 키울 수 있고, 지속적인 봉사활동의 계기를 마련함에 있어 중요하다.

셋째, 봉사활동은 청소년 기관과 시설의 지도 아래 이루어지는 활동이지만 계획과 실행과정에서 청소년들이 주도적이고 자발적으로 참여하여 계획할 수 있도록 한다. 청소년들에게 요구되는 봉사활동이 이들이 원하지 않는 활동인 경우가 많다. 그렇다 보니 봉사하는 청소년들의 표정에는 억지봉사임을 쉽게 느낄 수 있다. 자원봉사는 자발적으로 원하여 이루어지는 활동이다. 그러므로 봉사활동 계획 단계에서 학생들의 관심사나 흥미를 직접 조사하고 반영할 수 있도록 지도하는 것이 바람직하다. 또한 아직 봉사 자체 혹은 자신이 수행할 행동에 대해 동기부여가 되지 않은 청소년이 있다면 지도자는 사전에 이를 파악하고 청소년 스스로가 원해서 활동할 수 있도록 동기부여를 해야 한다.

넷째, 학생들의 발달수준을 고려하여 계획해야 한다. 봉사활동은 때때로 청소년들이 기꺼이 하고 싶지 않은 일이 될 수 있다. 지도자가 지나친 기대를 가지고 봉사자 자신의 수준에서 감당하기 어려운 활동을 제시한다면 이는 오히려 자원봉사에 대한 거부감만 발생시킬 우려가 있다. 따라서 지도자는 봉사자의 발달수준과 욕구를 고려하여 할 수 있는 일을 선정하고 사전교육을 통해 활동에 대해 충분히 이해할 수 있도록 지도해야 한다. 봉사활동은 철저히 청소년의 입장에 맞추어져야 할 것이다.

다섯째, 봉사활동 자체보다 봉사를 통한 학습이 이루어지도록 계획해야 한다. 청소년봉사활동은 행위의 결과에 대한 칭찬만을 위함이 아니다. 따라서 지도자는 청소년이 봉사활동에 대한 충분한 지식과 태도 및 기능을 숙지할 수 있도록 교육적으로 접근해야 한다. 이후 마무리 단계에서는 봉사활동에 대한 생각이나 느낌을 정리하고 반성할 수 있는 기회를 갖도록 해야 한다.

여섯째, 지속적인 봉사활동이 이루어질 수 있도록 사후지도가 필요하다. 체계적인 계획에 있어 봉사활동이 이루어지고, 봉사활동을 통해 청소년들에게 봉사의식이 길러졌다면 청소년들은 의무와는 별개로 자발적인 봉사활동의 요구를 가질 수 있다. 따라서 지도자는 주말이나 방학을 활용하여 봉사활동을 지속할 수 있도록 지도하는 것이 바람직하다.

2) 청소년봉사활동 지도의 단계

청소년자원봉사활동의 교육적 효과를 극대화할 수 있는 지도방법이 뒷받침되어야 한다. 봉사활동 지도는 일반적으로 준비단계(Preparation) – 활동단계(Action) – 반성단계(Reflection) – 발표와 격려단계(Demonstration and celebration)를 거친다(Kaye, 2004).

이 네 단계에 들어가기에 앞서 본격적으로 사전교육이 필요하다. 봉사자의 사전교육은 봉사활동의 성공적인 운영에 매우 중요하다. 청소년지도자는 사전교육을 통해 봉사활동의 취지와 가치, 중요성을 인식시키고 내재적인 동기를 유발하도록 해야 한다.

(1) 준비단계

준비단계의 핵심은 청소년들이 스스로 봉사활동을 계획하도록 기회를 제공하는 것이다. 그리고 자신들의 요구와 지역사회의 요구를 조사하고 분석하여 봉사활동 계획을 수립해야 한다. 지도자는 청소년들에게 봉사활동의 방향을 안내하고 청소년들이 계획한 것 중에 조정이 필요한 부분에 조언을 줄 수 있다. 봉사활동에 참여하는 청소년이 모두 적극적으로 참여할 수 있도록 적절하게 역할을 분담하고 봉사활동의 구체적인 내용과 활동방법을 살피는 등 청소년지도자의 세심한 관찰과 배려가 요구된다.

(2) 활동단계

준비단계에서 마련된 계획이 직접적으로 실천되는 단계이다. 청소년들이 실제 현장에서 봉사활동을 통해 다양한 인간관계를 형성하고 경험 속에서 참된 의미를 발견할 수 있도록 충분한 시간이 주어져야 한다. 이때 봉사활동의 주체는 청소년이 되도록 하고 어려운 일이 발생하면 지도자나 기관 담당자가 즉시 도울 수 있도록 해야 한다. 또한 학생들이 사전에 계획한 대로 활동하고 있는지, 봉사활동의 유의사항을 제대로 준수하고 있는지, 봉사 대상자들과 좋은 관계를 유지하고 있는지, 청소년들이 자발성을 가지고 즐거운 마음으로 봉사활동을 실천하고 있는지를 세심하게 살피며 봉사활동이 단회적으로 끝나지 않고 지속적인 활동이 될 수 있도록 지도하는 것이 필요하다.

(3) 반성단계

봉사활동에서 경험하고 느낀 내용을 내면적인 성숙과 각성으로 이어지도록 하는 매우 중요한 단계이다. 이 단계에서 청소년들은 봉사활동에서 얻은 경험의 인지적, 정서적, 사회적, 도덕적 측면의 의미가 무엇인지 평가하게 된다. 청소년들은 자신의 봉사활동을 반성하고 평가하면서 지도자와 이야기를 나누며 봉사활동의 경험을 글로 써보거나 그림을 그리는 등 다양한 활동으로 표현할 수 있다. 이러한 평가를 통해 봉사정신이나 봉사의식을 내면화할 수 있게 된다. 반성단계는 봉사활동의 봉사학습 효과를 극대화하기 위해서 필수적이고 핵심적인 요소이다.

(4) 발표와 격려단계

봉사활동을 통해서 얻은 성과를 공중에게 알리고 공유함으로써 서로 인정하고 격려하는 마무리단계이다. 발표는 차후 봉사활동을 어떻게 하겠다는 다짐이나 결의의 효과를 주며 격려는 청소년들에게 자신감과 용기를 부여한다. 따라서 청소년지도자는 각각의 청소년들의 봉사활동 성과를 부각시켜 많은 사람들로부터 격려와 인정을 받을 수 있도록 해야 한다(김영민, 김민, 2016).

4. 청소년 자원봉사활동 지도방법 사례

사례 1

블로그 봉사활동 지도방법

- **활동명: 학교 홍보 및 학교 밖 지역경제 활성화**

1. 사전교육

- 강의와 토론
  - 봉사활동의 의미, 특성, 이념 소개
  - 청소년봉사활동의 필요성 설득
  - 청소년봉사활동에 대한 자기 생각 발표, 토론
  - 재능을 활용한 봉사활동의 필요성
- 동기부여
  - 봉사활동을 통한 SNS 교육 사회공동체 배움과 체험
  - 블로그 개설과 기자교육 진행
  - 학교소식 및 공익활동에 대한 글쓰기는 봉사점수로 환산
  - 대표기자단 이름으로 전자책 발간
- 안내
  - 봉사활동 콘텐츠 개발 소개
  - 블로그를 통한 공익사업에 대한 이해
    : 지역사회라는 숲을 이해하기 위해 가장 작은 숲은 자신과 학교 그리고 이들이 속한 구청과 시청 이해하기

2. 준비단계

- 학교별 봉사활동자 수요 조사
- 봉사활동팀 구성
  - 에세이팀, 단편영화팀, 다큐멘터리팀, 포토사진 및 동영상 팀별 봉사희망자 파악
- 활동계획 수립
  - 필수: 나 ▸ 가족 ▸ 학교 ▸ 구청
  - 선택: 필수 + 시청 ▸ 국회 ▸ 청와대 ▸ UN 및 대사관 탐방활동
  - 서울교육방송 담당자의 조언과 안내

3. 활동단계

- 봉사활동 전개
  - 봉사활동에 대한 체계적인 교육 진행
  - 블로그를 직접 개설하여 봉사교육을 사진이나 영상으로 촬영하여 자신의 블로그에 올리기
  - 필수활동 계획에 따라 나, 가족, 학교, 구청 순서로 취재활동을 진행하고 자신의 블로그에 올리기
  - 자신, 가족, 학교 근처, 구청 내에 있는 상점, 문화시설 및 활동을 체험하고 블로그에 올려 알리기
  - 내용 확인 후 봉사점수 부여
- 봉사활동일지 기록

4. 반성단계

- 개인별 반성
  - 개인별로 블로그 봉사활동을 하며 배운 점, 느낀 점, 아쉬운 점, 고쳐야 할 점 파악
- 팀별 반성
  - 활동 팀별로 모여 자유롭게 의견발표와 토론으로 봉사활동 평가
- 발표 준비

5. 발표 및 격려단계

- 개인 블로그에 들어가 격려의 댓글 달기
- 개인별, 팀별 봉사활동 성과 발표

* 자료: 블로그 봉사활동 1365

사례 2

환경보호형 봉사활동

- **활동명: 지역 환경지킴이 활동**

1. 사전교육

- 환경 교육: 기후위기 · 지속가능발전(SDGs) 개념 학습
- 사례 공유: 플라스틱 줄이기 캠페인, 해외 환경운동가 사례 영상 시청
- 토론: '우리 학교와 지역에서 가장 시급한 환경문제는 무엇인가?'

2. 준비단계

- 봉사지역 설정(학교 주변 하천, 공원, 등산로 등)
- 조별 활동 구분:
  - 플로깅팀: 조깅하며 쓰레기 수거
  - 홍보팀: 포스터 · SNS 콘텐츠 제작
  - 연구팀: 쓰레기 수거 현황 조사 및 분석 보고서 작성
- 지역 환경단체, 주민자치회, 지자체 환경과와 협력

3. 활동단계

- 매주/격주 단위로 플로깅 활동 진행
- 환경 캠페인 부스 운영(분리수거 체험, '제로웨이스트 챌린지')
- 활동 결과를 SNS · 학교 게시판에 공유 → 환경보호 문화 확산

4. 반성단계

- 개인별 '나의 친환경 실천 선언문' 작성
- 활동 전 · 후 자신의 생활 습관 변화를 비교
- 조별 보고서 작성(환경문제 해결 아이디어 제안 포함)

5. 발표 및 격려단계

- 활동 결과 전시회(사진 · 통계 자료)
- 지역 환경단체와 공동 발표회 개최
- 장기적으로 '청소년 환경동아리' 운영으로 확대

→ 기대 효과: 환경 의식 고취, 청소년 주도적 실천능력 강화, 지속 가능한 지역 공동체 문화 확산

연습문제

1. 봉사활동 개념에 대해서 설명하시오.
2. 청소년봉사활동에 대해서 설명하시오.
3. 청소년봉사활동 지도방법에 대해서 논하시오.
4. 청소년 자원봉사활동 지도방법 사례에 대해서 설명하시오.

Youth Guidance Methodology

CHAPTER

13

청소년자치활동 지도방법

학습 내용

1. 청소년자치활동의 개념
2. 청소년자치조직의 구성단계
3. 청소년자치조직의 활동단계
4. 청소년자치활동 지도방법

학습 목표

1. 청소년자치활동의 개념에 대해서 이해한다.
2. 청소년자치조직의 구성단계에 대해서 살펴본다.
3. 청소년자치조직의 활동단계를 이해한다.
4. 청소년자치활동 지도방법에 대해서 이해한다.

학습 개요

청소년자치활동은 청소년들이 공통의 목적과 관심사에 의해 스스로 조직하고 운영하는 활동을 말한다. 대표적인 청소년자치활동은 청소년특별회의, 청소년참여위원회, 청소년운영위원회 등이 있다. 청소년자치활동 지도방법은 이러한 자치활동을 효율적이고 효과적으로 전개할 수 있도록 청소년지도자가 적절하게 개입하는 전략, 기술, 지도기법 등을 의미한다. 청소년자치조직의 모든 활동의 절차는 기획단계, 실행단계, 평가단계가 존재한다. 이러한 모든 단계에서 청소년의 자발적 참여가 가능하기 위해서는 자치활동 자체가 개방적이고 능동적이어야 하며 조직의 운영에 있어서도 민주적이면서 전략적이어야 한다. 청소년자치조직의 운영은 민주주의적 소양과 공동체적 삶의 양식을 체득하는 경험학습 과정이라고 할 수 있다. 따라서 청소년 자치조직은 외부의 지원이나 도움에 의존하지 않고 구성원의 합의와 의사결정에 의해 운영하려는 자세와 태도가 필요하다.

1. 청소년자치활동의 개념

자치(自治)는 사전적으로 '저절로 다스려짐', '자기 일을 스스로 다스림'을 뜻하는 용어로 청소년자치활동이란 청소년들이 공통의 목적과 관심사에 의해 스스로 조직하고 운영하는 활동을 말한다. 청소년 현장에서는 자치기구, 자치활동이라는 용어로 사용되고 있다. 이러한 의미에서 대표적인 청소년자치활동은 동아리 활동이나 자원봉사활동 등을 예로 들 수 있다. 또한 청소년자치활동이란 청소년이 의사결정과정에 참여한다는 의미를 지니고 있다. 이는 청소년 스스로가 자신들이 살고 있는 지역을 다스리는 활동을 실천하기 위해 참여의 입장에서 자신들의 조직을 구성해 자치의 경험을 체득하고 권리를 실천하는 역할을 수행하는 것이라고 정의할 수 있다. 이러한 의미에서 대표적인 청소년자치활동은 청소년특별회의,[1] 청소년참여위원회,[2] 청소년운영위원회[3] 등이 있다. 청소년자치활동 지도방법은 이러한 자치활동을 효율적이고 효과적으로 전개할 수 있도록 청소년지도자가 적절하게 개입하는 전략, 기술, 지도기법 등을 의미한다. 따라서 청소년지도자는 청소년자치활동을 촉진하고 활성화시키기 위한 지도기법과 개입전략을 갖추어야 한다.

일반적으로 학교 내에서 이루어지고 있는 학생자치활동은 학급이나 학교의 구성원으로서 어떤 문제점이나 갈등이 있을 때 공동의 상황을 해결하기 위해 민주

1) 청소년의 시각에서 청소년이 바라는 국가 차원의 정책과제를 발굴하여 정부에 제안하는 전국 단위의 청소년 참여기구로 만 9세에서 24세까지의 청소년으로 구성된다. 이를 통해 성범죄자 신상공개제도 열람 간소화, 청소년의 의견이 반영된 다양한 공모전 실시, 국립중앙청소년안전기구 설치 · 운영 등 12년간 총 440개의 정책과제를 제안 이 중 392개 과제가 수용되어 중부 정책으로 추진되고 있다.

2) 여성가족부 및 지방자치단체가 추진하는 청소년정책과 관련하여 청소년의 시각에서 청소년이 바라는 정책 및 사업에 대한 의견 제시와 자문, 평가 그리고 다양한 청소년 관련 프로그램, 캠페인, 토론회 등 행사를 직접 기획 · 진행하는 등의 활동을 하는 청소년 참여기구이다.

3) 청소년수련시설(청소년수련관, 문화의 집 등) 사업 및 프로그램 등 운영에 대하여 청소년의 시각에서 청소년이 바라는 의견제 시와 자문, 평가 등의 활동을 하는 청소년 참여기구이다.

적인 의사결정과 맡은 바 역할을 실천해 가는 자발적이고 자주적인 참여활동으로 정의된다. 이 자치활동은 구성원끼리 스스로 의사결정을 하여 결정된 바를 실천하기 위해 각자의 역할을 나누고 여러 자율적인 활동을 통해 민주시민으로서의 자질을 기르는 기본적이고 매우 중요한 활동이라고 할 수 있다(교육과학기술부, 2024). 이러한 학생자치활동의 특성을 살펴보면 다음과 같다. 첫째, 자치활동은 개인이 아닌 집단활동의 성격을 지니며 동시에 각 구성원 개개인의 창의성과 자율성, 사회성을 향상시키는 활동이다. 둘째, 자주적이고 자율적인 학생들의 실천력을 중시하여 스스로 계획을 수립하고 실천하는 과정을 기본으로 한다. 셋째, 교사 지도 및 도움을 최소로 필요로 한다. 넷째, 학생들에게 자신의 의견을 활발하게 표현할 수 있는 기회를 제공하고 스스로 민주적인 의사결정과정을 통해 타인을 배려하며 공동체를 이끌어가는 활동이다.

그러나 청소년자치활동을 단순히 학생자치활동이라 제한하여 규정하는 것은 매우 협소한 접근이라 할 수 있다. 이는 '학생으로서의 청소년'이 아니라 '청소년으로서의 학생'이라는 인식전환과 함께 학교 활동의 내용과 공간이 학교로 한정짓기는 어렵게 되었기 때문이다. 2012년부터 전면 시행된 주5일제 수업과 2016년부터 시행된 자유학기제로 인해 청소년 특기적성교육, 청소년자원봉사활동, 청소년 동아리활동, 청소년 진로탐색활동 등이 학교 밖 지역사회와 유기적으로 연계 및 협력해야 할 필요성이 커지고 있다. 이에 따라 청소년자치활동이란 청소년의 자발적 참여를 바탕으로 외부 간섭이나 압력 없이 청소년들의 합의와 의사결정을 통해 계획되며, 학교 안팎에서 이루어지는 모든 청소년자치활동을 포괄하는 활동이라 할 수 있다. 청소년자치활동은 학생자치활동이란 개념보다 청소년의 권리와 적극적이고 자율적인 참여활동이라는 의미를 더욱 강조하고 생활의 장면을 보다 확장한 개념이다. 이러한 청소년자치활동의 예로는 학교에서 이루어지는 학습 활동, 학생회 활동, 클럽 활동뿐만 아니라 청소년 동아리 활동, 청소년특별회의, 청소년 참여 위원회, 청소년 운영위원회 등의 자치회 모임도 포함된다. 학교와 지역사회 각각에서 이루어지는 청소년자치활동을 분류하여 살펴보면 다음 〈표 13-1〉과 같다.

표 13-1 청소년자치활동의 분류

영 역		활 동
학교	학급활동	학급회의, 학급행사 등
	학생회활동	학생총회, 운영위원회, 대의원회 등
	동아리활동	각종동아리활동, 동아리발표회 등
지역사회	청소년운영위원회	정기회의, 워크숍 및 세미나, 소식지 발간, 청소년수련관 시설 및 프로그램 모니터링, 청소년활동 기획 및 운영, 지역청소년욕구조사 등
	청소년참여위원회	정책 및 사업에 대한 의견 제시, 자문, 평가, 다양한 청소년 관련 프로그램, 캠페인, 토론회 등
	청소년특별회의	출범식, 지역회의, 예비회의, 본회의를 통해 세부정책과제들을 정부에 제안
	동아리활동	청소년문화축제 참가, 청소년동아리 인준식 참가 등

2. 청소년자치조직의 구성단계

청소년지도자는 청소년 스스로 자치 조직을 운영할 수 있도록 적절한 개입과 지도의 방법을 탄력적으로 변용하여 지도과정에 임할 수 있어야 한다. 먼저 자치 조직을 구성하기 위한 단계별 접근을 살펴보면 다음과 같다(김영인, 김민, 2016).

1) 탐색 및 준비단계

자치활동 기반을 준비하는 단계로 활동의 목적과 목표를 설정하고 구성원을 확보하는 단계이다. 처음에는 공통의 흥미와 관심에 기초한 소수의 친구를 중심으로 대략적인 자치활동의 목적을 가다듬고 필요시 더 많은 친구에게 알려 동참하기를 권유하기도 해야 한다. 구체적으로 구성원의 흥미와 관심에 기초한 활동 목표를 구안하기 위해 욕구조사 등을 실시하여 구성원의 흥미와 관심을 사전에 파악하는 것이 필요하다. 그리고 조직 내에서 효과적인 의사소통이 이루어질 수 있도록 해야 한다. 이 과정에서는 구성원들의 관심과 지지를 받는 자치 기구 혹은 자치활동이 될 수 있도록 최대한 노력을 기울여야 한다. 동시에 외부적으로 자치활동의 효과를 극대화하기 위해 참여와 협력이 가능한 인적 자원과 물적 자원 등의 지원체제를 구축해야 한다. 이 단계에서 지도자는 문제 인식을 지니고 있는 청소년들이 이와 같은 과업을 잘 수행할 수 있도록 조력자로서 역할이 요구된다. 지도자는 조직 구성과 활동 전반에 관한 사항을 알리고 점검할 수 있도록 돕되 과도한 개입으로 인해 청소년의 자발성이 상실되는 일이 없도록 주의해야 한다.

2) 초기단계

이 단계에서는 구성원의 동의를 기반으로 지도력을 갖춘 지도자 선출, 구성원 개인과 소집단에 대한 적절한 지위와 역할 분담, 안정성과 추진력을 갖춘 공식적인 조직 모형의 구축 등이 이루어진다. 특별히 조직 내부의 갈등을 조정하고 선정된 활동 목표를 조직적으로 추진함에 있어 합리적이고 민주적인 의사수렴 절차를 거친 지도자 곧 리더의 선출은 매우 중요하다. 이때 청소년지도자는 청소년 중 지도력을 갖춘 지도자가 자연스럽게 조직의 중심에 설 수 있는 과정을 어떠한 개입 없이 관찰하는 것이 중요하다. 또한 청소년지도자는 청소년들로 하여금 의도와 목적에 부합하고 개별 구성원들에게 적정한 역할이 부여될 수 있는 조직 모형의 사례를 제시할 수 있다.

3) 안정화단계

자치 활동의 목표가 구성원들에게 널리 인준된 상태로 청소년 자치조직은 시행착오를 겪으면서 점차 안정화단계로 접어든다. 구성원들은 활동 목표를 중심으로 개인과 집단의 역할과 지위의 분담이 정착된다. 그리고 하위 그룹이 전체 조직의 활동

목표를 효과적으로 수행하기 위해 일치되어 있으며 지도자 중심으로 안정된다.

이 단계에서 주의해야 할 점은 조직의 응집력을 기반으로 민주성과 역동성을 유지하는 일이다. 자칫 과도한 권력의 집중 현상이나 타성에 젖어 스스로의 개발을 게을리하고 안주하려고만 하는 모습이 나타날 수 있기 때문이다. 따라서 리더와 구성원 그리고 하위 그룹 간 자유로운 의사소통 체계, 의견수렴 및 결정과정을 확고히 구축해야 한다. 일련의 단계를 정리해 보면 다음 〈표 13-2〉와 같다.

표 13-2 청소년 자치조직 구성 단계

단 계	활 동 사 항
탐색 및 준비단계	• 활동목적과 목표 설정 • 구성원의 확보 • 관련 정보 및 자료 수집 • 외부 인적·물적 자원의 연계망 구축
초기단계	• 집단 지도자 선출 • 개인과 소집단의 지위와 역할 분담 • 조직 모형 구출
안정화 단계	• 역할 및 지위의 분담 정착 • 전체 조직의 목표와 소집단의 목표 일치 • 민주성과 역동성 유지

3. 청소년자치조직의 활동단계

청소년동아리활동, 청소년 참여위원회, 학생 자치기구, 특별회의, 청소년 운영위원회 등 청소년자치조직의 모든 활동의 절차는 기획단계, 실행단계, 평가단계가 존재한다. 이러한 모든 단계에서 청소년의 자발적 참여가 가능하기 위해서는 자치활동 자체가 개방적이고 능동적이어야 하며 조직의 운영에 있어서도 민주적이면서 전략적이어야 한다. 청소년지도자는 이러한 활동단계와 단계별 전략과제를 성취할 수 있도록 지도해야 한다.

1) 기획단계

청소년자치활동에 있어 기획단계의 중요성은 아무리 강조해도 지나침이 없다. 기획단계에서 요구되는 수행과제를 사전에 검토하고 달성해 나간다면 실행 및 평가단계의 어려움은 효과적으로 극소화될 수 있다. 기획단계에서 구체적인 활동 내용은 다음과 같다.

(1) 욕구조사

구성원들이 지닌 흥미와 관심에 기초하여 욕구를 파악하고 욕구의 우선순위를 결정할 수 있다.

(2) 공통가치 추출

구성원들의 욕구조사로 인해 구성원들의 희망과 공통적인 가치를 찾아낼 수 있다. 공통적인 가치는 활동 목표를 결정함에 있어 도움을 주며 실천적인 전략을 구상함에 있어 결정적인 도구가 된다. 이는 보통 사업 계획서를 통해 더욱 구체화된다. 따라서 청소년지도자는 자치활동을 하는 청소년들이 단위 사업 계획서를 잘 작성하도록 지도하고 안내해 주는 것이 필요하다.

(3) 예산확보

예산확보는 사업계획서를 작성하면서 중요한 구성요인으로 예산이 부족할 수 밖에 없는 청소년 자치조직으로서는 항상 중요한 과제이다. 따라서 청소년지도자는 기획단계에서부터 예산의 안정적인 확보와 다양한 재원의 개발 가능성을 꼼꼼히 타진하도록 도와주어야 한다. 구체적으로 학교 장면에서는 학생자치활동에 대한 예산편성권을 갖는 학교 운영위원회와 협력을 통해 해결할 수 있도록 도와주고, 청소년기관이나 시설에서는 국가나 지방자치단체 등의 지원금을 받을 수 있는지 확인해주어야 한다. 또는 청소년 스스로 바자회나 물물거래장터 등의 수익

사업을 통해 다양한 재원을 개발하여 확보할 수 있도록 지도할 수 있다.

(4) 내 · 외부 연계협력자원 확보

조직 내·외부문에서 연계·협력이 가능한 인적·물적 자원을 확보하는 것은 확보해 둔 예산을 효율적으로 절감하면서 동시에 프로그램의 효과를 발생시킬 수 있는 방안이다. 지역사회의 풍부한 인적·물적 자원을 사전에 확보한다면 단위 사업의 내용과 성격에 따라 유용하게 연계할 수 있으며 기획단계에서 소요되는 시간도 절약할 수 있다. 예를 들어 장소 및 외부 강사 섭외, 자원봉사자를 확보하고자 하는 경우 이에 대한 최적의 정보와 자원을 미리 갖고 있다면 어렵지 않게 과제를 해결할 수 있다. 따라서 청소년지도자는 이러한 자원의 리스트를 미리 확보하여 청소년자치활동 및 기구가 필요로 할 때 적절히 제공해 주는 것이 필요하다. 이는 청소년들에게 지도자의 전문성과 신뢰성을 얻는 방법 중 하나이다.

(5) 정보 및 지원의 공유

예산 및 자원의 확보가 안정적으로 이루어지면 사업관련 정보 및 지원을 발굴하고 공유하도록 한다. 정보는 문헌조사, 통신, 인터넷 등을 통해 정보를 수집하거나 유사한 프로그램의 자료 및 참가자들의 자문을 통해 수집할 수 있다. 청소년지도자는 이렇게 수집된 정보를 청소년들이 구체적인 분석을 통해 활동방향 설정 및 내용에 도움이 될 수 있도록 지도해야 한다.

(6) 평가도구 개발

흔히 사업계획서의 기대 효과라는 항목으로 기술되는 평가의 예상은 청소년들이 준비하는 자치활동이 갖는 의미를 구성원 중심으로 확산시키고 활동의 타당성을 강화하는 요건이 된다. 또한 평가는 청소년자치활동의 발전과 변화를 위한 기초적인 자료이자 원천이라 할 수 있다. 따라서 청소년지도자는 사업성격에 따른 평가도구를 개발하고 확보할 수 있도록 지도해야 한다. 청소년들에게 평가방법으로 주체에 따라 활동 수행자 혹은 활동 참가자를 중심으로 평가하는 유형, 방법에 따라 설문지법, 진술형 기록지, 현장 참여 관찰 등 다양한 방법이 있음을 실례를 들어 제시 및 교육하는 것은 효과적인 지도방법 중 하나이다.

(7) 기록 및 문서화

일련의 모든 사업 기획과 수행 과제는 기록으로 남겨지고 또 구조화된 문서로 이루어진다. 기록 및 문서화 작업은 이후 단계를 점검할 수 있는 단서가 된다. 또한 자치활동을 준비하는 후배들에게 주요한 자료가 된다.

2) 실행단계

기획단계에서 꼼꼼히 준비한 사업 계획서를 기반으로 사업을 수행하는 단계이다. 실행단계에서의 구체적인 활동 내용은 다음과 같다.

(1) 사업단위별 역할분담

준비한 사업을 수행할 때에는 사업단위별 역할 분담이 체계적으로 이루어져야 한다. 동시에 분담된 역할이 효율적으로 수행되어야 한다. 이때 프로그램의 리더는 개인별, 집단별, 단위별 역할을 분담하는 조정자(coordinator)의 역할을 수행한다.

(2) 경험의 공유

조정은 사업 활동의 과정 내에서 면밀한 검토와 확인을 통해 지속적으로 유지되어야 한다. 흔히 크로스체크(cross-check)라고 불리는 교차확인 작업은 각자의 역할 분담 내에 서로의 역할을 유기적으로 상호 확인케 함으로써 실행단계에서 혹시 발생할 수 있는 실패 경험을 사전에 예방하는 조정 기법이다.

(3) 효과적 수행

프로그램의 리더는 지도력과 조정력을 발휘하면서 동시에 사업단위별, 집단별, 개인별 기능을 극대화하고, 사업활동 주체의 구조적 효과도 최대화하여 기획단계에서 예상하는 최적의 결과를 달성할 수 있도록 노력해야 한다.

(4) 갈등 조정

조정자는 활동을 수행함에 있어 활동 주체 간의 그리고 참여하는 대상자 간의 갈등 상황을 미리 예견하고 이를 사전에 조정하는 역할을 수행해야 한다. 혹시 예기치 않은 상황으로 인해 갈등이 발생할 때는 가급적 신속히 조정·처리해야 한다. 갈등상황에서는 조정자의 갈등 조정 경험이 중요하다. 청소년지도자는 이러한 상황에서 지도자에게 자문을 구하는 것도 좋은 방법임을 미리 알려주는 지도가 필요하다.

3) 평가단계

평가단계에서는 실행 이후의 결과가 처음 청소년들이 예상했던 활동목표나 기대 효과와 대비하여 어떠한지를 비교·검토하는 것이다. 평가단계에서 구체적인 활동내용은 다음과 같다.

(1) 평가 및 환류

환류(feedback)란 활동목표가 기대효과에 미치지 못했을 때 이전 단계에서 잘못 수행된 모든 절차를 밝혀 수정하는 것이다. 만약 기획이나 실행단계에서 문제점이 발견되지 않았다면 기획단계에서 구안했던 평가방법이나 도구 혹은 평가절차가 문제일 수도 있다. 이처럼 평가단계에서는 실행 이후의 결과를 중심으로 평가단계 자체에 대한 평가도 포함한다.

(2) 추수활동

사업 종료 후 구성원들은 활동과정이나 결과에 대하여 논의하고 이를 사업 보고서의 형식으로 문서화한다. 사업 보고서는 사업 계획서를 기반으로 작성되는데 문서 양식만이 아니라 시각적 효과를 줄 수 있는 사진과 그림, 동영상 등의 다양한 매체를 활용할 수 있도록 지도한다. 실행과정이나 결과에 대한 평가 토론은 다양한 개인의 의견이 모두 수용될 수 있도록 개방적이고 민주적으로 진행되어야 한다. 그리고 지적된 문제점들 가운데 구성원에 대한 교육이 필요할 때는 적절한 추수활동을 마련할 수 있어야 한다. 청소년 자치기구의 추수활동은 청소년들이 만들어 실행할 수도 있지만 대체적으로 청소년지도자가 시설의 공식적 절차를 거쳐 실행하는 것이 일반적이다. 일련의 단계를 정리해 보면 다음 〈표 13-3〉과 같다.

표 13-3 청소년자치조직의 활동단계

단 계	활 동 사 항
기획단계	• 욕구조사 • 공동가치 추출 • 예산 확보 • 내·외부 연계협력자원 확보 • 정보 및 자원의 공유 • 평가도구 개발 • 기록 및 문서화
실행단계	• 사업단위별 역할분담 • 경험의 공유 • 효과적 수행 • 갈등 조정
평가단계	• 평가 및 환류 • 추수활동

4. 청소년자치활동 지도방법

청소년자치조직의 운영은 민주주의적 소양과 공동체적 삶의 양식을 체득하는 경험학습 과정이라고 할 수 있다. 따라서 청소년 자치조직은 외부의 지원이나 도움에 의존하지 않고 구성원의 합의와 의사결정에 의해 운영하려는 자세와 태도가 필요하다. 이러한 자세와 태도는 기본적으로 모든 조직이 추구해야 하는 민주주의의 기본 소양과 공동체적 삶의 양식을 기초로 한다. 따라서 청소년 자치조직의 운영은 구성원의 자발적 참여를 기반으로 개인의 다양성과 가치를 존중하며 민주적이고 합리적으로 수행되도록 도와주어야 한다. 청소년지도자는 청소년 개인 간의 가치가 부딪칠 때는 합리적인 문제해결 과정을 통해 풀어낼 수 있도록 해야 하며, 소수라 하더라도 다수로부터 일방적인 지배를 받게 해서는 안 된다는 사실을 경험 교육을 통해 체득할 수 있도록 해야 한다. 즉, 공동체는 소수의 가치가 존중될 수 있도록 책임과 의무를 다해야 한다. 만약 개인과 공동체의 가치가 부딪치게 될 때에는 개인 간의 가치 충돌보다 더욱 민주적·합리적으로 풀어가는 지혜가 필요하다. 따라서 자치활동 과정에서는 끊임없는 대화와 토론이 필요하다.

합리주의적인 교육을 받고 자란 청소년들은 개인마다의 차별적 욕구에 따른 자기 표현이 과감해지고 있다. 과거 기성세대들이 권위주의적이고 수직적인 문화에서 전체주의적 질서를 중요시 여겼다면, 오늘날 청소년들은 개인주의적 질서와 가치관을 중시한다. 그러나 동시에 청소년들은 여전히 소통과 협력을 중요시하며 차가운 미디어와 가상의 공간 속에서도 공동체 안에서의 친밀감 증대와 공존을 추구하고 있다. 또한 최근에는 청소년 동아리 활동에 대한 효과성이 증명되면서 학교 안팎에서 청소년들의 동아리 활동이 활성화되고 있다.

이처럼 청소년들은 서툴지만 개인의 가치와 공동체의 가치를 통합시켜 나가면서 주체성과 자발성을 지니고 21세기의 새로운 질서를 만들어가고 있다. 청소년 자치활동은 강한 소속감과 동질감을 바탕으로 공동체적 삶의 양식을 지향하되, 개인과 소수집단의 가치도 존중되는 그 자체로 민주적 체험교육의 과정이다. 청소년자치활동과 그 운영은 청소년들의 자발성에 기초한다는 점에서 생명력을 지니고 있다. 따라서 청소년지도자는 청소년자치활동을 통해 청소년들의 다양한 욕구와 저항의 에너지가 건강한 방향으로 나아갈 수 있도록 지도해야 할 것이다. 특히 청소년지도자는 청소년들에게 활성화되고 있는 동아리활동을 통해서도 다양한 특기를 개발·체험하고 건전한 또래관계 형성, 청소년 활동 활성화를 도모할 수 있도록 방향을 제시하고 운영 과정상의 문제점을 해결하는 데 주안점을 둔 조력자이자 멘토의 역할을 해야 할 것이다.

연습문제

1. 청소년자치활동의 개념에 대해서 설명하시오.
2. 청소년자치조직의 구성단계에 대해서 설명하시오.
3. 청소년자치조직의 활동단계에 대해서 토의하시오.
4. 청소년자치활동 지도방법에 대해서 설명하시오.

CHAPTER

14

청소년교류활동 지도방법

학습 내용

1. 청소년교류활동에 대한 이해
2. 청소년교류활동의 현황
3. 청소년교류활동의 과제와 지도방법
4. 청소년교류활동의 지도방법 사례

학습 목표

1. 청소년교류활동에 대해서 이해한다.
2. 청소년교류활동의 현황에 대해서 살펴본다.
3. 청소년교류활동의 과제와 지도방법에 대해서 고찰한다.
4. 청소년교류활동의 지도방법 사례에 대해서 살펴본다.

학습 개요

청소년교류활동은 청소년이 지역 간, 남북 간, 국가 간의 다양한 교류를 통하여 공동체 의식을 함양하는 체험활동을 의미한다. 청소년교류활동의 목적은 체험활동을 통해 '우리는 하나'라는 공동체 의식을 기르는 데 있다. 유형으로는 지역 간, 남북 간, 국가 간 청소년교류활동이 있다. 청소년교류활동 지도자의 역할로는 첫째, 자신의 다문화 수용과 통합에 대한 관점과 태도를 점검해야 한다. 둘째, 활동의 목적과 방향성을 명확히 하여 참가자를 동기화시킬 수 있어야 한다. 셋째, 계획한 활동을 실행하면서 프로그램 지휘자이자 리더로서 문제해결능력을 발휘해야 한다. 넷째, 활동 후 반성적 사고를 통해 참가자들이 경험과 소감을 나누며 변화된 가치관과 태도를 공유하는 평가과정을 마련해야 한다.

1. 청소년교류활동에 대한 이해

1) 청소년교류활동의 개념

청소년교류활동이란 청소년이 지역 간, 남북 간, 국가 간의 다양한 교류를 통하여 공동체 의식 등을 함양하는 체험활동을 의미한다(청소년활동진흥법 제2조 제4호). 청소년교류활동의 목적은 체험활동을 통해 '우리는 하나'라는 공동체 의식을 함양하는 데 있다. 현대사회는 디지털미디어의 급속한 발전과 소셜네트워크 서비스로 인해 글로벌화(Golbalization)되고 있다. 즉, 정치, 경제, 문화 등 사회의 모든 영역에서 전 세계적인 상호연결성이 강화되면서 세계는 하나의 공간이 되고 있다. 이러한 사회의 개방화, 경제와 정보의 세계화 그리고 국민들의 삶의 질이 향상되면서 이제 더 이상 단일 민족의 존재는 불가능하며 한 사회 속에서 다문화 사회가 형성되는 것은 필연적 현상이라 할 수 있다.

한편 청소년들은 영화, 음악, 광고 등 대중문화의 영역에서부터 게임 및 상품 생산의 영역에 이르기까지 거대한 문화권력을 행사하고 추동하는 집단이 되었다. 그리고 이들의 빠른 이동성은 자본과 상품의 회전력을 강화시키고 있다. 특히 영화, 음악, 패션, 게임 등의 영역에서 글로벌 문화를 형성함에 있어 청소년층이 선도 역할을 수행하고 있다. 우리 청소년들이 열광하는 대중음악이 세계적 음악문화로 확장되고 있다. 이러한 과정의 중심에는 디지털 세계에 완벽하게 적응한 N세대 청소년들이 존재한다. 역동적이며 끊임없이 변화하며 상호작용적인 N세대들은 온라인과 오프라인을 넘나들며 글로벌한 세계 문화와 접촉한다. 이러한 세계화·국제화 시대에 발맞추어 우리나라는 청소년들이 국제적으로 시야를 넓히며 세계 속의 청소년으로 뻗어갈 수 있도록 다각적인 교류정책을 시도해 왔다. 이러한 청소년교류활동은 청소년 세대가 세계화·국제화 시대로의 시대적 환경 변화에 적응하고 세계 속의 문화를 창조하는 주체적 존재이자 글로벌 리더로 성장함에 있어 그 중요성이 부각되고 있는 청소년지도활동 영역이다. 따라서 청소년지도자는 청소년교류활동을 효과적으로 지도할 수 있는 전문적 기법과 기술 그리고 자질을 갖추어야 한다.

2) 청소년교류활동의 중요성과 의의

청소년교류활동의 중요성은 다음과 같다(박선숙 등, 2005).

첫째, 청소년교류활동은 다양한 청소년 활동 중 핵심적인 활동이다. 교류활동은 수련활동, 봉사활동, 자치활동, 문화활동, 보호활동 등의 다양한 청소년 활동 중 그 특성이 분명하고 전통적으로 기획과 수행의 전 과정과 결과가 다른 활동과 차별성을 갖는다.

둘째, 청소년교류활동은 자기 주도성이 크게 요구되는 활동이다. 교류활동에는 관계 형성, 상황 파악 및 판단능력 등 다양한 자기 실행 능력과 자기 주도력이 요구된다.

셋째, 청소년교류활동은 체계적·조직적인 청소년 활동이다. 특히 국제교류 프로그램들은 무계획적이거나 비계획적인 교류활동이 존재하지 않을 정도로 매우 체계적, 조직적, 구조적인 활동이다.

넷째, 청소년교류활동은 전문성이 요구되는 청소년 활동이다. 교류활동의 경우 외국어 구사능력, 문화적 다양성 및 다문화 이해 능력, 지역전문성 및 프로그램 기획과 실행능력, 인적 자원 개발 및 조직능력, 의사소통 능력, 리더십 능력 등 전문적인 능력이 요구된다. 이러한 전문성은 청소년지도자로 하여금 전문 인력으로서 자신을 열심히 개발할 것을 끊임없이 요구한다. 또한 이러한 지도인력의 전문성 개발을 위해 기관이나 단체의 지원이 필요하다. 많은 청소년 단체 및 시설에서 국제 교류활동 추진을 희망하지만 쉽지 않은 이유가 이 때문이다.

다섯째, 청소년교류활동은 그 자체로 훌륭한 체험활동이며 체험학습의 기회가 된다. 교류활동은 학교교과 교육 장면과 비교과 교육 장면 간 상호 전환이 가능하다. 대표적으로 역사기행, 국토순례, 환경보호 등의 교류 프로그램이 있다. 따라서 청소년 단체와 시설이 학교와 연계하여 진행할 수 있는 청소년교류활동의 잠재력이 무궁무진하다고 할 수 있다.

여섯째, 교류활동은 다문화 이해 및 문화적 관용, 글로벌 리더십을 신장함에 있어 이를 직·간접적으로 경험할 수 있는 훌륭한 기회로 활용될 수 있다.

일곱째, 청소년교류활동은 청소년의 균형 있는 성장과 발달에 긍정적인 영향을 미치며 적극적인 사회적 참여의 기회와 소통의 기회가 된다.

이와 같이 청소년교류활동이 지닌 의의로 인해 우리나라는 첫째, 자비에 의한 해외유학 및 연수, 국제조직에 가맹되어 있는 청소년 단체와의 소극적 교류에서 탈피하여 외국 청소년들을 적극적으로 초정하고 있다. 둘째, 우리 청소년들을 세계 각국에 파견, 유학, 연수를 실시함으로써 청소년들이 국제적 시야를 넓히고 국제협력 정신을 함양할 수 있도록 한다. 또한 자유우방국 청소년들과 농·어촌 청소년의 상호교류를 통해 과학농업 기술을 습득하고 농촌생활을 이해하며 국제 간의 친선과 우의를 증진시키는 계기를 마련하고 있다. 셋째, 스포츠, 기업 측은 상호 협력하여 많은 선수단을 해외에 파견하고 각종 국제경기에 참가하게 함으로써 경기 경험을 얻어 경기력을 향상시키고 외국 청소년들과 우의를 도모하게 한다. 또한 각종 국제경기를 우리나라에 유치하여 스포츠 교류를 통한 국위선양과 발전하는 우리나라의 모습을 해외에 널리 소개하고 있다. 넷째, 문화예술 국제교류는 미술전람회, 국제 학생음악대회, 아동극단초대, 아동합창단 초대 등을 통해 초청 및 방문교류를 활발하게 하고 있다(오윤선, 2024).

3) 청소년교류활동의 유형

(1) 지역 간 청소년교류활동

청소년들이 국내 지역 간 교류를 수행하는 활동으로 세 가지 하위 유형이 존재한다. 첫째, 두 지역 이상의 청소년들이 각각의 지역이 아닌 다른 지역에서 만나 상호 교류하는 방식이다. 대표적으로 캠핑 프로그램을 통한 청소년 교류, 해외 동포 청소년교류활동이 있다. 둘째, 두 지역 이상의 청소년들이 상대방 지역을 상호 방문하여 함께 교류하는 방식이며 대표적으로 도농청소년교류활동 등이 이에 속한다. 우리나라 지역의 청소년교류활동의 한 예로 경기도 수원 화성과 고인돌 군 등 유네스코 세계문화유산을 보유한 고창의 교류활동을 살펴볼 수 있다. 수원시 권선청소년수련관위원회와 고창군 청소년위원회 청소년 30여 명과 청소년지도자들은 매년 상대 도시를 교차 방문하여 지역 내 유적지를 탐방하고 조별 주제토의, 레크리에이션 등의 내용으로 청소년교류활동을 매년 시행하고 있다. 셋째, 어느 한 지역의 청소년들이 주제에 따라 일정 지역을 방문 및 여행하는 방식이다. 이러한 교류활동의 대표적인 예로는 국토순례대행진, 휴전선 동서 프로젝트, 백두대간생태여행 프로그램 등이 있다.

(2) 남북 간 청소년교류활동

남한과 북한은 단일민족임에도 불구하고 분단이라는 특수한 상황 속에서 70년 이상을 서로 이질감을 체감하며 살아가고 있다. 그러나 통일이라는 민족적 과제를 앞두고 서로 교류와 협력을 통하여 동질성을 회복하기 위한 노력으로 나타난 교류활동 유형이다. 여기에도 남한의 청소년이 북한을 방문하거나 북한의 청소년이 남한을 방문하거나 또는 제3국에서 교류하는 유형이 있다. 남북 간 청소년교류활동은 통일을 위한 수단적 개념보다 통일과정 또는 이후에 이루어져야 할 내적 통합을 위한 과정의 일환으로 활발하지는 않지만 실시되고 있다.

(3) 국가 간 청소년교류활동

뮐러(Müller, 1987)는 청소년 국제교류를 '청소년 국제사업의 중요한 부분으로서, 청소년들이 외국을 방문하여 경험하게 되는 교육적 목적의 계획된 행사 혹은 청소년들의 계획된 만남을 통해 이루어지는 모든 활동과의 관계'로 정의하였다. 오늘날 청소년 국제교류는 '글로벌 시민의식 함양'을 목적으로 국제사회에서의 경쟁과 생존이라는 관념에서 벗어나 글로벌 시민의식(global citizenship) 및 다양한 문화에 대한 존중과 연대, 국제사회에 대한 기여와 공헌의 중요성을 강조하고 있다(윤철경, 2021). 청소년 활동 현장에서 국제교류는 청소년 집단이 외국과의 직접적 접촉을 통해 조직적으로 이루어지는 활동을 의미하는 경우가 많다.

교류방식은 제3국에서 만나는 방식, 국가 간 상호 교류방식, 일정 지역을 탐사, 여행, 순례하는 방식 등으로 구분할 수 있다. 또한 국제교류활동은 주최기관의 성격에 따라 정부(여성가족부)에서 진행하는 해외 파견과 국내 개최로 구분한다. 해외 파견으로는 국가 간 청소년 교류, 한중 청소년 교류,[1] 한·중·일 청소년 우호의 만남,[2] 청소년 해외자원봉사단, 국제회의 행사 참가단 등이 진행되고 있다. 국내 개최로는 외국 청소년들이 우리나라를 방문했을 때 함께 교류할 수 있는 기회를 제공하는 것으로 국제청소년포럼, 아시아 청소년 초청연수, 세계야영대회, 여수국제청소년축제 등이 진행되고 있다.

1) 2003년 7월 한·중 양국 정상 간의 청소년 교류 합의에 따라 2004년부터 우리 정부의 공식 초청으로 중국 청소년 500여 명이 매년 한국을 방문하고 있다. 2004년부터 2016년 6월까지 총 9,124명이 상호 교류하였다. 2016년 하반기 중국 측 사정으로 한·중 청소년 교류는 중단되었으나, 2018년 8월 한·중 청소년교류 재개를 위한 협력 약정이 체결되었으며 2018년 하반기부터 초청·파견 사업을 재개하였다. 2020년에는 코로나19 확산에 따라 출입국 제한 등으로 추진되지 못했다. 2025년 현재, 양국은 청소년 교류의 재개를 위해 준비 중이며, 향후 대면 교류가 재개될 경우, 기존의 홈스테이, 공동 캠프, 문화 체험 등 다양한 프로그램이 포함될 것으로 예상된다.

2) 한·중·일 3국 정상은 2007년을 "한·중·일 교류의 해"로 설정하고 3자 간 청소년 교류사업 추진에 합의하였다. 2007년부터 2012년까지 398명을 파견하고, 399명을 초청하였으며, 3국을 순회하여 개최하였다. 2013~2016년에는 각각 중국 정부, 일본 정부의 사정으로 사업이 시행되지 않았다. 2022년 이후, 코로나19 상황에 따라 대면 교류가 제한되었으나, 3국은 비대면 프로그램 및 소규모 교류를 통해 청소년 간 상호 이해와 우호 증진을 위한 노력을 지속해왔다. 특히, 온라인 플랫폼을 활용한 문화 체험, 언어 교환, 공동 프로젝트 등이 진행되었다. 2025년 현재, 3국은 청소년 교류의 재개를 위해 준비 중이며, 향후 대면 교류가 재개될 경우, 기존의 홈스테이, 공동 캠프, 문화 체험 등 다양한 프로그램이 포함될 것으로 예상된다.

2. 청소년교류활동의 현황

1) 국가 간 청소년 교류

국가 간 청소년 교류는 상대국 청소년 담당 부처와의 약정 등에 의해 매년 정기적으로 실시되는 사업으로 청소년 기관 및 시설 방문, 양국 청소년 간 토론, 가정방문, 역사·문화 유적지 답사, 산업시설 견학 등을 통해 청소년관련 정보와 경험 등을 교환하고 각국의 문화를 체험할 수 있는 기회를 제공한다. 여성가족부와 한국청소년활동진흥원은 1979년부터 현재까지 39개국과 청소년 교류 약정[3])을 체결하고, 초청 및 파견 사업을 실시하였다. 2019년에는 총 319명(10개국 파견 149명, 초청 170명)이 국가 간 청소년 교류활동에 참여하였다. 하지만 2020년에는 코로나19 확산에 따라 해외 파견 및 초청이 불가능하여 일본, 브루나이 현지 청소년과 비대면 교류를 실시하여 온라인을 통한 각국 문화 소개 및 공동 과제 수행, 토론회 등 프로그램을 진행하였다. 2023년에는 총 194명의 청소년이 초청되었으며, 186명이 파견되었다. 2025년에는 일본과의 국가 간 청소년 교류가 활발히 진행되고 있다. 여성가족부와 한국청소년활동진흥원은 일본 청소년 대표단의 방한을 위해 초청 운영진 및 파견 대표단을 모집하였다.

2) 청소년 해외체험 프로그램

청소년 해외체험 프로그램은 다음 〈표 14-1〉과 같이 청소년들이 국제무대에서 활동할 수 있도록 지원하는 국제회의 및 행사 파견과 해외자원봉사 프로그램으로

3) 아시아(11개국: 중국, 일본, 말레이시아, 몽골, 베트남, 필리핀, 인도, 인도네시아, 싱가포르, 브루나이, 캄보디아), 유럽(14개국: 러시아, 프랑스, 체코, 폴란드, 핀란드, 헝가리, 그리스, 터키, 스페인, 불가리아, 슬로바키아, 아제르바이잔, 오스트리아, 아르메니아), 중남미(4개국: 칠레, 멕시코, 콜롬비아, 아르헨티나), 중동·아프리카(10개국: 사우디아라비아, 이스라엘, 이집트, 수단, 모로코, 파키스탄, 튀니지, 카메룬, 아랍에미리트, 카타르).

구성되어 있다.

'청소년을 세계의 주역으로 국제회의·행사참가단'은 청소년들이 국제회의 및 행사 등 다양한 해외 활동에 직접 참여하도록 지원함으로써 청소년의 국제적인 능력을 배양하고 국가 경쟁력 재고를 위해 2008년부터 추진해 온 사업으로 서류 심사와 면접을 통해 파견대상자를 선발한다. 우리나라는 2016년에는 4개 회의에 22명의 대표단을, 2019년에는 3개 회의에 10명의 대표단을 파견하였다. 2020년에는 UN총회 제3위원회에서 실시한 비공식 온라인 토의에 청소년 대표가 참가하였으며, 코로나19의 지속적인 확산으로 그 외 대부분의 국제회의는 취소되었다.

표 14-1 청소년 해외체험 프로그램

사업	"꿈과 사람 속으로" 청소년해외자원봉사단	"청소년을 세계의 주역으로" 국제회의 행사 참가단
주요활동	자원봉사 및 문화체험 등	국제회의에서 발언·발제 초청, 인사 특강, 주제별 토론, 각국 청소년 대표들과 교류 등
참가연령	만 15~20세	만 16~24세
파견국	아시아지역 국가	국제회의 개최지
파견시기	7~9월	연중
파견기간	10일 내외	8일 내외(파견 회의·행사별로 상이)
참가비용	자부담 70만 원 이하	- 통상 왕복 항공료의 30% - 현지 체재비·활동비
자원비용	- 편도 항공료 - 현지 봉사활동비 일부	- 왕복 항공료의 70% - 현지 활동비 일부 지원
	* 취약계층 참가자의 경우 전액 지원	

자료: 여성가족부(2025)

'꿈과 사람 속으로 청소년 해외자원봉사단'은 청소년들의 자아실현과 글로벌 역량강화 및 세계 시민의식 함양을 목적으로 2005년부터 실시되고 있다. 우리나라는 개발도상국 및 저개발국의 아동, 청소년, 지역주민 등을 위하여 방학기간을 활용해 청소년 해외자원봉사단을 파견하고 있다. 2016년에는 아시아 6개국(몽골, 베트남, 중국, 캄보디아, 필리핀, 라오스) 14개 팀에 276명의 봉사단을, 2019년에는 아시아 5개국(캄보디아, 필리핀, 몽골, 태국, 베트남) 7개 팀에 139명의 봉사단을 10일 내외로 파견하였다. 2020년에는 코로나19의 전 세계적인 확산에 따라 국내에서 해외 청소년을 위한 봉사활동을 전개하였다. 아시아 4개국(말레이시아, 베트남, 캄보디아, 필리핀) 청소년을 위해 교육봉사활동 콘텐츠를 제작하여 배포하였으며, 현지 청소년과 비대면으로 교류하는 시간을 가졌다. 그러나 2021년부터는 점진적으로 온라인과 하이브리드 방식의 국제회의가 활성화되면서, 청소년들은 비대면 환경에서도 다양한 국제 교류와 토론에 참여할 수 있는 기회를 확대하였다. 이를 통해 청소년들의 국제적 역량 강화와 글로벌 이슈에 대한 이해도가 높아졌으며, 각국 청소년 간 협력과 네트워크 형성도 이어졌다. 그리고 2024년에는 UN ECOSOC 청소년 포럼이 개최되어 전 세계 청년들이 지속 가능한 개발 목표와 글로벌 이슈에 대해 논의하였으며, 세계 청소년 축제에는 190개국에서 약 2만 명의 청소년이 참여하여 비즈니스, 문화, 스포츠, 자원봉사 등 다양한 분야에서 상호 교류를 진행하였다.

또한 UN 청소년자원봉사자 프로그램에는 18세에서 26세 사이의 청년 2,166명이 참여하여 국제 개발 프로젝트에 기여하였으며, 35개국 이상이 자국의 청소년을 UN 총회 등 국제 회의에 대표로 파견하였다. 이어 2025년에는 유럽연합 의회 주관의 유럽 청소년 행사(EYE 2025)에 약 5,000~10,000명의 청년이 참여하고, UN 청소년자원봉사자와 UN 청소년 대표 프로그램 역시 35개국 이상이 청소년을 파견하여 다양한 국제 활동에 참여하게 되었다.

3) 청소년단체 및 지방자치단체 국제교류 · 행사 지원

국제청소년행사의 국내 개최를 지원하는 프로그램의 목표는 아시아 청소년들에게 한국문화체험 기회를 제공하여 한국에 대한 이해를 제고하는 것이다. 대표적인 프로그램으로는 아시아 청소년 초청연수와 세계 각국의 청소년이 참여하는 국제청소년포럼 등이 있다. 2016년에는 아시아 청소년 초청연수, 국제청소년 포럼, 여수국제청소년축제 등의 프로그램을 진행하였다.

한편 민간에서 개최하는 국제청소년행사를 지원하는 프로그램으로 2020년에는 '스카우트세계디지털야영대회' 프로그램 개최를 지원하였다. 특별히, 코로나19의 확산에 따라 스카우트연맹은 기존 야영대회를 온라인으로 실시하여, 국내·외 청소년 약 5,000명이 코로나19 상황 속에서도 다양한 활동을 접할 수 있도록 지원하였다. 그리고 청소년 단체 주관 행사로 2023년에 한국청소년활동진흥원주관으로 제3회 서울 국제 청소년 포럼이 개최되고, 2024년에는 부산광역시청소년회관주관으로 부산 청소년 국제 문화 축제가 열렸으며, 2025년에는 전라북도청소년진흥센터주관으로 전주 국제 청소년 학술 대회와 서울특별시청소년센터주관으로 서울 청소년 국제 봉사 캠프가 진행되었다. 또한 지방자치단체 주관 국제 교류 행사로는 2024년에 경기도청에 의해서 경기도 국제 청소년 스포츠 대회가 실시되었고, 2025년에 서울시청 주관으로 서울-자매도시 청소년 교류 프로그램과 부산광역시 주관으로 자매도시 청소년 문화 교류가 실시되었다.

3. 청소년교류활동의 과제와 지도방법

1) 청소년교류활동의 과제

첫째, 청소년의 국제이해와 청소년의 국제교류에 대한 구체적인 교육목표가 선정·수록되어 학교와 청소년 단체 및 시설에서 교육·사용되어야 한다. 특별히 청소년수련시설 및 단체의 국제교류 프로그램은 유창한 영어 실력보다는 청소년들의 다양한 활동을 장려하는 데 그 목적이 있으므로 지역사회의 청소년들에게 항상 열려 있고 누구나 부담 없이 지원할 수 있는 장점이 있다. 따라서 청소년시설 및 단체가 국제교류 프로그램 시행의 허브가 될 수 있도록 해야 한다.

둘째, 청소년 국제교육과 국제교류를 위한 정부의 특별 정책적·재정적 지원이 있어야 한다. 특히 청소년국제교류활동 참여효과 인식 유형에 따른 특성별 요구수준에 따라 프로그램 다양화와 국제교류활동 참여 효과를 심층적이고 지속적으로 이어갈 수 있는 정책적 지원과 노력이 필요하다.

셋째, 청소년 국제이해교육 및 국제교류를 위한 독립된 건물을 확보하고 전담기구로 하여금 이 사업만을 담당하도록 해야 한다. 그리고 청소년국제교류활동의 실제적인 효과성을 위해서는 청소년 시설 및 단체와 국제개발 및 해외원조 NGO, 지자체 및 기관과의 긴밀한 협력이 필요하다. 따라서 지역사회 청소년의 특성에 대해 잘 이해할 뿐 아니라 국제교류 활동에 대한 전문성과 해외 현지 연계기관에 대한 네트워크 그리고 충분한 정보를 확보할 수 있는 전담 기구와 전담 청소년지도자를 확보해야 한다.

넷째, 청소년의 국제교류활동 참여 효과를 제고하기 위해 참여 기회 확대 및 제도적 장치, 운영 측면의 인력과 예산 확보가 필요하다. 아직까지 우리나라의 청소년 국제교류 프로그램은 경제적으로 여유가 있거나 학부모의 적극적인 관심이 있고, 영어를 잘 하는 청소년들에게 참가 기회가 주어졌다. 반면 국제교류 프로그램이 있는지조차 모르거나 참가하는 방법을 모르는 청소년들이 많다. 또한 국가기관에서 운영하는 국제교류 프로그램이라고 하더라도 참여조건이 까다로워 시도조차 할 수 없는 청소년들이 많다.

다섯째, 기존의 각국 국제이해 및 국제교류기관을 활성화하여 운영한다.

여섯째, 각국 간 학교 및 청소년 단체·시설과의 자매결연을 맺는 것이 적극 권장되어야 한다.

일곱째, 통일을 대비하여 남북 청소년 교류사업을 쉬운 분야부터 실시해야 한다.

2) 청소년교류활동 지도자의 역할

첫째, 청소년교류활동 지도자는 지도자 자신의 다문화 수용 및 통합에 대한 관점과 태도를 살펴야 한다. 이들은 국제적 감각을 지닌 자로 인종과 타문화에 대해 긍정적인 정서를 가지고 있으며 수용적이고 통합적 태도를 가진 자여야 한다. 이런 지도자의 태도와 가치가 청소년들의 태도와 가치에 고스란히 전달되기 때문이다. 청소년기는 신체적 특성이나 외모에 민감하고 동조성이 강한 시기이므로 자신과 외모가 다른 친구에 대한 고정관념을 가지기 쉽다. 따라서 청소년교류활동 지도자는 청소년들에게 국가, 외모, 인종, 문화, 사회적 계층과 관계없이 동등하게 존중하고 하나의 공동체가 형성될 수 있다는 것을 지도할 수 있어야 한다.

둘째, 청소년교류활동에 대한 목적과 방향성을 명확히 하여 청소년 참가자를 동기화시킬 수 있어야 한다. 청소년들이 교류활동을 단순한 여행이 아니라 목적과 이유에 대해 스스로 인식할 수 있도록 사전교육을 해야 한다. 비록 타인에 의해 참가한 청소년일지라도 사전교육을 통해 충분한 동기화가 이루어질 수 있으며, 또 함께 참여하는 또래들과 자연스럽게 교류하면서 가치관과 태도의 변화를 이끌어낼 수 있다.

셋째, 계획한 청소년교류활동의 실행에 있어 프로그램 지휘자이자 리더로서 문제해결능력이 있어야 한다. 교류활동은 이질적인 문화 간 충돌과 갈등이 일어날 가능성이 크다. 따라서 상황을 읽어내는 통찰력, 위기상황에서 당황하지 않고 소통과 이해, 존중과 나눔을 바탕으로 상황을 전환할 수 있는 문제해결능력이 있어야 한다.

넷째, 교류활동 후 반성적 사고를 통해 청소년들이 경험한 교류활동을 통해서 참가 소감과 느낌, 변화된 가치관과 태도를 나누는 평가과정을 갖도록 해야 한다. 나아가 변화된 가치관과 태도를 일상생활에서 실천하고 지속적으로 활동할 수 있도록 지도해야 한다.

3) 청소년교류활동을 위한 지도자의 준비 일람

청소년교류활동은 참가하는 청소년 개인에게는 자아개념이 형성되는 청소년기에 다른 문화의 사람들과의 만남과 사귐, 나눔을 통해 자기 자신에 대해 새롭게 발견하고 세계화 시대 속에서 갖추어야 할 품성을 익히며 자신의 역량을 강화하는 기회가 된다. 동시에 국가적으로는 타 국가 청소년들과의 교류, 교류국의 청소년 정책 탐구 그리고 문화체험을 통해 한국 청소년들의 타문화 이해능력을 향상시키고 국가 간 우애 증진과 글로벌 리더 양성을 통해 미래 지도자 양성 및 국제 역량을 강화시키는 계기가 된다. 그러나 자칫 전문 청소년지도자의 체계적이고 구체적인 지도방안 없이 실시된다면 프로그램에만 참가하는 형식적인 교류활동으로 전락할 수 있음을 배제할 수 없다. 따라서 앞에서 언급한 대로 무엇보다 청소년지도자는 사전교육과 교류활동 후 평가과정을 통해 경험학습으로서 충분히 긍정적인 목표에 도달할 수 있도록 해야 한다.

무엇보다도 청소년교류활동은 프로그램의 성격상 청소년들의 생활권 이동에 따른 상황 전개에 주의를 기울여야 한다. 특히 청소년의 안전과 보건 등 참가자의 안녕에 유념해야 할 절차와 요건들이 많기 때문에 꼼꼼한 검토와 확인이 필요하다. 청소년지도자가 청소년교류활동 사업 시 준비사항을 살펴보면 다음 〈표 14-2〉와 같다.

표 14-2 청소년교류활동 초청사업 준비 일람

준비사항	확인점검
1. 초청(방안)시기 협의 및 확정 통보 - 방한 시기에 관해 상호 협의되면 방한 체류 일정 작성을 위해 필요한 기한을 정해 상대국 교류단의 입국·출국 일시 및 항공편명과 명단, 민박조 편성표 희망 프로그램을 알려주도록 공문으로 요청 - 명단에는 성명, 성별, 연령, 소속기관 등 포함	
2. 상대국으로부터 먼저 입출국 항공시각 및 항공편명 입수(공문, 팩스, 이메일 등) 한 후 명단 입수	

준비사항	확인점검
3. 방한 체류 일정 작성(국문, 영문) 및 상대국 송부 - 전년도 보고서를 참고하여 방문 기관, 단체, 시설 등 선택 - 방문 기관과 전화로 확인하면서 작성	
4. 사업 시행 계획 기안(초청 1개월 전까지 완료) - 초청 개요, 체류 일정, 교류단 명단 예산 집행 계획 등 작성	
5. 방문 기관 협조 사항 기안 및 공문 발송	
6. 1일 일정 작성(국문, 영문)	
7. 방문 기관 연락처 작성(담당자 이름, 전화번호)	
8. 통역사(전문 통역사 또는 통역 자원 봉사자) 선정 - 전체 일정, 부분 일정	
9. 숙소 선정	
10. 음식점 선정 및 이용메뉴 계획 작성 - 외국인 식성(채식주의자 등)과 종교와 관련해 금지메뉴와 이용메뉴 선정 넉넉하고 쾌적한 실내공간, 청결한 화장실, 간담회 시 조용한 곳 고려	
11. 이동차량 선정(견적 검토 후 선정)	
12. 홍보책자 및 안내 팜플렛 준비(국정홍보처, 한국관광공사 등)	
13. 기념품 구입(쇼핑백 포함)	
14. 민박 프로그램 및 민박 대면식 준비 - 교류 한국참가자 또는 한국 LABO 등에 의뢰·명단 송부	
15. 환영오찬, 환영만찬장 선정 - 한국의 집(Korea House) 등 전통한옥 등 고려	
16. 환영행사 계획 자료 작성 및 준비 - 행사장 선정 및 확보조치 - 행사순위 및 좌석 배치도 - 초청개요, 체류일정, 교류단 명단 - 진행 시나리오 작성 - 현수막 사양 작성 및 제작 의뢰 - 환영사 말씀자료 - 상대국가 개황	
17. 지방시도 기관방문 협의 및 환영행사, 오찬 지원	

준비사항	확인점검
18. 환영행사장 준비 및 설치 - 좌석배치도 - 마이크, 명패, 현수막, 음료, 자료, 기념품, 사진촬영 준비 - 참가국 국기 확인 및 준비	
19. 공항 영접 환영문구 및 차량부착용 문안 준비	
20. 이동차량 번호, 기사 휴대폰 확인 등	
21. 익일 차량이동 시간계획 기사에게 통지	
22. 모든 음식점 약도 확보 및 사전확인 절차	
23. 체류일정 설명회를 위한 숙소 내 장소 확보 및 자료준비 - 체류일정(전체, 1일) 홍보책자, 안내 팜플렛 등	
24. 택시, 지하철 등 대중교통 체험기회 고려 - 교류단 규모가 10명 이하의 경우는 일정이 단순한 날(자유활동의 날 환송 만찬시) 버스 임차보다 경제적·심리적 효과 감안하여 대중교통 활용	
25. 매일 하루 일정 및 교류단 건강상태 확인 점검 및 보고	
26. 교류단 귀국 항공권 확인 조치	
27. 민박 대면식장 선정 및 준비 - 사전 준비출처: 민박가정 배부용으로 초청사업 개요, 교류단 명단, 체류일정을 준비하고, 교류단 배부용으로 민박가정 명단(인적사항, 직업)과 주소 배부	
28. 환송만찬 말씀자료 작성	
29. 상비약 준비(교류단 규모에 맞춰 준비) - 귀 뒤에 붙이는 멀미예방약, 소화제 등	
30. 심야에 대형할인시장 쇼핑 등 관광 고려	
31. 초청 사업 결과 정리 및 정산, 보고서 작성	

4. 청소년교류활동의 지도방법 사례

1) 국제 청소년 교류

1. **행사명**: 00청소년문화센터와 필리핀 0000학교 간 국제문화교류

2. **기간**: 20XX년 XX월 XX일 ~ XX월 XX일(8박 9일)

3. **장소**: 필리핀

4. **대상**: 00구 소재 학교에 재학 중이거나 거주중인 14~19세 청소년

5. **참여인원**: 20명

6. **목적**
   1) 사전교육 및 준비활동을 통해 자국의 문화 소개를 준비하고 연습하면서 청소년 간의 유대관계를 형성하고 자기 정체성을 확인한다.
   2) 해외 자원봉사 및 문화체험을 통해 국제적인 감각을 양성하고 열린 교육을 통해 청소년들이 글로벌 리더십을 갖춘 세계시민으로 발돋움하도록 한다.

7. **참가자격**
   1) 서류심사: 참가신청서, 자기소개서, 참가동기
   2) 면접심사: 참가동기, 태도, 특기, 외국어능력

8. **주요내용**
   1) 오리엔테이션 및 사전교육
   2) 필리핀 문화탐방
   3) 자원봉사: 필리핀 빈민가의 000고아원을 방문
      - 어려운 아동 및 청소년들에게 다양한 활동 제공
      - 고아원 건물 보수
   4) 한국문화소개
      - 음식: 김치부침개, 비빔밥 만들기

- 공연: 전통공연, 태권도 시범, 한류문화공연
- 놀이: 전통놀이체험(하회탈 만들기, 전통놀이체험 등)

5) 프로그램 평가활동
- 청소년 평가회의
- 참가청소년 활동평가서 작성
- 수료증 발급

9. **참가비**: 00만원

10. **숙식**: 현지 홈스테이 또는 학교기숙사

2) 지역 간 청소년교류

1. **행사명**: 00구청과 호주 000타운시 청소년 교류

2. **기간**: 20XX년 2월 12일 ~ 2월 21일(9박 10일)

3. **장소**: 호주

4. **대상**: 00구 소재 14~19세 청소년

5. **참여인원**: 15명

6. **기대효과**
1) 지역사회 청소년들의 국제교류활동 참여기회 확대
2) 양국의 지역사회 경제에 활력을 불어넣어 지역발전에 이바지
3) 청소년들이 자신의 지역에 대한 책임의식이 형성되어 독자적 정체성과 발전을 위한 노력이 활성화됨
4) 문화체험을 통해 국제적인 감각을 양성하고 글로벌 리더십을 갖춘 세계시민으로 성장
5) 홈스테이를 통해 국제자원봉사나 해외배낭여행에서 경험할 수 없는 상대국의 일

반 가정의 일상생활을 경험

6) 호스트가족에게 우리나라에 대한 인식 변화와 관심 증대

7. 참가자격

1) 서류심사: 참가신청서, 자기소개서, 참가동기

2) 면접심사: 참가동기, 태도, 특기, 외국어능력

8. 일정표

<table>
<tr><th colspan="2">시간</th><th colspan="2">주요내용</th></tr>
<tr><td rowspan="4">2월 12일</td><td>15:50</td><td colspan="2">집결</td></tr>
<tr><td>16:00</td><td colspan="2">구청 현관에서 인천공항으로 출발</td></tr>
<tr><td>17:00</td><td colspan="2">인천공항 도착 및 출국 수속</td></tr>
<tr><td>20:00</td><td colspan="2">인천공항 → 시드니공항 출발</td></tr>
<tr><td rowspan="4">2월 13일</td><td>07:30</td><td colspan="2">시드니공항 도착</td></tr>
<tr><td>9:00</td><td colspan="2">뱅크스타운시 청사 오리엔테이션</td></tr>
<tr><td>10:00~</td><td colspan="2">올림픽공원 관광(아쿠아리움센터, 올림픽사이트 등)</td></tr>
<tr><td>18:00</td><td colspan="2">환영식 참석 후 홈스테이 가정으로 귀가</td></tr>
<tr><td rowspan="2">2월 14일</td><td rowspan="2">9:00~</td><td>프라이머니 학교에서 아침식사</td><td rowspan="2">문화교류 및 학교생활 체험</td></tr>
<tr><td>고등학교에서의 점심식사</td></tr>
<tr><td>2월 15일</td><td>9:00~</td><td colspan="2">오페라하우스, 센트럴포인트 타워, 박물관 견학 등</td></tr>
<tr><td colspan="2">2월 16일~17일</td><td colspan="2">호스트 가족과 자유시간</td></tr>
<tr><td colspan="2">2월 18일~19일</td><td colspan="2">모브레이 공원에서 농장체험을 위한 1박 캠프</td></tr>
<tr><td rowspan="2">2월 20일</td><td>9:00~</td><td colspan="2">자연 관찰, 나무심기, 바비큐 점심, 볼링과 선물 사기</td></tr>
<tr><td>18:00</td><td colspan="2">송별식(시장 참석)</td></tr>
<tr><td rowspan="3">2월 21일</td><td>9:30</td><td colspan="2">시드니공항 → 인천공항 출발</td></tr>
<tr><td>18:00</td><td colspan="2">인천공항 도착</td></tr>
<tr><td>19:30</td><td colspan="2">구청 도착</td></tr>
</table>

9. 참가비: 000만 원

연습 문제

1. 청소년교류활동에 대해서 설명하시오.
2. 청소년교류활동의 현황에 대해서 설명하시오.
3. 청소년교류활동의 과제와 지도방법에 대해서 논하시오.
4. 청소년교류활동의 지도방법 사례에 대해서 설명하시오.

참 고 문 헌

강명희, 강봉규(2013). 새로운 교육심리학. 서울: 태영출판사.

강승훈(2004). 디지털 시대의 신인류, 디지털 네이티브(Digital Natives). LG 주간경제. 제 795호

강연달, 이은희(2010). 열정이 게임중독에 미치는 영향과 게임중독과 대인관계, 사회불안과의 관계에서 적대감과 사회적 기술의 매개역할. 한국심리학회지: 건강, 15(3), 529-548.

강인애(2003). 우리시대의 구성주의. 서울: 문음사.

공윤정, 오혜영, 박현진(2012). 학업중단 청소년. 한국심리학회, 12(1), 67-82.

권두승, 조아미(1998). 청소년 세계의 이해. 서울: 문음사.

권이종(2006). 청소년 이해론. 파주: 교육과학사.

권이종, 김용구(2011). 청소년교육개론. 서울: 교육과학사.

권이종, 김천기, 이상오(2011). 청소년문화론. 고양: 공동체.

권일남(1998). 청소년지도의 학문적 정립방향에 대한 일 고찰. 한국청소년연구, 28, 한국청소년개발원.

권일남, 김태균(2010). 청소년활동의 활성화를 위한 청소년활동역량진단 척도개발에 관한 연구. 청소년시설환경, 8(4), 45-61.

권일남, 오해섭, 이교봉(2016). 청소년활동론. 고양: 공동체.

김남선(2009). 평생교육론. 서울: 형설출판사.

김미령(2012). 베이비붐세대의 적응역량이 디지털기기 활용에 미치는 영향. 노인복지연구, 58, 303-324.

김민(2005). 21세기 청소년문화와 학교교육. 순천향 인문과학논총, 15, 119-153.

김범구, 조아미(2013). 잠재계층분석(LCA)을 이용한 학업중단 청소년의 유형과 특성. 한국청소년연구, 24(3), 5-31.

김보연, 서경현(2012). 고등학생의 폰 중독 및 인터넷 게임중독과 스트레스 반응: 수면부족의 매개효과를 중심으로. 한국심리학회지: 건강, 17(2), 385-398.

김봉환(2000). 청소년진로상담 정책의 현황과 과제. 청소년상담연구, 8(1), 146-169.

김석환(2014). 게임중독에 영향을 미치는 청소년의 가정환경요인분석: 경제, 문화, 사회자본을 중심으로. 고려대학교 대학원 박사학위논문.

김선업(2001). 정보화시대의 청소년. 사회연구, 2, 11-34.

김승보, 황규희, 문찬주(2024). 직업의식 및 직업윤리의 국제비교 연구. 한국직업능력연구원.

김신희, 안창일(2005). 인터넷 게임중독자의 성격 및 의사결정 방식. 한국심리학회지: 건강, 10(4), 415-430.

김영인(2014). 청소년지도방법론: 워크북. 서울: 한국방송통신대학교출판문화원.

김영인, 김민(2016). 청소년지도방법론. 서울: 한국방송통신대학교출판문화원.

김유정(2014). 유아의 동기 유형: 유아의 기질 및 어머니의 상호작용과의 관련성. 경희대학교 대학원 박사학위논문.

김정숙, 조억남(2024). 청소년수련활동 인증제 개선 방안. 한국청소년정책연구원.

김정희(2017). 스마트폰, 인터넷, 게임 중독 청소년의 심리 행동특성 및 인간관계에 대한 연구. 인하대학교 대학원 박사학위논문.

김종문(2007). 구성주의교육학. 서울: 교육과학사.

김지자, 정지웅(2001). 경험학습의 개념 및 이론과 발전방향. 평생교육학연구, 7(1), 1-15.

김진화(2002). 청소년 문제행동론. 서울: 학지사.

김진화(2004). 청소년지도방법론. 서울: 교육과학사.

김창현, 이 남, 이영희, 고경자(2024). 청소년 프로그램 개발과 평가. 파주: 정민사.

김충기(2001). 교육심리학. 서울: 동문사.

김현주(2009). 가출청소년의 문제해결능력에 영향을 미치는 요인에 관한 연구. 건국대학교 행정대학원 석사학위논문.

김훈기(2013). 심리학의 이해. 서울: 형설출판사.

남정현(2024). 10대 청소년 학업소진에 관한 연구동향 :국내 학술논문을 중심으로. 단국대학교 상담연구소, 상담교육연구, 7(2), 1-16.

노혁(2007). 청소년복지론. 서울: 교육과학사.

류나미, 윤혜미(2006). 또래압력, 부모감독과 음주기대 및 청소년 음주행동의 변화추이: 청주지역 고등학생을 중심으로. 한국생활과학회지, 15(6), 891-903.

마상욱(2015). 청소년 프로그램 개발 및 평가. 고양: 공동체.

모경환, 이미리, 김명정(2020). 청소년문제와 보호. 파주: 교육과학사.

박경애(2013). 인지행동치료. 서울: 학지사.

박미영(2023). 청소년의 디지털 리터러시와 미래 역량. 한국청소년연구, 34(2), 101-125.

박선숙, 윤기혁, 이솔지, 김남숙, 송나경(2023). 청소년지도방법론. 서울: 학지사.

박영숙, 제롬글렌(2017). 일자리 혁명 2030. 서울: 비즈니스 북스.

박지영(2022). 청소년의 학교행복감이 폭력 허용도에 미치는 영향: 공동체 의식의 매개 효과. 한일장신대학교 박사학위논문.

박진규(2015). 청소년문화. 서울: 학지사.

박창남(2001). 중도탈락 청소년 예방 및 사회적응을 위한 종합대책연구. 서울: 한국청소년개발원.

박형근, 방선욱, 송선희, 정수천(2016). 교육심리학: 예비교사와 문화예술교육사를 위한. 파주: 양서원.

배규한(2007). 청소년학개론. 서울: 교육과학사.

서정아, 권해수, 정찬석(2006). 학교 밖 청소년의 실태와 정책적 대응방안. 서울: 한국청소년개발원.

선양욱(2013). 교회학교 부흥을 위한 기독교문화콘텐츠 활용방안: 유초등부 콘텐츠 와우큐키즈(wowqkidz)를 중심으로. 백석대학교 기독교전문대학원 석사학위논문.

성열준, 우상용, 강세현, 김정일, 이복희, 김종찬, 김재원(2015). 청소년지도방법론. 파주: 양서원.

신성철, 이동성, 장성화, 김정일, 임순선(2017). 청소년 문제와 보호. 파주: 정민사.

오승근(2019). 청소년 문제와 보호. 파주: 정민사.

오윤선(2007). 청소년의 이해와 상담. 서울: 예영 B&P.

오윤선(2010). 청소년 세대진단과 이상행동 치료. 서울: 예영 B&P.

오윤선(2017). 교육심리학. 서울: 창지사.

오윤선(2023). 청소년심리 및 상담.파주: 양서원.

오윤선(2024). 청소년문제와 보호. 파주: 양서원.

오윤선(2025a). 청소년 심리 및 상담. 파주: 양서원.

오윤선(2025b). 인간의 심리의 이해. 파주: 양서원.

오윤선(2025c). 상담의 이론과 실제. 파주: 양서원.

오윤선, 김미숙(2021). 청소년 심리 및 상담 이론과 실제. 파주: 양성원.

오윤선, 원영선(2025). 발달심리학. 파주: 양서원.

오윤선, 정순례(2025). 심리검사와 평가. 파주: 양서원.

오윤선, 황인숙(2015). 크리스천을 위한 진로상담. 서울: 예영B&P.

오윤선, 황인숙(2020). 청소년문화론. 파주: 양서원.

오윤선, 황인숙(2025). 청소년문화론. 파주: 양서원.

오치선, 권일남(1998). 청소년활동 연구의 동향과 과제. 청소년학연구, 5(2), 109-127.

오혜영, 지승희, 박현진(2011). 학업중단에서 학업복귀까지의 경험에 관한 연구. 청소년상담연구, 19(2), 125-154.

윤은주(2023). 인터넷 게임이 향유집단과 중독집단에 미치는 영향 비교연구: 한림대학교 대학원 석사학위논문.

윤자영, 채규만(2014). 청소년의 인터넷 게임중독 경향과 학교폭력인식의 관계: 실지각수준을 매개변인으로. **인지행동치료, 14**(3), 455-476.

윤철경(2011). **청소년 국제교류정책 현황 분석 및 발전방안 연구**. 서울: 한국청소년정책연구원.

이교봉(2008). 청소년의 역량개발을 위한 청소년활동 프로그램의 발전방안에 관한 연구. 명지대학교 대학원 박사학위논문.

이길복, 전우천(2005). 학습동기향상을 위한 웹기반 학습과제 관리 시스템 개발. **교육논총, 25**(2), 69-94.

이문정(2012). 직무동기와 조직유효성의 관계에 대한 코칭과 개인 - 직무적합성의 조절효과. 경기대학교 대학원 박사학위논문.

이미리, 조성연, 길은배, 김민(2014). **청소년학개론**. 서울: 학지사.

이병환(2007). 대안학교 관련 쟁점 분석: 관련 법령에 대한 대안학교 교원들의 인식을 중심으로. **교육행정학연구, 25**(4), 535-563.

이상도(2017). 학교환경요인이 학교폭력에 미치는 영향에 관한 연구: 중학교를 중심으로. 호서대학교 대학원 박사학위논문.

이상오(2008). **리더십: 역사와 전망**. 서울: 연세대 출판부.

이은자(2015). 청소년의 학업중단 경험 연구. 백석대학교 기독교전문대학원 박사학위논문.

이은진(2014). 청소년의 일탈: 잠재계층성장분석을 이용한 종단 연구. 중앙대학교 대학원 박사학위논문.

이자영, 정경은, 하정희(2017). **청소년 문제와 보호**. 서울: 학지사.

이정숙(2024). 청소년 발달과 문제 해결을 위한 맞춤형 상담 모델 개발. **청소년발달연구, 22**(1), 78-92.

이주연, 정제영(2015). 학업중단 결정에 대한 학교밖 청소년의 인식 연구. **청소년학연구, 22**(11), 239-267.

이혜경, 김도영, 진은설(2020). **청소년지도방법론**. 서울: 학지사.

임성택, 주동범, 이금주(2010), 청소년의 자살생각, 스트레스, 공부압박감의 종단적 추이와 해석. *The Journal of Vocational Education Research, 29*(1), 23-43.

임춘형(2010). 청소년의 자아정체성 형성에 대한 성경적 상담의 방법. 총신대학교 상담대학원 석사학위논문.

임형택, 권재환, 김경열 외(2015). **청소년교육론**. 고양: 공동체.

장수한(2010). **청소년 문화복지론**. 고양: 공동체.

장휘숙(1998). 청년심리학. 서울: 학지사.

전경숙(2006). 10대 학업중단 청소년의 근로실태에 관한 실증적 고찰 연구 - 가출경험 학업중단 청소년을 중심으로. 청소년상담연구, 14(1), 3-21.

전명기(2006). 청소년지도방법론의 이해 1부. 오늘의 청소년, 22(3), 24-30.

정범모(1972). 가치관과 교육. 서울: 배영사.

정순원(2006). 청소년의 인격성장권과 사이버공간에서의 청소년보호. 성균관대학교 대학원 박사학위논문.

정유라(2010). 청소년 게임중독 실태와 예방을 위한 Outreach Movement Program. 경희대학교 대학원 박사학위논문.

조혜정(1997). 학교를 거부하는 아이 아이를 거부하는 사회. 서울: 또하나의 문화.

차갑부(2014). 평생교육론. 파주: 교육과학사.

천대윤(2004). 토의토론회의방법론. 성남: 선학사.

천정웅, 김민, 김진호, 박선영(2011). 차세대 청소년학총론. 파주: 양서원.

천정웅, 이지민, 성윤숙(2015). 청소년 문제와 보호. 파주: 양서원.

천정웅, 장근영, 이채식, 김유나(2014). 청소년문화론. 파주: 양서원.

최숙희, 이수정(2022). 청소년의 학업중단과 학업중단숙려제 경험에 관한 질적 연구. 청소년학회, 청소년학연구, 29(1), 147-176.

최윤식(2016). 2030 대담한 도전 2030: 앞으로 20년, 세 번의 큰 기회가 온다. 서울: 지식노마드.

최윤식(2024). 2050 대담한 준비.서울: 연합인포맥스북스.

최은영, 양종국, 김영근, 이윤희, 김현민(2014). 청소년비행 및 약물중독상담. 서울: 학지사.

최정일(2010). 게임중독인가? 몰입인가?: 진흥과 중독예방의 상대적 비교 관점에서. *Issue Analysis, August,* 5-24.

최정임(1998). 구성주의 연구의 이해. 교육공학연구, 14(3), 1-13.

최지원(2022). 학교폭력의 실태와 대처방안 분석. 산업진흥연구, 7(3), 53-63.

표갑수(2010). 아동청소년복지론. 파주: 나남.

한국청소년정책연구원(2015). 청소년학개론. 파주: 교육과학사.

한상철(2004). 청소년 문제행동. 서울: 학지사.

한상철(2008). 청소년 이해와 지도. 서울: 학지사.

한상철(2014). 청소년학. 서울: 학지사.

한성훈, 박연령, 신용훈, 김동일(2025). 청소년 내재화 정신건강 문제의 예측요인 탐색: 잠재프로파일분석의 적용. **청소년학연구**, 32(8), 29-59.

한성희(2021). 불안정애착 및 정서인식이 게임중독경향성에 미치는 영향에 관한 연구. **한국소비문화학회**, 24(3), 1-33.

한준상(1990). 교육학 분야에서의 청소년연구 동향과 과제. **한국청소년연구원**, 1(1), 5-17.

함종한(1992). **청소년원론**. 서울: 대한교과서주식회사.

현영섭(2004). Kolb의 경험학습모형을 적용한 기업교육 학습전이 모형. 고려대학교 대학원 박사학위논문.

홍봉선, 남미애(2014). **학교사회복지론**. 고양: 공동체.

Baldwin, E.(1998). *Introducing cultural studies*. Prentice Hall. 조애리 외 역(2008). **문화 코드, 어떻게 읽을 것인가? – 문화연구의 이론과 실제**. 파주: 한울.

Bandura, A.(1974). Behavior theory and the models of man. *American Psychologist, 29,* 859-869.

Bandura, A.(1977). Self-efficacy: toward a unifying theory behavioral change. *Psychological Review, 84*(2), 191-215.

Barrows, H. S.(1988). *The Tutorial Process.* Springfield, Illinois: Southern Illinois University School of Medicine.

Bass, B. M.(1985). From Transactional to transformation Leadership: Learning to share the vision. *Organization Dynamic, 18*(3), 179-189.

Bass, B. M.(2005). *Transformational leadership*. NY: Free Press.

Bass, B. M., & Riggio, J.(2006). *Transformational leadership: Second edition.* NY: Free Press.

Becker, H.(1963). *Outsiders: Studies in the Sociology of Deviance*. NY: Free Press.

Berelson, B., & Steiner, G. A.(1964). *Human Behavior: An Inventory of Scientific Findings.* NY: Harcourt, Brace & World.

Brophy, J. E.(1988). On Motivating Students. In D. Berliner & B. Rosenshine (Eds.), *Talks to teacher*. NY: Random House.

Brown, J. S., Collins, A., & Duguid, P.(1989). Situated cognition and the culture of learning. *Educational Researcher, 18*(1), 32-42.

Bruce J. A., & Rebecca J. R.(2008). *The Rise of Authentic Followership.* San Francisco, CA: Jossey-Bass.

Burns, J. M.(1978). *Leadership.* NY: Harper & Row.

Capps, D.(1983). *Life cycle theory and pastoral care.* Philadelphia: Fortress Press.

Charlton, J. P., & Danforth, I. D. W.(2007). Distinguishing addiction and high engagement in the context of online game playing. *Computers in Human Behavior, 23*, 1531-1548.

Chris Barker(2004). *The SAGE Dictionary of Cultural Studies*. 이경숙 · 정영희 역(2009). 문화연구사전. 서울: 커뮤니케이션북스.

Cohen, A. K.(1955). *Delinquent Boys: The Culture of the Gang.* Glencoe, IL: Free Press.

Cohen, S.(1972). *Folk devils and moral panics*. London: MacGibbon and Kee.

Collins, G. R.(2007). *Christian Counseling: A Comprehensive Guide*. 한국기독교상담심리치료학회 역(2008). 뉴 크리스천 카운슬링. 서울: 두란노.

Conrad D., & Hedin D.(1989). High school community service: A review of research and programs. Madison, WI: University of Wisconsin-Madison, National Center on Effective Secondary Schools.

Deci, E. L., & Ryan, R. M.(2000). The "what" and "why" of goal pursuits: Human needs and the self-determination of behavior. *Psychological Inquiry, 11*(4), 227-268.

Dewey, J.(1938). *Experience and education.* NY: Macmillan Co.

Durkheim, E.(1949). *The division of labor in society.* Tr. Geotge Simpson, NY: Free Press.

Durkheim, E.(1987). *Suicide*. 김충선 역(1994). 자살론. 서울: 청아출판사.

Elkind, D.(1974). *A sympathetic understanding of the child: Birth to sixteen*. Boston: Allyn & Bacon.

Elkind, D.(1978). *The Child's Reality: Three Developmental Themes*(Distinguished Lecture Series). NY: Psychology Press.

Erikson, E. H.(1968). *Identity, youth and crisis.* NY: W. W. Norton & Company.

Eyler, J., Giles, Jr., & Schmiede, A.(1996). *A practitioner's guide to reflection in service-learning: Student voices & reflections.* Nashville: Vanderbilt University.

Fosnot, C. T.(1996). *Constructivism: Theory, Perspectives, and Practice.* Teachers College Press.

Franz Pöggeler(1985). *Freizeitpädagogik in der Sinnkrise der Leistungs-und Freizeitgesellschaft.*

Arbeit Bildung Arbeitslosigkeit, Beltz: 219-225.

Ginzberg, E.(1951). *Occupational choice: An approach to general theory.* NY: Columbia University.

Glasersfeld, E. V.(1990). *An Expositism of Constructivism: Why Some like it Radical.* J.R.M.E Monograph Number, 4, NCTM.

Glasersfeld, E. V.(1997). *Radikaler Konstruktivismus: Ideen, Ergebnisse, Probleme.* RK: Suhrkamp.

Goodenough, W. H.(1970). *Description and comparison in cultural anthropology.* Chicago: Aldine Pub. Co.

Gray. C.(2010). *The New Social Story Book.* Arlington, TX: Future Horizons.

Gustav, W.(1920). *Der kampf für die jugend: gesammelte aufsätze (German Edition).* MI: University of Michigan.

Hirschi, T.(1969). *Causes of Delinquency.* Berkeley, CA: University of California Press.

Hoffman, M. L.(1977). Sex Differences in empathy and related behaviour. *Psychological Bulletin, 84*(4), 712-734.

Holder, A.(2002). *Psychoanalyse bei Kindern und Jugendlichen.* Stuttart: W. Kohlhammer. 선우현, 최광현 역(2006). 아동과 청소년 정신분석. 서울: 시그마프레스.

Holland, J. L.(1985). *The Vocational Preference Inventory.* Odessa, FL: Psychological Assessment Resources.

Holland, J. L.(1992). *Making vocational choices: A theory of vocational personalities and work environments*(2nd ed.). Odessa, FL: Psychological Assment Resources.

Hull, C. L.(1928). *Aptitude testing.* Yonkers-on-Hudson, NY: World Book Company.

Hull, C.(1951). *Essentials of Behavior.* New Haven, CT: Yale University Press.

James, S. C.(1961). *The Adolescent Society.* NY: Free Press.

Jarvis, P.(1987). Adult learning in the context of teaching. London: *Adult Education, 60*(3), 261-266.

Kaye, C. B.(2004). *The Complete Guide to Service Learning.* MN: Free Spirit Pub.

Keller, J. M.(1987). Development and Use of the ARCS Model of motivational design. *Journal of Instructional Development, 10*(3), 2-10.

Kenneth, K.(1971). *Youth and dissent: The rise of a new opposition.* Boston: Houghton Mifflin Harcourt.

Kim, H., & Lee, J.(2024). Autonomous vehicle integration in smart cities: Policy and practice in South Korea. *Journal of Emerging Technologies and Society, 12*(3), 45-62.

Kitson, H. D.(1925). *The psychology of vocational adjustment.* PA: J. B. Lippincott Company.

Kluckhohn, C., & Kelly, W.(1945). 'The concept of culture,' in R. Linton(Ed.), *The science of man in the world crisis.* NY: Columbia University Press.

Kohlberg, L.(1976). Moral Stages and Moralization: The Cognitive Developmental Approach. In Lichona, T.(Ed.), *Moral Development and Behavior*. NY: Holt Rinehart and Winston.

Kolb, D. A.(1984). *Experiential learning: Experience as the source of learning and development.* NJ: Prentice Hall.

Konopka, G.(1972). *Social Group Work: A helping process.* NJ: Prentice-Hall.

Lemert, E. M.(1951). *Social Pathology.* NY: Mcgraw-Hill.

Lepper, M. R., Corpus, J. H., & Iyengar, S. S.(2005). Intrinsic and extrinsic motivational orientations in the classroom: Age differences and academic correlates. *Journal of Educational Psychology, 97*(2), 184-196. Retrieved from EBSCO database.

Levitt, M. Z., & Selman, R. L.(1996). 'The Personal Meaning of Risky Behaviour: a Developmental Perspective on Friendship and Fighting in Early Adolescence', in G. Noam and K. Fischer(eds.), *Development and Vulnerability in Close Relationships,* pp.201-33. Mahwah, NJ: Erlbaum.

Li, Y., Zhang, J., & Wang, H.(2024). Never too late to learn: Unlocking the potential of aging workforce in manufacturing and service industries. *Journal of Manufacturing Systems, 72,* 200-212.

Lindsley, D. B.(1957). Psychophysiology and motivation. In M.R. Jones(Ed.), *Nebraska symposium on motivation.* Nebraska: University of Nebraska Press.

Lippold, M. A., Greenberg, M. T., & Collins, L. M.(2013). Parental knowledge and youth risky behavior: A person oriented approach. *Journal of Youth and Adolescence, 42*(11), 1732-1744.

Lloyd, M. A.(1985). *Adolescence.* NY: Harper & Row.

Luis C. Moll(2009). *Vygotsky and Education: Instructional Implications and Applications of*

Sociohistorical Psychology. Cambridge University Press.

Malaguzzi, L.(1998). History, ideas, and basic philosophy: An interview with Lella Gandini. In Carolyn Edwards, Lella Gandini, & George Forman(Eds.), *The hundred languages of children: The Reggio Emilia approach-Advanced reflections*(2nd ed., pp. 49-97). Greenwich, CT: Ablex.

Manz, C. C.(1992). *Mastering self Leadership: Empowering yourself for personal excellence.* Englewood Cliffs, NJ: Prentice-Hall.

Manz, C. C., & Sims, P. J.(1980). *Super Leadership; Leading Others to Lead Themselves.* NY: Berkey Books.

Marc P.(2001). Digital Natives, Digital Immigrants. *NCB University Press, 9*(5), 1-6.

Marcia, J.(1980). *Identity in adolescence.* NY: Wiley.

Maslow, A. H.(1970). *Motivation and Personality*(2nd ed.). NY: Harper.

Merriam, S. B., Caffarella, R. S., & Baumgartner, L. M.(2007). *Learning in adulthood: A comprehensive guide*(3rd ed.). San Francisco, CA: Jossey-Bass.

Merton, R. K.(1957). *Social theory and social structure.* NY: Free Press.

Mezirow, J.(1991). *Transformative dimensions of adult learning.* San Francisco, CA: Jossey-Bass.

Morrissey, K. M., & Werner-Wilson, R. J.(2005). The relationship between out-of-school activities and positive youth development: an investigation of the influences of communities and family. *Adolescence, 40*(157), 67-85.

Munsch, S., In-Albon, T., & Messerli-Bürgy, N.(2025). Youth, the New Adolescence: A Challenge and a Window of Opportunity for Early Mental Health Interventions. *Clinical Psychology in Europe, 7*(1).e16951.

OECD(2024). *AI and the future of youth employment: Skills for the digital economy*. Paris: OECD Publishing.

Olweus, D.(1994). Aggression and peer acceptance in adolescent boys: Two shortterm longitudinal studies of ratings. *Child Development, 48,* 1301-1313.

Parsons, F.(1909). *Choosing a Vocation.* Boston, MS: Houghton Mifflin Company.

Patton, M., & Meara, N.(1992). *Psychoanalytic Counseling.* England: Jhon Wiley & Sons Ltd.

Perls, F.(1969). *Gestalt Therapy Verbatim.* Moab, UT: Real People Press.

Pongrac, D., Alić, M., &Cafuta, B. (2025). Digital competences of digital natives: Measuring skills in the modern technology environment. *Informatics, 12*(1), 23.

Reitz, E., Rinzie, P., Dekovic, M., & Buist, K. L.(2007). The role of peer contact in the relationship between parental knowledge and adolescents' externalizing behaviors: A latent growth curve modeling approach. *Journal of Youth and Adolescence, 36*(5), 623-635.

Rolf E. M.(1996). *Theories of adolescence*. 정옥분 역(1999). 청소년발달이론. 파주: 양서원

Rothman, J.(1991). A Model of Case Management. Toward Empirically Based Practice. *Social Work, 36*(6), 520-528.

Ryan, R. M., & Deci, E. L.(2000). Self-determination theory and the facilitation of intrinsic motivation, social development, and well-being. *American Psychologist, 55*, 68-78.

Schunk, D. H., Pintrich, P. R., & Meece, J. L.(2010). *Motivation in education: Theory, research, and applications.* NJ: Pearson.

Schwab, K.(2016). *The fourth industrial revolution.* New York: Crown Business.

Slavin, R. E.(2003). *Educational Psychology: Theory and Practice*(7th ed.). Boston, MS: Allyn & Bacon.

Sorokin, P. A.(1941). *The crisis of our Age*. NY: E. P. Dutton.

Stattin, H., & Kerr, M.(2000). Parental monitoring: A reinterpretation. *Child Development, 71*(4), 1072-1085.

Stephen R. C.(1992). *Principle-Centered Leadership.* 김경섭, 박창규 역(2001), 원칙중심의 리더십. 서울: 김영사.

Super, D. E.(1957). *The psychology of career*. NY: Harper.

Sutherland, E. H.(1939). *Principles of Criminology.* Philadelphia, PA: Lippincott.

Sykes, G., & Matza, D.(1957). "Techniques of Neutralisation: A Theory of Delinquency". *American Sociological Review, l22,* 664-670.

Talcott P.(1942). *Essays in Sociological Theory.* NY: Free Press.

Tanner, J. M.(1978). *Growth at adolescence.* London: Blackwell Science Ltd.

Tapscott, D.(1999). *Digital Native.* 김지선, 김지수 역(2011). 서울: 리더스하우스.

Tapscott, D.(1999). *Growing Up Digital: The Rise of the Net Generation*. NY: McGraw-

Hill.

Tapscott, D.(2008). *Grown Up Digital: How the Net Generation is Changing Your World.* NY: McGraw-Hill.

Tead, O.(1935). *The Art of Leadership.* NY: Mcgraw-Hill.

Tiedman, D. V., & O'Hara, R. P.(1963). *Career Development: Choice and Adjustment.* NY: College Entrance Examination Board.

Tuckman, B. W.(1974). An age-graded model for career development education. *Journal of Vocational Behavior, 4*(2), 193-212.

Tylor, E. B.(1958). *Primitive culture.* NY: Harper.

United Nations ICT Division(2025). *Global connectivity report 2025: Hyperconnected futures.* Geneva: United Nations.

Vold, G. B., Thomas J. B.., & Jeffrey B. S.(1998). *Theoretical Criminology.* NY: Oxford University Press.

Weiner, B.(1986). *An attributional theory of motivation and emotion.* NY: Springer-Verlag.

Weiner, B.(1992). *Human motivation: Metaphors, theories and research.* Newbury Park, CA: Sage.

Williamson, E. G.(1950). *Counseling Adolescents.* NY: McGraw-Hill.

Young, J.(1974). 'Mass Media, Drugs and Deviance'. in P. Rock & M. McIntosh (Eds.), *Deviance and social control*(pp. 229-59). London: Tavistock Publications.

Zide, M., & Cherry, A.(1992). A typology of runaway youths: An empirically based definition. *Child and Adolescent Social Work Journal, 9*, 155-168.

Zinker, J. C.(1978). *Creative Process in Gestalt Therapy(Vintage).* NY: Random House Inc.

Zunker, V. G.(1994). *Career counseling: Applied concepts of life planning.* Pacific Grove, CA: Brooks/Cole.

찾아보기 •

인명

내용

ㄱ

저자소개

오윤선

건국대학교 대학원 (교육학 석사)
Washington University of Virginia (교육학 석사)
명지대학교 대학원 (교육학 박사)
Minnesota Theology Graduate School (상담학 박사)
Regent University, Graduate School (임상수련)
미) Regent University 초빙교수 역임
중) 人民大學校 大學院 초빙교수 역임
한국성서대학교 대학원 상담심리학전공 교수 역임
현) 한국성서대학교 기초교양교육학과 대우교수
<주요저서> 상담윤리(두란노출판사, 1997)
교육의 심리학적 이해(도서출판 다락방, 2000)
상담학(공저)(한국가정상담연구소, 2004)
가정상담학(공저)(CLC, 2006)
청소년 이해와 상담(예영 B&P, 2006)
상담심리학의 이해(예영 B&P, 2007)
청소년 이젠 이해할 수 있다(예영 B&P, 2007)
숨은 눈물 닦아주기(공저)(한국장로교회출판사, 2008)
인간의 심리학적 이해(예영 B&P, 2009)
사람은 어떻게 변화되는가(공역)(생명의 말씀사, 2009)
청소년 세대진단과 이상행동치료(예영 B&P, 2010)
청소년 분노조절하기(예영 B&P, 2011)
힐링과 행복코칭(예영 B&P, 2014)
크리스천을 위한 진로상담(예영 B&P, 2015)
청소년 문화론(양서원, 2016)
청소년 심리 및 상담이론과 실제(양성원, 2017)
심리검사이해와 활용(양서원, 2017)
교육심리학(창지사, 2017)
진로상담학(창지사,2017)
청소년지도방법론(1판)(양서원, 2018)
청소년 심리 및 상담(양성원, 2019)
청소년 문제와 보호(양서원, 2019)
대인관계와 의사소통(창지사, 2019)
행복코칭심리학(2019, 예영 B&P)
청소년 문화론(2판)(양서원, 2020)
인간심리의 이해(양서원, 2020)
청소년지도방법론(2판)(양서원, 2021)
청소년 심리 및 상담(양서원, 2022)
인간심리의 이해(2판)(양서원, 2023)
상담의 이론과 실제(양서원, 2023)
심리검사와 평가(양서원, 2024)

기독교상담이론과 실제(예영 B&P, 2024)
청소년문제와 보호(2판)(양서원, 2024)
인간심리의 이해(3판)(양서원, 2025)
청소년문화론(3판)(양서원, 2025)
청소년 심리 및 상담(2판)(양서원, 2025)
발달심리학(양서원, 2025)

황인숙

전북대학교 (학사)
백석대학교 대학원 (석사)
한국성서대학교 일반대학원 상담심리전공 (철학 박사)
한국성서대학교 외래교수
맑은샘상담센터장
현) 개신대학원대학교 상담심리학 교수
〈주요저서〉 크리스천을 위한 진로상담(공저)(예영 B&P, 2015)
기독교 상담심리학의 이론과 실제(공저)(예영 B&P, 2024)
청소년문화론(공저)(양서원, 2025)

제3판
청소년지도방법론

1판 1쇄 발행 2018년 2월 5일
1판 2쇄 발행 2019년 9월 15일
2판 1쇄 발행 2021년 7월 5일
2판 4쇄 발행 2024년 8월 30일
3판 1쇄 발행 2026년 1월 10일

저 자 | 오윤선·황인숙
발 행 인 | 박철용
발 행 처 | 양서원
주 소 | 경기도 파주시 직지길 522 파주출판도시
전 화 | 031-955-8000(代)
팩 스 | 031-955-8005
홈페이지 | www.yswpub.co.kr
이 메 일 | yswgroup@naver.com
출판등록 | 1987년 11월 24일 제 406-2003-037 호

ISBN 978-89-994-1622-4

정가 24,000원